KB242920

인성교육의 기본서 1

# 효의 패러다임과 현대적 개념

김종두 지음

明文堂

## "효는 알아야 행할 수 있다."

"알아야 면장(免牆)한다"는 말이 있다. 이는 공자(孔子)가 그의 아들(鯉)에게 "사람이 알지 못하면 담장을 마주하고 서있는 것과 같아 더 나가지 못한다"고 한 말로 『논어』「양화편」에 나오는 말이다. 즉 어둔 밤중에 앞에 담장이 있는 줄 모르고 밤길을 걷다가는 담벼락에 얼굴을 다칠 수 있다"는 뜻이다. 마찬가지로 효를 알지 못하면 부모에게 효를 행하지 못할 뿐 아니라, 자식에게도 효를 가르치지 못해 불효를 당하게 되어, 늙어서 고생하거나 패가망신할 수도 있다는 의미로 해석할 수 있다. 때문에 자신부터 효를 알고 행하며 가르쳐야, 자식들로부터 효를 받을 수 있어 노후를 편안히 보낼 수 있다.

효를 가르치는 사람들 중에는 "효는 인륜질서의 근본이다."라고 하면서 막상 교육에 인용하는 사례는 반인륜적이거나 비현실적이어서 효 교육을 외면하게 하는 경우가 있다. 예를 들면 '심청전', '나무꾼과 선녀', '손순매아(孫順埋兒)', '향득사지(向得舍知)' 등이 그렇다. 때문에 효 사례를 교육에 적용할 때는 시대적 상황이 고려되고 이치에 맞아야 한다.

효(孝, HYO, Filial Piety)는 대체로 '부모에 대한 자식의 사랑과 정성'으로 인식되어왔다. 자식이 부모에게 향하는 일방향성의 덕목으로 간주되어 온 것이다. 그러나 본래의 효는 '일방성'보다는 '상호성'의 감정으로 이해되어야 한다. 왜냐하면 사람은 하늘의 이치에 따라 부모에게서 생명을 얻게 되면서 부모의 사랑을 자양분으로 성장하게 되고, 사랑(慈愛)에 대한 응답의 이치를 터득하게 되며, 그 응답은 자신에 대한 성실함과 책임의식으로 발전하게 되어 성공의 원동력으로 작용되기 때문이다. 예컨대 김연아, 박세리, 박찬호, 박태환, 신지애, 양학선, 이대호, 이승엽, 지소연 선수도 그런 경우로 볼 수 있다. 그리고 그러한 마음은 부모님이 살아 계실 때만이 아니라 돌아가신 뒤에도 영향을 주게 되며, 대인관계에서 조화(Harmony)를 이루게 하는 보편적·이타적 가치로 작용한다.

효를 '내리사랑·올리효도'로 표현하는 이유도 이 같은 조화(調和)의 이치 때문인데, 현실적으로도 대인관계에 있어서 효심이 있는 사람은 깊이가 있어 보이고 믿음이 가서 관계를 맺고 싶어지지만, 반대로 효심이 없고 부모나 자식에게 함부로 대하는 사람은 왠지 믿음이 가지 않을 뿐 아니라 함께 하는 것에 부담을 느끼게 된다. 이점에 대해 '소크라테스'는

"자기 부모를 섬길 줄 모르는 사람과는 벗하지 말라, 그는 인간의 첫걸음이 벗어났기 때문이다"라고 했고, 사암(俟菴) 정약용 선생도 "진실로 부모에게 효도하는 사람이라면 비록 그가 배우지 못했을 지라도 나는 그를 배운 사람으로 대하겠다."라고 했다.

효는 "부모는 자식을 사랑하고 자식은 부모에게 효도해야 한다"는 '부자자효(父慈子孝)', "부모는 자식의 본(벼리, 모범)이 되어야 한다."는 '부위자강(父爲子綱)', "부모와 자식은 어떤 경우라도 친함을 유지해야 한다"는 '부자유친(父子有親)'을 원리로 '상호성'에 바탕을 둔 쌍방향성의 보편적(普遍的)·이타적(利他的) 가치이다. 한마디로 부모로부터의 사랑과 친함에 의한 소통(疏通)을 전제로 하는 사랑의 감정이다. 그리고 부모와 자식 사이에 형성된 원초적 사랑이 이웃과 사회, 국가와 자연으로 확대되어 작용된다. 이점에 대해 율곡(栗谷)도 "부모가 되어서는 마땅히 자식을 사랑하고 자식이 되어서는 마땅히 부모에게 효도해야 하며, 형제간에는 마땅히 우애가 있어야 하고 친구를 사귐에 있어서는 신의가 있어야 한다."고 하여 상호성을 강조했다.

그런데 오늘날 100세 시대를 살아가고 있다. 부모가 100세면 자식은 70대, 손주는 40대다. 이제는 효에 대한 패러다임을 바꾸어야 한다. 그리고 효의 영역에 있어서도 과거 가정윤리의 영역으로 여겼던 것에서 개인의 영역과 사회적(社會的) 영역, 국가적(國家的) 영역의 효로 그 영역을 확대해야 한다. 그럼으로써 효가 가정만 건강하게 할 뿐 아니라 학교와 사회, 국가와 자연을 건강하게 하고, 저출산과 고령화 문제, 다문화가정 문제 등 한국적 복지(福祉)를 구현하는데 철학적 기초로 작용토록 해야 한다. 이점에 대해서는 이미 아놀드 토인비를 비롯한 미래 학자들이 우리의 효에 대하여 예찬한바 있다.

이상과 같은 효의 시대적 배경을 바탕으로, 이 책은 다음과 같은 점에 목적을 두고 집필되었다.

첫째는 효를 가르치거나 배우는 입장에 있는 사람들에게 도움을 주고자 함이다. 필자가 대학에서 효를 가르치면서 마땅한 교재가 없어 『효경』을 비롯한 『불경』, 『성경』, 『논어』, 『맹자』, 『예기』, 『격몽요결』 등 원전(原典)에서 발췌한 내용으로 교육하다보니 어려움이 많았다.

두 번째 이유는 '효행장려 및 지원에 관한 법률(이하 '효행장려지원법')를 뒷받침하기 위함이다. 2008년도부터 시행 중인 효행장려지원법에 기초하여 효를 교육하고 문화를 진흥하는 효운동 관계기관 및 개인에 대하여 이론적 뒷받침을 제공하기 위해서이다. 효행장려지원법에 "유치원과 초·중·고등학교, 평생교육기관과 군대 등에서 효를 교육하도록 노력해야 한다."고 제시하고 있고, 효문화 진흥원에서 여러 과업을 진행하도록 돼 있는데, 이를 위해서는 효를 바로 알고(知) 느끼며(情)

다짐하게(意) 함으로써 실천(行)하게 하는 '知(지) · 情(정) · 意(의) · 行 (행)'이라는 교화(敎化)의 과정(Process)에 적용할 마땅한 교재가 있어야 한다고 보았다.

세 번째로 사회복지는 효가 바탕이 되어야 한다는 당위성에 기초하여, 효를 바탕으로 한 리더십이 요구되기 때문이다. 한국 사회의 복지정책은 문화적 속성상 가정의 안정이라는 뒷받침이 없이 물질적 수단만으로 사회복지를 구현하는 데는 한계가 있다. 그러므로 정신(精神)이 선행하는 가운데 물질(物質)이 뒷받침되도록 해야 한다.

이러한 목적으로 발간된 이 책은 『효의 이론과 실제』라는 원제(原題)하에 세 권으로 나누어 집필하였다. 제①권은 "효란 무엇이며, 효를 어떻게 보아야 할 것인가?"에 대한 책으로 「효의 패러다임과 현대적 개념(효학개론)」이고, 제②권은 "효를 왜 가르쳐야 하고 어떻게 가르쳐야 할 것인가?"에 대한 책으로 「새로운 패러다임의 효 교육(효교육론)」이며, 제③권은 "리더십과 효문화는 어떤 관계가 있으며, 효에 바탕을 둔 리더십을 어떻게 적용할 것인가"에 대한 책으로 「효와 소통의 현대적 리더십(효리더십론)」이다.

각 권(券)의 내용 전개는 『효경』, 『불경』, 『성경』, 『논어』 등 각종 문헌에 제시된 효를 발췌하여 제시하고, 이를 기초로 사례와 함께 현대적 관점에서 적용할 수 있도록 개념화하는데 역점을 두었으며, 율곡이 지은 『격몽요결』의 논리에 의존하려고 했다. 이유는 『격몽요결』을 저술한 율곡 이이(李珥)야 말로 한국 최고 현모양처인 신사임당의 아들로서 '포대기 효자' 라는 별명과 함께 당대의 최고 효자였을 뿐 아니라 "공부하는 사람은 먼저 뜻을 세우고(立志), 자기를 수신하며(持身), 잘못된 습관을 바꾸고(革舊習), 부모에게 효도하며(事親), 사람을 대할 때(接人)와 세상 살아가는 방도(處世)를 바르게 해야 한다."라는 『격몽요결』 내용 그 자체가 본 서(書)의 집필 목적과 맥(脈)을 같이 하기 때문이다. 여기에다 퇴계(退溪)와 사암(俟菴)의 가르침을 추가하려고 노력했다.

 필자는 11남매 중 10번째로, 노인자제(老人子弟)로 태어난 탓에 어렸을 적에 버릇이 없었고, 부모님의 마음을 헤아리지 못해 공부를 게을리한 적이 있었다. 그 관계로 학비를 스스로 벌어서 공부하는 것이 효도라고 생각했던 어리석음으로 고학(苦學)의 길을 택한바 있지만, 자식을 낳아 키워보면서 그것은 효가 되지 못함을 알게 되었다. 이런 저런 관계로 늦게서야 공부에 매달린 탓에 학문이 깊지 못하고 책의 문장이 조악(粗惡)하여 그 본의(本意)를 제대로 전할 수 있을지 의문이다. 그러나 "부모의 은혜를 갚고자 하거든 거듭 책을 펴내도록 하라. 이것이 참으로 부모의 은혜를 보답하는 길이다."라는 『부모은중경』의 내용에서 용기를 얻어, 감히 지난 세월 동안 생각해왔던 것을 여러 선현(先賢)들의 가르침을 한데 모아 책으로 내놓게 되었다.

비록 만족스럽지는 못하지만, 이 책이 발판이 되어 보다 진전된 모습의 책이 나오길 고대하며, '효행장려지원법'에 명시하고 있듯이 효가 대한민국 발전의 원동력으로 작용하기를 바라는 마음이다.

끝으로 대한민국의 효를 살리는데 함께 노력하자며 흔쾌히 본서(本書)의 출판을 맡아주신 명문당 김동구 사장님과 효를 연구하고 가르칠 수 있는 기회를 주신 홍우준 경민대학교 설립자님과 최성규 성산효대학원대학교 총장님께 감사드리고, 지난 36년을 한결같이 고락을 함께 하며 내조해준 아내 전성희와 딸 혜진, 연진, 경진에게도 감사하며, 이런 책을 집필할 수 있는 성품을 갖도록 낳아주시고 길러주신 부모님께 이 책을 바친다.

2011. 8. 1
경민대학교 연구실에서 **김종두**

먼저 재판을 발행할 수 있도록 관심과 기회를 주신 독자(讀者) 제위께 충심(衷心)으로 감사를 드린다. 지난 2009년, 경민대학교에 효를 가르치는 학과가 신설되면서, 기준으로 삼을 만한 '효학개론(孝學槪論)' 교재가 필요했고, 학과개설 준비와 함께 시작해서 발간한 책이 본서였다.

책의 제목을 『효의 패러다임과 현대적 개념』으로 정하고, "효란 무엇인가?"에 대한 내용을 정리하기 위해 여러 경전(經典)에서 발췌하여 책을 발간하는데 3년의 세월이 소요되었다. 참으로 설레는 마음으로 책을 내놓았는데, 벌써 2년 반이 지났고 초판의 책이 소진(消盡)되어 재판을 하게 되니 감회가 크고 보람을 느낀다.

최근 인성교육에 대해 요구와 관심이 높아지고 있다. 학교에서 수업 자체가 어려울 정도로 학생들이 산만하고 자기절제가 되지 않아 선생님들이 힘들다고 한다. 학교는 이러한 현실적 어려움을 안고 있지만, 가정 또한 마찬가지다. 사실은 이러한 현상들의 원인이 가정에서 비롯되었다는 점에서 가정의 역할과 기능 회복이 무엇보다 시급해 보인다.

그러나 가정을 옛날처럼 대가족으로 돌려놓을 수도 없고, 핵가족 상황에서 맞벌이를 안 할 수도 없는 현실에서 젊은 부모들에게도 어려움이 많을 수밖에 없다. 따라서 이런 딜레마를 타개하기 위해서는 효를 가르치는 길밖에는 없어 보인다.

정부는 이런 현실을 직시하면서 효를 바탕으로 한 교육과 보육정책을 추진해야 한다고 생각한다. 효를 기초로 할 때 저출산·고령화와 다문화 가정문제, 학교폭력과 자살, 사회적 병리현상 등의 해결에 대한 근본대책이 설 수 있기 때문이다. 마침 새해 들어 정부에서 '비정상의 정상화'라는 기치(旗幟)를 내걸었다고 하니 무엇보다 인륜질서를 정상화하는 일에 우선해주기를 바란다. 그리고 이는 효에서 찾아야 하는데 "효는 덕의 근본이요 모든 가르침이 그로 말미암아 나온다(孝德之本也 敎之所有生也)."는 『효경』을 비롯, 『불경』과 『성경』 등 여러 경전에서 밝히고 있다.

이런 내용을 담고 다음의 내용을 보완해서 재판(再版)을 내놓게 되었다. 첫째, 목차를 보완하였다. 초판(初版)은 총 8장이었으나 재판은 9장으로 구성했는데, 제 6장(효의 본질과 개념)을 6장(효의 본질적 의미와 정의)과 7장(현대적 효의 실천적 의미 : 3통 7행의 효)으로 분리했다. 이유는 현대적 효의 실천적 의미를 부각시키기 위해서이다.

둘째, 제2장(효의 인식과 과제)의 내용을 보완 추가하였다. 보완된 내용은 인성교육과 함께 효와 복지의 융합이 요구됨에 따라 '효와 복지의 관계에 대한 인식'과 '효와 인성교육의 관계에 대한 인식'을 추가하였다.

셋째, 사례의 추가 및 재배치이다. 효 교육의 궁극적 목적은 실천에 있으므로 제7장(현대적 효의 실천적 의미 : 3통 7행의 효)의 내용과 사례를 연결시킴으로써 이해를 높이고자 하였다.

넷째, 토의 주제 내용을 구체화하였다. 3년 동안 학생들과 토의한 경험을 기초로 수업의 효과를 높이기 위함에서이다.

아무쪼록 효를 바탕으로 한 교육을 통해서 모두가 행복해지는, 지정한 의미의 '국민행복시대'가 오기를 희망하며 이 책을 내놓는다.

2014. 2. 1
성산효대학원대학교 연구실에서  **김종두**

효의 패러다임과 현대적 개념

## 제2부  전통적 효의 이해

## 제4부  효 영역의 확장, 그리고 미래적 효

## 제9장　미래 가치로서의 효 • 377

# 1부 문제의 제기

1장  효를 어떻게 볼 것인가?
2장  효에 대한 인식과 과제

우리는 현재 21세기 핵가족화 시대를 살아가고 있으면서도 효에 대한 '생각의 틀'은 과거 전통사회, 대가족제도의 것에서 벗어나지 못하는 경향이 있다. 특히 효 교육에 인용되고 있는 사례들이 그러하다. 예컨대 어머니의 음식을 빼앗아 먹는다고 아들을 땅에 묻으려 할 때 돌로 된 종(石鐘)이 나왔다는 『삼국유사』의 '손순매아(孫順埋兒)' 사례, 그리고 나이든 나무꾼 아들이 사냥꾼으로부터 구해준 사슴의 도움으로 장가들어 어머니에게 효도했다는 '나무꾼과 선녀' 등의 사례는 도덕적 정당성 면에서 효 사례로 보기 어렵다. 왜냐하면 '손순'은 자식을 땅에 묻어 살인(殺人)하려 했을 뿐 아니라, 손자를 귀여워하는 어머니의 마음을 헤아리지 못한 불효자이기 때문이다. 그리고 나무꾼 역시 선녀의 목욕장면을 훔쳐본 파렴치범이자 선녀의 옷을 훔친 절도범이고, 어머니보다 먼저 죽은 불효자 중의 불효자(早死不孝)이기 때문이다. 본디 효는 의(義)를 추구하며 도덕적 정당성을 중시한다는 점에서다.

따라서 제1부에서는 현재 효를 가르치고 배우고자 함에 있어 무엇이 문제인가를 제기하는 내용이다. 즉 효를 어떻게 볼 것인가? 그리고 효에 대하여 재인식해야 할 과제는 무엇인가를 다룸에 있어, 제1장 「효를 어떻게 볼 것인가?」에서는 효에 관한 패러다임의 전환에 대한 필요성을 살펴보고, 기존의 효 사례를 패러다임과 연계하여 분석해 보았다.

제2장 「효에 대한 인식과 과제」에서는, 효를 바르게 인식함으로써 한국이 당면하고 있는 국가적 현안 과제들에 대하여, 효를 기초로 풀어가야 한다는 점임을 당위적(當爲的) 차원에서 제시하였다.

# 효를
# 어떻게 볼 것인가?

　인륜질서의 근본·원초적 사랑·천륜·생명존중사상 등으로 일컬어지는 효는 부모와 자식의 관계로부터 비롯되는 덕목이자 가치이고 윤리이다. 효에 대해서 『효경』은 효를 덕(德)의 근본으로, 『불경』은 지극한 도(道)로, 『성경』은 공경(恭敬)해야 하는 것으로, 『논어』에서는 인(仁)을 이루는 근본으로, 『맹자』에서는 후사(後嗣)를 잇는 것으로, 『예기』는 부모의 뜻을 존중(尊重)하는 것으로… 표현하는 등 매우 다양하게 설명하고 있다. 또한 효는 "부모는 자식을 사랑하고 자식은 부모에게 효도해야 한다(공자)."는 '부자자효(父慈子孝)'와 "부모와 자식 간에는 어떤 경우라도 친함이 유지되어야 한다(맹자)."는 '부자유친(父子有親)', "부모는 자식의 본(벼리, 모범)이 되어야 한다(동중서)."는 '부위자강(父爲子綱)'을 원리로 한다.

　효는 이처럼 남편과 아내, 부모와 자식의 관계로부터 시작되는 가정윤리·가족사랑이라는 점에서, 상호적 관계라는 시각으로 접근해야 함에도 일방향성의 관점에서 다루어 온 것이다. 그런데 이러한 효의 개념은 시대에 따라, 종교에 따라, 이념에 따라 다르게 인식될 수 있

다. 왜냐하면 가족구성원이 세상을 살아감에 있어서 영향을 받는 환경
적 요인과 가치 기준이 다를 수 있기 때문이다. 그리고 현대적 효와 전
통적 효를 비교해 보면, 원리는 같지만 행하는 방법에 있어서는 달리
할 필요가 있다. 전통사회는 농경사회의 대가족 중심이었던 관계로 이
웃과 사회를 아우르는 공동사회적(共同社會的) 가치로 작용했지만, 현
대사회는 핵가족이면서 부부가 맞벌이를 해야 하는 환경으로 변했고,
어려워진 육아(育兒) 여건과 과도한 사교육비 지출 등은 효가 공동체
적 가치보다는 개인과 가족 중심적 가치로 여겨질 수 있기 때문이다.
그러므로 현대적 관점에서의 효는 효행장려지원법의 제1조(목적)에
"효를 국가차원에서 장려함으로써 고령사회 문제를 해결하고 국가발전
의 원동력으로 삼는 외에 세계 문화발전에 이바지 한다."라고 명시되어
있는 것처럼, 시대에 부합하는 효로 교육되어져야 할 필요가 있다.

　따라서 본 장(章)에서는 먼저 기존의 효에 대한 인식이, 시대와 이
념에 따라 다르게 인식되어야 한다는 점에서 '패러다임으로 본 효'와
함께 '패러다임 관련된 사례'에 대하여 살펴본다.


# Ⅰ 패러다임으로 본 효

## 1. 패러다임의 의미

"패러다임이란 한 시대를 지배하는 과학적 인식·이론·관습·사

고·관념·가치관 등이 결합된 총체적 개념의 집합체로서 동시대의 학자들이 공통적으로 갖고 있는 생각의 틀이다〔Thomas Kuhn〕.", "삶의 방식을 조율하는 의식의 지도(mind map)이다〔제임스 C. 헌터〕."라는 표현에서 보듯이 '그 시대의 사물에 대한 인식과 이에 대한 관점'으로 이해할 수 있다. 미국의 과학자이자 철학자인 토마스쿤은 그의 저서 『과학혁명의 구조 The Structure of Scientific Revolution(1962)』에서 '패러다임'은 '사례·예제·실례' 등을 뜻하는 그리스어(語) 파라데이그마(paradeigma)에서 유래한 용어이며, 이는 언어학에서 빌려온 개념이다.[1]라고 설명하고 있다. 따라서 효 패러다임은 '이 시대의 효는 어떤 것이어야 하는가?' '효와 삶을 어떻게 연계하고 조율해 나갈 것인가?'에 대한 인식이자 관점이라 할 수 있다. 예컨대 세상을 바라볼 때 어떤 색깔의 안경을 끼고 세상을 바라보느냐에 따라 세상이 노랗게도, 빨갛게도, 파랗게 보이는 것과 마찬가지로 효를 어떻게 인식하고, 어떤 관점에서 바라보느냐에 따라 효에 대한 인식과 관점이 다르게 와 닿음으로써 행동으로 전환하는데도 영향을 미치게 된다.

　현대의 21세기를 일컬어 지식·정보화의 시대, 문화의 시대라고 하는데, 이 말은 효에 대한 지식(知識)이라는 것이, 효에 대해 바로 알고(知), 시대적으로 맞는 개념인가를 식별(識)할 수 있을 때 비로소



---

1 최병순, 『군리더십』, 북코리아, 2010, p.114

'효 관련 지식(知識)'이 되는 것이고, 정보화(情報化)라는 것도 리더가 뜻(情)하는 바를 상대방에게 알려서(報) 변화(化)를 이끌어 낼 수 있을 때 리더로서 '정보화(情報化) 역량'을 구비했다고 할 수 있다. 그리고 문화의 시대에서 문화(文化)의 의미는, 문화의 정의 범위가 넓어서 한마디로 표현하기는 어렵지만, 글자의 의미로 보면 문(文)은 '밝게 하다', 화(化)는 '되게 하다'의 뜻이므로 문화(文化)는 '인간의 삶을 밝게 해주는 그 무엇'으로 정의할 수 있다. 따라서 '효 문화(文化)'는 효를 통하여 세상이 밝은 모습으로 변해가도록 하는 것으로 이해할 수 있다.

특히 인간이 교육을 통해 바른 모습으로 변화되어 가는 교육의 변화는 「知·情·意·行」 즉 바르게 알고(知)·느끼며(情)·다짐(意)한 연후에 행동(行)으로 나타나게 된다는, 교화(敎化)의 과정을 거친다는 점에 유념해야 한다. 때문에 효에 대하여 바르게 알아야 하는 것이며, 올바른 패러다임을 필요로 하는 것이다.

이런 맥락에서 효를 가르치기 위해서는 리더 자신부터 효를 바르게 이해하여야 하며, 효를 지식과 정보, 그리고 문화에 부합하도록 교육할 수 있는 역량이 요구된다.


## 2. 효와 패러다임

효를 패러다임의 틀에서 보면, 시대에 따라 이념에 따라 다르게 인식되어 왔음을 알 수 있다. 다시 말해서 공맹(孔孟)시대의 효와 조선시대의 효, 그리고 현대 21세기의 효에 대한 인식과 관점이 다를 수 있는 것이다. 예컨대 조선시대의 효 관(觀)은 어느 장수(將帥)가 부모상(喪)을 당하고서도 전장(戰場)에서 소임을 다했을 경우에, 조정에서는 "그런 불효막심한 장수는 처벌하는 것이 마땅하다."고 갑론을박하는 것이 조선시대 효의 패러다임이라면, 얼마 전 탤런트 이순재 씨와 농구 코치로 활동하고 있는 전주원 씨가 부모상(喪)을 당하고서도 장례식장이 아닌 공연장과 경기장에서 계획된 일정에 따라 움직였던 예(例)는 현대적 효에 대한 패러다임을 보여준 사례라 할 수 있다. 또한 필자가 군대에서 효를 교육할 때도, 모(某) 장군이 "자네 군대에서 효를 교육하면 장병들이 전투를 못하게 되네, '신체발부수지부모불감훼상효지시야(身體髮膚受之父母不敢毀傷孝之始也)'라고 하지 않았던가?! 군대에서는 효 교육하면 전투력이 저하되니, 안 되는 걸세…."라고 훈계(?)했던 것도 잘못된 패러다임이다. 왜냐하면 화랑 관창, 충무공 이순신, 안중근 의사, 김구 선생 등의 부모는 나라를 위해 적과 싸워 이기는 것을 원(願)했지, 그 자체를 불효로 보지 않았기 때문이다. 본디 『효경』에 제시된 이 문장은 부모로부터 받은 몸이 소중한 것이니 술·담배나 마약 등을 복용해서는 안되고 위험한 짓을 해서도 안된다는 뜻을 담고 있는 것이지, 전쟁터에서 도망하라는 뜻이 아닌 것이다.

공맹(孔孟)시대의 효는, 부모는 자식을 사랑하고 자식은 부모에게 효도해야 한다는 '부자자효(父慈子孝)'와 부모와 자식은 어떤 경우라도 친함을 유지해야 한다는 '부자유친(父子有親)', 부모는 자식의 벼리가 되어야 한다는 '부위자강(父爲子綱)'이라는 원칙에서 '상호성(相互性)'과 보편성(普遍性)·이타성(利他性)에 기초하는 덕목이자 가치이고 윤리였다. 그러나 조선시대에 오면서 상호성에 기초한다기보다는 자식이 부모를 공경하고 순종하는, 일방성에 기초한 '강요의 효', 임금의 통치 이데올로기에 부합하는 충(忠)에 종속된 '일방향성의 효'에 초점이 맞춰진 면이 있었다.

공경과 순종이 효도인 것은 맞지만, 부모가 먼저 부모다워야 한다는 순리에 의하지 않고 자식은 무조건 부모를 따라야 한다는 일방성의 논리에 바탕을 둔 채, 교육에서도 소홀히 다루어져 온 면이 있다. 이는 사암(俟菴) 정약용(丁若鏞)이 주자학을 주장하는 조선시대 학자들에게 "공자와 맹자 시대, 본래의 사상으로 돌아가야 한다."라고 했던 것과 맥을 같이 하는 것이다. 다시 말하면 공자(孔子)가 주장한 '부자자효(父慈子孝)'와 맹자(孟子)가 주장한 '부자유친(父子有親)', 동중서(董仲舒)가 주장한 '부위자강(父爲子綱)'의 원리에 바탕을 둔 효 사상으로 돌아가야 한다는 의미로 볼 수 있다. 따라서 21세기 현대의 효는 상호성에 기초한 '소통의 효'로 인식되어야 한다.

이런 맥락에서 『효경』과 『성경』, 『불경』과 『논어』, 『예기』와 『격몽요결』 등의 내용을 기초로 효의 의미를 살펴보고, 이를 현대적 패러다임으로 해석해보면 효는 부모와 자식의 원초적 관계에서 출발한다는 점, 보편적·이타적 가치의 성격을 띠고 있다는 점, 부모와 자식의 상호성에 기초하고 있다는 점, 효는 의(義)를 추구한다는 점, 효는 예(禮)와 충(忠)의 기초가 된다는 점 등을 발견할 수 있다.

# Ⅱ 효 패러다임 관련 사례

효 패러다임과 관련된 사례는 두 가지로 나누어서 생각해 볼 수 있다. 하나는 효에 대한 인식과 관련된 것이고, 또 하나는 효를 외래 사상으로 보는 시각으로 효의 정체성과 관련된 사례이다. 이 중에서 효의 인식과 관련된 사례는, 현재 우리가 알고 있는 효에 대한 인식이, 효를 분별하고 판단하여 알고 있는 상태가 과연 바른 것인지를 살펴보기 위한 것이다. 다시 말해서 효의 본질적 의미와 다르게 해석되어져 교육에 적용되고 있지는 않은지를 살펴봄으로써 효에 대한 올바른 패러다임을 가져야 한다는 점을 제기하고자 한다.

다음 효의 정체성과 관련된 사례는 역사의식과도 연관된 내용으로, 효의 유래가 "효는 중국에서 비롯되었다." "효는 한국의 고유사상이다."라는 시각이 있는데, 효야말로 인류의 시작과 함께 어디에서나 존재해 왔다는 점에서, 한국인에게는 한국 문화에 기초한 효가 존재해 왔을 것이라는 점을 이해하여야 한다. 따라서 이와 관련된 사례를 제시해 본다.

# 1. 효의 인식과 관련된 사례

## 가. 사례

**사례 1**   「신생(申生)」의 효성에 대한 인식[2]

중국의 춘추·전국시대 진(晉)나라의 임금이었던 헌공(獻公)은 여희(麗姬)라는 여자를 재취(再娶)로 맞아들였다. 여희는 헌공의 총애를 받았고 두 아들을 낳았다. 그런데 헌공에게는 전처 소생의 장자(長子)인 신생(申生)이 태자로 책봉되어 있었다. 사건은 여기서부터 시작되는데, 여희는 자신의 소생을 태자로 세우기 위하여 계략을 꾸민다. 그는 제사를 지낸 후 헌공에게 바친 음식에 독이 들어 있다면서 신생이 바친 음식을 헌공의 음식상에 내놓았다. 그리고 헌공이 음식을 막 먹으려 할 때, 음식에 독이 있음을 알리고 "태자 신생이 임금님을 죽이고 신생이 권좌에 오르려 한다는 것과 자신들까지 죽이려 한다."고 하소연 하였다. 격노한 헌공은 신생을 감옥에 가두었다. 이때 어떤 신하가 신생에게 사건의 진상을 왕에게 밝히라고 권했다. 그런데 태자 신생은 아버지 헌공이 여희를 무척 총애하여 그녀와 함께 하지 않으면 밥도 먹지 않고 잠도 자지 않으므로, 차마 그 사실을 밝힐 수 없다며 거절한다. 그러자 그 사람은 다시 억울하게 죽을 것 없이 다른 나라로 도망치라고 권했다. 그러나 신생은 아버지의 명령에 따르는 것이 자식 된 도리라 하여 거절했고, 결국 임금이자 아버지인 헌공을 시해하려 했다는 억울

---

**2** 손인수, 『한국인의 효도문화』, 문음사, 1997, p.26

한 누명을 뒤집어쓴 채 사약을 먹고 죽고 말았다.

이 사건을 두고 후세 사람들은 모두 신생을 하늘이 내린 효자라고 칭찬했다. 그러나 또 한편에서는 신생을 불효자의 대표자로 꼽았다. 이유는 신생은 비록 아버지의 명령에 복종했지만, 사건의 진상을 밝히지 않음으로써 아버지를 불의에 빠뜨린 결과를 가져왔기 때문에 헌공은 두고두고 무도한 임금으로 역사에 기록되도록 했다는 것이다.

**해설 ●** 본 사례는 부모에 대한 진정한 효가 어떤 것인가를 생각하게 하는 내용이다. 즉 부모의 행동이 바르지 못할 때, 자식으로서 어떻게 행동해야 하는 것인가에 대하여 생각하게 하는 사례이다. 부모가 분명히 잘못한 내용에 대해서 묵묵히 따르느냐, 올바르게 간(諫)해서 부모를 불의(不義)에서 구하느냐에 관한 것이다. 이는 『효경』을 비롯한 『논어』, 『예기』, 『순자』 등의 문헌에 제시하고 있는 간쟁(諫諍)에 관한 내용이다.

신생의 행위에 대해서도 판단이 갈리고 있다. 이를테면 조선시대 영남학파(嶺南學派)와 기호학파(畿湖學派)라는 양대 산맥을 이끌어온 퇴계(退溪) 이황(李滉)과 율곡(栗谷) 이이(李珥)의 견해도 달랐다. 즉 퇴계는 신생의 모습을 보고 "군자가 환난을 당하여 능히 죽는 한이 있더라도 자기의 뜻을 이와 같이 지켜야 할 것이고, 그러한 태도가 바로 하늘을 공경하는 마음이며, 이는 바로 신생의 공경한 마음가짐과 같은 것입니다."라고 경연일기(經筵日記)에서 밝히고 있는데 반해, 율곡은 『격몽요결(擊蒙要訣)』 같은 문헌에서 부모의 과실을 그대로 보아 넘기라는 대목은 없고 부모의 잘못이 있을 때는 적극적으로 부모를 설득하여 올바르게 처신하도록 간해야 한다고 이르고 있다.

결과적으로 신생의 경우, 아버지의 명령을 따르는 것은 작은 효이고, 아버지가 불의에 빠지지 않도록 하는 것은 큰 효로 볼 수 있는데, 부모가 불의(不義)에 빠지지 않도록 하기 위해서는 자식으로서 간언을 해야 한다. 이런 점에서 신생은 작은 효를 실천했는지 모르지만 큰 효를 저버렸다고 보아야 한다. 따라서 효는 무조건 부모에게 순종하고 복종하는 것이 아니라 의(義)를 추구하는 것으로 이해해야 한다. 그러나 간쟁에 있어서 부모와 상관에 대한 간쟁은 다른 것으로 나타나 있다. "부모에게 허물이 있으면 세 번 간하고 그래도 듣지 않으면 울면서 따라야 하지만, 임금에게 허물이 있어 세 번 간하다가 듣지 않으면 임금을 떠날 수 있다."라고 『소학』「계고편」에 제시하고 있는 것이다.[3]

효에 대한 인식에 있어서 이런 경우도 있다. 필자가 2011년 1월 23일 캄보디아 앙코르와트지역을 답사할 때 앙코르톰에

**3** "父子有骨肉 而臣主以義屬, 故父有過, 子三諫而不聽則隨而號之人臣 三諫而不聽則其義可而去矣 於是遂行"

서 있었던 내용으로, 자야바르 7세 국왕(재위 1181-1215)이 어머니를 위해 웅장한 사원(寺院)을 짓고 그 안에 5,400여 개의 루비가 박힌 화려한 벽으로 장식된 거실 공간을 만들었는데, 이것을 본 관람객들이 "야! 자야바르 7세 임금은 대단한 효자네"라면서 탄성을 자아내는 것이었다. 그 모습을 보고 있던 필자가 "이런 경우는 효행으로 볼 수 없습니다. 왜냐하면 임금은 자식으로서 뿐만 아니라 백성의 부모라는 위치에 있는 사람이기 때문에 국가 재산을 사사로이 사용해서는 안 되는 것입니다. 자야바르 7세 임금은 사적(私的)으로 어머니를 위해 수많은 백성들의 노동을 요구했으며, 국고를 엄청나게 축냈으므로 이는 효행으로 봐서는 안 되는 것입니다. 효는 의(義)를 추구하기 때문입니다."라고 필자가 설명하자, 관람객들이 수긍한 일이 있다. 효는 의를 추구하는 것임을 알아야 하겠다.

### 사례 2  「원각(元覺)」의 효에 대한 인식

할아버지, 아버지, 손자 3대가 함께 살고 있는 가정이 있었다. 할아버지가 늙어 거동이 불편하게 되자, 아버지는 할아버지를 섬기는 일에 싫증이 나서 내다 버릴 생각을 하게 됐다. 그래서 아버지는 그 아들인 원각이와 함께 자기의 아버지를 지게에 지우고 산속으로 들어갔다.

원각은 몇 번이고 아버지께 눈물로 호소했다. "아버지, 이러시면 안 됩니다. 사람의 탈을 쓰고 어떻게 이런 일을 할 수가 있겠습니까!" 그러나 마음이 고약한 원각의 아버지는 아들의 말을 끝내 듣지 않았다. 원각의 아버지는 할아버지를 지게에

진 채 깊은 산속으로 들어가는데, 할아버지는 계속하여 나뭇가지를 꺾으면서 가는 것이었다. 원각이 "할아버지, 왜 나뭇가지는 계속 꺾으세요?" 하고 묻자, "나는 이미 버려지는 몸이지만, 너희들이 돌아갈 때 길을 잃을까 염려되어 그런다."는 것이었다. 드디어 깊은 산중에 도착하여 할아버지를 버린 원각의 아버지는 "돌아가자"라고 말하였다. 그러나 원각은 묵묵히 할아버지를 지고 갔던 지게를 다시 졌다. 이때 아버지가 얼굴을 찡그리며 말했다. "애야, 그까짓 헌 지게는 가져가서 무엇을 하려고 그러느냐? 그것도 내버려라." 이 말을 들은 원각은 아버지의 눈을 유심히 바라보며 싸늘한 목소리로 입을 열었다. "사람은 누구나 다 늙게 마련입니다. 아버지도 머지않아 할아버지처럼 늙으실 것이 아닙니까. 그때 저도 이 지게에다 아버지를 져다가 산속에 버려야지요." 아버지는 아들의 말을 듣는 순간 표정이 흙빛으로 변했다. 세상없이 귀하게 키운 아들에게 버림을 받아 산속에 홀로 버려지게 될 자신의 모습을 생각하고 나니 하늘이 무너지는 듯한 두려움으로 다가왔다.

원각의 아버지는 주먹 같은 눈물을 뚝뚝 떨구며 자신의 불효를 뉘우치고 버렸던 늙은 아버지를 다시 모셔다가 정성껏 봉양했다.

**해설** ● 이 사례는 『삼강행실도』, 「효자도」에 나오는 효자 110명(중국인 88명, 한국인 22명) 중 '원각경부(元覺警父)'의 내용인데, 원각은 중국사람이다. 이 사례는 부모의 본보기를 통한 효 교육의 중요성을 보여주고 있다. 현대의 자녀교육은 상대적으로 과거에 비해 더 어려워졌다. 농경사회의 대가족제도 하에서는 할머니, 할아버지로부터 듣고 배우는 교육이 가능했지만, 지금처럼 핵가족 시대는 부모의 일거수일투족을 자식이 보고 배우는 세상이 되었기 때문이다. 현대를 살아가는 사람들 중에 현명한 부모는 할머니, 할아버지를 모실 뿐 아니라 혈육이 아닌 할머니, 할아버지를 집에 모시는 경우도 있는데, 부모에게 불효하면 늙어서 고생할 수밖에 없게 된다.

사암 정약용은 "공직자로서 성공하려면 청렴하라(廉者大賈也)."고 했는데, 즉 공직자가 부정을 저지르면 그 자리에서 머물거나 파면되지만, 청렴하면 많은 사람들로부터 존경 받을 뿐아니라 고위자리에도 오를 수 있다는 것이다. 마찬가지로 "늙어서 자식들로부터 효도 받고 싶으면 부모에게 효도하라"는 말로 받아들일 수 있다.

현대를 살아가는 현명한 부모는, 부모에게 효도하는 모습을 자녀에게 보여주는 것이 자녀 교육을 성공으로 이끄는 지름길임을 알아야 한다. 그리고 그런 사실을 '원각' 아버지 사례를 통해 엿볼 수 있다. 사례에서 버림을 당하면서도 행여 자식이 길을 잃을까봐 나뭇가지를 꺾는 모습은 부모의 마음을 읽을 수 있다.



손순(孫順)은 신라 흥덕왕(興德王) 때 모량리 사람이고 아버지는 학산(鶴山)이다. 아버지가 죽자 아내와 함께 남의 집에 품을 팔아 양식을 얻어 늙은 어머니를 봉양했는데, 어머니의 이름은 운오(運鳥)였다. 손순에게는 어린 아이가 있었는데 항상 어머니의 음식을 빼앗아 먹으니, 손순은 민망히 여겨 그 아내에게 말했다. "아이는 다시 얻을 수 있지만 어머니는 다시 구하기 어렵고 그런데 아이가 어머님 음식을 빼앗아 먹어서 어머님은 굶주림이 심하시니, 이 아이를 땅에 묻어서 어머님 배를 부르게 해 드려야겠소."

이에 아이를 업고 취산(醉山) 북쪽들에 가서 땅을 파다가 이상한 석종(石鐘)을 얻었다. 부부는 놀라고 괴히 여겨 잠깐 나무 위에 걸어놓고 시험 삼아 두드렸더니 그 소리가 은은해서 들을 만하였다. 이때 아내가 말했다. "이상한 물건을 얻은 것은 필경 이 아이의 복인 듯싶습니다. 그러니 이 아이를 묻어서는 안 되겠습니다." 남편도 이 말을 옳게 여겨 아이와 석종을 지고 집으로 돌아와서 종을 들보에 매달고 두드렸더니 그 소리가 대궐에까지 들렸다.

흥덕왕이 이 소리를 듣고 좌우를 보고 말했다. "서쪽 들에서 이상한 종소리가 나는데 맑고도 멀리 들리는 것이 보통 종소리가 아니니 빨리 가서 조사해 보라." 왕의 사자(使者)가 그 집에 가서 조사해 보고 그 사실을 자세히 아뢰니 왕은 말했다.

"옛날 곽거(郭巨)가 아들을 땅에 묻자 하늘에서 금 솥을 내렸다더니, 이번에는 손순이 그 아들을 묻자 땅속에서 석종이 솟아 나왔으니, 전세(前世)의 효도와 후세의 효도를 천지가 함께 보시는 것이로구나." 하면서 기뻐했다.

이에 흥덕왕(興德王, 재위 826~836)은 집 한 채를 상으로 내리고 해마다 벼 50석을 주어 순후한 효성을 숭상했다. 이에 손순은 예전에 살던 집을 희사하여 절로 삼아 홍효사(弘孝寺)라 하고 석종을 모셔 두었다.

진성왕(眞聖王, 재위 887~889) 때에 후백제의 횡폭한 도둑이 그 마을에 쳐들어와서 종은 없어지고 절만 남았다. 그 종을 얻은 땅을 완호평(完乎坪)이라 했는데, 지금은 잘못 전하여 지량평(枝良坪)이라고 한다.

**해설** ● 본 사례는 『삼국유사』에 나오는 내용이다(三國遺事 卷五 孝善 第九 孫順埋兒條). 손순(孫順)은 신라 흥덕왕 때의 사람으로, 일명 손순(孫舜)이라고도 한다. 그런데 '손순' 사례는 중국의 '곽거(郭巨)' 사례와 비슷하다. 손순의 사례는 『삼국유사』와 『여지승람(제9권)』, 『명심보감(효행편)』에 나오는 효행사례로 신라 42대 흥덕왕(777~836) 때 있었던 일이다. 그리고 '곽거' 사례에서 곽거라는 인물은 후한시대(25~220) 하서(河西)의 융려(隆廬)사람으로 24효(孝) 가운데 한 사람이다. 손순의 사례와 곽거의 사례에서 차이점은, 곽거에게서는 '솥이 나왔다'는 것이고, 손순에게는 '종이 나왔다'는 것이다. 땅속에 종이 숨겨져 있었다는 것도 기이한 일이지만, 땅속에 금 솥이 들어 있었다는 것도 마찬가지이다. 그런데 문제는 효를 실천하기 위해 자식을 땅에 묻어 살인(殺人)하려 했다는 오해의 소지가 있다. 다른 각도에서 보면, 자식이 일을 더 열심히 해서 돈을 많이 벌어서 부족한 식량을 구하려는 노력을 배가하는 것이 옳고, 또한 할머니가 보리밥을 먹고 있는 손자에게 쌀밥을 주려고 했을 것으로도 생각해 볼 수도 있으며, 그러한 마음을 가로막는 것은 오히려 불효로 보아야 한다. 더욱이 '아들이 귀여운 손자를 땅에 생매장했다'면 할머니로서도 기뻐할 리 없고, 남편의 제안에 순순히 응한 아내의 모습은 어머니로서의 참 모습이 아니라는 점에서, 인륜도리에도 어긋나는 것이다. 이런 점

에서 손순 사례는 당시로서는 이해가 되지만, 현대적 효행 사
례로 적합한 지에 대해서는 고려해 볼 필요가 있다고 하겠다.



『삼국사기』 열전조에 의하면, 향득(向得)은 웅천주 판적향(板
積鄕), 지금은 충청도 공주 사람으로 신라 경덕왕(景德王) 때
사람이다. 그 아버지의 이름은 선(善)이요, 자는 반길(潘吉)이
다. 경덕왕 14년(755)에 큰 흉년이 들어 백성들이 굶주리고 더
구나 나쁜 병까지 돌아 향득의 부모 역시 병이 들었다. 그 때
향득은 아버지에게 자신의 넓적다리 살을 베어 봉양했고, 이
사실을 고을 사람들이 관(官)에 알리게 되었으며, 이를 알게 된
경덕왕(景德王)이 곡식(租) 500석을 상으로 주었다는 내용이다.
또한 그 어머니는 콧병으로 위독하였는데, 향득이 어머니의 코
를 입으로 빨아 병을 낫게 하여 임금이 곡식 300석과 집 한 채
외에 전답 약간을 하사하였다는 내용이다. 훗날에 그의 효행을
기려 그가 살던 마을을 효가리(孝家里)라고 일컬었다는 등의
이야기가 전해진다.

**해설** ● 본 사례는 『삼국사기』에 나오는 내용으로 효행설화 중의 하
나이며, 향득은 일명 향덕(向德)이라는 이름으로도 나온다.
본 사례는 여러 문헌에 등장하는데, 그 내용을 비교해 보면
그다지 큰 차이는 없으나, 『삼국사기』 '향득사지할고공친' 열

**4** 『삼국유사』 권5 효선(孝善) 제9와 『삼국사기』 권9 신라본기 제9 경덕왕(景德
王) 14년조 및 동 권48 열전 제8 향덕조.

전조의 것이 다소 상세하게 기록되어 있다. 본 사례와 같은 '할고공친(割股供親)' 설화는 '단지공친(斷指供親)' 설화 및 '효감생물자래(孝感生物自來)' 설화와 아울러 가장 보편적인 효행설화 유형이다. 후대의 『신증동국여지승람(新增東國輿地勝覽)』의 예를 보더라도, 권17 공주 고적조의 '효가리'의 향덕 이야기를 비롯하여 이 '할고공친' 유형 사례가 18개, '단지공친' 유형 사례가 71개, '효감생물자래' 유형 사례가 50개가 수록되어 있는 것으로 알려져 있다.

그러나 이 사례를 실천적 관점에서 분석해보면 과연 사람의 넓적다리를 그 당시 칼로 벨 수 있었을까, 그리고 그로 인해 정맥과 동맥이 절단되어 솟구치는 피는 어떻게 지혈(止血)했을까, 그리고 사후 치료는 어떻게 했을까? 등을 생각해보면 사례의 진정성에 대해 의문을 가지게 된다. 중국 당나라 때의 문인 한퇴지(韓退之)는 "부모의 병에 약을 달여 드림은 효도이겠으나, 자기의 팔·다리를 훼손해서 드리는 것이 효라는 말은 듣지 못하였다. 이런 짓이 만약 의로운 일이라면 어찌 성현들이 앞장서서 하지 않았겠는가. 이런 일을 하다가 불행히도 죽기라도 한다면, 몸을 훼손하고 후손을 잇지 못하는 죄를 짓는 것이 된다. 어찌 이런 일에 국가가 그 가문을 표창해서 나타내게 할 수 있으리오."[5]라고 했다. 그리고 사암(俟菴) 정약용(丁若鏞)도 "손가락을 잘라 피를 내거나 어버이의 똥을 맛보아 병세를 살피는 일을 효자로 묘사하고, 얼음 속에서 잉어가 뛰어나오고 눈 속에서 죽순이 솟아나오며, 꿩이 던져지고 호랑

---

5 손인수, 『한국인의 효도문화』, 문음사, 1997, p.223

이가 타라고 땅을 긁는 것과 같은 특이한 신령스러움은 믿기 어려운 일이다. 또한 그 아버지가 병들어 죽었는데 아들이 따라 죽은 경우를 효자로, 남편이 편안히 천수(天壽)를 누리고 안방 아랫목에서 조용히 운명하였는데도 따라 죽은 아내를 열부(烈婦)라고 하는 것은 무슨 까닭인가? 세상의 일 가운데 목숨을 끊는 것보다 더한 것이 없고, 그 목숨을 끊으려면 그것이 의(義)에 합당해야 하는데, 이런 경우는 함부로 목숨을 끊는 사람에 불과하다.”[6]라고 했고, 백범(白凡) 김구(金九)도 “아버지가 병환으로 누워 계실 때 넓적다리 살을 베려고 부엌칼을 댔으나 너무 아프고 흐르는 피를 어찌할 수 없어서 포기하고 말았다. 효는 아무나 하는 것이 아니구나!”[7]라는 내용이 나온다. 따라서 현실적으로 행하기 어려운 사례이고, 오늘날 청소년들이 이해할 수 있는 사례인가를 생각하면서 ‘효행’보다는 ‘효심’을 일으킬 수 있도록 조심해서 접근해야 할 것이다.

 「성무구어(成茂求魚)」의 효[8]에 대한 인식

세종 16년(1434)에 반포된 『삼강행실도』에서도 ‘성무가 물고기를 구하다(成茂求魚)’에서 잉어 이야기를 다음과 같이 기술하고 있다(三綱行實 孝子圖 成茂求魚條).

낭장(郎將) 이성무(李成茂)는 강릉 사람이다. 아버지는 죽고

---

**6** 박석무, 정혜렴 편역, 정약용 저, 『다산문학선집』「유곡산향교권효문(諭谷山鄉校勸孝文)」, 현대실학사, 2000, p. 369

**7** 김구, 『백범일지』, 범우사, 1998, p. 154

**8** 손인수, 『한국인의 효도문화』, 문음사, 1997.

어머니는 79세였는데, 이성무가 그의 아우 선무(善茂)·춘무(春茂)·양무(良茂)와 함께 그 어머니를 봉양하였다. 정유년(1417, 태종 17년)에 어머니가 병을 얻어 수개월 동안 밥을 먹지 못하고 잉어회를 먹고 싶어 하므로, 이성무가 여러 아우와 고이 소리 내어 울며, 함께 강가로 가서 얼음을 뚫고 구하였더니, 한 마리의 잉어가 뛰어나왔다. 가지고 돌아와 어머니에게 바치니, 어머니가 먹고 몹시 기뻐하고 병이 드디어 나았다.

| | |
|---|---|
| 팔십 세의 자친이 병상에 누웠는데, | 八耋慈親臥蟻床 |
| 몇 달이 지나도록 먹을 음식 못 찾았네. | 經時無物口堪嘗 |
| 어여쁘다 네 아들 얼음 치며 울부짖으니, | 可憐四子敲氷泣 |
| 펄펄 뛰는 금비늘이 서릿발 같구려. | 發發金鱗斫似霜 |
| 하늘과 사람의 감응 그 이치 분명한데, | 天人相感理分明 |
| 만고에 동일한 건 하나의 정성이라. | 萬古同然在一誠 |
| 근일에 와 명주 땅에 좋은 소식 들려오니, | 近日溟州消息好 |
| 왕상이 어찌 홀로 그 명성을 차지하랴. | 王祥豈獨擅名聲 |

해설 ● 본 사례는 『삼강행실도』에 나오는 내용이다. 부모에 대한 지극한 효심이 들어 있는 사례로서 아름다운 이야기이다. 현대와 같이 약국이나 병원이 있었던 것도 아니고 넉넉치 못한 형편에서 어머니가 드시고 싶어하는 잉어를 구하는 별다른 방도가 없었기 때문이다. 그러나 현실적인 관점에서 보면 "과연

가능할까"에 대한 의구심을 가지게 된다. 『삼강행실도』에 나타난 내용만이 아니라 『삼국사기』나 『삼국유사』 등을 통해 전해오는 효행 사례들 중에도 현실적으로 적용하기 어려운 사례들이 많다. 예컨대, 효자 앞에 호랑이가 앉아서 땅을 긁고, 그 호랑이 등을 타고 귀한 약재를 구했다는 등의 사례 등이다. 이점에 대해 사암 정약용은 "제시되어 있는 효행사례들이 사실과 다르거나 과장된 면이 있어 교육에 적용하기에 적절치 않다"고 지적한바 있다.



옛날 어느 마을에 심학규라는 앞을 보지 못하는 사람이 부인과 함께 살고 있었는데, 이들 부부는 가난했지만 행복하게 살고 있었다. 한 가지 걱정이 있다면 아직 아기가 없는 것이었다. 어느 날 아침, 부인이 "여보, 어젯밤에 신비한 꿈을 꾸었어요. 글쎄 아름다운 아기 선녀가 커다란 새 한 마리를 타고 하늘에서 내려오질 않겠어요?"라는 꿈 이야기에 심봉사는 깜짝 놀랐다. 왜냐하면 심봉사도 지난 밤에 똑같은 꿈을 꾸었기 때문이다. "여보, 우리도 이제 아기를 갖게 되려나 보오." 두 부부는 몹시 기뻐했다. "우리 아기의 이름을 '청'으로 지읍시다…" 열 달 후, 심봉사의 집에서는 우렁찬 아기의 울음소리가 들려 왔다. 그러나 그 기쁨도 잠시 뿐, 아기를 낳느라 몸이 허약해진 부인이 그만 아기에게 젖 한번 못 물려 보고 숨을 거두고 말았다. "여보, 이 어린 것을 두고 가다니 어린 청이와 나는 어찌 살란 말이오. 흑흑…" 애절한 심봉사의 울음소리를 들은 동네 사람들도 함께 울었다. 배고파 우는 청이에게 젖을 먹이기 위해 심봉사는 매일 지팡이를 짚고 동네 아주머니들을 찾아 나섰다. 청이는 아버지의 정성에 보답이라도 하는 듯, 무럭무럭 건강하게 자랐다. 그런데 심봉사의 살림은 원래 가난했던 데다 부인마저 죽고 나니 끼니마저 잇기 어려웠다. 그래서 어린 청이는 앞못보는 아버지의 손을 꼭 잡고 이집저집으로 다니며 먹을 것을 얻어야 했다. 동네 아주머니들은 어려운 생활 속에서도 밝고 착하게 커가는 청이를 기특하게 여기고 서로 도움을 주었다. 청이는 자라서 남의 집 일을 열심히 거들어 주기도 하면서 아버지를 부양했다. 청이의 효성과 정직한 행실이 온 마을에 알려지게 되자, 그 마을에서 제일가는 부잣집 양반댁 마님의 귀에까지 들어가게 되었다. 하루는 양반댁 마님이 사람을 시켜 청이를 불렀다. "청아, 네가 앞 못 보는 아버지를 정성껏 모시고 있다는 말을 들었다. 마침 우리 집에 딸이 없어 적적하였는데, 너 같은 착하고 예쁜 아이를 딸로 삼을 수 있다면 정말 좋겠구나. 내 수양딸이 되어 우리 집에 와서 함께 살지 않겠니?" 눈먼 아버지를 두고 갈 수 없는 청이는 정중하게 거절하였다. 그런 어느 날, 아침 일찍 나간 딸이 늦게까지 오질 않자 걱정이 된 심봉사는 딸을 찾아 집을 나섰다. 그런데 앞을 못 보는 심봉사는 그만 발을 헛디뎌 물에 빠지고 말았다. "사람 살려요! 사람 살려요!" 이때 마침 지나가던 스님이 물에 빠져 허우적거리는 심봉사를 구해 주었다. "이렇게 고마울 수가… 내 이 은혜는 평생 잊지 않겠습니다." 심봉사는 고맙다는 말을 몇 번씩 되풀이 했다. "난 저 산 뒤 암자에 있는 시주승이요. 앞못보는 분이 왜 혼자서 길을 나섰소." 심봉사는 그간의 살아왔던 이야기를 했다. 잠자코 듣고 있던 스님은 쌀 삼백 석을 부처님께 바치면 눈을 뜰 수 있다고 말해 주었다. 심봉사는 눈을 뜰 수 있다는 말에 너무 기쁜 나머지 쌀 삼백 석을 바치겠다는 약속을 해버리고 말았다. 그날 저녁 집에 돌아온 청이는 저녁상을 차려 아버지께 드렸으나 잡숫지를 않았다. "아버지, 무슨 걱정이라도 있으셔요?" "청아, 내가 큰 잘못을 저질렀구나, 하루 세 끼 밥 먹기도 어려운 우리 형편에 공양미 삼백 석을 바치겠다고 약속하다니, 내가 너무 어리석었구나!" 그 말을 들은 청이는 '쌀 삼백 석만 있으면 눈을 뜨실 수 있을 텐데. 쌀 삼백 석을 어디 가서 구하나.' 하고 눈물을 흘렸다.

어느 날, 낯선 사람들이 마을에 나타났다. 이들은 뱃사람들인데 용왕님께 제물로 바칠 처녀를 찾는다는 것이었다. 뱃사람들은 예쁜 처녀를 제물로 바치면 바다의 폭풍우를 잔잔하게 잠재울 수 있다고 믿었다. 이 말을 듣게 된 청이는 '내 몸을 팔면 아버지의 눈을 뜨게 할 수 있을 거야.' 하는 생각을 했다. "아저씨들, 저를 데려가 주시고 그 대신 쌀 삼백 석만 주세요." 뱃사람들을 찾아간 청이는 자기 몸을 제물로 사 달라고 부탁하였다. 청이의 효성에 감동한 뱃사람들은 쌀 삼백 석과 많은 돈을 함께 주었다. 청이는 아버지가 눈치 채지 못하게 떠날 준비를 하였다. 아버지의 물건들을 쓰기 편하게 잘 정돈해 놓고 동네 사람들에게 불쌍한 우리 아버지를 잘 보살펴줄 것을 눈물로 당부하였다. 드디어 청이가 떠나는 날이 되었다. 뒤늦게 이 사실을 알고 울부짖는 심봉사를 말리는 동네 사람들도 눈물을 감출 수가 없었다. 닻을 올려 마을을 떠난 지 여러 날이 흘렀다. 잔잔한 바람을 타고 배는 순조롭게 앞으로 나아갔다. 그런데 인당수라는 곳에 이르자 바다에 갑자기 거친 파도가 일기 시작했다. 바로 이곳이 뱃사람들이 재물을 바칠 장소였다. 청이는 바닷물 속으로 뛰어 들어갈 준비를 하였다. "하루 속히 불쌍한 우리 아버지의 눈을 뜨게 하여 주시옵소서!" 청이는 두 손을 모아 하늘을 향해 빌었다. 그리고 치마폭으로 눈을 가리고 사나운 파도 속으로 뛰어 들었다. 그러자 그토록 사납게 불던 바람이 그치고 바다는 다시 잔잔해졌다. 얼마나 지났을까?

　정신을 차린 청이는 아름다운 용궁에 와 있다는 것을 알게 되었다. 청이는 용왕님께 불려갔다. "네가 바로 착한 효녀 심청이로구나." 용왕님은 인자한 얼굴로 청이를 반겨 주었다. 청이의 효성에 감동한 용왕님이 청이를 용궁에 오게 한 것이다. 평화로운 나날을 보내고 있던 어느 날, 용왕님이 청이를 불렀다. "청아, 네 어머니가 보고 싶지 않느냐?" "예? 제 어머니는 제가 태어나자마자 돌아가셨는걸요." "네 어머니는 하늘나라 선녀가 되었단다. 네 효성을 본 옥황상제께서 어머니와 만날 수 있도록 하셨단다." 찬란한 일곱 빛깔 무지개를 타고 어머니는 청이 곁으로 사뿐히 다가왔다. "어머니!" "청아!" 어머니를 만나 하루를 행복하게 보낸 청이는 말할 수 없이 기뻤지만 홀로 계신 앞 못 보시는 아버지를 생각하니 마음이 무거웠다. 청이의 아픈 마음을 알고 있는 용왕님은 청이를 다시 인간 세계로 갈 수 있도록 도와주었다. 용왕님의 명령을 받은 거북이는 청이를 등에 태우고 육지를 향해 나아갔다.

　그러던 어느 날, 끝없이 넓은 바다 한 가운데 굉장히 큰 연꽃 한 송이가 떠올랐다. 마침 그곳을 지나던 배 한 척이 이상히 여기고 이 신기한 꽃을 건져 올려 임금님께 가져갔다. 임금님은 연꽃을 공부방 가까이 두었다. 다음날 임금님이 글공부를 하고 있을 때였다. 향기로운 냄새가 나고 구름이 일더니 연꽃이 활짝 벌어지며 아리따운 아가씨 한 사람이 다소곳한 자세로 연꽃 속에서 나오는 것이었다. 임금님은 선녀 같은 아가씨의 모습에 감탄했다. "하늘에서 내려온 선녀가 아닌지요?" "소녀는 심학규의 딸 심청이라고 하옵니다." 청이는 그동안 지내온 이야기를 하였다. 다 듣고 난 임금님은 청이의 효성을 칭찬하며 왕비가 되어 달라고 했다. 임금님의 청을 받아들인 청이는 왕비가 되었고, 왕비가 된 청이는 부족한 것 하나 없이 임금님의 사랑을 받으며 행복한 나날을 보냈다. 그러나 혼자 계실 아버지를 생각하면 가끔씩 눈물짓곤 하였다. 이런 청이의 모습을 본 임금님은 몹시 가슴이 아팠다. "왕비, 무슨 근심이 있길래 그렇게 슬픈 얼굴을 하고 있소?" "아버님이 보고 싶사옵니다."

임금님은 나라 안에 있는 모든 눈 먼 사람들을 궁궐에 초대하여 사흘 동안 큰 잔치를 벌이겠다는 방(榜)을 곳곳에 부쳤다. "전하, 정말 고맙습니다. 이 은혜를 어떻게 갚을 수 있을지…" "왕비의 얼굴에 웃음을 찾을 수 있다면 무슨 일인들 못하겠소." 이 잔치 소식은 온 나라 안에 퍼졌다. 전국에 있는 눈먼 사람들이 줄을 지어 서울로 올라 왔다. 이 소문을 들은 심봉사도 옆집에 사는 뺑덕어멈과 함께 길을 떠났다. 그러나 뺑덕어멈은 심술 사납고 욕심 많은 여자였다. 뺑덕어멈은 심봉사를 속여 돈을 빼앗은 다음 그를 길가에 버려둔 채 달아나 버렸다. 돈을 모두 빼앗긴 심봉사는 많은 고생을 한 끝에 겨우 서울에 도착하여 궁궐로 갔다. 잔치는 거의 끝나가고 있었다. 사흘 동안 잔치가 열리는 곳을 떠나지 않고 아버지를 찾던 청이는 마지막 날까지 아버지의 모습이 보이질 않자 몹시 애가 탔다. "아버진 눈을 뜨신 걸까? 아, 보고 싶은 아버지" 힘없이 앉아 노인들을 바라보던 청이의 얼굴에 갑자기 빛이 났다. 그리고 거지 차림을 한, 한 노인에게 달려갔다. "아버지! 아버지! 제가 아버지의 딸 청입니다." "뭐라고? 내 딸 청이가 살아있단 말이냐? 어디보자 청아!" 심봉사가 소리치며 청이의 얼굴을 어루만지려는 순간이었다. 번쩍하고 심봉사의 눈이 뜨였다. "눈이 보인다! 내 눈이! 청아!" 청이와 아버지는 부둥켜안고 한참을 울었다. 임금님도 기뻐하며 더욱 큰 잔치를 백성들에게 열어 주었다. 심청의 지극한 효성으로 눈을 뜨게 된 심봉사와 청이는 그 후 오랫동안 행복하게 살았다.

**해설 ●** 『심청전』은 여러 번 읽어도 우리에게 진한 감동을 준다. 심청 부녀와 같은 상황이 '나'의 상황이 된다면, 어떤 선택을 하게 될 것인가를 생각하면, 심청의 효심과 행동에 감탄을 하지 않을 수 없다. 그러나 심청의 효를 냉철히 '효심'과 '효행'으로 구분해서 생각해본다면, 효심은 심청을 닮을 수 있지만 효행을 닮기는 곤란하다는 생각을 하게 된다. 줄거리는 매우 아름답게 전개되고 있지만, 아버지의 눈을 뜨게 하기 위해 공양미 삼백 석을 약속한 것이나, 그 많은 쌀을 마련하기 위해서는 딸의 몸을 팔아야 했다는 점은 우리의 정서와 맞지 않기 때문이다. "부모가 죽으면 산에 묻지만 자식이 죽으면 가슴에 묻는다."하여 부모보다 일찍 죽는 것을 가장 큰 불효로 여겼던 점이나, "신체발부수지부모 불감훼상효지시야(身體髮膚受之父母 不敢毀傷孝之始也)" 즉, 몸을 온전히 보존해야 한다는 『효경』의 내용과도 맞지 않는 것이다. 때문에 심청이의 효를 현대적 패러다임으로 해석함에 있어서는, 효심은 심청이를

닮아야 하겠지만 효행은 닮기 어려운 것이라는 점을 감안하
여 교육에 적용해야 할 것이다.



　　옛날 어느 산골에 늙으신 어머님을 모시고 사는 나무꾼이 있
었다. 이 나무꾼은 날마다 산에 가서 나무를 해다가 장에 내다
팔아서 생활을 할 정도로 가난했다. 어느 날, 나무꾼은 나무를
하고 있었는데 헐레벌떡 사슴 한 마리가 뛰어 왔다. "아저씨,
저 좀 살려주세요. 사냥꾼이 저를 쫓아오고 있어요."라면서 다
급한 목소리로 애원했다. 사슴을 불쌍하게 생각한 나무꾼은 베
어놓은 나뭇더미 사이에 사슴을 숨겨 주었다.

　　"사슴 한 마리가 뛰어 가는 걸 못 보았소?" "조금 전에 저쪽
으로 뛰어 가는 걸 보았지요." 나무꾼은 손을 들어 엉뚱한 곳을
가리켰다. 사냥꾼은 재빠르게 나무꾼이 가리키는 쪽으로 달려
갔고, 사냥꾼의 모습이 사라지자 나무꾼은 사슴을 꺼내 주었
다. 나무꾼은 사슴 몸에 박힌 화살을 빼주며 말했다. "자, 이제
사냥꾼이 가버렸으니 어서 나와 도망가거라." "아저씨, 고마워
요." 사슴은 나무꾼에게 인사를 하였다. 그리고 무언가 생각하
더니 뜻밖의 말을 하였다. "아저씨, 소원 한 가지만 말씀해 보
세요. 그 소원이 이루어지도록 제가 도와 드릴께요." "소원은
무슨 소원이냐. 글쎄, 굳이 말하자면 예쁜 색시를 얻어 장가나
가는 게 소원일까?" 나무꾼이 웃으며 말했다. 너무 가난하여
서른 살이 넘도록 장가를 못 가고 있어 어머니에게 늘 죄송했
던 것이다. "제 말대로 하면 장가를 가실 수 있을 거예요. 이 산
꼭대기로 올라가면 큰 연못이 하나 있는데, 그곳에는 보름밤마

다 하늘에서 선녀들이 내려와 목욕을 하곤 하죠. 그러니, 그 때를 기다려 선녀들이 목욕하는 동안 선녀의 날개옷 하나를 감추세요. 날개옷이 없어서 못 올라간 선녀를 아내로 맞으면 되지요. 그런데 한 가지 잊지 말아야 할 일은 아이를 넷 낳기 전에는 절대로 날개옷을 주면 안 됩니다.”

드디어 보름달이 둥실 떠오른 밤이 되었다. 나무꾼은 사슴이 알려준 대로 연못가로 가보았다. 과연 눈부시게 아름다운 선녀들이 재잘거리며 목욕을 하고 있었다. 나무꾼은 아름다운 선녀들의 모습을 넋을 잃고 바라보다가 얼른 날개옷 한 벌을 걷어 가지고 와서 나무 뒤에 숨었다. 얼마 후, 선녀들이 목욕을 마치고 못에서 나와 옷을 입기 시작했다. “이제 그만 돌아가자. 옥황상제님께 꾸중 듣기 전에 올라가야지.” “언니, 내 날개옷이 없어졌어요.” 제일 나이 어린 선녀가 울상을 지으며 말했다. “잘 찾아 봐. 바위틈에 끼었을지도 모르잖아.” 선녀들은 열심히 막내 선녀의 옷을 찾아보았지만 옷은 보이지 않았다. 어느덧 하늘나라로 올라가야 할 시간이 되었다. “이거 야단났는데, 돌아갈 시간이야. 잘못하다간 하늘나라 문이 닫힐지도 몰라.” 옷을 잃은 선녀는 어찌해야 좋을지 몰랐다. “이젠 어쩔 수가 없구나. 막내에게는 미안하지만 우리만이라도 먼저 올라가야겠어. 옥황상제님께 들키면 우리 모두 야단맞을 거야.” 언니 선녀들은 말을 마치고 막내 선녀만을 남겨 놓은 채 날개옷을 나부끼며 하늘나라로 오르기 시작했다. 어두운 산속에 혼자 남게 된 막내 선녀는 무섭고 슬퍼서 그만 엉엉 울고 말았다. “아, 이제 난 어떡하면 좋지.” 바로 그때 나무 뒤에 숨어있던 나무꾼이 선녀 앞에 나타났다. 갑자기 나타난 사람을 보고 선녀는 깜짝 놀랐다. "누, 누구세요?" "놀라지 마세요. 저는 이 숲 속의 나무꾼입니다. 그런데 무슨 일로 그렇게 슬피 우십니까?" "저는 하늘나라 선녀인데, 날개옷을 잃어버려 하늘로 올라갈 수 없게 되었답니다." "저런, 너무 슬퍼하지 마세요. 우선 제 집으로 함께 가세요. 늙으신 어머님 한 분과 살고 있거든요." 선녀는 나무꾼을 따라 그의 집으로 갔다. 나무꾼의 어머니는 함께 들어오는 선녀를 보고 몹시 놀랐지만 반갑게 맞아 주었다. 하늘나라로 올라가는 것을 단념한 선녀는 착한 나무꾼과 함께 혼례를 올렸다. 예쁘고 착한 선녀를 아내로 맞은 나무꾼은 더욱 열심히 일을 하였고, 선녀는 알뜰살뜰 집안 살림을 꾸려나갔다. 세월이 흘러 어느덧 두 사람 사이에는 예쁜 아기가 셋이나 생겼다. 이제는 살림도 넉넉해지고 아이들도 건강하게 잘 자라고 있으니 아무 걱정이 없던 어느 날이었다. 아내가 하늘을 쳐다보고 한숨짓고 있는 모습이 보였다. "여보, 무슨 걱정거리라도 있소?" "아니에요. 하늘나라에 계신 부모님과 언니들이 보고 싶어서 저절로 한숨이 나왔나 봅니다." 이 말을 들은 나무꾼은 마음이 아파 감추어 두었던 날개옷을 꺼내 보였다. "한 번만 입어보게 해 주세요." 선녀의 부탁을 들은 나무꾼은 그만 사슴의 말을 깜빡 잊어버리고 날개옷을 내주었다. 날개옷을 받아든 선녀는 기뻐하며 옷을 입었다. 그리고 세 아이를 양팔에 하나씩 끼우고 한 아이는 무등을 태우고는 하늘나라로 올라가 버렸다. "여보, 날 두고 가지 말아요. 애들아!" 세 아이와 아내를 한꺼번에 잃은 나무꾼이 슬픔에 잠겨 있을 때였다. 어디선가 사슴이 나타났다. "아저씨, 제 말을 듣지 않으셨군요. 다시 한 번 아저씨를 도와드릴 테니 이번에는 실수하지 마세요. 날개옷을 아저씨가 감춘 뒤부터 선녀들이 땅으로 내려와 목욕하는 것은 금지되었어요. 그 대신 보름에 한 번씩 하늘나라에서 두레박이 내려온답니다. 마침 내일이 바로 그날이니 두레박을 타고 올라가 아내와 아이들을 만나세요." 사슴의 말을 들은 나무꾼은 사슴이 시킨 대로 두레박의 물을 쏟아 버리고 두레박에 올라 하늘나라로 갔다. 옥황상제 앞에 간 나무꾼은 무릎을 꿇고 부탁드렸다. "옥황상제님, 제 아내와 아이들을 만나게 해 주십시오. 아내와 아이들이 보고 싶어 견딜 수가 없습니다." 옥황상제님은 두레박까지 타고 올라온 나무꾼의 정성에 감동하여 아내와 아이들과 함께 살도록 허락해 주었다. 나무꾼은 하늘나라에서 아내의 시중을 받으며 행복한 생활을 하였다. 하늘나라에서 행복한 나날을 보내고 있었지만 항상 나무꾼은 고향에 계신 어머님 생각에 마음이 편하지 않았다. 하루는 선녀인 아내에게 나무꾼이 부탁했다. "고향에서 날 기다리고 계실 어머님을 한 번 만날 수 있게 해 주시오." 선녀는 나무꾼에게 땅으로 내려갈 수 있게 하늘나라 말(馬)을 내어주었다.

"안녕히 다녀오세요. 그러나 절대로 말에서 내려선 안 됩니다. 만약 발이 땅에 닿게 되면 당신은 영영 하늘나라에 돌아오실 수 없게 돼요." 나무꾼은 말을 타고 어머니께 내려갔다. 아들이 돌아오기만을 간절히 바라던 어머니는 매우 반갑게 아들을 맞았다. "어머니, 저는 곧 떠나야 합니다. 제 불효를 용서해 주세요." "그래도 이렇게 왔으니 네가 좋아하는 팥죽이라도 먹고 가렴. 아주 맛있게 쑤었단다." 어머니의 말씀이 하도 간절하여 나무꾼은 그만 말에서 내렸다. 그러자 말은 눈 깜짝할 새에 하늘로 올라가 버리고 말았다. 나무꾼은 땅바닥에 주저앉아 엉

엉 울었다. 혹시나 하고 연못에 가보았지만 나무꾼이 두레박을 타고 하늘로 올라간 이후 두레박질도 하지 않았기 때문에 하늘 나라로 올라갈 길은 없었다. 나무꾼은 아내와 아이들이 보고 싶어 매일 지붕 위에 올라가 하늘을 바라보며 소리쳐 불렀다. 그러다 마침내 나무꾼은 병이 나고 말았다. 자리에 누워서도 아내와 아이들을 목메어 부르던 나무꾼은 얼마 후 숨을 거두었다.

그런데 이상한 일이 생겼다. 나무꾼이 죽은 다음부터 그 집 지붕 위에 웬 수탉 한 마리가 나타나서 하늘을 우러러 보며 앉아 길게 목을 빼고 울고 있는 것이다. "꼬끼요오… 꼬끼요오…" 그 소리는 듣는 사람의 가슴을 매우 아프게 했다. 마치 나무꾼의 울음소리와도 같았기 때문이다. 그렇다. 나무꾼은 죽어서도 아내와 아이들을 잊지 못하고 수탉으로 다시 태어난 것이다.

**해설** ● 나무꾼이 보여준 어머니에 대한 효성, 그리고 아내와 자식들에 대한 사랑은 참으로 아름다워 보인다. 그리고 필자가 초등학교 다닐 때, 선생님으로부터 나무꾼의 효행을 배워야 한다는 가르침을 받기도 했다. 그러나 사례를 효의 관점에서 분석해보면 몇 가지의 문제점이 있다. 본디 효는 의(義)를 추구하기 때문에 도덕적 정당성과 절차의 합리성이 뒷받침되지 않으면 안 된다. 이런 점에서 나무꾼의 행위를 살펴보면, 다음과 같은 점에서 효와 배치됨을 발견할 수 있다.

첫째, 나무꾼이 거짓말하는 것이 미화되고 있다. 나무꾼이 사냥꾼에게, 그리고 옷을 잃어버린 채 울고 있는 막내 선녀에게 다가가 거짓말을 했는데, 이런 것들이 미화되고 있는 것이다.

둘째, 나무꾼의 정당치 못한 행위가 미화되고 있다는 점이다. 여인들의 목욕 장면을 훔쳐본 파렴치한 짓과 옷을 훔친 절도 행위 등이 미화되고 있는데, 이는 자칫 판단력이 분명치 않은 유소년들의 가치기준 설정에 혼란을 줄 수 있다.

셋째, 부모보다 처자식을 우선시 하는 불효를 범했다는 점이다. 『맹자』 「이루 하」편에 "세상에서 불효로 일컬어지는 것이 다섯 가지가 있는데 "처자를 사랑하여 부모를 봉양하지 않는 것이 셋째 불효이다."라고 기록하고 있음에서 볼 수 있듯이, 처자식 때문에 부모 모시기를 등한시 하는 것은 불효인 것이다.

넷째, 나무꾼이 홀어머니를 놔둔 채 지붕 위에 올라가서 처자식을 그리워하다가 사망했다는 것은, 조사불효(早死不孝), 즉 부모보다 자식이 먼저 죽는 불효를 범했다. "부모가 죽으면 산에 묻지만, 자식이 죽으면 가슴에 묻는다." "부모보다 먼저 죽는 자식이 가장 큰 불효자다."라는 표현에서 보듯이 나무꾼의 행위는 효라고 할 수 없는 것이다. 이런 사례는 자칫 효에 대한 인식을 그르치게 할 수 있다는 점에서 효 사례로서는 적절치 않은 것이다.

## 나. 토의

① 사례의 내용을 요약하고, 현대적 관점에서 사례를 분석해 본 다음, 바람직한 적용방향을 제시해 봅시다.

② 효에 대한 패러다임의 관점에서 전통적인 효와 현대적 효의 차이점을 발표해 봅시다.

③ 교육에 인용되고 있는 효 사례를 패러다임의 관점에서 시대성과 내용의 적절성을 중심으로 발표해 봅시다.

## 2. 효의 정체성과 관련된 사례

### 가. 사례

사례8  「동이족(東夷族)」은 동쪽의 오랑캐인가?[9]

우리 민족은 '동이족(東夷族)', '동방예의지국(東方禮儀之國)'으로 일컬어지고 있는 대한민국에 살고 있고, 공자도 "군자의 나라 동이에 가서 살고 싶어 했다"는 내용들이 문헌에 기록되어 있다. 그런데 우리의 각종 사전에는 '동이족(東夷族)'에 대한 풀이를 '동쪽의 오랑캐'라고 풀이하고 있어 안타깝다. 왜, 우리는 우리 스스로 오랑캐 민족으로 자처하는가에 대하여 숙고(熟考)해 볼 필요가 있다.

'무찌르자 오랑캐…'라는 동요의 가사도 있지만 오랑캐라는 말은 우리를 괴롭힌 바 있던 몽골족이나 여진족을 일컬을 때 쓰는 말인데, 왜 우리 민족 스스로가 오랑캐라고 하는지를 이해할 수가 없어 추적해 본 일이 있다. 필자가 분석해본 결과, 주된 원인은 이(夷)자에 대한 해석에 있음을 알게 되었다.

이(夷)자의 해석은, 중국 한자의 원전인 『강희자전』에는 '온화할 이', '평탄할 이', '어질 이', '클 이', '기뻐할 이', '넓을 이', '상할 이', '오랑캐 이'로 풀이하고 있는데, 우리나라에서 저술된 옥편 『자전석요』에는 '상할 이', '죽여 멸할 이', '오랑캐 이'로 풀이하고 있다. 그런데 왜? 하필이면 이(夷)자를 해석한 여러 뜻 중에서 좋은 의미는 버리고 '오랑캐'라는 의미만

---

9 김종두, 『자녀들아 부모를 사랑하자』 학문사, 1996. p.214

사용해서 해석하게 되었는지, 그리고 보편화되도록 교육되어
왔는지 이해할 수 없는 부분이다.

**해설** ● 원래 이(夷)자는 大(큰 대)와 弓(활 궁)을 합쳐 놓은 회의 문자로 큰 활을 뜻하는 글자이다. 문헌에도 동이족(東夷族)이 한족(漢族)보다 훨씬 먼저 활을 만들었고, 동이에서 만든 활의 성능이 우수하였던 것으로 나타나 있다. 최근 올림픽을 비롯한 각종 양궁 분야 국제경기대회에서 월등하게 많은 메달을 획득하는 것도 이(夷)자의 내력과 연관되는 것으로 볼 수 있다. 이(夷)자가 내포하고 있는 의미는 우리의 옛 조상들이 어깨에 활을 메고, 넓은 중원 땅의 동쪽 지방에서 말을 타고 다니면서 사냥을 즐기던 민족이라는 뜻으로 보아야 하며, 이에 걸맞는 긍지와 자부심을 갖도록 뿌리교육이 병행되어야 할 것이다. 따라서 이런 의미에서 볼 때 '이(夷)'자는 '클 이, 넓을 이, 평탄할 이, 온화할 이, 어질 이, 기쁠 이' 등으로 해석됨이 타당하며 '오랑캐'라는 해석은 분명히 잘못되었다. 필자가 알기로, 이(夷)자를 오랑캐의 뜻으로 해석하게 된 배경은 공자가 춘추라는 책에서 한족(漢族)이 아닌 기타 족(族)을 오랑캐라고 표현한 것을 사대적(事大的) 성향을 가진 사람들이 '동이(東夷)'를 '동쪽의 오랑캐'로 옮긴 것이 아닌가 생각된다.

고려장은 "고구려 때에, 늙어서 쇠약한 이를 산 채로 묘실에 옮겨두었다가 사망한 뒤에 그곳에서 장사지내던 풍습[11]"으로 알려져 있다. 또 동화에 나오는 내용 중에 고려시대에 늙은 어머니를 모시고 사는 아들이 어머니의 나이가 70이 넘자 나랏법대로 고려장을 지냈다는 이야기도 전해진다. 이렇듯 우리의 조상들은 부모가 늙으면 산에다 버렸던 풍습이 있었던 것으로 알려지고 있는 것이다. 그러나 이는 사실과는 다른 것으로 나타났다. 연구결과에 의하면 고려장의 기록이 문헌에 처음으로 등장한 것은 1926년에 심의린(沈宜麟)이 한성도서(漢城圖書)에서 펴낸 조선동화대집(朝鮮童話大集)에서부터라고 이우식은 주장하면서, 그 이전의 역사서(歷史書) 등에서는 찾아볼 수 없다고 한다. 그리고 이 동화집 속에 '고려장 이야기'가 들어 있는 것은 일제식민지정책으로 우리 민족의 아름다운 풍속을 말살하고 우리가 얼마 전까지 야만족이었음을 은연 중에 심어주기 위한 것이라는 것이다. 지교헌(池敎憲)도 "간혹 민간에 전하는 풍설로는 이른바 고려장이라고 하여 늙은 부모를 돌아가시기도 전에 약간의 음식을 제공하고 버리는 풍습이 있었던 것처럼 전해오고 있으나, 그것은 한민족의 어떤 사서(史書)의 기록이나 고고학적 유물로도 입증할 수 없는, 근거 없는 말에 불과하다는 사실임을 알 수 있다."고 했고, 손진태(孫晉泰)는 "우리 조선민족의 역사가 시작된 뒤로부터 기로(棄老)의 풍습이 없었던

---

**10** 김민한, 『한반도에 고려장은 없었다』, 세종출판사, 2009, 서문, p.71~72

**11** 이기문 감수, 『동아새국어사전(3판)』, 두산동아, 1998, p.182

것은 의심 없는 사실이다"라고 밝히고 있다.

고려시대는 불효 죄를 엄격하게 처벌하였다. 특히, 70살 이상의 부모 봉양문제를 법률로 엄격히 규정하고 있어 부모에 대한 효도를 강조하는 사회였는데, 늙은 부모를 내다버리는 풍습이 있었다는 것은 잘못 전해진 것이다. 고려사 별전에 17명의 효자에 관한 기록을 있을 만큼 효도를 지상 윤리로 삼았음을 보여주고 있다. 고려시대 관리로서 부모상을 당하면 100일의 휴가가 주어졌고 상복기간에 매월의 삭망(朔望), 소상제, 대상제에는 수일간의 휴가를 공식적으로 주어 상례를 치르도록 하였으며, 조선시대의 효의 상징으로 여겨지던 여막(廬幕) 3년도 고려시대에서 흔히 행해진 예속이었다.[12]고 하니, 어디에도 이 고려장이 허용되었다는 기록이나 흔적을 찾아볼 수 없다.

아득한 옛날부터 우리 민족은 효를 중시해왔다. 이런 연유에서 중국인들은 우리나라 사람들의 인성(人性)을 높이 평가해왔고, 효(孝)를 바탕으로 한 유교가 삼국시대 초기에 들어왔으며, 또한 자비(慈悲)를 바탕으로 한 불교도 비슷한 시기에 들어왔다. 신라의 화랑도(花郎徒)의 일과(日課) 중에 첫째가 '서로 도의(道義)를 연마(研磨)한다'고 했고, 화랑도(花郎徒)는 '집에 들어와서는 부모에 효도하고' 또 세속오계(世俗五戒) 중에 사친이효(事親以孝)가 있는 것을 보아도 부모에 대한 공경(恭敬)과 효도를 강조했는데, 이런 것은 이미 일반 국민들이 행하고 있었던 세속(世俗)이라는데 주목해야 한다. 고구려에는 죽은

<hr>

12 민병하, 『고려법과 그에 나타난 윤리관』, '대동문화연구' 21, 서울 : 성균관대학교 대동문화연구원, 1986, pp.164~165

사람의 빈소는 집안에 두어 3년이 지난 다음 좋은 날을 택하여 장례를 지냈다고 하고, 고려시대는 관리(官吏)들에게 부모의 장례(葬禮) 때 각종 제사(祭祀), 부모봉양(父母奉養)을 위해 휴가(休暇)를 주도록 법으로 제도화 된 것을 보더라도 우리나라에는 노친공경(老親恭敬), 조상숭배(祖上崇拜)는 일찍부터 발전하여 왔음을 알 수 있다. 유교의 경전(經典)은 이 나라 역대로 국가적 차원에서 교육과정(教育課程)에 포함되면서 효사상(孝思想)이 그 핵심(核心)을 이루어 왔음을 알 수 있다. 유교적 윤리가 중국에서 한국에 전달하기 전부터 이미 부여(夫餘)나 고구려(高句麗)에 조상숭배(祖上崇拜)의 관습(慣習)이 있었다고 위략(偉略)에 기록되어 있는데, 이를 보면 한반도에서는 죽은 자를 후장(厚葬)하고 돌을 쌓아 봉토(封土)를 한 다음, 송백(松柏)을 둘러 심어 아름답게 장식하였다고 한다. 공자(孔子)가 세상 사람들이 도(道)를 잘 행하지 않는 것을 개탄하고 차라리 바다 건너에 있는 군자(君子)의 나라(東夷)에 가서 살고 싶다고 한 것을 봐도 공맹(孔孟)의 교학사상(教學思想)이 한반도에 전파되기 이전에 한반도에는 이미 고유한 도덕이 번성하였음을 알 수 있는 것이다.

고대의 우리 한민족(韓民族)에게는 다른 나라로부터 도덕사상(道德思想)이 유입(流入)되기 전부터 이미 나름대로의 순수하고 고유한 도덕사상(道德思想)이 존재하고 있었다는 것이고, 이렇게 고대로부터 면면히 이어져 오는 한국의 고유사상(固有思想)인 효사상(孝思想)은 주변의 어느 나라보다 더 발전하여 왔기에 동방지예의국(東方之禮儀國)이라고까지 외국인들이 극찬한 것이다. 그런데 단군(檀君)으로부터 삼국시대를 거쳐, 고려에 내려와 갑자기 고려장(高麗葬)이라는 말이 어느 근거에서 나오느냐 하는 것이다. 하필이면 풍속화(風俗化)된 오륜과 생명을 중시하는 고려시대에 고려장과 같은 악독한 풍습(風習)이 나올 수 있을까? 이홍직(李弘稙) 편(編) 국사대사전(國史大事典)에 고려장(高麗葬)을 "고구려 때의 장사지내는 법, 노쇠한 사람을 묘택(墓宅)에 옮겨 두었다가 죽으면 거기 안치(安置)하고 금은보화를 넣어 다음 돌로 쌓아 봉토(封土)하였다고 한다."라고 설명하고, 그 문헌(文獻) 근거로 "한국사고대편(韓國史古代編)"이라고 적어 놓았는데, 여기서 그 근거인 문헌(文獻)을 막연히 '한국사 고대편'이라고 해놓은 것이 잘못된 것이다. 누구의 저(著)·편(編)을 분명히 하지 않고 그냥 '한국사 고대편'이라니 보편적인 사항이 아닌 것을 이렇게 적어 놓는다는 것은 너무 무책임한 것이다. 흔히 고려장(高麗葬)을 얘기할 때는 먼저 '확실하지는 않지만' 하고, 그 고려장의 근거를 댈 수 없다는 것을 전제로 하고 있다는데 주목할 필요가 있다. 특히 우리나라 유아(幼兒)와 청소년(靑少年)들에게 교육용(教育用) 동화자료(童話資料)로 이 '고려장(高麗葬)이야기'가 아무 비판(批判)없이 채택 수용되고 있는 현실이다.

노인을 버리는 이야기는 불교경전(佛教經典)에서 볼 수 있듯이 인도지방(印度地方)의 기로국설화(棄老國說話)가 마치 우리나라 고구려나 고려시대에 있었던 것처럼 잘못 전달된 것이므로 이는 바로잡아야 할 것이다. 이러한 설화는 자라나는 유아, 청소년에게 정서적으로 자기비하의식(自己卑下意識)을 싹트게 한다는 것을 생각할 때 하루 빨리 구명(究明)하여 시정되어야 한다. 더구나 일제 강점기 식민 사관에 의해 민족비하의 의도로 이런 동화들이 많이 보급해 왔다는 사실도 감안해야 한다. 확실한 역사적 고찰 없이 마구잡이로 고려장 설화를 우리의 유산인 것처럼 각인(刻印)된 것도 불식시켜야 할 일이다. 그리고 각종 역사서와 유교 및 불교의 경서(經書), 교육사(敎育史)의 문헌을 중심으로 생각할 때 고려장설화(高麗葬說話)와 유사한 설화가 외국에 있었던 것임을 알 수 있는데, 고려장(高麗葬)에 대한 역사적 왜곡과 허구성(虛構性)을 밝혀서 우리 민족의 효사상이 제대로 알려질 수 있기를 바라는 마음이다.

**해설** ● 본 사례는 김민한 교수가 쓴 『한반도에 고려장은 없었다』의 내용을 발췌하여 기록한 것이다. 필자가 어렸을 때 할머니, 할아버지로부터 들은 옛날이야기 중에 고려장의 이야기가 많았던 것으로 기억된다. 내용도 그럴 듯하여 매우 재미있게 듣곤 했는데, 우리 민족은 마치 고려시대 때부터 노인을 내다 버리는 제도가 있었던 것처럼 구전(口傳)되어 내려오고 있는 것이다. 기억나는 구전동화 내용들은 이렇다.

첫째 사례는, 중국의 사신이 "중국 전체를 덮을 비단을 가져올 것"에 대한 요구로, 조정에서는 큰 걱정을 하고 있었는데, 고려장 문제로 숨어 지내던 어머니가 "중국 전체의 넓이가 얼마나 되는지를 정확히 알려 달라"는 역질문을 하도록 해서 모면했다는 이야기이다.

둘째 사례는, 천재(天宰)가 뱀 두 마리를 잡아서 임금 앞에 놓고 "7일 안에 암컷과 수컷을 구분하지 못하면 나라를 쳐부수겠다."고 했을 때, 고려장을 피해 숨어 지내던 어떤 아버지로부터 "가늘고 연한 물건을 갖다 댈 때 움직이는 놈이 수놈이고 가만히 있는 놈이 암놈이다."라는 지혜를 얻어서 모면한이후로 고려장이 없어졌다는 것이다.

세 번째 사례는, 큰 코끼리 무게를 알아보라는 문제에서, 역시 고려장을 피해 숨어 지내던 노인이 "큰 못에 배를 띄우고, 그 배에다 코끼리를 실어서 배가 못에 잠기는 깊이를 표시해 놓은 다음, 코끼리를 내려 내놓고, 다시 물에 잠긴 깊이만큼 돌을 실었다가, 그 돌을 달아보면 코끼리의 무게를 알 수 있다."라고 하여 모면할 수 있었다.

네 번째 사례는, 네모 박달나무의 위, 아래를 맞추라는 문제였는데, 이 또한 노인의 말에 따라 물에 가라앉는 부분이 뿌리 쪽임을 알게 되었다는 것이다.

다섯 번째 사례는, "두 마리의 암말 중에 어떤 말이 새끼 말이고 어미 말인지"에 대해, 고려장을 피해 숨어지내던 늙은 어머니가 "꼴을 먼저 먹는 말이 새끼 말이다."라고 알려주어서 맞출 수 있었다는 것이다.

여섯 번째 사례는, 재로 새끼를 꼬는 문제였는데, 이 문제에 대해서도, 이미 꼬아 놓은 새끼를 불에 태우면 '재 새끼'가 된다는 사실을 노인에게서 배웠다고 한다.

이렇듯 지혜의 덩어리를 가진 노인을 고려장으로 매장할 리는 없었던 것이고, 동방예의지국이자 군자의 나라인 우리 민족인 만큼, 고려장은 없었던 것으로 보야 할 것이다.

요즘 각 분야에서 여성들의 활약상이 돋보이며 여성들의 위상이 높아지고 있다. 그만큼 여성들에 대한 편견이 사라지고 있다는 증거이다. 그러나 우리나라는 예부터 유교사상이 지배해 남성에 비해 여성들에게 심한 제약이 가해져 왔으며 그만큼 여성들의 사회적 지위는 남성에 비해 상대적으로 불리한 것이 사실이었다. 그러나 고려시대에는 여성들도 비교적 자유롭게 살아왔음이 최근 발간된 책자에서 밝혀졌다.

역사학자 이인화 씨는 최근 펴낸 『한국사 이야기』에서 고려시대 여성들의 지위가 조선시대보다 월등히 높았으며, 그만큼 남녀평등이 이루어졌음을 많은 사료를 바탕으로 구체적으로 제시하고 있다. 고려시대에는 남녀가 매우 자유롭게 어울렸다. 팔관회나 연등회 같은 행사나 축제는 물론 동네 모임에서도 별 제약 없이 교제했으며 여름철에 남녀 구분 없이 시냇물에서 몸을 드러낸 채 목욕했다. 절을 할 때도 남녀가 똑같았는데 그만큼 남자의 절과 여자의 절에 대한 구분이 없었다.

고려시대는 자유 연애가 보장됐다. 여자들은 마음에 드는 남자와 교제한 뒤 부모의 허락이 있으면 언제라도 혼인할 수 있었고 혼례장소는 대부분 신부의 집인 경우가 많았다. 신랑은 처가에서 노역봉사를 하면서 처가 식구가 됐으며 이런 생활은 자식을 낳을 때까지 계속되기도 했다. 고려시대에는 기본적으로 일부일처제였다. 그러나 이 같은 제도는 몽골 침략기에 일

---

**13** 조선일보, 1998. 2. 10

부다처제 풍습이 전해지면서 남자들이 첩을 두는 풍조가 서서히 생기기 시작했다. 친족의 범위도 부계와 모계를 가리지 않고 8촌 이내였다. 조선시대의 부계 8촌, 모계 4촌으로 규정한 것에 비하면 얼마나 여성들의 지위가 높았나를 알 수 있는 것이다. 남편이 죽으면 아내가 호주가 됐으며 모든 재산권과 상속권을 행사할 수 있었다. 이혼도 자유로웠다. 남편이 아내를 학대하거나 아내가 부정을 저지르는 등 타당한 이유가 있으면 언제든지 이혼이 가능했다. 그러나 이혼은 쌍방의 합의가 있어야 하며 남편이 이유 없이 아내를 버리면 관직에서 쫓겨나 유배를 당하기도 했다.

이혼한 독신녀는 재가가 허가되었으며, 재가녀(再嫁女)에 대해 철저히 차별했던 조선시대와는 달리 고려시대에는 재가녀나 그의 자녀들을 차별하지 않았다. 심지어 이혼녀가 왕비가 된 경우도 있었다. 상속 때도 상속권자의 특별한 유언이 없는 한 남녀 구별 없이 고르게 재산을 분배 받았으며 제사도 아들과 딸이 돌아가면서 지냈다. 또한 딸들에게도 부모봉양의 책임이 주어졌는데, 그렇다고 남녀가 완전히 평등한 것은 아니었다. 여자들은 벼슬자리에 나아갈 수 없었으며 사회활동은 할 수가 없었다. 그러나 고려시대 여인들의 지위는 다른 시대 여인들에 비하면 권리와 자유가 파격적으로 보장된, 그야말로 '열린사회'였던 것이다. 오늘날의 여성들 지위는 고려시대의 그것과 상당히 닮아 있음을 알 수 있다.

 상기 사례는 조선일보 문화부에서 정리한 글을 수록한 것이
다. 우리 조상은 고대 이래로 남녀의 구별이나 차별이 없었
다. 남존여비, 칠거지악, 3종지도 등은 유교문화의 유입과 조
선왕조 500년 동안 유교의 교리나 학문을 통치 논리화한 데
서 비롯된 것으로 보아야 할 것이다. 한 예로, 상고시대에도
우리 민족은 남녀를 평등시 했던 점을 발견할 수 있는데,『환
단고기』의 '중일사상'에 나오는 내용, 즉 爲父當慈爲子當孝
爲君當義爲臣當忠 爲夫婦當相敬(위부당자위자당효 위군당의
위신당충 위부부당상경)'으로 '부모는 마땅히 자식을 사랑하
고 자식은 마땅히 부모에게 효도해야 한다. 임금은 마땅히 의
로워야 하고 신하는 마땅히 충성해야 한다. 부부는 마땅히 서
로 존경해야 한다.'는 내용이다. 우리 민족은 이처럼 좋은 문
화를 가지고 있음에도 '낙화암의 삼천궁녀', '동쪽의 오랑캐
(동이족)', '무궁화 꽃나무의 수난' 등은 일제(日帝)의 역사문
화 말살 정책과 무관하지 않다고 본다. 따라서 우리의 역사와
문화에 대해서 자긍심을 가질 수 있도록 교육할 필요가 있는
것이다.

**사례 11** 「사이또 교육 시책」과 우리의 효 사상 왜곡[14]

　일제 35년 동안 그들이 우리의 역사와 문화를 말살하기 위해
갖은 수단을 다 동원했는데, 그 골자를 '사이또 교육시책'에서
발견할 수 있어 그 일부를 소개해 본다.

**14** 김삼웅,『순국』'사료말살과 역사왜곡 및 날조', 1997. 8

① 먼저 조선 사람들이 자신의 일·역사·전통을 알지 못하게 만듦으로써 민족혼·민족 문화를 상실하게 하라.

② 그들의 조상과 선인들의 무위, 무능과 악행 등을 들추어내 그것이 그 부조(父祖)들을 경시하고 멸시하는 감정을 일으키게 하여 그것을 하나의 기풍으로 만들라.

③ 그 결과 조선 청소년들이 자국의 모든 인물과 사적에 관하여 부정적인 지식을 얻어 반드시 실망과 허무감에 빠지게 될 것이니, 그때에 일본 서적·일본 인물·일본문화를 소개하면 그 동화의 효과가 지대할 것이다. 이것이 제국 일본이 조선인을 반(半) 일본인으로 만드는 요결인 것이다.

일제가 조선을 강제병합한 후 가장 먼저 서두른 것이 약탈이었다. 그들은 1910년 11월에 설치한 취조국을 통해 전국의 각 도, 군·경찰과 헌병을 총동원하여 조선의 사서(史書)를 비롯한 전통·문화·예술·인물·전기·열전·충의록·무용전(武勇傳)에 이르기까지 샅샅이 뒤져 압수하기 시작했다. 각종 서적의 압수는 서울 종로 일대의 서점은 말할 것도 없고 각향 각처의 향교, 서원, 양반, 세도가의 집 등에서 빠지지 않고 행해졌다. 총독부가 눈에 불을 켜고 찾은 서적은 단군 관계 조선사를 비롯하여 각종 고사서가 중심이었다. 그들이 압수하도록 지시한 '금서의 기준'을 보면 다음과 같다.

첫째, 조선의 역사책이나 의사·열사·영웅들에 관한 전기류, 족보·만세력까지 포함한다.

둘째, 조선의 인문·지리·풍습에 관한 서적을 망라한다.

셋째, 외국의 독립 운동사나 망국사와 같은 외국 역사책을 포함한다.

넷째, 무궁화나 태극기에 관한 책을 포함한다.

다섯째, 서양의 민주주의 사상이나 러시아의 사회주의 사상에 관한 일체의 문헌을 포함한다.

여섯째, 농민운동·청년운동·여성운동 또는 야학운동 같은 내용을 다룬 책을 포함한다.

**해설** ● 일본은 1919년 3월 1일 3·1항쟁의 거센 민족적 저항을 겪은 후 형식적이나마 무단정치(武斷政治) 대신 문화정치(文化政治)를 표방하고 나왔다. 이러한 방침에 따라 새로 부임한 사이또 총독은 교활한 교육시책을 내걸고 조선정신 말살을 기도하면서 조선사 편찬위원회(조편위)의 설치를 서둘렀고, 1922년 12월 훈령 제64호에 의거 '조편위'가 구성되었으며, 여기에는 한국인 이병도·이능화 등이 포함되었다. 또한 일제의 흉행 가운데 빼놓을 수 없는 것은 수많은 사서(史書)를 약탈하고 불태운 짓이다. 그들은 이것도 모자라 역사를 왜곡·날조하고 연구기관을 강제로 해체시키는가 하면 우리를 사대성과 당파성에 찌든 민족이라고 비하시키는 등 어용사기(御用史記)를 총동원하였다. 징병·징용·정신대로 청장년을 끌어가고, 공출의 미명 아래 물자를 빼앗고, 신사참배·창씨개명·한글과 우리말 사용을 금지하여 민족정신을 짓밟은 일제가 저지른 역사왜곡과 날조, 그리고 비하는 어쩌면 당연한 수순이었는지 모른다. 이런 짓을 서슴지 않는 일제의 행위가 얼마나 치밀하고 간악했는지, 우리는 지금도 그들의 만행에 분노와 전율을 느끼게 된다.

　필자는 초등학교 때부터 우리의 역사 교육을 받으면서 의문을 가진 것들이 있는데 예를 들면 다음과 같은 것들이다.

　첫째, 낙화암 삼천궁녀와 관련된 내용이다. 과연 낙화암에 삼천 명의 여인이 빠져죽을 수 있는 공간이 되는가? 당시 궁녀의 수가 삼천 명이었다면 부여성(夫餘城)의 인구는 얼마였단 말인가?, 이점에 대해 부여군청 담당자에게 찾아가 문의한 결과, 당시 부여성의 인구는 알 수가 없다는 것이었다. 그렇다면 낙화암 삼천궁녀 숫자는 무엇인가? 이는 필시 백제의 문화와 지도자(의자왕)의 리더십을 왜곡하기 위해 만들어졌을 수도 있겠다는 생각을 하게 되었다.

　둘째, 우리가 일제에게 식민통치를 받은 기간이 왜, 36년인가 하는 점이다. 일제에 나라를 빼앗긴 국치일(國恥日)은 1910년 8월 29일이고, 광복된 날이 1945년 8월 15일이므로 1945년에서 1910년을 빼면 만 35년이 채 되지 않는 기간이다.

　셋째, 우리는 동이족(東夷族)인데 동쪽에 있는 어진 성품을 가진 민족으로 해석하지 않고 왜, 동쪽의 오랑캐 족으로 해석되고 있는가이다. 이점은 [사례 8 : 동이족은 동쪽 오랑캐인가?]의 해설에 제시하였다.

　넷째, 우리나라의 국화(國花)인 무궁화 나무는 왜, 아름드리 나무는 보이지 않고 벚꽃나무는 굵은 나무가 많은가? 하는 점이다. 또한 일제가 무궁화 나무에 대해서 온갖 낭설(浪說)을 퍼뜨려서 소멸시키려 했기 때문일 것이다.

　다섯째, 우리의 대표적 토종견인 삽살개(揷殺犬)는 왜, 멸종시키고 진돗개는 천연기념물로 삼았는가? 하는 점이다. 확인해본 결과 진돗개는 천연기념물 제 53호로 1938년도에 일제가 지정하면서, 우리 민족의 기질을 가장 많이 닮았다는 삽살개는 년간 50만 마리 가까이를 살해했음을 알게 되었다. 그리고 알려진 이야기이지만, 주인에게 충성심이 가장 강한 개가 삽살개였고, 그 무덤이 의구총(義狗塚)인데, 그 주인공이 대부분 삽살개라는 점이다. 결국 경북대학교 하지홍 교수의 끈질긴 추적과 연구로 삽살개를 1992년도에 천연기념물 제 368호로 지정 받은 바 있다.

여섯째, 고교 시절 창경원에 구경을 갔다가 느낀 내용으로 왜, 왕궁(王宮)에 동물원이 있을까 하는 의구심이었다. 효를 연구하면서 알게 된 사실은 일제의 치밀한 계획에 의해서였음을 알게 된 점이다. 일제는 순종 3년(융희 3년, 1909)에 창경궁 안에 동물원과 식물원을 개설하고 일반인에게 관람케 했던 것이다. 1911년에는 일제가 궁 안에 박물관을 설치하면서 동·식물원을 포함하여 창경원이라 이름을 고쳐 격을 떨어뜨렸다. 그 후 1983년 12월부터 1986년 3월까지 3년여를 걸쳐 창경궁을 왕궁 본래의 모습으로 복구하는 한편 궁 안에 있던 동·식물원을 철거하였다.

일곱째, 직업군인의 신분으로 역사를 공부하면서 느낀 점은 군에서 소위 위탁교육으로 대학에서 역사학을 전공한 사람들과 역사를 논하다 보면 "역사도 모르는 사람이 상고사를 어떻게 아느냐?"는 식의 핀잔을 들을 때였다. '반만년 유구도 하다, 우리의 역사…' 라는 군가(軍歌)의 가사에도 나오듯이, 역사학에 대하여 위탁교육으로 받은 사람이라면, 유구(悠久)한 역사를 찾아내려고 노력해야 할 텐데 필자처럼 독학(獨學)으

로 공부하는 사람의 역사의식은 무시하고 핀잔하는 자세 또한
일제 식민사관을 배운 탓이 아닐까 하는 의구심을 갖게 됐다.
역사학을 전공한 사람이라면 우리의 역사를 추적해서 반듯한
역사를 정리하려는 자세를 가져야 할 것으로 생각된다.

　이렇듯 일제의 만행과 그 영향을 볼 때, 그들의 만행으로 인
하여, 우리의 보편적·이타적 가치인 효의 본질이 왜곡될 수
있었음을 느낄 수 있는 대목이다. 자신의 일과 역사를 알지
못하게 하고 부모와 조상을 경시하게 하는 기풍을 만들어 우
리 국민에게 허무감을 주려한 것이다. 이렇듯 효 사상을 왜곡
케 하려는 의도가 있었고, 그 영향이 오늘날에도 미치고 있는
것이다. 일본은 분명 우리의 이웃나라인 것은 맞지만, 그러나
왜곡된 역사, 문화 말살 정책을 시도한 것까지 잊어서는 안될
것이다.

## 나. 토의

① 사례의 내용을 요약하고, 정체성 확립의 관점에서 분석
해본 다음, 각자의 의견을 발표해 봅시다.

② 효와 관련하여 정신문화의 뿌리에 대한 일부의 오류와
그 원인에 대하여 발표해 봅시다.

③ 민족 정체성의 관점에서 효의 인식에 대한 영향요인을
발표해 봅시다.

# 제 2 장

# 효에
# 대한 인식과 과제

인식(認識)이란 '어떤 사물에 대해 분별하고 판단하여 아는 것'이다. 그리고 과제(課題)는 '어떤 것을 처리하거나 해결해야 할 문제'를 말한다. 그러므로 효에 대한 인식과 과제는 21세기에 적용해야 할 효는 어떤 효이어야 하는가?, 그리고 효는 왜, 인륜질서의 근본이며, 각종 사회적 병리현상을 막기 위해서는 효 교육을 어떻게 해야할 것인가?에 대하여 방안을 모색해보는 것이다. 따라서 이를 위해서는 "효란 무엇인가?", "우리는 왜 효를 알아야 하는가?", "우리는 왜 효를 배워야 하고 또 가르쳐야 하는가?", "효는 왜 행해야 하고 어떻게 행할 것인가?", "효는 리더십과 복지, 인성교육과는 어떤 관계가 있는가?"에 대해 알아야 하고, 현재 한국이 당면하고 있는 현안과제, 이를테면 출산장려, 고령화대책, 다문화가정 문제, 학교폭력 및 사회적 병리현상을 해결함에 있어서 효를 어떻게 연계하고 교육할 것인가에 대하여 과제를 도출하는 것이다.

그런데 인간은 사물을 인식함에 있어서 똑같은 물체임에도 다르게 인식하는 경향이 있다. 이를테면 흑판에 동그란 원(○)을 그려 놓고 '이것이 무엇으로 보이느냐?'고 물으면 배고픈 사람은 '빵'으로, 포수(砲手)는 '총구'로, 식당업을 하는 사람은 '사발(그릇)'로, 운동선수는 '공(球)'으로 보인다는 것이다. 이는 각자가 과거의 경험이나 현재 처해 있는 상황에 따라 영향을 받기 때문인데, 이점에 대해 칸트는 "인식이 대상을 결정한다."고 했다. 그리고 말리노프스키는 "인간은 문화가 다르기 때문에 지향하는 가치도 약간 다르다. 사람들은 다른 목적을 추구하고 다른 충동을 가지며 다른 형태의 행복을 그리워하게 된다."고 했으며, 미셸푸코는 "앎(知)의 기저에는 문화적 체계가 있다."고 했다. 이처럼 사람은 그동안의 경험과 삶의 과정, 문화 체계 등에 따라 다르게 인식될 수 있는 것이다. 이와 마찬가지로 효를 어떻게 이해하고 개념화(概念化)하느냐에 따라 효 교육의 필요성이나 실천방법에 대한 인식도 달라진다. 이런 관점에서 효를 어떻게 인식하고, 무엇을 어떻게 발전시켜 나갈 것인가에 대해 살펴본다.

# I 효의 개념과 유래에 대하여

## 1. 효의 개념적 의미

개념(槪念)이란 사전적으로 '어떤 사물현상에 대한 일반적인 지식', 또는 '여러 관념 속에서 공통적 요소를 뽑아 종합하여 얻은 하나의 보편적인 관념[15] 이다. 이런 의미에서 효의 개념은, '효란 무엇인가?' 에 대한 일반적인 지식, 또는 효에 대하여 여러 의미 속에서 공통적인 관념을 찾아 종합하여 얻은 하나의 관념이다.

효의 의미는, 과거 농경사회와 현대사회는 효에 대한 원리는 같지만 효를 해석하고 적용하는 데는 차이가 있어야 한다. 이유는 효를 행함에 있어서 그 원리는 같지만, 상황과 환경은 영향을 받기 때문이다. 과거 농경사회의 효는 대가족제도로서, 자식이 부모에게 향하는 일방향성(一方向性)으로 이해되었고, 그리고 할머니·할아버지에게 듣고 배우는 교육도 가능했다. 그렇지만 현대의 효는 일방향성보다는 쌍방향성의 효로 이해해야 하고, 핵가족이라는 시대적 상황은 듣고 배우는 효 교육이 어렵게 되었다. 그리고 보고 배우는 형태의 교육이 이루어지게 되었다는 점에서 부모의 수범적 역할이 더욱 요구된다. 그래서 현대적 효는 부모가 모범을 보이고 자식을 사랑해야 하며, 그 사랑을 받은 자식이 부모에게 효도하는 쌍방성(雙方性)의 패러다임으로 이해해야 한다. 그러나 이런 논리는 현대에 나온 것이 아니라 과거 공맹(孔孟)시대에서부터 있어왔지만, 다만 교육이 이루어



---

**15** 『네이버 국어사전(2011. 3. 2)』

지지 않았을 뿐이다. '부자자효(父慈子孝)', '부자유친(父子有親)', 부위자강(父爲子綱) 등에 잘 나타나 있듯이 상호적 관계 속에서 이루어져 왔던 것이다. 그리고 이러한 효는 가정에서 부모와 자식 간에 형성된 성품을 바탕으로 나타나는 보편적이면서 이타적인 가치라는 점이다. 다시 말해서 아무리 세상이 변한다 해도 가정에서 부모와 자식 사이에 형성되는 원초적 사랑은 존재하기 마련이고, 이런 성품이 바탕이 되어 타인과 이웃을 사랑하게 되고 사회와 국가, 자연으로 확대되는 것이다. 그리고 현대의 효는 가정윤리로서의 영역만이 아니라 '개인', '사회', '국가'의 영역이 함께 존재할 수밖에 없는데, 그 이유는 현대사회는 자식의 효심이 있고 없고를 떠나서 부모는 자식에게 의존해서 살아가기가 어려운 시대가 되었고, 문화의 변화는 가정의 힘만으로 효를 행해지도록 하기가 어려워졌기 때문이다. 예컨대 가정에 치매환자가 발생하거나 지적장애아가 출생할 경우 가정의 힘만으로는 어려우므로 사회복지기관과 국가의 도움을 필요로 한다는 점에서다.

따라서 효에 대한 개념적 의미는 다음과 같이 세가지 관점에서 생각해 볼 수 있다. 첫째, 가정윤리로서의 효이다. 효는 부모와 자식 등 가족 구성원 각각의 관계에서 윤리로 작용한다는 점에서 가정윤리, 또는 가족사랑의 성격을 가진다. 둘째, 보편적·이타적 가치로서의 효이다. 효는 가정에서 가족 구성원 사이에 윤리적이고 사랑을 실천하는 사람이 타인과 이웃, 사회와 국가, 자연에 이르기까지 두루 사랑을 실천하게 된다는 점에서 보편적·이타적 가치의 성격을 가진다. 셋째, 행위적·실천적 관점에서의 효이다. 효는 생각으로만 이루어지는 것이 아니라 행위와 실천이 따라야 한다. 이런 점에서 효는 행위적 · 실천적 성격을 가진다.

<표 1> 효의 개념 및 분류

① 가정윤리로서의 효
② 보편적 · 이타적 가치로서의 효
③ 행위적 · 실천적 관점에서의 효

**저자 사례❶**

필자는 11남매 중 10번째로 태어났다. 부모님께서 첫 딸을 낳으시고, 두 번째로 낳으신 아들은 6일 만에 홍역으로 잃고, 딸 여섯에 이어 끝으로 아들 셋을 낳으신 탓에 귀여움을 받으면서 자랐다. 하지만 필자를 낳으실 때 어머니의 연세가 마흔이셨으니 필자는 노인자제였다. 그런데 필자가 사관학교 재학시절 방학 때 고향집에 가면, 시골 장날에는 어김없이 아들(필자)을 앞세우시고 시장을 가시고 싶어하셨고, 군대에서 계급이 올라갈 때마다 고향집에 어머니를 뵈러 가면 항상 마찬가지이셨는데, 지금에 와서 생각해보면, 아들을 자랑하고 싶으셨던 소박한 마음이셨던 같다. 장교로 임관 후 소위, 중위, 대위, 소령, 중령, 대령으로 진급했을 때, 대대장과 연대장 취임식 때, 그리고 박사학위를 받는 날 어머니를 단상에 모셨을 때 어머니께서 너무나 기뻐하시던 모습이 눈에 선하다. 지금도 어머니께 그때의 아들의 모습에 대해 질문을 여쭈면 어머니는 매우 좋아하신다.

필자 또한 그러한 어머니의 모습을 보면서 더욱 열심히 해야겠다고 다짐했고, 노력함으로 인하여 오늘에 이르게 되었다고 생각한다.

효의 유래(由來)란, 효가 어디로부터 있어왔는가에 관한 것이다. 사람들은 대체로 "효는 중국의 유교(儒敎)에서 비롯되었다.", 또는 "효는 우리 민족의 고유사상이다." 등으로 인식하는 경향이 있다. 그러나 효는 부모와 자식의 관계가 시작됨과 함께 존재했고, 우리 민족 특유의 부모·자식 관계 속에서 사랑의 감정이 유지되어 왔으리라는 점을 짐작할 수 있다. 때문에 효는 어느 나라에나 있어왔으며, 우리 민족에게도 상고시대부터 존재해 왔다고 보아야 한다. 그런데도 효의 유래에 대한 인식이 분명치 않은 이유는 우리의 옛 문헌들이 외세의 침략이나 정치적 불안 등으로 훼손당함으로써 유래를 정확히 알기가 어렵고, 또 하나는 조선왕조가 유교(儒敎)를 국교로 하면서 공자(孔子), 맹자(孟子), 주자(朱子) 등의 사상이 담긴 문헌에 의존해서 교육이 이루어지다보니 중국으로부터 유래한 것으로 착각하는 면이 있다. 그러나 분명한 것은 조선시대 이전에 고려시대, 삼국시대, 고조선시대 등이 있었고, 그러한 시대에 우리 민족의 정서와 함께 이어져 온 효가 있었다는 점이다. 즉 중국의 공자(孔子)시대 이전에 우리는 동이(東夷)족이라는 이름으로 우리 겨레의 모습이 존재했고, 그 때부터의 효가 있었던 것으로 이해해야 한다. 이를테면 『설문해자』에 "동이(東夷)는 군자가 죽지 않는 나라이다. 예의를 잃으면 동이에 가서 배워라."는 공자의 말이 기록돼 있다.

따라서 효의 유래는 한국이든 중국이든 어떤 국가나 민족에서든 부모와 자식의 관계와 함께 가정윤리와 가족사랑으로 존재했다는 점에서, 효의 유래는 큰 의미가 없다고 하겠다. 다만 효 교육에 인용되는 사례들에 있어서 중국의 춘추전국시대부터 조선왕조시대에 이르기까지 여러 사례가 있는데, 이러한 사례들이 어디서 유래한 것인가에 대해서는 분명하게 알고 적용할 필요가 있다. 예컨대 '원각(元覺)의 지게 이야기'의 효 사례는 중국에서 유래한 사례임에도 사람들은 대체로 우리 쪽의 사례로 인식하는 경향이 있고, 이것이 마치 고려장(高麗葬)과 연계된 것으로 이해하는 시각이 있으나 실제 고려시대에는 고려장(高麗葬)이 없었던 것으로 알려지고 있다.[16] 때문에 그러한 사례를 분명하게 알고 교육에 인용해야 하는 것이다. 또한 『삼국사기』, 『삼국유사』, 『삼강행실도』, 『오륜행실도』 등에 수록된 사례들도, 그 사례의 내용과 출처, 당시 상황을 유추하면서 이해해야 하는 것이다. 이점에 대해 사암(俟菴) 정약용(丁若鏞)은 "여러 문헌에 등장하는 효 사례는 신령(神靈)스럽고 의(義)에 합당하지 않으며 진실성을 의심할 만한 내용이 들어 있다."[17]고 지적하기도 했다.

---

**16** 민병하, 고려법과 그에 나타난 윤리관, '대동문화연구' 21, 서울 : 성균관대학교 대동문화연구원, 1986, pp.164~165

**17** 박석무, 정혜렴 편역, 정약용 저, 『다산문학선집』「유곡산향교권효문(諭谷山鄕校勸孝文)」, 현대실학사, 2000, pp.367~373

# Ⅱ 효 교육의 이유와 방법에 대하여

## 1. 효 교육의 이유

효를 왜, 가르쳐야 하는 것인가?에 대하여 우리는 알 필요가 있다. 인간은 본디 교육에 의해서만 사람다운 사람이 될 수 있는데, 이는 효에서 비롯된다. 그래서 공자는 "효는 덕의 근본이요 모든 가르침이 그로 말미암아 생겨난다."[18]고

했다. 인간이 교육을 받지 않으면 짐승과 똑 같은 삶을 살게 된다는 것도 이 때문인데, 이러한 사실은 프랑스의 '야생소년'[19]과 인도의 '늑대자매'[20]의 사례를 통해 잘 알려져 있다. 사람들은 대체로 효는 교육하지 않아도 천성적으로, 또는 자연스럽게 터득되는 것으로 인식하는 경향이 있는데, 이는 결코 그렇지 않다. 야생소년과 늑대 소녀 사례처럼 사람은 교육을 받지 않으면 인간으로서의 모습이 아니라 짐

---

**18** 『효경』「개종명의」: "孝 德之本也 教之所由生也"

**19** 1795년 프랑스의 아베롱 숲에서 '이따르' 라는 사람이 당시 12-13세로 추정되는 야생소년을 발견했는데, 짐승들과 함께 생활한 탓에 원래 인간의 모습으로 되돌려 놓는 것이 불가능하였다고 기술하고 있음.

**20** 1920년 미국의 '싱' 목사 부부가 인도의 벵갈 계곡에서 두 자매를 발견했는데, 이들은 늑대 굴에서 늑대와 함께 생활해온 탓으로 네발로 걷기를 좋아했고 익힌 고기는 먹지 않았으며 언어 터득에 고통스러워한 끝에 아말라(당시 1세)는 1년을 살다 죽었고, 카말라(당시 8세)는 9년을 살다가 죽었다고 기술하고 있음.

승의 모습으로 살아갈 수밖에 없다. 효 교육 또한 마찬가지인데, 율곡(栗谷)은 이점에 대해 "대체로 사람들은 부모에게 효도해야 한다는 것을 알면서도 효도하는 사람이 별로 많지 않은데, 그 이유는 부모의 은혜를 깨닫지 못하기 때문이다"[21]라면서 부모의 은혜를 깨닫도록 효를 가르쳐야 한다고 했다. 따라서 효를 교육해야 하는 이유는 첫째, 효를 가르치는 것은 하늘의 이치를 따르는 것이기 때문이다. 효는 인간으로서 해야 할 기본이며 불효는 가장 큰 죄악이므로 효를 하도록 가르쳐야 하는 것이다. 『효경』에 "부모와 자식의 도는 하늘의 뜻에 따르는데 있다.[22]고 했고, 『불경』에 "낳으실 때 서말 서되의 피를 흘리시고 여덟섬 너말의 젖으로 키우주신 부모님의 은혜를 알게 해야 한다.(부모은중경)", "효는 수행자의 삶의 기준과 준거, 죄악을 범하지 못하게 하는 규정이다.(범망경)" 『성경』에 "네 아버지와 어머니를 공경하라, 이것이 약속 있는 첫 계명이니, 이는 네가 잘되고 이 땅에서 장수하리라.(에베소서 6:2-3)"고 했다. 따라서 인간이라면 하늘의 이치에 따라야 하므로 효를 가르쳐야 하는 것이다.

둘째, 효는 교화육성(敎化育成)의 근본으로 작용하기 때문이다. 교육은 교화육성의 준말이다. 그리고 교육의 근본은 효에서 나오는 것이다. 『효경』에 "효는 덕의 근본이요 모든 가르침이 그로 말미암아 생겨난다."[23]고 한 것은 이를 뒷받침한다. 자식의 입장에서 부모님의

---

**21** 『격몽요결』「사친장」: "凡人莫不知親之當孝而孝者甚鮮由不深知父母之恩故也"

**22** 『효경』「부모생적장」: "父子之道 天性也"

**23** 『효경』「개종명의」: "孝 德之本也 敎之所由生也"

입장을 생각하고, 부모님 걱정 끼쳐드리지 않고 기쁘게 해드리는 방안을 찾도록 하면 교육이 저절로 이루어지는 것이다. 『불경』에 "부모와 스승과 어른을 공경할 줄 아는 사람이 어린이를 사랑하고 높은 지위에 올라 나라를 위해 이치를 구현할 수 있다.(삼세인과경) ", 『성경』에 "만일 어떤 과부에게 자녀나 손자들이 있거든 저희로 먼저 자기 집에서 효를 행하여 부모에게 보답하기를 배우게 하라. 이것이 하나님 앞에 받으실만한 것이니라.(디모데전서 5 : 4)"고 이르고 있다.

셋째, 인성함양(人性涵養)의 기초로 작용하기 때문이다. 인성(人性)은 타인(人)의 마음(心)이 살아나도록(生) 도와주려는 이타적 마음이다. 『효경』에 "부모를 사랑하는 사람은 다른 사람을 미워하지 않고, 부모를 공경하는 사람은 다른 사람을 업신여기지 않는다."[24], "부모를 섬기는 사람은 윗자리에 있어도 거만하지 않고 아랫자리에 있어도 질서를 어지럽히지 않으며 여럿이 함께 있어도 서로 다투지 않는다."[25]고 했다. 그렇기 때문에 효를 가르치면 이타성과 함께 인륜질서가 저절로 확립되는 것이다.

넷째, 사람이 된 후 학문과 명예, 재물을 모으는 등 기본 도리를 알아야 하기 때문이다. 한마디로 사람다운 사람이 되기 위함이다. 효를 아는 것은 사람으로서의 기본 도리(道理)를 아는 것이다. 사람이 사람으로서의 도리를 아는 것은 가장 먼저 해야 할 일이다. 따라서 가정교육과 학교교육, 사회교육에서 효를 가르치지 않으면 결과가 좋게

**24** 『효경』 「천자장」 : "愛親者 不敢惡於人 敬親者 不敢慢於人"
**25** 『효경』 「기효행장」 : "事親者 居上不驕 爲下不亂 在醜不爭"

나오기가 어렵다. 예를 들어 부부관계와 부자관계가 원만치 못한 사람이 공부를 많이 해서 박사학위를 취득하고, 공직이나 정치분야의 높은 직위에 오르거나 부를 많이 축적했을 경우, 그런 사람이 세상에 어떤 영향을 미칠 것인가에 대해 생각해 보면 알 수 있다.

다섯째, 국가발전의 원동력으로 삼아야 하기 때문이다. 효 교육은 시대적 요구인 동시에 효행장려지원법을 활성화하는 지름길이다. 국가가 발전되려면 서로가 신뢰하는 사회를 만들어야 한다. 이점에 대해 『맹자』는 "주변 사람들로부터 신뢰 받는 핵심적인 요인은 부모님께 효도하는 모습이다."라고 했고, 청나라의 학자인 고염무(顧炎武)도 "국가는 무력에 의해 망하지만 천하는 도덕과 윤리에 의해 무너진다."고 했는데, 효는 도덕과 윤리의 기본인 동시에 신뢰의 전제요건이다. 그래서 효행장려지원법(제1조, 목적)에도 "효를 국가차원에서 장려함으로써 고령사회 문제를 해결하고 국가발전의 원동력으로 삼는 외에 세계 문화발전에 이바지 한다"라고 기록하고 있다.


## 2. 효 교 육 의 방법

효를 어떻게 가르쳐야 할 것인가에 대한 것이다. 효 교육은 어디에 주안을 두고, 어떤 계층을 대상으로, 어떻게 가르치느냐가 중요한데, 첫째, 효 교육의 주안(主眼)을 어디에 둘 것인가 하는 점이다. 교화의 과정(知/앎→情/느낌→意/다짐→行/행동)에서 효를 바르게 알도록 하는 '지(知)'의 영역이 중요하다. 그래야 이 시대에 맞는 효 교육을 할 수 있기 때문이다.

둘째, 효 교육의 대상에 관해서이다. 효 교육은 어린이와 청소년에 국한할 것이 아니라 성인과 노인 계층에 이르기까지 확대할 필요가 있다. 왜냐하면 '부자자효(父慈子孝)'의 원리로 볼 때, '내리사랑'의 결과에 대한 반응으로 '올리효도'가 있을 수 있으며, 효를 하는 사람도 중요하지만 효를 받는 사람의 역할이 중요하기 때문이다. 예컨대 지하철이나 버스에서 청소년들로부터 자리를 양보 받은 어른이 그냥 앉는 것보다는 청소년에게 감사(感謝) 표시와 격려 및 덕담으로 화답하면 학생에게 좋은 교육이 되는 것이다. 그러나 민망할 정도로 학생을 나무란다거나 양보한 젊은이에게 감사의 표시가 없다면, 이는 '윗물'이 맑지 않으면서 '아랫물'이 맑기를 기대하는 것과 같다. 사실 지금의 노인들은 교육의 혜택을 받지 못한 세대로 볼 수 있다. 그리고 사람은 원래 망각의 동물이기 때문에 연령과 수준에 맞는 교육이 지속적으로 재충전되어야 한다는 점에서, 효 교육의 대상을 주부를 비롯한 장년·노년층에 이르기까지 확대할 필요가 있다.

셋째, 효를 교육할 장소에 대해서이다. 효 교육은 가정에서만이 아닌 학교, 종교시설, 직장(회사), 군대, 시민사회단체 등으로 확대해야 한다. 학교는 효 교육의 중심이라는 점에서 학교교육은 중요하다. 이 점에 대해 맹자는 '역자교지(易子敎之)', 즉 "자식 교육은 서로 바꾸어서 가르쳐야 한다."고 했다. 효는 윤리, 도덕에 속한 영역이라서 부모가 직접하기보다는 부모끼리 서로 바꾸어서 가르쳐야 한다고 한 것이다. 이를 오늘에 비춰보면 핵가족화된 가정에서 효 교육이 어려우므로 학교에서 가르쳐야 한다는 의미로 해석할 수 있다. 군대에서 효 교육도 중요하다. 사람들은 대체로 "학교가면 사람된다."보다 "군대

가면 사람된다.”고 생각하는 경향이 있는데, 이는 군대의 효 교육 환경이 좋기 때문이다. 장병들이 입대하기 전까지는 부모님 슬하에서 호의호식(好衣好食)했지만, 막상 입대하게 되면 주위가 낯설고 대부분을 혼자서 해결해야 한다. 그러다보면 보모님이 그립고 은혜를 생각하기 마련인데, 이런 환경에서 효를 교육하는 것은 대단히 효과적이고, 또한 국민교육의 도장으로서의 사명을 다하는 것이 된다. 이야말로 사람이 먼저 되고 나서 군인이 되도록 하는 좋은 교육인 것이다. 그리고 직장에서도 산모들이 직장생활을 하면서 육아를 병행할 수 있도록 여건을 제공해주는 것은 출산장려와 함께 효를 실천하는 것이며, 직장생활을 열심히 하는 것이 부모님께 효를 실천하는 것이고 고령사회를 대비하는 것이라는 점에서 일석삼조의 효과가 있는 교육이다.

넷째, 교육 내용에 대한 패러다임이다. 교육 내용도 농경사회의 효로 상징될 수 있는 ‘심청전’이나 ‘나무꾼과 선녀’, ‘손순매아’, ‘향득사지’. ‘성무구어’ 등과 같은 사례보다는 복싱의 홍수환, 피겨의 김연아, 수영의 박태환, 골프의 박세리, 신지애, 최경주, 축구의 박지성, 지소연, 야구의 류현진, 박찬호, 이승엽, 이대호, 농구의 김주성 등의 경우를 사례로 드는 것이 효과적이다. 이들은 부모에게 순종하고 기쁨을 드리기 위해 열심히해서 입신양명(立身揚名)을 이룬 표상이기 때문이다. 예를 들어 “심청이 처럼 효도해라.”, “나무꾼처럼 효도해라.”, “손순이처럼 효도해라.”, “향득이처럼 효도해라.”, “이성무처럼 효도해라.”는 식의 사례는 인륜질서에도 맞지 않을 뿐더러 비현실적이어서 교육의 효과를 얻기가 어렵다.

다섯째, 효는 보고 배운다는 점에 유념해야 한다. 과거 농경사회였던 전통사회에서의 효 교육은 대가족 제도였던 탓에 조부모에게서 '듣고 배우는 교육'과 '보고배우는 교육'이 가능했지만, 현대사회는 핵가족 시대이므로 부모를 통해서 '보고 배우는 교육'에 의존하게 되었다는 점에서 부모의 수범(垂範)이 더 요구되고 있다. 따라서 부모가 조부모에게, 스승이 부모님에게 효하는 행동을 보여줌으로써 자녀들과 제자들이 배우게 해야 한다는 점에 유념해야 하는 것이다.

# Ⅲ 효행(孝行)의 이유와 방법에 대하여

## 1. 효를 행해야 할 이유

효를 교육하는 이유와 목적은 효를 행하도록 하는데 있다. 따라서 효를 행동과 실천으로 옮기도록 하는 것이 중요한데, 효를 행해야 하는 이유는 당위적(當爲的)으로 부모와 자식은 각자의 입장에서 도리를 다해야 하기 때문이다. 효는 '부자자효(父慈子孝)'와 '부자유친(父子有親)', '부위자강(父爲子綱)'의 원리에 바탕을 두고 있기 때문인데, 율곡 이이(李珥)도 "부모가 되어서는 마땅히 자식을 사랑하고 자식은 마땅히 부모에게 효도해야 한다"고 했다. 그러함에도 사람들은 대체로 효를 부모의 역할과

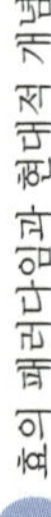

도리보다 자식의 역할과 도리에 초점을 맞추는 경향이 있는데, 이는 맞지 않다.

효란 부모는 부모로서, 자식은 자식으로서 도리를 다하는 사랑의 감정이라는 점에서, 서로의 역할과 도리를 필요로 하기 때문이다. 이런 맥락에서 효를 행해야 하는 이유는 첫째, 부모와 자식은 서로 사랑해야 하기 때문이다. 효는 부모와 자식의 원초적인 사랑에서 출발한다. 자식이 어렸을 때는 부모의 사랑을 자양분으로 성장한다. 그리고 부모가 늙어서 생활력을 잃게 되면 자식의 도움으로 살아가야 하기 때문에 부모와 자식은 서로 사랑해야 하는 것이다. 『효경』에 "효자가 부모를 섬김에 평소에는 공경을 다하고 봉양할 때에는 즐거움을 다하고 질병에 걸렸을 때는 근심을 다하고 돌아가셨을 때는 슬픔을 다하고 제사지낼 때는 엄숙함을 다해야 한다. 이 다섯 가지를 갖춘 뒤라야 부모를 잘 섬긴다고 할 것이다.(기효행장)"[26]라고 했고, 『불경』에는 "자식은 부모를 다섯 가지로 섬겨야 하고, 부모 역시 다섯 가지로 자식을 돌보아야 한다. 자식의 다섯 가지는 살림살이 · 식사제공 · 걱정 끼치지 않음 · 부모의 은혜를 생각하는 일 · 병을 치료해드리는 것이고, 부모의 다섯 가지는 자식을 위해 좋은 일을 하고 학업을 가르치며 경전과 계율을 지니게 한다. 장가들이고 자식의 재산을 맡아주는 것이다.(불설시가리월육방예경)"라고 했다. 『성경』에는 "효는 부모를 기쁘게 하고 걱정 끼치지 않는 것이며, 자녀를 돌보고 사랑하는 것이다.(잠언 23:25, 골로새서 3:21)"라고 했다.

26 "孝子之事親也 居則致其敬 養則致其樂 病則致其憂 喪則致其哀 祭則致其嚴 五者備矣 然後 能事其親"

둘째, 부모와 자식은 천륜인 관계로 하늘의 이치에 따라야 하기 때문이다. 부모와 자식의 관계는 인륜보다 천륜에 가깝다. 부모와 자식의 관계를 기초로 타인과 이웃, 사회와 국가, 자연에 이르기까지 확대되어 가는 것이다. 효는 천륜이기 때문에 하늘의 이치에 따라 순리적으로 삶을 살아가야 한다. 우리는 예부터 하늘을 경외(敬畏)하고 인간을 널리 이롭게 하는 홍익(弘益)인간정신에 바탕을 두고 살아온 민족이다. 『효경』에 "사람의 행위 가운데 효보다 큰 것이 없고, 효는 부모를 공경하는 것 보다 큰 것이 없으며, 부모를 공경하는 것은 하나님과 같은(짝을 이루는) 존재로 생각하는 것보다 더 큰 것이 없다.(성치장)"[27]고 했고, 『성경』에 "부모를 거역하는 것은 성령을 거스르는 것이므로 성령은 이러한 사람들을 반드시 사망케 한다.(마태복음 15:4, 로마서 1:32)"고 했으며, 『맹자』에도 "하늘의 명령에 순종하는 자는 생존하고, 하늘의 명령을 거역하는 자는 망한다.(이루 상편)"[28]고 이르고 있다.

셋째, 효는 보편적(普遍的)·이타적(利他的) 가치로서 두루 남을 도와야 하기 때문이다. 우리의 전통문화인 효가 이타적 가치인 점은 홍익인간(弘益人間) 정신에도 나타나 있다. 인류만이 아닌 자연까지도 이롭게 하라는 홍익인간 정신은 고조선(B.C. 2333~B.C. 108)의 건국이념임과 동시에 교육법 제2조(교육이념)에 "홍익인간의 이념아래 모든 국민으로 하여금 인격을 도야하고 자주적 생활능력과 민주시민

27 "人之行莫大於孝 孝莫大於嚴父 嚴父莫大於配天"
28 "順天者存 逆天者亡"

으로서 필요한 자질을 갖추게 하여 인간다운 삶을 영위하게 하고 민주국가의 발전과 인류공영의 이상을 실현하는데 이바지함을 목적으로 한다."고 규정하고 있다. 『맹자』에 "자기 집 노인을 공경하여서 그 마음의 다른 집 노인을 공경하는데 까지 미치게 하고, 자기 집 어린이를 사랑하여서 그 마음의 다른 집 어린이를 사랑하는데 까지 미치게 한다. 이렇게 마음을 쓴다면 천하를 쉽게 다스릴 수 있다.(양혜왕 상)"[29], "리더(군자)는 금수(禽獸)에 대해 그 살아있는 것을 보고서는 그것이 죽는 것을 차마 보지 못하며, 그 죽는 소리를 듣고서는 차마 그 고기를 먹지 못하는지라, 군자는 주방과 푸줏간을 멀리하는 것이다.(양혜왕 상편)"[30]라고 했으며, 『예기』에 "수목(樹木)은 때에 맞춰 베고 금수(禽獸)도 때에 맞춰 죽이지 않으면 효가 아니다.(제의편)"[31]라고 했다. 이렇듯이 사람은 상대방을 이롭게 하는 이타적 삶을 살아야 하는데, 이는 효에서 비롯되는 것이다.

넷째, 부모와 자식이 서로에게 효를 하지 않으면 후회하기 때문이다. 부모와 자식은 쌍무(雙務)적으로 효를 행해야 할 의무가 있다. 어린 자식에게 부모가 사랑하지 않으면 부자유친(父子有親)이 유지 될 수 없고, 그렇게 성장한 자식은 성장해서 사람다운 사람으로 세상을 살아가기가 어렵다. 이런 이유에서 부모는 자식을 사랑해야 하며, 그랬을 때 자식은 온전한 인간으로 성장하게 되어 부모를 후회스런 삶

---

**29** "老吾老以及人之老 幼吾幼以及人之幼 天下可運於掌"

**30** "君子之於禽獸也 見其生 不忍見其死 聞其聲 不忍食其肉 是以 君子 遠庖廚也"

**31** "樹木以時伐焉 禽獸以時殺焉 不以其時 非孝也"

으로 만들지 않는다. 다음은 자식은 부모에게 효도해야 한다. 사람은 어렸을 때 부모님이 보살펴주지 않았다면 생명을 유지할 수 없다. 인간은 다른 동물과 달리 완전 성인이 될 때까지 부모님이 보살펴 주지 않으면 사람다운 사람으로 성장해 갈 수 없다. 이런 부모님의 은혜를 알지 못하고 부모님께 불효하면 부모님이 돌아가신 뒤 후회하게 되는 것이다. 『효경』에 "부모님께서 낳아주셨으니 공적이 이보다 큰 것이 없다.(부모생적장)"[32]고 한데서 보듯이, 부모님에게 불효하면 돌아 가신 뒤 후회하게 되는 것이다. 그래서 주자(朱子)는 "부모님에게 불효하면 돌아가신뒤 후회한다.(不孝父母死後悔)"고 했다.

　다섯째, 부모가 효를 수범(垂範)적으로 실천함으로써 자식이 본받도록 해야 하기 때문이다. 부모가 자식 앞에서 효하는 모습을 보이지 않으면 자식들이 배울 수가 없다. 가정을 인간 최초의 학교로 보는 이유도, 가정이 인간의 기본을 가르치는 곳이기 때문인데, 자식으로서 부모에게 효도하는 모습을 보여주는 것이야말로 기본 중의 기본이다. 『성경』에 "부모가 먼저 효자가 되어라.(갈라디아서 6:7)"라고 했고, 『예기』에 "사람이 마땅히 해야 할 의로움이라는 것(人義)은 부모는 자식을 사랑하고 자식은 부모에게 효도하는 것이다.(예운편)"[33], 『명심보감』에 "내가 어버이에게 효도하면 내 자식 역시 나에게 효도한다. 내가 효도하지 않는다면 어찌 자식이 나에게 효도하겠는가?, 효

**32** "父母生之 績莫大焉"
**33** "人義 父慈子孝"

도하고 섬기는 자는 다시 효도하고 섬기는 자식을 낳게 되지만, 어그러지고 거슬리는 자는 다시 패역하고 불효하는 자식을 낳게 되나니, 믿지 못할 것 같으면 처마 끝의 물방울을 보라. 방울 방울 떨어짐이 어긋남이 없느니라.(효행편)"[34]라고 하였다.

여섯째, 효는 예와 충의 기초이기 때문이다. 효는 가정윤리이자 가족사랑이고, 예는 사회윤리이자 이웃사랑이며, 충은 국가윤리이자 나라사랑이다. 따라서 가정에서 효를 실천하는 사람이 이웃을 사랑하게 됨으로써 사회성을 갖추게 되고, 애국심을 발휘하게 되는 것이다. 그래서 '효는 성공의 원동력'으로 표현한다. 부모에게 효하는 사람, 자식을 사랑하는 사람이 대인관계에서 호감을 가지게 되고, 상급자로부터 인정받게 되며, 부하들로부터 존경받게 됨으로 자연스레 승진의 기회를 갖게 되는 것이다. 『후한서』에 "나라를 구할 충성된 신하는 효자의 가문에서 나온다."[35]하여 효와 충을 연계하고 있다. 일반적으로 효·예·충을 설명할 때 우리는 효를 가정윤리이자 근본(根本), 예를 사회의 윤리이자 질서(秩序), 충을 국가의 윤리이자 기강(紀綱)으로 설명한다. 다시 말하면 '효·예·충'을 같은 맥락의 덕목으로 보는 것인데, 효는 가정에서 부모와 자식 간에 행해져야 할 덕목이므로 인간이 행하는 모든 행위의 근본이고, 예는 사람이 사람다운 도리를 하게 하는 것으로서 사회 구성원간의 조화와 질서를 형성

---

**34** "孝於親子亦孝之　身旣不孝子何孝焉　孝順　還生孝順子　悖逆　還生孝逆子　不信　但看簷頭水　點點滴滴不差移"

**35** "求忠臣必於孝子之門"

케 하는 덕목이며, 충은 애국심의 발로로써, 국가를 지탱해주는 법도의 대강(大綱)이며 언제나 조국을 생각하게 하는 덕목인 것이다. 건강한 가정이 건전한 사회를, 건강한 가정과 사회가 부강한 국가를 형성케 할 수 있다는 의미에서 효·예·충은 연관된 하나의 정신덕목으로 볼 수 있다.

## 2. 효를 행하는 방법

효를 어떻게 행할 것인가 하는 점인데, 효는 간쟁(諫諍)을 통하여 의로움을 추구하는 것이라는 전제하에, 효에는 가족 구성원 사이에 행하여지는 가정윤리로서의 효가 있고, 이를 바탕으로 타인과 이웃으로 확대하는 보편적(普遍的)·이타적(利他的) 가치로서의 효가 있으며, 행위적·실천적 관점의 효가 있다고 했다. 그리고 효는 가정윤리로서만이 아니라 수신(修身)에 바탕을 둔 자기적 효와 가정의 보살핌을 받지 못하는 사회적 약자를 대상으로 하는 사회적 효, 정부가 주도적으로 국민을 계도하는 국가적 효라는, 광의(廣義)의 개념으로 이해해야 한다.

효행 방법에는 정신적인 효와 물질적인 효, 하모니(調和)의 효로 구분할 수 있다.

첫째, 정신적인 효는 상대의 마음을 편안하게 하는 것이다. 이를 자식의 입장에서 보면 세 단계의 효로 설명할 수 있는데, 첫 번째는 부모님을 걱정 끼쳐드리지 않는 '낮은 단계의 효', 두 번째는 부모님을 기

쁘게 해드리는 '높은 단계의 효', 세 번째는 자신이 스스로 노력해서
입신양명(立身揚名)하는 '더 높은 단계의 효'이다.

　둘째, 물질적인 효는 생활에 불편함이 없도록 돕는 것이다. 이를 자
식의 입장에서 보면 의식주(衣食住)문제와 용돈드리기 등 생활에 불
편함이 없도록 해드리는 것이다. 사람은 누구나 어렸을 때는 부모님
의 도움으로 살아간다. 부모님의 도움이 없이는 아무것도 할 수 없다.
낳으실 때의 고통, 교육시키실 때의 고생, 키워서 시집·장가보낼 때
의 걱정 등 이루 말할 수 없는 희생으로 자식을 뒷바라지 해주신 부모
님을 물질적으로 도와드리는 것은 자식으로서 당연한 도리이다.

　셋째, 하모니의 효는 조화를 추구하는 것이다. 하모니(harmony)는
미술작품과 음악 연주회에서 잘 어울리는 상태를 말한다. 미술에서
상호 간에 성질 및 수량성이 모순이 없이 통일 관계가 잘 어울리는 것
을 말하고, 음악연주에서는 관악기와 현악기, 타악기가 서로 조화를
이루어 아름다운 화음으로 전달되는 것을 말한다. 또한 조화(調和)는
서로 잘 어울리는 상태를 말하므로, 부모는 자식과 잘 어울리기 위해
노력하고 자식은 부모님과 잘 어울리도록 노력하는 것을 뜻한다. 자식
의 입장에서 보면 한마디로 부모님이 원하시는 방향으로 행하는 것이
라 할 수 있다. 『예기』에 "가장 큰 효는 부모님의 뜻을 존중하는 것이
다(大孝尊親)"라는 말이 나오는데, 이것이 조화를 위한 전제조건인 것
이다.

　필자의 부친은 29년 전에 돌아가셨고 모친은 금년 99세이신데, 매우 건강하시다. 동생 내외가 모시고 있는데 필자는 한 달에 2~3회 어머니와 함께 잠을 자는 것을 도리로 여기고, 전화는 하루 5회를 목표로 하지만 통화는 한두 번에 불과하다. 방에만 계시지 않고 밖에 나가 계시기 때문이다. 뵈올 때마다 느끼는 것은 역시 어머니가 기뻐하시는 것은 매우 단순하고 소박한 데에 있음을 알게되는 것이다.

　그래서 필자는 어머니에게 어떤 내용의 말씀을 드리면 기뻐하신다는 것을 알고 있기에 뵈올 때나, 전화드릴 때는 어머니가 기뻐하시는 내용을 선택하여 대화하곤 한다. 그런 탓에, 필자의 전화를 받으시면 어머니는 언제나 기뻐하신다.

　연세가 드신 관계로 기억력이 약하시므로 기쁨을 드리는 일이 오히려 쉽다. 그러므로 부모님이 사랑하시는 바를 사랑하고 공경하시는 바를 공경하라는 『소학』의 내용을 따르는 일은 매우 간단한 것이다.

　또한 장기바둑 등으로 게을리 하지 않음으로써, 부모님보다 처자식 위주의 시간보내기를 탈피함으로써, 지나친 욕망이나 방탕함, '욱' 하는 성질을 참지 못하는 것 등 부모님이 원하지 않는 것을 삼가함으로써 부모님 마음을 편안하게 해드리려고 노력한다.

# IV 효와 '리더십' · '복지' · '인성교육' 과의 관계에 대하여

## 1. 효문화와 리더십의 관계에 대한 인식

효 문화란 효를 통하여 인간의 삶을 밝게 해주는 정신적 · 예술적 영역의 총체를 말한다. 그리고 리더십은 그 정의가 1,000여 개에 달할 정도로 다양해서 한 마디로 정의하기는 어렵지만, 그 중 하나의 정의(定義)는, "리더십이란 조

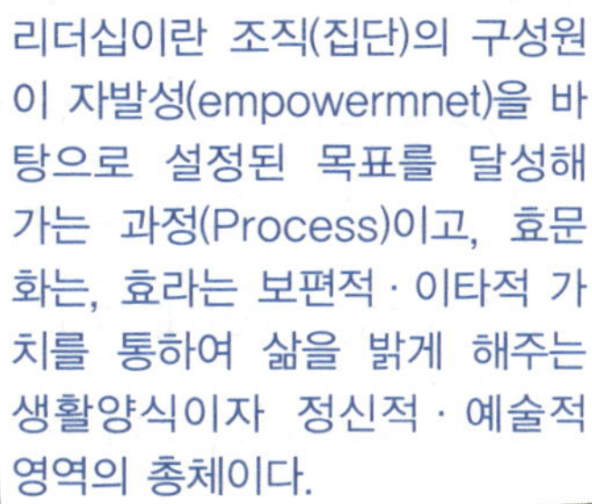


직(집단)의 구성원이 함께 설정된 목표를 달성해 가는 과정(Process)이다." 그리고 리더십에서 추구하는 궁극적인 목적은 삶의 질을 향상시킴으로써 즐거운 마음으로 목표달성에 기꺼이 참여하게 하는데 있다. 이렇게 볼 때 가정을 이끌어가는 부모, 학교를 이끌어가는 교사, 사회를 이끌어 가는 종교 · 기업 · 군대 · 시민단체의 장(長), 대한민국을 이끌어 가는 국가 지도층 인사에 이르기 까지 삶의 궁극적인 목표달성을 위하는 리더십이 발휘되어야 하고, 여기에는 원초적 사랑인 효가 바탕이 되어야 한다는 점이다.

리더가 앞에서 이끌어가든, 뒤에서 밀어주든 효야말로 리더십에서 본보기(Modeling)가 되기 때문인데, 특히 현대 리더십 유형의 일종인 셀프리더십, 서번트 리더십, 가치중심 리더십, 원칙중심 리더십, 윤리

적 리더십, 문화중심의 리더십, 오센틱 리더십 등의 용어에서 보듯이, 한국인에 맞는 리더십은 한국적인 사랑과 윤리에 바탕을 두는 리더십인 것이다. 예컨대 가정에서 부모·자식사이에 사랑과 정성을 다하는 리더와 그렇지 않은 리더는 구성원들에게 신뢰받는데 차이가 있으며, 특히 한국사회의 문화와 정서를 감안할 때 더욱 그렇다. 이규태(李圭泰) 선생은 『리더십 한국학』에서 "강남의 귤나무를 강북에 옮겨 심으면 귤이 아니라 탱자가 열린다."고 하면서, 한국적 리더십의 필요성을 역설했다. 우리가 적용하는 리더십이론은 미국에서, 미국 사람을 대상으로, 미국의 문화에 바탕을 두고 이윤추구를 목적으로 발전시킨 것들이다. 그런데 우리는 그것을 정치·경제·문화·교육·공공 분야 등에 이르기까지 여과 없이 적용하다 보니 부작용이 발생하고 있다는 것이다. 그러다보니 "한국에는 리더는 있으나 리더십은 없다."는 책의 제목처럼, 각계각층에서 리더십의 문제점들이 나타나고 있는 것으로 볼 수 있다.

21세기를 표현하는 말 중에 '문화의 시대', '문화의 전쟁시대'라는 말이 있는데, 이말은 현대 리더십에서 문화가 그만큼 중요하다는 뜻이다. 그런데 문화는 조직 구성원에 대한 교육의 결과로 조성된다는 점에서 교육이 중요하다. 그리고 교육은 효에서 비롯된다는 점이다. 이는 "효는 덕의 근본이요 모든 가르침이 그로 말미암아 생겨난다."[36]는 『효경』에 잘 나타나 있다.

---



36 『효경』「개종명의」: "孝 德之本也 敎之所由生也"

혹자는 효와 리더십을 연계하는 점에 대해서 패러독스의 문제를 제기하면서 부정적 견해를 표하기도 하는데, 그건 효에 대한 잘못된 인식 때문이라고 본다. 효는 '부자자효(父慈子孝)'와 '부자유친(父子有親)', '부위자강(父爲子綱)'의 상호성에 바탕을 둔 쌍무호혜적이라는 점, 즉 일방향성이 아님을 이해해야 한다.

그리고 서번트 리더십 용어에서 볼 수 있듯이 현대의 리더십은 리더가 마치 하인인 듯한 자세로 구성원을 대하는 리더십을 구사함으로써 리더와 구성원이 함께 상하동욕(上下同欲)을 추구하게 되는 것이다.

따라서 '효 리더십'은 효를 바탕으로 발휘하는 리더십으로, 가정이나 학교, 군대, 종교시설 등에서 리더의 위치에 있는 사람이 효를 이슈화하여 발휘하는 리더십이라 할 수 있다.

예를 들어 학교에서 교사가 수업이 시작되기 전에 핸드폰을 이용해서 "엄마 아빠! 오늘 하루 힘내세요, 제가 있잖아요, 저도 엄마 아빠 생각하면서 열심히 공부하겠습니다."라는 문자를 부모님께 보내드리도록 한 다음, "여러분 수업에 집중하기 위해 스마트폰을 모아서 교탁 앞으로 가져옵니다."는 말과 함께 수업을 진행한다면 이것은 일종의 효 리더십을 적용하는 것이다.

또한 군대에서도 일과 시작 전 '고향예배' 시간에 "여러분! 부모님을 생각하면서, 부모님이 기대하시는 군생활이 되도록 이번 훈련에 임합시다. 특히 안전에 유의하겠다는 마음으로 부모님께 고향예배를 드립시다."는 등의 멘트와 함께 고향예배에 임한다면 이 또한 효 리더십을 적용하는 것이다.

『손자병법』에도 "리더가 병사 보기를 어린아이 돌보듯이 하면 가히 함께 깊은 골짜기로 들어갈 수 있으며, 리더가 병사 사랑하기를 자식 사랑하듯이 하면 가히 리더와 생사를 함께 할 수 있다."[37]고 했고, 『효경』에 "[리더가 효를 적용하면] 가르침이 엄숙하지 않아도 이루어지고 그 정치가 엄하지 않아도 다스려 진다. 리더(선왕)는 그 것을 가르침으로써 백성을 교화시킬 수 있다고 보았다.(삼재장)"[38], "[리더가]부하들을 서로 친애하도록 하는 데에는 효보다 좋은 것이 없고, 부하들을 예에 순응하게 가르치는 데는 공경함보다 좋은 것이 없다.(광요도장)"[39]고하여 효가 리더십의 바탕임을 밝히고 있다.


## 2. 효와 복지의 관계에 대한 인식

일반적으로 복지(福祉, Welfare)는 인간의 행복을 추구하고, 효(孝, HYO)는 가정에서 부모와 자식의 관계를 기초로 이웃·사회·국가·자연과 조화(하모니)를 추구한다는 의미를 가진다.

그런데 복지는 분명 인간이 행복의 길로 가기 위한 전제이긴 하지만, 그러나 "사람은 빵으로만 살 수 없다."는 말처럼 정신적 안정과 가정의 안식을 필요로 한다. 하버드대 조지베일런트 교수는 『행복의 조건』에서 '가족적 유대관계'를 행복으로 가기 위한 첫번째 조건으로

---

37 『손자병법』「지형편」: "視卒如嬰兒故  可與之赴深谿 視卒如愛子故  可與之俱死"
38 "其敎不肅而成 其政不嚴而治 先王見敎之可以化民也"
39 "敎民親愛 莫善於孝 敎民禮順 莫善於悌"

꼽았다. 성숙한 방어기제, 적당한 음주, 적당한 체중, 적당한 운동, 금연, 교육 등 7가지를 제시했는데, 가족의 화목을 첫번째로 꼽은 것이다. 따라서 사회가 건강하려면 먼저 가정이 건강해야 하고, 가정이 건강하려면 가정윤리·가족사랑을 의미하는 효라는 보편적·이타적 가치를 필요로 하는 것이다.

세계에서 가장 못사는 나라 중에 하나였던 우리가 불과 반세기만에 세계 10위권 경제대국으로 부상하는 등 물질적 성장은 있었지만, 자살율이 세계에서 가장 높고 학교폭력과 묻지마범죄 등 사회적 병리현상은 정신적 빈곤 국가임을 나타내주고 있다.

이렇게 되기까지의 과정을 보면 새마을운동 등 국민적 노력이 컸던 것은 사실이지만, 그러나 오로지 "잘 살아보세"를 목표로 했던 탓에 '정신'을 소홀히 하는 과오가 있었다. 그러다보니 오늘날에도 무상보육, 무상급식을 비롯 각종 수당에 관한 문제들이 정치적 계산과 맞물려 더욱 복잡하게 전개되고 있다. 또한 돈을 수단보다 목적으로 인식한 나머지 부모형제끼리 재산을 놓고 법정다툼과 사생결단을 하는 모습도 많이 보이고 있다.

그런데도 대한민국은 현재 물질적 복지문제로 정부와 지자체가 줄다리기를 하고 있고, 가정의 보육복지·노인복지·대학생 등록금 등 대부분이 물질에 치중하는 복지정책을 추진하는 면이 있다.

'국민행복시대'라는 현 정부의 슬로건과 맞물려 국민적 기대는 더 커졌다고 볼 수 있지만 그러나 국민의 행복은 물질보다도 정신에서 온다는 점을 간과해서는 안된다. "물질을 중시하는 관념은 정신에서 오므로 결국 정신이 중요하다."는 데카르트의 말처럼 정신이 결여된 물질적 복지는 또 다른 결핍을 불러오고, 그 결핍은 분열을 조장해서 국가적 에너지를 잃게 할 수 있음을 유념해야 한다.

이런 이유에서 우리가 추구하는 복지는 우선 인간으로서의 참모습을 구현하고, 이를 기반으로 사회와 국가를 건강하게 하기 위해서는 효 교육이 전제되어야 한다.

그리고 이는 효 교육이 뒷받침된 상태에서 효문화로 승화하는 노력이 필요하다. 이런 맥락에서 효와 복지는 수어지교(水魚之交)요, 효와 복지를 융합함으로써 우리가 원하는 행복시대를 열어갈 수 있을 것이다.

## 3. 효와 인성교육의 관계에 대한 인식

인성교육(人性敎育)이란 말 그대로 인성함양에 중점을 두는 교육으로 지식중심(知識中心) 교육에 대한 대칭적 성격을 가진 용어이다. 인성교육은 마음의 바탕을 교육하고 사람 됨됨이를 교육하는 것이다.

그리고 마음의 바탕을 교육한다는 것은 마음의 구성요소인 지(知)·정(情)·의(意)를 교육하는 것이고, 사람 됨됨이를 교육한다는 것은 인간으로서 바람직하고 보편타당한 가치를 추구하며 그 가치를 완성할 수 있도록 교육하는 것이다. 최근 인성교육이 강조되고 있는 이유는 그동안 우리의 교육이 입시위주 등 지식을 주입하는 쪽에 치우쳤던 나머지 학교폭력과 자살 증가 등 부작용이 많이 나타나고 있기 때문이다.

원래 교육이 추구하는 궁극적인 목적은 인간다움의 바탕위에 지식을 갖추도록 하는 것이다. 그래서 인성교육이 추구하는 것과 전인교육이 추구하는 것은 별반 다를게 없다. 그러나 청소년들의 왕따, 폭력, 자살, 묻지마 범죄 등이 증가하면서 인성교육이 강조되기에 이르렀다. 따라서 인성교육은 인간이 기지고 있는 성품이 바른 방향으로 성장 발전되도록 이글어야 하는 것이다. 인간은 태어날 때 "선한 성품으로 태어난다."는 성선설(맹자, 장자크 루소), "악한 성품으로 태어난다."는 성악설(순자, 칼빈, 홉스), "선하지도 악하지도 않은 백지상태의 성품으로 태어난다."는 백지설·중성설(고자, 존 로크) 등 여러 학설이 있지만, 바른 성품으로 이어지도록 교육해야 한다는 점은 공통적인 주장이다.

그러나 최근, 비록 일부인긴 하지만, "학력은 효와 반비례한다.", "못 배운 자식이 부모 봉양한다."라는 말이 낯설게 들리지 않는 세상이 되었다. 얼마 전 '춘년 10만원'이라는 제목의 글이 화제가 된 일이 있더니 "젊은이가 담배 꽁초 함부로 버리면 못쓴다."고 타이르는 할머니를 벽돌로 머리를 때려 숨지게 하는 사건(조선일보, 2013. 4. 17)이 발생했고, 곧이어 농구선수인 이현호 씨 가족에 관한 기사(중앙일보, 2013. 5. 14)가 언론에 보도되기도 했다.

이 선수 가족이 함께 공원에서 쉬고 있는데 중학생 다섯이서 오토바이를 타고 붕붕거리며 주위를 맴돌자 "너희들 왜 이렇게 소란을 피우니, 중학생이 술먹고 담배피우면 못쓴다."라고 타이르자, 중학생들이 덤벼들었고, 그로 인해 충돌이 일어난 사건이다.

결국 탈선한 학생을 훈계한 이 선수는 법정에 서야 했는데, 경찰은 법대로 해야 하기 때문에 어쩔 수 없지만, 자기자식을 훈계해준 이 선수에게 고마워하지는 못 할 망정 법정에 세운 부모들에게 더 문제가 있다는 여론이 우세했다. 결국 가정교육과 부모의 리더십에 문제가 있었던 것이다.

얼마 전 보건복지부에서 "노인학대의 주범은 아들이다(노년시대신문, 2013. 11. 15)."라는 분석 자료가 있었다. 노인 학대 건수가 계속 증가하고 있는데, 그 주범은 아들이고, 저학력자보다 고학력자가 많아지고 있다는 내용이었다. 이런 현상은 정신보다는 물질을 중시하는 가정환경, 인성보다는 입시에 치우치는 학교교육, 인간의 본래 모습보다는 출세지향적 사고에 맞춰진 사회교육의 환경 탓에 이러한 패륜현상이 나오는 것으로 봐야 한다.

우리가 인성교육을 해야 하는 이유는 기본이 된 사람을 육성해야 하기 때문이다. 기본이 되지 않은 사람은 언제, 어떤 모습으로 돌출된 행동으로 주위사람을 불안하게 할지 모른다. 그래서 인성은 지위나 신분이 낮은 계층보다도 높은 계층에 더 요구된다고 할 수 있다.

『논어』에 "효도와 우애를 다하는 사람이 윗사람 범하기를 좋아하는 사람은 드물다. 리더는 근본을 세우는데 힘써야 하며 근본이 서면 길과 방법이 저절로 생기는데, 효(孝)와 우애(悌)는 인(仁)을 이루는 근본이다.(학이편)"[40]라고 했고, 『효경』에 "부모를 사랑하는 사람은 다른 사람을 미워하지 않고, 부모를 공경하는 사람은 다른 사람을 업신여기지 않는다.(천자장)"[41], "부모를 섬기는 사람은 윗자리에 있어도 거만하지 않고 아랫자리에 있어도 질서를 어지럽히지 않으며 같은 무리와 함께 있어도 서로 다투지 않는다.(기효행장)"[42]고 했다.

인성함양을 위해서 효를 가르쳐야 하는 이유는 현자(賢者)들의 주장과도 맥을 같이 한다. 플라톤은 "교육은 인간 각자의 도를 닦는 것이다."라고 했고, 칸트는 "교육은 인간을 인간답게 형성하는 작용이다."라고 했다.

또한 공자는 『논어』에서 "젊은이들은 들어와서는 효도를 하고 나가서는 우애(友愛)를 지키며 근신하고 신의를 지키고 널리 여러 사람들

---

40 "其爲人也孝弟 而好犯上者 鮮矣, "君子務本 本立而道生 孝悌也者 其爲仁之本與"

41 "愛親者 不敢惡於人 敬親者 不敢慢於人"

42 "事親者 居上不驕 爲下不亂 在醜不爭"

은 사랑하며 인(仁)을 친근히 하여야 한다.

이렇게 하고도 남는 힘이 있으면 공부하는 것이다.(학이편)"[43]라고 했다.

지금처럼 인륜질서가 파괴되고 사회적 병리현상이 만연하고 있음을 감안할 때, 인륜질서를 회복하는 일은 중요한 과제이다.

이제부터라도 "나는 누구이며, 어떤 존재인가?", "무엇 때문에 살며, 어떻게 살아야 하는가?", "무엇 때문에 공부하며 왜, 성공하려 하는가?", "행복은 어디로부터 오는가?" 등에 대해 심려(深慮)하는 철학을 가진 국민이 되도록 인성교육을 강화해야 한다.

이는 "학교에서 일어나고 있는 폭력과 자살 등에 대해 해결할 방도를 여러 관점에서 찾아 보았지만, 효를 바탕으로 한 인성교육 만큼 좋은 방안은 없다고 본다."[44]는 문용린 서울시 교육감의 말에서도 효를 바탕으로 한 인성교육의 당위성(當爲性)을 발견할 수 있다.



---

**43** "弟子 入則孝 出則悌 謹而信 汎愛衆 而親仁 行有餘力 則以學文"
**44** 문용린, 『효와 복지신문』, 2013. 9. 15

# V 토의

① 효의 개념적 의미 3가지를 요약하고, 이를 교육 및 행동화하는 방안에 대하여 각자의 의견을 발표해 봅시다.

② 효의 유래(由來)에 대하여 각자의 의견을 발표해 봅시다.

③ 효 교육의 이유와 방법에 대하여 전통적인 면과 현대적인 면을 비교하여 각자의 의견을 발표해 봅시다.

④ 효행의 이유와 방법에 대하여 전통적인 면과 현대적인 면을 비교하여 각자의 의견을 발표해 봅시다.

⑤ 효 문화와 한국적 리더십의 관계에 대하여 각자의 의견을 발표해 봅시다.

⑥ 효와 한국적 복지를 구현하는 방안에 대하여 전통적인 면과 현대적인 면을 비교하여 각자의 의견을 발표해 봅시다.

⑦ 효와 인성교육의 연계성과 적용방향에 대하여 각자의 의견을 발표해 봅시다.

# 2부 전통적 효의 이해

전통(傳統)이란 예로부터 이어져 내려오는 것을 말한다. 그러므로 전통적인 효는 상고시대부터 삼국시대, 고려시대, 조선시대를 지나오면서 변화와 함께 오늘에 이르기까지 적용되어 오고 있는 효를 말한다. 따라서 이러한 효를 이해하고, 이를 바탕으로 현대의 효를 구현하려는 자세가 필요하다. 그런데 사람들은 대체로 전통적인 것이라고 하면 낡은 것이라서 버려야 하는 것으로 생각하는 경향이 있다. 그렇지만 전통이란, 전래(傳來) 되어오는 것 중에서 좋은 것은 그대로 적용하고 나쁜 것은 고쳐 나간다는 의미를 담고 있다.

이런 맥락에서 제2부에서는 '효의 유래(由來)'와 '종교에 나타난 효'에 대한 이해를 돕고자 하였다.

효의 유래는 상고시대부터 조선시대에 이르기까지 이어져 온 효를 살펴보았다. 상고시대의 효는 역사적인 관점이 아니라 정신사적 관점에서 접근하려고 했는데, 그 이유는 우리의 역사가 유구하다고는 하나 삼국시대 이전의 역사 기록은 알아내기가 어려운 면이 있다. 이를테면 기원전 2333년에 단군(檀君) 왕검(王儉)이 나라를 세운 것으로는 되어 있으나, 그 이후부터 삼국시대 이전까지의 역사적 기록을 알기 어렵다. 그나마 『환단고기』, 『규원사화』 등에 있는 내용은 정사(正史)가 아닌 야사(野史)로 취급되고 있어 역사 기록으로 인정되지 못하고 있다. 그렇지만 우리의 옛 정신은 이러한 야사를 통해서라도 알아내야 한다는 점에서, 상고시대의 효를 찾아 제시하였다. 다음 종교적인 효는 우리가 믿고 있거나 접할 수 있는 종교들, 이를테면 불교, 유교, 기독교, 한국의 전통종교 등과 관련된 효를 제시하였다.

따라서 제3장 「효의 유래」에서는, 효는 인류가 존재하기 시작한 이래 존재해 왔고, 지역적·문화적 특성에 따라 부모와 자식의 관계를 연결시켜주는 사랑의 감정으로 작용해 왔다는 점에서, 상고시대로부터 조선시대에 이르기까지의 효에 대하여 살펴보았다.

제4장 「종교에 나타난 효」에서는 각 종교 경전에 제시된 내용을 바탕으로 불교, 유교, 기독교, 한국의 전통종교의 효에 대해 제시하였다.

# 제 3 장

# 효의 유래

효가 어디로부터 어떻게 유래되어왔는
가에 대한 인식은 중요하다. 왜냐하면 효
를 우리의 고유사상으로 보느냐, 아니면
외래사상으로 보느냐에 따라 효를 내면화
하고 실천하는데 영향을 주기 때문이다. [사

> **Tip**
> 국가가 형성되기 이전부터 부모
> 와 자식의 관계는 존재했고, 여
> 기에는 부모와 자식 사이에 사
> 랑의 감정이 있어 왔는데 우리
> 는 이것을 효라고 한다.

례 6 : 동이족과 오랑캐 족]에서 볼 수 있듯이 사람은 누구나 한번쯤 "우
리 조상은 누구이며, 우리 민족사의 기원은 언제부터인가?", "왜, 우
리 역사는 분명히 정리되지 못하고 있는가?"라는 의문을 가지게 된
다. 그러나 이는 알아내기가 어렵고, 이와 연관해서 효의 뿌리를 찾기
도 쉽지 않다. 대체로 사람들은 효가 중국에서 왔다고 보는 시각이 있
는데, 이는 '효(孝)'라는 글자가 한자(漢字)이고, 또한 삼국시대, 고려
시대, 조선시대의 효 교육에 『효경』과 『논어』 등을 필수과목으로 선정
한 때문으로 보여진다.

그러나 효는 문자가 존재하기 이전에도, 국가가 형성되기 이전부터

부모와 자식의 관계는 존재했고, 여기에는 부모와 자식 사이에 사랑의 감정이 있었는데 우리는 이것을 효라고 일컬어 왔다. 따라서 한(漢)민족과 한(韓)민족이 다르고, 중국인의 부모·자식의 관계와 한국인의 부모·자식의 관계는 감성적 작용면에 비슷하면서도 다른 점이 있다고 보아야 한다. 특히 우리 민족은 일찍부터 동방예의지국으로 칭송받아왔고 공자도 "예의를 잃었을 때는 군자의 나라 동이(東夷)에 가서 배워야한다."고 했을 정도였는데, 이는 우리 민족의 효 사상에서 부터 비롯된 것으로 볼 수 있다. 그러나 우리 민족의 효는 언제, 어디서부터 어떻게 유래되어 왔는지에 대하여 알아내기는 쉽지 않다. 그 이유는 [사례 9 : 사이또 교육시책]에 제시돼 있듯이 우리가 역사를 배울 때 우리 민족의 상고사를 정확히 알지 못하게 된 배경이 있었고, 효에 대한 문헌은 더욱 그렇다. 또한 효 문화의 뿌리를 찾아가는 데 있어서도 어떤 문헌을 근거로 하느냐에 따라 차이가 있다. 예컨대 교과서를 근거로 하면 고조선은 설화로 취급되고 있는 관계로 삼국시대부터나 역사의 기록을 찾을 수 있지만, 야사(野史)로 취급되고 있는 『환단고기(桓檀古記)』나 『규원사화(揆園史話)』 등에는 고조선(B.C. 2333~B.C. 108)뿐 아니라 배달국(B.C. 3898~B.C. 2333), 환국(B.C. 7199~B.C. 3898)시대의 기록들이 나타나 있다.

따라서 본 장(章)에서는 상고시대의 효와, 시대에 따른 효의 유래를 살펴봄에 있어서 상고사(上古史)에 관련된 부분은 『환단고기』와 『규원사화』 등에서 그 유래를 찾고자 했고, 삼국시대 이후의 효는 교과서 등에 근거하였다. 이는 효에 대한 역사적 사실을 밝히려 하기보다 우리 민족의 정신과 의식의 뿌리를 찾아보자는 의도에서다. 다시 말해서 인간의 삶에는 문화적 체계가 작용하기 마련이고, 그 문화의 추적은 역사서에 의존할 수밖에 없는데, 교과서로는 상고시대의 효와 관련된 내용을 찾기가 어렵게 돼 있다. 따라서 『삼국사기(三國史記)』 등에 나와 있지는 않지만 『환단고기(桓檀古記)』와 『규원사화(揆園史話)』의 내용을 통해서 그 시대의 사상과 효를 어느 정도 짐작해 볼 수 있다고 생각한다. 특히 우리민족의 소중한 기록들이 수많은 외침과 내란 등으로 잃었고, 외세에 의해 왜곡된 면이 있다는 점에서 역사의 뿌리를 찾는 노력은 계속되어야 한다고 본다. 이는 "청소년들에게 상고사를 알게 함으로써 역사적 사고의 폭을 넓혀야 한다. 그럼으로써 풍부한 상상력을 바탕으로 창의력을 키울 수 있는 것이다.[45]"는 내용과 맥을 같이 한다.

# I 상고시대의 효

## 1. 설화(說話)에 담긴 효

우리 고유의 효 정신이 깃든 설화는 『삼국유사(三國遺事)』에 나와 있는 단군신화(檀君神話)이다. 『삼국유사』는 고려 충렬왕(1236~

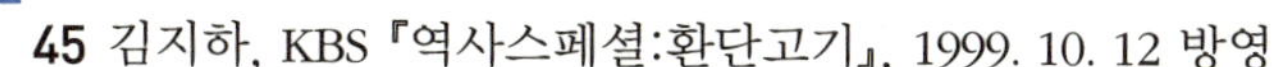

**45** 김지하, KBS 『역사스페셜:환단고기』, 1999. 10. 12 방영

1308) 때 승려이자 국사(國師)로 책봉된 일연(一 然, 1206~1289)이 엮은 책인데, 다음과 같이 기록돼 있다.

『위서(魏書)』에 이르기를, 지금부터 2천 년 전에 단군왕검(檀君王儉)이 있어 아사달에 도읍을 정하고 나라를 열어 조선(朝鮮)이라고 하였으니, 바로 요(堯)임금과 같은 시기이다. 고기(古記)에 이르기를, 옛날 환인(桓因)의 서자 환웅(桓雄)이 자주 천하에 뜻을 두고 인간 세상을 탐내어 구하였다. 아버지가 아들의 뜻을 알고는 삼위태백(三危太白)을 내려다보니 인간을 널리 이롭게 할 만하여, 즉시 천부인(天符印) 세 개를 주어 내려 보내 인간 세상을 다스리게 하였다. 환웅이 무리 3천 명을 거느리고 태백산(太白山, 지금의 묘향산) 꼭대기 신단수(神檀樹) 아래로 내려왔다. 이곳을 신시(神市)라 하고 이 분을 환웅천왕이라 한다. 풍백(風伯)·우사(雨師)·운사(雲師)를 거느리고 곡식·생명·질병·형벌·선악 등 인간 세상의 360여 가지 일을 주관하여 세상을 다스려 교화하였다. 그 당시 곰 한 마리와 호랑이 한 마리가 같은 굴속에 살고 있었는데, 항상 환웅에게 사람이 되기를 기원하였다. 이때 환웅이 신령스런 쑥 한 다발과 마늘 스무 개를 주면서 말하였다. '너희가 이것을 먹되, 백일 동안 햇빛을 보지 않으면 곧 사람의 형상을 얻으리라.' 곰과 호랑이는 그것을 받아먹으면서 삼칠일(三七日)동안 금기했는데, 금기를 지킨 곰은 여자의 몸(웅녀)이 되었지만, 금기를 지키지 못한 호랑이는 사람의 몸이 되지 못했다. (그러나) 웅녀(熊女)는 혼인할 상대가 없었으므로 매일 신단수 아래서 아이를 가질 수 있게 해달라고 기도했고, 이를 본 환웅이 잠시 사람으로 변해 그녀와 혼인하여 아들을 낳으니 그가 단군왕검이다."[46]

**46** 김덕균, 『효학연구(3호)』, 「삼국유사를 통해 본 삼국시대의 효문화」, 서울 : 한국효학회, 2006, p.70

위의 설화에서 찾아볼 수 있는 효는 아버지 '환인'과 아들 '환웅'과의 관계에 나타난 내용이다. 아들 환웅이 인간세상을 열고자 아버지께 고(告)하니 아버지 환인이 아들에게 천부인 세 개와 무리 3천 명주어 묘향산 부근에 도읍을 정하게 하였고, 이를 계기로 단군 '왕검'이 태어나게 되었다는 줄거리에서 할아버지 '환인', 아버지 '환웅', 손자 '단군'의 소통적(疏通的) 관계를 발견할 수 있다.

『환단고기』상에는 '환인은' 환국 시대(B.C. 7199~B.C. 3898)의 지도자의 명칭이고, '환웅'은 배달국 시대(B.C. 3898~B.C. 2333) 지도자의 명칭이며, '단군'은 고조선 시대(B.C. 2333~B.C. 108) 지도자의 명칭으로 기록되어 있다. 즉 환국 시대에는 1대 환인(안파견)에서 7대 환인(지위리)까지, 배달국 시대에는 1대 환웅(거발환)에서 18대 환웅(거불단)까지, 고조선 시대에는 1대 단군(왕검)에서 47대 단군(고열가)에 이르기까지의 역년이 자세하게 기술하고 있다.[47] 어찌됐거나 설

---

**47** 고동영, 『환단고기』, 서울 : 한뿌리, 1996, p.75

화에 나타나 있는 내용에서 찾을 수 있는 효는 아버지(桓因)가 아들(桓雄)의 뜻을 받아들여서 홍익인간세계를 열도록 했고, 그 아들(桓雄)이 손자(檀君)를 낳아 오늘의 한반도가 있게 되었다는 것이다. 여기에서 효의 원리라 할 수 있는 부자자효(父慈子孝)와 부자유친(父子有親)의 관계를 발견할 수 있다.

## 2. 고대의 효

상고시대에 나타나 있는 효사상의 기록들은 대체로 중국의 문헌들에 의해 알려진 내용이다. 당시 국가의 경계나 지도(地圖) 등을 자세히 알 수는 없지만 중국인들이 우리 민족을 '동이(東夷)'로 불렀다는데서 우리 민족을 동이족(東夷族)이라고 한다. 그런데 '夷(이)' 자에 대한 해석을 살펴볼 필요가 있다. 우리의 국어사전이나 한자사전(옥편)에 보면 '夷' 자는 '오랑캐 이'로 풀이하고 있는 관계로 동이족(東夷族)을 '동쪽의 오랑캐'로 알도록 우(愚)를 범하고 있는데, '동이족'에 대한 이해를 바르게 할 필요가 있다.

원래 '동이'는 중국 역사서에서 동쪽에 사는 이민족(異民族)을 일컬어 부르던 말이다. 옛날 중국에서는 중국의 변방에 위치한 다른 민족들을 사이(四夷), 즉 동이(東夷), 서융(西戎), 남만(南蠻), 북적(北狄)으로 불렀던 것이다. 그리고 중국 최초의 옥편으로 알려진 『강희자전(康熙字典)』에서는 '夷'를 「클 이, 넓을 이, 온화할 이, 평탄할 이, 어질 이, 기쁠 이, 멸할 이, 상할 이, 오랑캐 이」로 풀이하고 있고, 우리나라의 최초 옥편인 『자전석요(字典釋要)』에는 「멸할 이, 상할 이, 오랑캐 이」로 풀이하고 있다. 따라서 동이족(東夷族)의 해석은 '동쪽에 위치한 어진 성품을 가진 민족', '동쪽의 넓은 땅에 사는 온화한 성품을 가진 민족' 등으로 해석해야 옳은 것이다. 실제로 상고시대 중국 사람들이 우리 민족을 평가할 때 '군자의 나라', '동방예의지국' 등으로 불렀다는 것은 잘 알려진 내용이고 무궁화 꽃과도 연관되어 있다. 지금까지 알려진 중국 문헌에 나타나 있는 우리 민족과 관련된 내용을 살펴보면 다음과 같다.

① 군자의 나라가 북쪽에 있는데, 그들은 의관을 바로 하고 칼을 차며 짐승과 호랑이를 곁에 두고 부리며, 사양하기를 좋아하고 다투기를 싫어하는 겸허의 덕성이 있다. 무궁화(훈화초)가 있는데 아침에 피었다가 저녁에 진다.(『산해경』)[48]

② 동해의 안쪽과 북해 부근에 나라가 있는데 이름을 '조선(朝鮮)'이라 한다. 하늘이 지극히 아끼는 그 사람들은 물가에 살면서 타인을 사랑한다.(『산해경』)[49]

③ 동쪽 방향에 사람들이 살고 있는데 남자들은 모두 명주 띠를 두르고 검은 갓을 썼으며 여자들은 모두 옷을 분별하여 입고 항상 공손히 앉으며, 서로 범하지 아니하고 서로 기리며 서로 헐뜯지 아니하고 남에게 환란이 있는 것을 보면 목숨을 내걸고 이를 구하여

---

48 "君子國在其北 衣冠帶劍食獸使二大虎在 旁其人好讓不爭 有薰華草朝生夕死"
49 "東海之內 北海之隅 有國名曰朝鮮 天毒其人水居人愛之"

주니 어리석어 보이나 선인(善人)이라 명하였다.(『신이경』)”[50]

④ 동이(東夷)란 동쪽에 사는 사람이다. 오직 동이만이 대의(大義)를 따르는 대인(大人)들이다. 동이의 풍속은 어진데, 어진 사람은 장수하는 법이다. 그러므로 군자들이 죽지 않는 나라가 있으니, 고로 공자도 말하기를 “중국에 도가 행하여지지 않으니 나는 군자불사지국인 구이(九夷:동이의 아홉 나라)에 가고 싶다.”하고 뗏목을 타고 바다로 띄웠다 한다. 참으로 이유 있는 일이로다.(『설문해자』)[51]

⑤ 공자가 구이(九夷)에 살고 싶어 한다는 말에 혹자가 말하기를 ‘그 좁고 누추한 곳에, 어떻게 거처하시렵니까?’ 하고 물으니, 공자는 ‘군자가 거주하고 있다는데, 어찌 누추함이 있다는 것인가?’ (『논어』「자한(子罕)편」)[52]

⑥ 군자의 나라에는 무궁화가 많은데 백성들이 그것을 먹는다. 낭야로부터 3만 리 떨어진 곳이다.(『예문유취』)[53]


중국 각지의 산(山徑)과 바다(海徑)에 나오는 풍물을 기록한 『산해경(山海經)』은 기원전 2175~2183년에 지어진 것으로 알려지고 있는데, 우리나라 상고의 고조선 시대(B.C. 2333~B.C. 108년)와 같은 시

---

50 “東方有人焉男皆鎬帶玄冠女皆 衣恒恭坐而不相犯 相譽而不相毀見人有患投死救之如癡名曰善人”

51 “夷 東方之人也, 唯 東夷從大 大人也 夷俗仁 仁者壽 有君子不死之國 故孔子曰 道不行 吾欲之君子不死之國九夷 承孚 浮於海 有以也”

52 “子欲居九夷 或曰陋 如之何 子曰 君子居之 何陋之有”

53 “君子之國多木菫之華人民食之去瑯也三萬里”

기로 볼 수 있다. 이 책에서 우리 민족을 군자의 나라로 일컫고 있으며 『효경』에서 밝히고 있는 효, 즉 "부모를 섬기는 사람은 남을 미워하거나 업신여기지 않는다. 거만하지도 않고 남을 업신여기지도 않는다"라는 내용과 맥을 같이 하는 성품을 가진 민족으로 묘사되고 있다. 그리고 중국에서는 일찍이 우리나라를 근역(槿域) 또는 근화향(槿花鄕) 등으로 불렀음을 볼 수 있는데, 이는 '무궁화의 나라' 라는 뜻이고 '훈화초'는 바로 무궁화를 일컫는 말이다. 또한 한(漢)나라 때 동방삭(東方朔)이 썼다는 『신이경』에는 우리 민족은 서로 헐뜯지 않고 이웃을 사랑하는 등 이타적 가치를 실천하는 착한 사람들(善人)로 묘사하고 있다. 중국 후한시대에 허진(許愼)이 100년경에 지었다고 하는 『설문해자(說文解字)』에서는 동이(東夷)에 대해 비교적 자세히 설명하면서 대의(大義)를 따르는 민족, 공자(孔子)가 가서 살고 싶어하는 땅이었음을 밝히고 있다. 또 당(唐)나라 구양순(歐陽詢, 557~641) 등이 왕의 명을 받들어 편찬한 『예문유취』에는 군자의 나라를 무궁화와 연관 지어서 묘사하고 있다. 이렇듯 무궁화와 우리 민족은 밀접한 관련이 있으며, 동방예의지국을 상징하는 꽃이었음을 알 수 있다.

# 3. 야사(野史)에 나타난 효

## 가. 환국 시대

환국 시대(B.C. 3898~B.C. 7199)에는 5훈(五訓)[54]이 있었는데 다음과 같은 내용이다.

첫째, 성실하고 신실하여 속이지 말아야 한다.〔誠信〕
둘째, 경건하고 근면하여 게으르지 말아야 한다.〔敬謹〕
셋째, 효도하고 순종하여 어기지 말아야 한다.〔孝順〕
넷째, 염치 있고 의리 있어 음란하지 말아야 한다.〔廉義〕
다섯째, 공경하고 화목하여 다투지 말아야 한다.〔謙和〕

## 나. 배달국 시대

배달국 시대(B.C. 2333~B.C. 3898)에는 '3륜9서(三倫九誓)'와 '도의원리(道義原理)'가 있었다. 3륜9서에서 '3륜(倫)'은 사람이 반드시 지켜야 할 3가지 윤리를 말하는 것으로, 사랑(愛)·예(禮)·도(道)이다. 여기에서 애(愛)의 윤리는 하늘로부터 받은 천륜을, 예(禮)의 윤리는 사람으로 말미암은 인륜을, 도(道)의 윤리는 하늘과 사람이 함께 하는 천륜과 인륜을 의미한다. 애(愛)는 부모와 자식의 벼리(綱)로 "부모(父)는 인자(慈)하고

---

54 고동영, 『환단고기』, 서울 : 한뿌리, 1996년, p.63

자식(子)은 효도(孝)해야 한다." 예(禮)는 임금과 신하의 벼리(綱)로 "임금(君)은 의(義)로워야 하고 신하(臣)는 충성(忠)해야 한다." 도(道)는 스승과 제자의 벼리(綱)로 "스승(師)은 바르고(正) 제자(弟)는 공경(敬)해야 한다."는 내용이다. 즉 부자자효(父慈子孝), 군의신충(君義臣忠), 사정제경(師正弟敬)을 말하는 것이다. '9서(誓)'[55]는 맹서하여 지켜야 할 아홉 가지 항목을 말하는 것으로 다음의 내용이다.

① 孝 (효) : 힘써 집에서 효도하라.
② 友 (우) : 힘써 형제끼리 우애하라.
③ 信 (신) : 힘써 스승과 벗을 믿으라.
④ 忠 (충) : 힘써 나라에 충성하라.
⑤ 遜 (손) : 힘써 무리에게 겸손 하라.
⑥ 智 (지) : 힘써 정사를 분명히 알도록 하라.
⑦ 勇 (용) : 힘써 전선에서 용감하라.
⑧ 廉 (염) : 힘써 몸을 청렴히 하라.
⑨ 義 (의) : 힘써 직업에 의를 갖도록 하라.

또한 '도의원리(道義原理)'는 '사군이충(事君以忠)·사친이효(事親以孝)·교우이신(交友以信)·임전무퇴(臨戰無退)·살신성인(殺身成仁)'으로 우리가 알고 있는 '세속오계(世俗五戒)'와 같은 내용이다. 이는 이미 배달국 시대의 도의원리가 신라에까지 전해 내려오던 것을 원광법사가 화랑도 '귀산'과 '추항'에게 알려준 것으로 기록[56]되어 있다.



---

**55** 고동영, 『상고군사사』, 서울 : 한뿌리, 1994, p.273
**56** 안호상, 『민족사상의 정통과 역사』, 서울 : 한뿌리, 1992, p.103

## 다. 고조선 시대

고조선(古朝鮮) 시대(B.C. 2333~B.C. 108)에는 '단군 8조교(八條敎)'와 '중일경(中一經)', '오상지도(五常之道)'가 있었다. 단군 8조교 제3조에 "너희는 어버이로부터 태어났고 어버이는 하늘로부터 강림하였으니, 오직 너희는 어버이와 하늘을 공경하여 이것이 나라 안에 미치면 이것이 바로 효충이다. 너희가 이 도(道)를 체득하면 하늘이 무너져도 솟아날 길이 있느니라."라고 되어 있다.

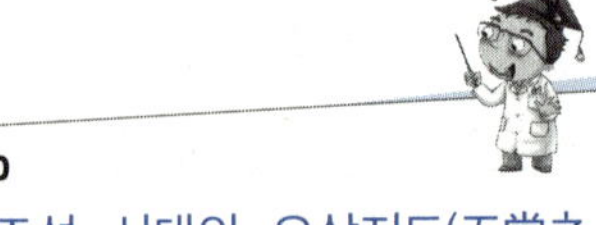



중일경[57]은 제3대 단군 '가륵' 임금 때 지은 것으로 그 내용은 "천하에 으뜸가는 근본은 내 마음의 중일(中一)에 있다. 사람이 중일을 잃으면 성취되는 일이 없고 사물이 중일을 잃으면 몸이 기울어 넘어진다. 중일(中一)을 잃으면 임금의 마음은 오직 불안하고 백성의 마음은 어두워지는 것이다. 그러므로 모든 사람을 고르게 다스려서 중(中)을 세운 연후에 하나(一)로 정해지는 것이다. 오직 하나(一)인 도(道)는 부모는 마땅히 자비로워야 하고, 자식은 마땅히 효도하여야 한다(爲父當慈 爲子當孝). 임금은 마땅히 의로워야 하고, 신하는 마땅히 충성해야 한다(爲君當義 爲臣當忠). 부부는 마땅히 서로 공경하여야(爲夫婦 當相敬) 하며, 형제는 마땅히 서로 사랑해야 한다(爲兄弟 當相愛). 늙은이와 젊은이는 차례가 있어야(老少當有序) 하고, 친구는

**57** 계연수 편저, 이민수 역, 『환단고기』, 서울 : 한뿌리, 1986, p.148

마땅히 서로 믿어야(朋友當有信) 한다. 몸을 수양하고 삼가하며, 공손하고 겸손하며, 학문을 닦아 지혜를 얻어 능력을 발휘하며, 널리 이롭게 되도록 서로 힘써 몸의 자유를 이루며, 물건을 개발하여 평등하게 하고 천하가 스스로 책임져야 한다. 마땅히 나라의 전통을 존중하여 헌법을 엄히 지키고, 그 맡은 바 직책에 최선을 다하며, 부지런함을 장려하여 산업을 보전해야만 나라에 일이 있을 때에 몸을 던져 의를 갖추어, 위험을 무릅쓰고 용감히 나라를 위함으로써 만세에 길이 이어갈 끝없는 행운을 붙들 수 있는 것이다. 이는 짐이 너희 나라 사람과 더불어 간절히 마음에 간직하여 바라고자 하는 것이니, 이것이 너의 몸과 완전히 일치되는 지극한 뜻이기에 존경해야 할 것이다."라고 기록하고 있다. 또한 '오상지도(五常之道)'는 배달국 시대의 '도의원리(道義原理)'와 같은 내용으로, 훗날 신라의 '세속오계', 고구려의 '오상지도'로 이어지는 계율이다. 여기에서도 부모의 사랑과 친함에 의한 소통(疏通)의 효를 추구하고 있음을 볼 수 있다.

　따라서 단군왕검 시대의 사회문화는 조상을 숭배하는 동족 공동체, 혹은 가족공동체였고, 공동체 내에서 상부상조를 중히 여기는 특징을 지녔다고 할 수 있다. 조상 숭배의 수직적 질서와 공동체 내의 수평적 질서를 잘 조화시킨 문화 형태였던 것이다. 이를 통하여 고조선 시대의 효 문화를 유추해 본다면 천손(天孫) 민족으로서 조상 숭배와 공동체의 질서를 강조하는 경천애인(敬天愛人)과 홍익인간(弘益人間)의 정신으로 집약할 수 있다.

# Ⅱ 삼국시대의 효

삼국시대의 효는 신라(B.C. 57~A.D. 935), 고구려(B.C. 37~A.D. 668), 백제(B.C. 18~A.D. 660) 등 삼국에 나타나 있는 효 사상을 말한다. 삼국시대의 효는 신라 말의 유학자 최치원(崔致遠, 857~?)의 난랑비서문(鸞郞碑序文)의 첫머리에 잘 나타나 있다.

우리나라에 현묘(玄妙)한 도(道)가 있으니 이를 "풍류(風流)"라고 한다. 교의를 세운 근원은 선사(仙史)에 자세히 실려 있거니와 실로 삼교(三敎)를 포함한 것으로써 군생(群生)과 접하여 화(化)하도록 한다. 이를테면 집에 들어오면 부모에게 효도하고 나와서는 나라에 충성하는 것은 노사구(魯司寇;공자)의 주지(主旨)요, 무위(無爲)의 일에 처하고 불언(不言)의 가르침을 행하는 것은 주주사(周柱史;노자)의 종요(宗要)이며 모든 악한 일은 하지를 않고 모든 착한 일을 받들어 행하는 것은 축건태자(竺乾太子;석가)의 교화이다.[58]

신라는 화랑도의 '세속오계(世俗五戒)', 고구려는 조의선인(皂衣仙人)의 '오상지도(五常之道)'가 있었던 것으로 알려지고 있지만 백제에 관한 기록은 전해지지 않고 있다. 단지 백제에는 '오경박사' 제도가 있었다는 기록이 있을 뿐이다.[59] 그러나 삼국이 모두 건국 초기에



---

58 『삼국사기(三國史記)』, 권4, 「신라본기(新羅本紀)」 '진흥왕(眞興王)' 37년조.
59 김익수, 『한국인의 효사상』, 「삼국시대의 효사상과 효문화의 수용」, 서울: 수덕문화사, 2009, p.29

시조의 묘(廟)를 세우고 제사(祭祀)를 올린 것과, 동부여(東夫餘)에서 유화부인(柳花夫人)의 신묘(神廟)를 세워 주었다고 하는 것을 보면, 삼국(三國) 이전부터 유가적(儒家的)인 의례제도(儀禮制度)가 도입되어 있었음을 알 수 있다.[60]

## 1. 신라의 효

신라(B.C. 57~A.D. 935)시대의 교육제도는 화랑제도와 국학(國學)이 있었다. 화랑제도는 제24대 진흥왕(540~576)이 창시하였으며 세속오계(世俗五戒)를 계율로 한 교육제도이고, 국학은 31대 신문왕 2년(682년)에 설립됐는데 여기서 배우는 교과내용은 『논어』와 『효경』을 필수 과목으로 하여 인효(仁孝)교육에 역점을 두었다. 세속오계는 화랑도인 '귀산'과 '추항'이 본래 경주 사람으로 친구 사이였다. 서로 간에 도의지교(道義之敎)를 맺고 살았는데 원광법사(圓光法師)에게 평생을 지킬만한 계율을 청하자 이에 알려준 지도이념이 ① 임금을 섬기되 충으로써 하고(事君以忠), ② 어버이를 섬기되 효로써 하고(事親以孝),

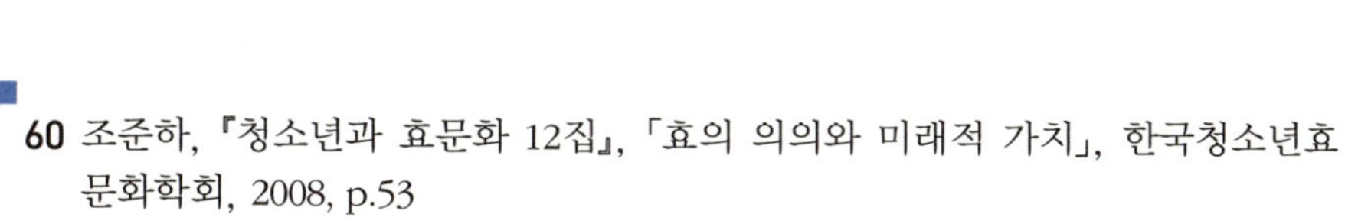


---

**60** 조준하, 『청소년과 효문화 12집』, 「효의 의의와 미래적 가치」, 한국청소년효문화학회, 2008, p.53

③ 벗을 사귀되 믿음으로써 하고(交友以信), ④ 전쟁에 임하여서는 물러남이 없어야 하고(臨戰無退), ⑤ 산 것을 죽이되 가려서 죽여야 한다(殺生有擇)는 내용이다.

이러한 내용들은 대부분 효와 관련되어 있음을 알 수 있는데, 첫째, 임금을 충으로써 섬긴다는 내용은 『후한서』에 "나라를 구할 충성된 신하는 효자의 가문에서 나온다"는 내용과 관련된다. 둘째, 어버이를 효로써 섬긴다는 것은 『논어』에 "부모가 살아계실 때는 그의 뜻을 살피고 부모가 돌아가셨을 때는 자식의 행동을 관찰하는 것이니 삼 년 동안 부모의 뜻(道)을 고치지 않아야 효라고 할 수 있다"는 내용과 관련된다. 셋째, 벗을 사귀되 믿음으로써 사귀라는 내용은 『맹자』에 "벗에게 믿음을 줄 수 있는 지름길은 부모에게 효도하는 길이 최선이다"는 내용과 관계된다. 넷째, 전쟁에 임해서는 물러섬이 없어야 한다는 내용은 『예기』에 "전쟁터에서 용감히 싸우지 않는 군인은 '효자'라 할 수 없다."라는 내용과 연계된다. 다섯째, 산(生) 것을 죽이되 가려서 죽여야 한다는 내용은 『예기』에 "나무 한 그루, 짐승 한 마리를 죽이더라도 때를 맞추지 않으면 효가 아니다."라는 등의 표현에서 효와 연관됨을 알 수 있다.

따라서 신라는 국학에서 『논어』와 『효경』을 필수과목으로 한 것과 화랑도의 세속오계(화랑오계)를 통해 효가 교육되어졌음을 알 수 있다.

## 2. 고구려의 효

고구려(B.C. 37~A.D. 668)는 삼국 중 중국에 가장 인접하여 위치한 관계로 중국문화의 영향을 많이 받았을 것으로 짐작된다. 고구려의 교육제도는 태학(太學)과 경당(扃堂)이 있었다. 제17대 소수림왕 2년(372년)에 설치된 태학은 우리나라 최초의 관학으로서 신라의 국학보다 3세기 앞선 372년에 세워졌으며, 필수과목은 『논어』와 『효경』이었다. 경당은 초급교육기관의 성격으로 국립대학이었던 태학이 입학자격을 귀족의 자제로 국한했던 반면, 경당은 사학(私學)의 성격으로 문무일체(文武一體)의 교육을 추구했다. 그리고 신라 화랑도에 세속오계가 있었던 것처럼 고구려에는 조의선인(皂衣先人)제도가 있었는데, 여기에 선발된 인원은 선비제도라는 특별한 교육체계에 의해 양성되는 문무를 겸비한 인재들이었다. 이들은 대체로 유년의 어린 나이에 선발되어 정서적·신체적 훈련과 교양을 통하여 보다 완벽한 심신의 능력을 배양하게 되었다.

조의선인은 고구려 때 국정을 맡아보던 벼슬에 오르기 위한 수련과정으로 볼 수 있는데, 연개소문이 대표적 인물이다. 그리고 조의선인에게 적용되던 계율이 '오상지도(五常之道)'였다. 오상지도는 배달국 시대 때 '도의원리'라는 이름으로 적용되던 계율로 세속오계와 같은 내용이다. 일설에 의하면 "오상지도는 배달국 시대의 도의원리(道義原理)와 같은 것으로, 고구려는 고조선의 역사를 이어받은 장자(長子)격이기 때문에 오상지도를 그대로 물려받았고, 신라는 원광법사로부터 오상지도(도의원리)를 화랑도 '귀산'과 '추항'에게 전수해준 것이다.[61]"라고 전해진다. 따라서 고구려의 효 교육은 신라에서와 비슷하게 인재양성 과정에서 필수적으로 시행되었던 것으로 이해할 수 있다.

## 3. 백제의 효

백제(B.C. 18~A.D. 660)는 한반도의 서남(西南) 쪽에 위치하여 국가를 형성했으나 건국에 대한 자세한 내용은 알기 어렵다. 『삼국사기(三國史記)』에 실린 백제에 대한 역사적 사실은 삼국(三國) 중에 너무나 간략하기 때문인데 전쟁에서 패하면 대개 그런 것으로 알려져 있다.

백제는 고구려가 372년에 태학(太學)을 세우고, 신라가 682년에 국학(國學)을 세웠다는 기록처럼 교육기관을 세웠다는 분명한 기록은 없지만, 3세기 후반부터 5세기 중엽까지 교육이 활발했던 것으로 보아 효를 교육하는 기관이 있었을 것으로 유추해 볼 수 있다. 예컨대 "백제의 왕인(王仁) 박사가 고이왕(古爾王) 52년(A.D. 285)에 『논어』와 『천자문』을 일본에 전수(傳授)하였다고 하니, 고이왕 52년 이전에 이미 백제에는 대학이 설립되어 있었을 것임을 짐작할 수 있는데, 다만 백제의 대학에 관한 기록은 전하지 않을 뿐이다."[62] 문헌상으로 보이는 백제의 박사 배출은 2종(種)으로 나타나 있는데, 하나는 오경박



61 안호상, 『민족사상의 정통과 역사』, 서울 : 한뿌리, 1992, p.103
62 조준하, 『청소년과 효문화 12집』, 「효의 의의와 미래적 가치」, 한국청소년효문화학회, 2008, p.50

사(五經博士)이고 또 하나는 전업박사(專業博士)이다. 오경박사는 오
경에 대한 각 1경(經)에 대한 전문성 가진 해박한 학자요, 전업박사는
예컨대 의학박사(醫學博士)처럼 의학에 대한 전문적인 소양을 갖춘
박사이다. 오경박사 제도가 먼저 있었고 전문박사는 뒤에 설치되었
다.[63]

효 사상이 전개된 양상을 보면, 온조왕(溫祚王) 원년(元年)에 동명
왕묘(東明王廟)를 세우고 역대 임금들의 제사(祭祀)를 모셨으며, 해마
다 네 번씩 시조(始祖)의 사당(祠堂)에 제사를 드렸다는 내용이다. 백
제의 마지막 임금인 의자왕은 젊어서 부왕(父王)과 모후(母后)를 정성
껏 모셔 중국에서 그를 '해동(海東)의 증자(曾子)' 라고 칭할 정도로
효자였다.[64] 이런 점들을 볼 때에 지도층과 백성이 모두 효 의식의 정
초(定礎)가 세워져 있었을 것으로 짐작할 수 있다.


# III 고려시대의 효

고려시대(918-1392)의 효 교육은 신라의 영향을 받았다. 신라의 자
멸로 전쟁을 하지 않고 평화 속에 나라를 세운 고려 태조 왕건(王建,

---

**63** 김익수, 『한국인의 효사상』, 「삼국시대의 효사상과 효문화의 수용」, 서울 : 수
덕문화사, 2009, p.29

**64** 김익수, 『한국인의 효사상』, 「삼국시대의 효사상과 효문화의 수용」, 서울 : 수
덕문화사, 2009, p.33

재위 877~943)은 신라의 문물제도를 크게 수정함이 없이 계승하였다. 따라서 이 시대는 삼국시대와 마찬가지로 불교가 사상의 주류를 이루고 교육은 당나라제도를 따른 유교식이었다.

고려시대의 교육제도는 크게 관학(官學)과 사학(私學)으로 구분되는데 관학은 중앙에 국자감(國子監)과 동서학당(東西學堂), 지방에 향교(鄕校)가 있었고, 사학으로 십이도(十二徒)와 서당(書堂)이 있었다. 십이도는 개경(開京)에 있던 열두 개의 사학을 말하고 서당은 한문 등 글을 가르치는 곳이다. 이를 살펴보면 관학으로는 930년(태조 13)에 경학(京學)을 세웠고 992년(성종11)에 국자감을 창립하였다. 사학으로는 1053년(문종7)에 사학(私學)이 일어나기 시작하여 사학십이도(私學十二徒)를 이루게 된다. 1271년(원종 12)에 지방에는 향교(鄕校)가 세워졌는데 향교에는 공자의 위패를 모시고, 이를 중심으로 학문을 가르치는 명륜당(明倫堂)이 있었으며, 이 교육에서 『효경』과 『논어』 등을 필수과목으로 가르쳤다.

효 교육이 강화된 것은 고려 말 충무왕(1344~1348) 때 권보(權溥)와 그의 아들 권준(權準)에 의해 효행에 관한 기록을 모은 『효행록』을 발간한 때이다. 이 책은 후대 조선왕조시대(1428, 세종 10)에 설순(薛循) 등이 개정하여 중간하는 등 조선시대의 효 교육에 적용하게 된다. 『효행록』의 출판은 권보가 연로해지자 아들 권준과 함께 책을 제작하게 되는데, 아들 권준이 효행에 관한 설화를 모아 화공(畫工)에게 24효도(二十四孝圖)를 그리게 하고, 그것을 권보의 사위인 이제현에게 그림 설명을 하게 하여 아버지를 위안하는 등 권씨 가문의 효 실천 일화로 전해진다. 이에 아버지 권보도 38명의 효행을 골라 화공이 그림을 그리고 이제현이 그림에 설명하는 글을 넣어서 총 62명의 효행으로 구성한 책을 발간했는데, 『효행록』은 효행 설화를 최초로 집대성한 책으로 알려지고 있다.

# Ⅳ 조선시대의 효

조선시대(1392-1910)는 유교중심의 교육으로, 일반 서민을 위한 교육이라기보다는 정치적 이상 실현을 위한 성격이 강했다. 교육내용에 있어서도 경전 중심의 인문교육을 숭상하고 실업교육을 천시하는 풍조가 있어 후기에는 성리학에 대한 비판으로 실사구시(實事求是)의 실학(實學)이 등장하기도 했다. 이러한 부정적 측면에도 불구하고 조선시대의 4서 5경에 기초한 유학중심의 교육은 그 자체가 생활규범으로 적용되어 백성에게 도덕적 윤리관을 심어 주었으며, 교육 및 정신문화에 이바지한바 크다. 이러한 사상적 배경을 근거로 한 조선시대의 교육제도는 최고 학부의 구실을 한 성균관(成均館)이 있었고 중등교육기관으로 중앙의 사학(四學)과 지방의 향교(鄕校)가 있었으며, 사립교육기관으로 서원(書院)과 초등사설교육기관인 서당(書堂) 등이 있었다. 이때의 교재는 교육과정에 따라 차이가 있지만 『효경』과 『논어』를 필수 교과목으로, 『천자문』, 『동몽선습』, 『계몽편』, 『명심보감』, 『격몽요결』 등을 가르쳤다.

백성들에 대한 효 교육은 조정에서 임금의 주도로 여러 차례 '효행실도'책을 편찬해서 교육했다. 세종대(제4대, 1418~1450)에 『삼강행실도(三綱行實圖)』를 편찬하였고, 성종대(제9대, 1469~1494)에는 『삼강행실도』를 한글로 쓰고 축소하였으며, 중종대(제11대, 1506~1544)에 『속삼강행실도(續三綱行實圖)』와 『이륜행실도(二倫行實圖)』를 만들었다. 임진왜란 후인 광해군대(제15대, 1608~1623)에는 『동국신속삼강행실도(東國新續三綱行實圖)』를 만들어 『삼강행실도』의 사례를 보충하였고 정조대(제22대, 1776~1800)에 이르러 『삼강행실도』와 『이륜행실도』를 합하여 『오륜행실도(五倫行實圖)』를 편찬하였다.

## 1. 『삼강행실도』의 효

『삼강행실도』에서 '삼강(三綱)'은 군위신강(君爲臣綱), 부위자강(父爲子綱), 부위부강(夫爲婦綱)으로 군신, 부자, 부부 관계를 규정한 윤리이다. 임금과 신하, 부모와 자식, 남편과 아내의 관계는 위로는 자연의 법칙에 합치되고 아래로는 인간사회를 유지하는 가장 근본적인 인간관계로 여겼다. 이는 서로 유기적인 관련성을 가지고 있는데, 부자관계는 일차적인 관계로서 요구되는 윤리는 효였다. 그리고 부자관계의 효는 가정윤리로서 군신관계의 국가윤리로 확대된다고 보았는데, 부자 사이의 윤리인 효를 확대하여 국가 또는 임금에 대한 충으로 나아갈 수 있다고 보았던 것이다.

조선시대 정치에서 삼강윤리는 그 핵심에 자리 잡고 있었는데 오륜(五倫)에서 '장유(長幼)'와 '붕우(朋友)'의 관계가 추가되지만, 가장 핵심적인 것은 삼강의 '군신', '부자', '부부' 관계로 보았다. 삼강의 윤리를 실현하기 위한 방안으로 삼강 윤리의 교육과 함께 모범적으로 실천한 경우에는 표창했으며, 위반한 경우는 엄격한 형률로 다스렸다.

『삼강행실도』는 1431년(세종 13)에 집현전(集賢殿) 부제학(副提學) 설순(薛循) 등이 세종의 지시에 따라 조선과 중국의 서적에서 군신(君臣)·부자(父子)·부부(夫婦) 관계에서 모범이 될 만한 충신·효자·열녀 35명씩을 뽑아 105명의 행적을 그림과 글로 칭송한 책이다. 이 책은 1481년(성종 12)에 한글로 번역되어 간행되었고, 이어 1511년(중종 6)과 1516년, 1554년(명종 9), 1606년(선조 39), 1729년(영조 5)에 각각 다시 간행하여 도덕서(道德書)로 활용되었다.

『삼강행실도』보다 먼저 나온 책으로는 『이십사효도(二十四孝圖)』와 『효행록(孝行錄)』이 있다. 남송대 조자고(趙子固, 1199~1295)가 만든 『이십사효도』는 24가지의 효행 사례를 골라 글로 쓰고 그림으로 그려 편찬한 책이다. 세종 임금도 처음에는 『효행록』을 통해 백성의 교화를 모색하였으나 세종 10년(1428년) 진주에서 김화(金禾)라는 사람이 아버지를 살해하는 사건이 발생함에 변계량(卞季良)이 『효행록』의 반포를 건의했고, 세종은 세종 13년(1431) 여름 집현전 부제학 설순에게 『삼강행실도』의 편찬을 지시하여 세종 16년(1434년)에 간행되었다. 집현전에서는 중국과 우리나라의 역대 서적을 열람하여 효자, 충신, 열녀를 뽑아 앞에는 도형(圖形)을 붙이고 뒤에는 사실(事實)을 기록하고 해설을 넣어 『삼강행실도』를 완성하였다. 그림으로 표현한 『삼강행실도』는 글을 모르는 일반 백성에게까지 삼강의 윤리를 보급하려는 것이었다. 세종의 교서에는 '여항(閭巷)의 우부(愚夫) 우부(愚婦)'에까지 보급하려는 구체적인 방법을 제시하고 있다.

성종대에 『삼강행실도 언해(三綱行實圖 言解)』를 개찬하게 되는데, 『삼강행실도』에는 미처 갖추지 못한 부분도 있었고 보급상의 문제점도 있었지만, 이러한 점들은 성종대(1469-1494)에 이르러 상당 부분 보완되기에 이른다. 먼저 성종대에는 『삼강행실도』를 한글을 사용하였다. 세종도 『삼강행실도』를 편찬하면서 한문을 모르는 일반백성을 위해 언해의 필요성을 명확히 인식하고 있었기 때문에 정창손(鄭昌孫, 1402-1487)에게 언해할 것을 명령하였지만 세종대에는 언해되지 못했으나, 성종대에 와서 성종 12년(1481) 3월에 한글로 된 『삼강행실도』를 인쇄하여 반사하기에 이른다.[65]

중종대(1506-1544)에는 『속삼강행실도』를 편찬하게 되는데, 중종 6

---



65 김항수, '삼강행실도와 교화 정책', 『한국인의 효사상』, 서울 : 수덕문화사, 2009, p.167

년(1511) 8월에 효자, 열녀 중에서 『삼강행실도』에 실리지 않은 자의
자료를 수집하여 그림을 그리고 글을 넣어 백성들이 쉽게 알게 하라
는 전교를 내렸다. 그리하여 중종 9년(1514)에 『속삼강행실도』를 완
성하여 남곤(南袞)의 서문과 신용개(申用漑)의 전문(箋文)을 실어 간
행하였다. 『속삼강행실도』에는 중국인 사례는 축소하고 조선 사람 사
례를 많이 수록한 것이 특징이다.

광해군대에 와서 『동국신속삼강행실도(東國新續三綱行實圖)』를 편
찬하게 되는데, 이는 조선 전기에 간행된 『삼강행실도』, 『속삼강행실
도』의 속편으로서 광해군 9년(1617)에 유근(柳根, 1549~1627) 등이
왕명으로 편찬했다. 책 17권과 부록 1권으로 되어 있는데, 권1~8은
효자, 권9는 충신, 권10~17은 열녀이고, 부록은 『삼강행실도』, 『속
삼강행실도』에 수록된 인물 72명을 싣고 있다. 각 한 사람마다 1장의
도화(圖畵)가 있고 한문 다음에 한글을 붙였다. 계급·성별의 차별 없
이 충·효·열 삼강의 윤리에 뛰어난 인물을 수록한 점이 특색이다.

이처럼 『삼강행실도』는 임금과 신하, 부모와 자식, 남편과 아내의
관계를 윤리로 규정하여 백성을 계도하고자 했는데, 이 중에서도 부
모와 자식의 관계를 중요시했음을 볼 수 있다. 그런데 부모와 자식의
관계를 묘사하고 있는 사례를 살펴보면 부모가 부모답게 자식을 사랑
하는 모습을 묘사한 사례보다는 자식의 역할과 희생을 강조하는 내용
으로 일관하고 있음을 볼 수 있다.

## 2. 『이륜행실도』의 효

『이륜행실도』는 김안국(金安國, 1478 ~1543)이 경연(經筵)에서 건의함에 따라 중종 13년(1518년) 조신(曺伸)이 왕명에 의하여 장유(長幼)와 붕우(朋友)의 이륜(二倫)을 지키도록 구성한 책이다. 옛 사람 중에서 모범이 되는 사람을 뽑아 그 행적을 엮은 것으로 『형제도(兄弟圖)』, 『종족도(宗族圖)』, 『붕우도(朋友圖)』, 『사생도(師生圖)』 등이 수록돼 있다.

『형제도(兄弟圖)』는 형과 아우의 도리를 다룬 것으로 형제의 관계는 그것이 가족이라는 혈연적 유대 관계에 포함되기 때문에 중요한 인간관계로 여겨졌다. 형제가 생명이 위험한 상황에 이르렀을 때 서로 자신의 생명을 버리려고 하는 일화는 25편 중에 10편이고, 동생이나 형이 어려움에 처했을 때 자신의 재산을 나누어 주는 일화가 10편, 형이나 동생의 잘못을 깨우치는 일화가 2편, 형제가 함께 거주하면서 형을 부모와 같이 대하면서 사는 일화가 2편, 자신의 처(妻)가 형제들과 함께 지내는 것을 반대한다 하여 처를 내치는 일화가 1편이다.

「종족도(宗族圖)」는 삼촌인 숙부·조카·질녀·5촌인 당숙 등에 관하여 기술한 것으로 종족은 한 조상으로부터 태어났기 때문에 가족적·혈연적이라는 관계 속에서 형제와 같다는 것이다.

「붕우도(朋友圖)」는 붕우유신(朋友有信)의 실천윤리에 해당하는 내용을 싣고 있는데, 붕우의 관계는 형제나 종족과는 달리 혈연적 유대

관계를 갖는 것이 아니라 오륜의 하나로서 벗의 관계를 포함시키고 있다. 덕을 닦을 때는 벗이 서로 가르쳐 주어서 유익하게 하고, 학업에 힘쓸 때는 벗이 바르게 고쳐주고, 일을 할 때는 벗이 마땅히 해야 할 바를 인도해 주고, 그 미치지 못하는 바를 도와준다는 내용 등이 수록되어 있으며, 붕우의 관계는 덕을 닦는데 있어서 반드시 필요한 인간관계임을 설명하고 있다.

「사생도(師生圖)」는 스승과 제자의 관계, 즉 학문 활동을 통해 맺어진 관계 속에서 제자가 스승을 섬기는 태도에 대한 실천 윤리를 다루고 있다. 사생(師生)은 학문 활동을 매개로 하여 이루어진 인간관계이다. 스승의 부음을 들은 제자의 행동에 대한 일화가 4편으로 가장 많고 학문을 더 깊이 깨우치기 위해 스승을 섬기는 일화가 1편이다.


## 3. 『오륜행실도』의 효

『오륜행실도(五倫行實圖)』는 정조 21년 (1797) 왕명에 따라 원래 전하는 『삼강행실도』와 『이륜행실도』의 두 책을 합하여 수정 간행한 책이다. 정조(正祖, 재위 1752~1800)는 즉위 원년에 학술연구기관으로 규장각을 창설하여 많은 책들을 수집하고 편찬 간행케 하였다. 그 일환으로 발간한 『5륜행실도』는 성리학적 사회윤리를 강화하기 위해 발간되었는데, 정조의 정치철학은 백성들과의 소통을 통해 백성들이 원하는 정치를

펴고자 했다.

 정조가 『오륜행실도』를 발간하게 된 배경은 "부모를 사랑하는 자는 남을 감히 미워하지 않고 부모를 공경하는 자는 남을 감히 업신여기지 않는다."는 『효경』의 내용에서 알 수 있듯이, 나라의 풍속을 바로 세우는 데는 효를 교육하는 것이 가장 바람직하다는 생각에서였다.[66] 『오륜행실도』의 내용은 「효자도(孝子圖)」, 「충신도(忠臣圖)」, 「열녀도(烈女圖)」, 「형제도(兄弟圖)」와 「종족도(宗族圖)」, 「붕우도(朋友圖)」와 「사생도(師生圖)」 등으로 구성되어 있는데, 여기에 수록된 인원은 모두 150명이다. 여기에서 「효자도」는 부모에 대한 자식의 도리를 기록한 책으로 한글과 민화로 꾸며져 있다. 예컨대 중국 오나라 때 '맹종'이라는 사람은 효자로 유명했는데, 병든 어머니를 지극정성으로 봉양하던 중 어머니가 죽순이 먹고 싶다 하여 엄동설한에 눈덮인 대나무밭에서 죽순을 구할 길이 없어 눈물을 하염없이 흘렸더니 눈물이 떨어진 곳이 녹아 죽순이 돋아나서 그 죽순을 먹은 어머니의 병이 나았다는 등의 일화가 그림으로 그려져 있다.

 「충신도(忠臣圖)」는 임금과 신하의 관계를 다룬 그림으로 나라와 임금을 위하여 충성을 다하는 모습을 다루고 있는데, 주로 임금에게 간언하다 죽임을 당한 경우, 불사이군(不事二君)의 충절, 전쟁터에서 국가를 위해 싸우다 전사한 경우 등이 기록되어 있다.

 「열녀도(烈女圖)」는 절개가 곧은 여자를 그린 그림으로 주로 남편을 위해 정성을 기울이며 살아가는 모범사례를 다루고 있는데, 주로 남편이 죽자 식음(食飮)을 전폐하여 죽거나 묻어버려 죽는 경우, 또는 남편을 구하기 위해 대신 죽는 경우 등을 다루고 있다.

「형제도(兄弟圖)」는 형제간에 우애를 돈독히 하는 모습을 그림으로 나타내고 있는데, 주된 내용은 위급한 상황에 처했을 때 형제간의 우애로 생명을 돌보지 않는 경우, 재산분배에 있어 형제가 서로 양보하는 경우 등을 다루고 있으며, 「종족도(宗族圖)」는 형제의 관계와 함께 장유(長幼)에 해당하는 인간관계를 다루고 있다.

「붕우도(朋友圖)」는 벗을 사귐에 있어 신의를 지킨 모범적인 사례로 친구가 일찍 죽자 친구의 어머니를 대신 모신 경우, 갈 곳이 없는 딱한 친구와 함께 지낸 경우 등을 그림으로 나타내고 있으며 「사생도(師生圖)」는 제자로서 스승을 잘 섬긴 사례를 다루고 있다.

여기서 「효자도」에 나타나 있는 사례를 살펴보면 제1장(효 패러다임)에서 살펴보았듯이, 부모가 부모답게 자식을 사랑하는 모습을 묘사한 사례보다는 자식의 역할을 강조하는 내용으로 구성되어 있음을 볼 수 있다.

제4장

# 종교에 나타난 효

    종교(宗敎)는 인간의 삶에 있어 높은 가르침을 주는 역할을 한다. 종교를 갖는다는 것은 신앙을 갖는다는 의미이기도 한데, 신앙인들은 자신들이 믿고 따르는 절대자(하나님, 부처님, 알라…등)가 항상 자신을 지켜줄 것이라고 믿기 때문에 웬만한 역경에 대해 참고 견디는 힘이 생기고, 내면적 불안감을 막아주는 심리적 작용을 한다. 사람은 누구나 인생의 근원과 마지막에 대하여 생각하게 된다는 점에서 인생관과 가치관을 정립하게 하는 역할을 한다. 그래서 사필귀정(事必歸正)과 권선징악(勸善懲惡)을 믿게 되고 종교(신앙)인들이 비종교인(불신자)들보다 선(善)한 가치관을 가지는 것으로 볼 수 있다.

    종교(宗敎)의 의미는 한자(漢字)에 잘 나타나 있다. '높을 종', '근본 종'의 종(宗) 자와 '가르치다'는 뜻의 '교(敎)' 자가 합해진 글자이니 '높은 가르침', '근본 가르침'의 의미로 해석할 수 있다.

    우리가 사는 세상은 인간으로서 극복하기 어려운 많은 일들과 만나게 된다. 그리고 사람은 누구나 이러한 어려운 일들을 만나게 되면 신(神)에 의존해서 해결하려는 속성을 가진다. 인간의 생로병사를 비롯한 인류의 역사와 자연의 존재, 그리고 변화 등이 신(神)에 의해 만들어진 것으로 인식하기 때문이다. 결국 종교는 신의 섭리를 믿고 의지하며 그러한 가르침에 따르는 현상으로 볼 수 있는데, 종교에서는 효를 하는 사람이 복을 누리게 되므로 효를 행해야 한다는 점을 가르치고 있는 것이다. 따라서 종교에 나타난 효 사상을 살펴보고, 이와 함께 각 종교계에서 효 운동과 함께 교육에 힘쓰는 대표인물에 대하여 살펴본다.

종교 분야에서 효 운동을 펼치고 있는 사람이 많지만, 편의상 보건복지부 비영리법인으로 한국의 효 운동을 이끌어가고 있는 '한국효운동단체총연합회'에 소속된 일부 단체장의 사례를 제시하였다. '한국효운동단체총연합회'는 2002년도에 설립되어 효 운동을 연합하는 단체로서 2007년도에 국회에서 「효행장려 및 지원에 관한 법률(제 8610호)」이 제정되는데 주도적 역할을 한 단체이다. 2011년 4월 현재 24개 단체로 구성돼 있고 운영기조(運營基調)를 '3통 7행의 효'에 두고 있다. 여기서 말하는 '3통'은 종교를 초월한다는 '통교(通敎)', 이념을 초월한다는 '통념(通念)', 시대를 초월한다는 '통시(通時)'이며, '7효'는 효를 행동으로 실천할 일곱 가지, 즉 ① 경천애인(敬天愛人) ② 부모·어른·스승 공경 ③ 이웃사랑·인류봉사 ④ 어린이·청소년·제자 사랑 ⑤ 가족사랑 ⑥ 나라사랑 ⑦ 자연사랑·환경보호 등이다.

효연합회 산하에서 종교적 효 운동을 하는 단체로서는 기독교는 최성규 목사(효연합회 대표회장, 인천순복음 교회)와 박원기 목사(한국기독교 효사랑실천본부), 불교는 정호 스님(불교효연합회 회장, 용주사 주지), 유교는 어약 부관장(성균관 유림회)과 김익수 회장(동방사 상문화학회 회장), 전통종교는 배갑제 이사장(한국효도회), 원불교는 김대선 부장(원불교중앙회 문화부장) 등이 활동하고 있다.


# I 불교의 효

불교가 우리나라에 들어온 것은 372년 (고구려 소수림왕 2년)에 진(秦)나라의 순 도(順道)와 아도(阿道)가 불경과 불상을 가 지고 들어와 초문사(肖門寺)를 창건하고 설 법한 것이 그 시초인 것으로 알려져 있다. 불교는 시조인 석가모니(釋迦牟尼)가 29세 때 출가(出家)하여 6년간 고행(苦行)을 하면 서 깨달은 바를 전파한데서 유래한다. 그러

**―Tip**

불교의 효는 부모가 자식을 양육하는 과정의 수고로움에 대하여 보은을 강조하고 있으며, 부모의 잘못을 지적하여 바르게함으로써 일심(一心)을 회복하게 하는 것으로 설명하고 있다. 또한, 효는 선(善)의 극치이고 불효는 악(惡)의 극치이며, 모든 덕(德)의 근본인 도(道)를 발현케 하는 것으로 해석하고 있다.

나 이러한 석가의 출가는 결국 부모님 곁을 떠났다 하여 불효의 종교 로 보기도 한다. 예컨대 고려 말·조선조의 학자인 조준(趙浚, 1346~1405), 정도전(鄭道傳, 1342~1398) 등 유학자들이 "불교는 국왕 과 부모를 버리고 산림으로 숨어들어가 적멸을 낙으로 삼았기 때문에 무부(無父), 무군(無君)의 오랑캐 종교이다"[67]라고 지적한 것이다. 그

**67** 김상영 외, 『불교의 효사상』 서울 : 불교사찰문화연구원, 1996, pp.193~194

러나 불교에서는 석가모니야 말로 스스로 효를 실천했을 뿐만 아니라 수많은 경전을 통해 효를 일깨워주고 있는 효의 큰 스승이라고 표현하고 있다.

불교에서 효의 내용을 담고 있는 책은 『범망경(梵網經)』, 『부모은중경(父母恩重經)』, 『아함부경(阿含部經)』, 『사십이경전(四十二經典)』 등이다. 『범망경』에 '지극한 효심이야말로 대자대비(大慈大悲)한 보살의 정신'[68]이라는 표현이 있는데, 여기서 자비(慈悲)라는 용어는 아버지의 은혜를 나타내는 자은(慈恩)과 어머니의 은혜를 나타내는 비은(悲恩)에서 각각 '자(慈)'와 '비(悲)'를 딴 말이다.

『부모은중경(父母恩重經)』에는 부모의 10가지 은혜로, 「①나를 배어서 지켜주신 은혜 ②해산할 때 고통 받으시는 은혜 ③ 자식을 낳고 근심하시는 은혜 ④쓴 것을 삼키고 단 것을 뱉어서 먹이신 은혜 ⑤아기는 마른 데로 누이고 자신은 젖은 자리로 누우신 은혜 ⑥젖을 먹여 길러 주신 은혜 ⑦깨끗하지 않은 것을 씻어 주신 은혜 ⑧자식이 멀리 출타하면 걱정하시는 은혜 ⑨자식을 위하여 궂은일을 하신 은혜 ⑩끝

**68** 이명수, 『효 이야기』 서울 : 지성문화사, 1994, p.127

까지 염려하시는 은혜」등을 제시하고 있는데, 태아의 잉태에서 출산, 그리고 성장시키는 과정에 이르기까지 부모의 사랑과 정성, 고통 등을 구체화하여 설명하고 있다. 그리고 우리를 낳으실 때 서 말 서 되의 피를 흘리시고, 여덟 섬 너 말의 젖으로 키워주신 은혜를 잊어선 안된다고 밝히고 있다.

『아함부경(阿含部經)』에는 자식의 도리와 부모의 도리를 제시하고 있는데 자식으로서의 도리는 첫째, 부모를 받들어 모시기에 부족함이 없어야 하고 둘째, 할일이 있으면 먼저 부모에게 알려야 하며 셋째, 부모가 하는 일에 순종하여 거스르지 말아야 한다. 넷째, 부모의 바른 말씀을 감히 어기지 않아야 하고 다섯째, 부모가 하는 직업을 바르게 계승해야 한다는 것이다. 그리고 부모로서의 도리는 첫째, 자식을 잘 살펴서 악을 행하지 않게 해야 하고 둘째, 잘 지도하고 가르쳐서 착하게 행동하도록 해야 하며 셋째, 사랑이 뼛속까지 스며들도록 해야 한다. 넷째, 자식을 위해 좋은 배필을 맺어 주어야 하고 다섯째, 때에 따라 필요한 것을 자식에게 공급해주어야 한다는 내용이다. 여기에서 발견할 수 있는 것은 부모와 자식의 역할, 이 쌍무호혜적(雙務互惠的)임을 발견할 수 있다.

『사십이경전(四十二經典)』에는 "십억의 아라한에게 공양하기보다는 한 사람의 벽지불(薜支佛)에게 공양하는 것이 좋다. 백억의 벽지불에게 공양하기 보다는 삼존(三尊)의 가르침을 따라 그 일세의 양친을 봉양하여 제도함이 좋다"[69]하여 부모 공양이 그 무엇보다도 우선시되

---

**69** 이성운, 『불교의 효사상』 서울 : 불교사찰문화연구원, 1996, 서문.

어야 한다고 이르고 있다.

이처럼 불교의 경전에 나타난 효는 주로 부모가 자식을 양육하는 과정에서의 수고로움에 대한 설명과 함께 보은(報恩)을 강조하고 있으며, 아버지보다 어머니의 은혜에 비중을 두고 있다. 그리고 물질적인 면보다 정신적인 면을 강조하고 있음을 볼 수 있는데, 부모에 대한 자식의 효는 맹목적인 따름보다 이성적인 공경이어야 하며, 부모의 잘못을 보고도 그대로 둔다면 그것은 진정한 효도가 되지 못한다 하여 간쟁의 효를 제시하였다. 즉 불교의 효는 마음(心)에서 나오는 효를 더 중요시하는 것으로 효와 불심(佛心)은 궁극적으로 일심(一心, 마음의 본체)의 회복이라는 것이며, 이러한 마음의 본체 회복을 위한 효는 결국 대승불교의 보살관에 입각한 것으로 해석할 수 있다.

불교의 효는 효순공덕(孝順功德)을 강조하며 효를 선(善)의 극치로, 불효를 악(惡)의 극치[70]로 보고 있는데, 이는 모든 덕(德)의 근본인 도(道)가 효에서 발현한다는 것이다. 또한 효는 세효(世孝), 출세효(出世孝), 사효(事孝), 이효(理孝), 행효(行孝), 화효(化孝), 단효(單孝), 광효(廣孝) 등 여덟 가지로 구분한다.[71]



**70** 이성운, 앞의 책, p.16
**71** 이동형 편저, 『불교의 효』 서울 : 수문출판사, 1995, p.17

# Ⅱ 유교의 효

유교(儒敎)가 우리나라에 들어온 것은
삼국시대에 유학(儒學)이 들어오면서부터
이다. 고구려는 372년(소수림왕 2년)에 태
학을 세웠고, 신라는 682년(신문왕 2년)에
국학을 세웠으며, 백제는 285년(고이왕 2년)
에 이미 왕인 박사가 『논어』와 『천자문』을
일본에 전한 기록으로 보아 그 이전에 전래

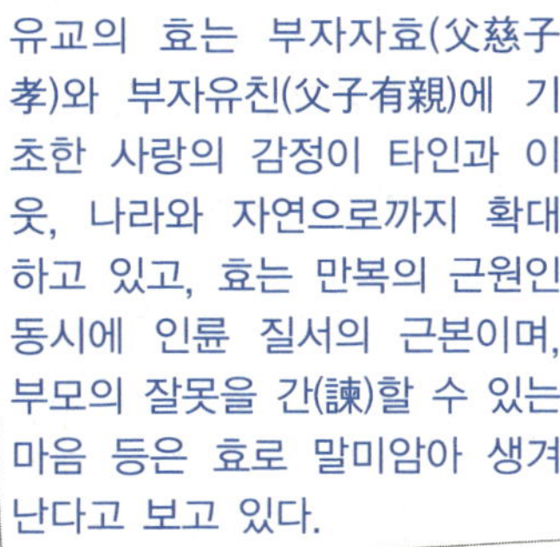


된 것으로 추정할 수 있다.[72] 유교는 공자의 가르침에서 비롯되어 우
리의 전통 사회에 지대한 영향을 미친 사상이자 철학이라는 점에서,
유교를 종교로 보는 시각이 있는가 하면 학문으로 보는 시각도 있다.
유교에서의 효는 부자자효(父慈子孝)와 삼강오륜(三綱五倫)에 바탕을
둔 것으로, '만복의 근원이요, 백행의 원천' 으로 보고 있으며, 모든 가
르침이 효로부터 시작된다고 보고 있는데 이러한 내용은 『효경』과 『논
어』, 『맹자』와 『예기』 등에 잘 나타나 있다.

　『효경』에 "효는 덕의 근본이요, 모든 가르침이 그로 말미암아 생겨
난다(개종명의장)."[73], "효의 시작은 사람의 몸과 머리털, 피부 등 몸
의 전체는 모두 부모에게서 받은 것이니, 이것을 손상시키지 않음이

---

**72** 김익수, 『한국인의 효사상』 서울 : 수덕문화사, 2009, p.27

**73** "孝德之本也 敎之所由生也"

효의 시작이다(개종명의장)."[74], "효는 어버이를 섬기는 일에서 시작하여 다음에는 나라를 위해 일하고 후세에 이름을 날려 어버이를 드러나게 함이 효의 끝이다(개종명의장)."[75], "어버이를 사랑하는 자는 감히 남을 미워하지 않으며, 어버이를 공경하는 자는 감히 남을 업신여기지 않는다(천자장)."[76], "하늘과 땅이 낳은 것 중에서 사람이 가장 귀하고, 사람의 행실에 있어서는 효보다 큰 것이 없다(성치장)."[77], "그 어버이를 사랑하지 않으면서 다른 사람을 사랑하는 자는 덕에 어긋난 것이고, 그 어버이를 공경하지 않으면서 다른 사람을 공경하는 자는 예에 어긋난 것이다(성치장)."[78], "어버이를 섬기는 자는 윗자리에 있어도 교만하지 아니하고 아랫자리에 있어도 어지럽지 아니하며, 많은 사람 중에 있어서도 다투지 않는다. 윗자리에 있으면서 교만하면 곧 망할 것이요, 아랫자리에 있으면서 어지럽히면 형벌을 받을 것이다. 많은 사람 중에 있으면서 다투면 상처를 입을 것이다(기효행장)"[79], "(부모가 하는 일이)마땅히 의롭지 않은 일이라면 자식은 부모에게 간언하지 않을 수 없고, 신하는 임금에게 간쟁하지 않을 수 없다. 그러므로 옳지 않다면 간쟁을 해야 하는 것이지 부모의 명령에 무조건

---

**74** "身體髮膚授之父母 不敢毀傷孝之始也"

**75** "孝始於事親 中於事君 終於立身揚名"

**76** "愛親者不敢惡於人 敬親者不敢慢於人"

**77** "天地之性人爲貴 人之行莫大於孝"

**78** "不愛其親而 愛他仁者渭悖適 不敬其親而 敬他人者 謂之蔽禮"

**79** "事親者居上不驕 爲下不亂 在醜不爭 居上而驕則亡 爲下而亂則刑 在醜而爭則兵"

복종하는 것은 효라고 할 수 없는 것이다(간쟁장)"[80]라는 표현이다.

『논어(論語)』에서는 "집에 들어가면 부모에게 효도하고 밖에 나오면 모든 일에 삼가며 남에게 믿음을 주고 모든 사람을 사랑하되, 특히 어진 사람을 가까이 하고 그러고도 남음이 있으면 글을 배워라(학이편)."[81], "효성과 우애가 있는 사람으로서 타인에 대해 도리에 벗어난 행위를 하는 사람은 드물다. 그리고 타인에게 도리에 벗어난 행동을 하지 않는 사람으로서 법을 어기고 사회질서를 어지럽힌 사람은 아직 없었다. 리더(君子)는 근본이 서는 일에 힘써야 하며 근본이 서면 길과 방법이 저절로 생겨난다. 효성과 우애는 인(仁)을 이루는 근본이다(학이편)."[82], "오늘날의 효도는 부모를 잘 봉양하는 것이라고 하나 개와 말에게도 먹이를 주는 일이 있으니 부모를 공경하지 않고 공양만 한다면 짐승에게 먹이를 주는 것과 무엇으로 구별할 수 있겠느냐(위정편)."[83]라고 이르고 있다.

『예기』에 "사람의 자식 된 자는 나갈 때 반드시 부모에게 갈 곳을 알리고, 돌아왔을 때에는 반드시 부모를 뵙고 인사를 드린다. 또 노는 곳도 반드시 정해져 있어 함부로 딴 곳에 가지 않고 익히는 바도 반드시 일정함이 있어 함부로 다른 일을 하지 않는다. 또 평상시의 말에 늙었다는 말을 하지 않는데, 이렇게 해서 어버이의 뜻을 받들어

---

**80** "當不義則子不可以不爭 於父 臣不可以不爭於君 故 當不義 則爭之 從父之令 又安得爲孝乎"

**81** "弟子入則孝 出則弟 謹而信 汎愛衆 而親仁 行有餘力 則以學文"

**82** "其爲人也 孝弟而好犯上者鮮矣 不好犯上而好作亂者未之有也 君子務本 本立 而道生 孝弟也者其爲仁之本與."

**83** "今之孝子 是謂能養 至於犬馬 皆能有養 不敬 何而別乎"

야 하는 것이다(곡례편)."[84], "효자는 어두운 곳에서 일을 종사하지 않으며, 위태로운 곳에 오르지 않는다. 이는 어버이를 욕되게 할 것을 두려워하기 때문이다. 부모가 살아계실 때에는 벗과 더불어 죽음에 대하여 허락하지 않는다. 또한 자기 재산을 가지지 않는다(곡례편)."[85] 고 나와 있으며, "사랑의 도를 천하에 세우려면, 먼저 스스로 그 어버이를 사랑하는 것에서 시작한다. 이것이 백성들에게 자목(慈睦)의 도를 가르치는 방도이다. 경(敬)의 도를 천하에 세우려면 먼저 스스로 그 형장(兄長)을 공경하는데서 시작한다. 이것이 백성에게 유순(柔順)의 도를 가르치는 방도이다. 자목의 도를 가르쳐서 백성이 어버이 있음을 귀하게 여기게 되고, 유순의 도를 가르쳐서 백성이 위의 명령을 들음을 귀하게 여기게 된다. 이리하여 백성이 모두 자목의 도로써 그 어버이를 섬기고, 유순의 도로써 위의 명령을 청종(聽從)하면, 천하는 반드시 치평(治平)된다. 그러므로 이 두 가지 도(道)로 천하에 실시하면 모든 일이 잘 행해진다(제의편)."[86], "내 몸은 부모가 낳아주셨으니, 부모가 낳아주신 몸을 갖고 행동하는데 있어서 감히 부모의 뜻을 받들지 않으면 안 되는데 첫째, 평소 살아가는데 있어서 장경(莊敬)하지 않으면 효가 아니다. 둘째, 임금 섬김에 충성되지 않으면 효가 아니다. 셋째, 관직을 수행함에 있어 도리에 맞지 않으면 효가 아니다. 넷째, 벗으로부터 신의와 존경 받지 못하면 효가 아니다. 다섯째, 전



효의 패러다임과 현대적 개념

84 "夫爲人子者 出必告 反必面 所遊必有常 所習必有業 恒言不稱老"

85 "孝子不服闇 不登危 懼辱親也 父母存 不許友以死 不有私財"

86 "子日 立愛自親始 敎民睦也 立敬自長始 敎民順也 敎以慈睦 而民貴有親 敎以敬長 而民貴用命 孝以事親 順以聽命 錯諸天下 無所不行"

장에서 싸움에 임하여 용감하지 않으면 효가 아니다. 이상 다섯 가지를 완수하지 못하면, 그 결과가 부모에게 미칠 것이니 감히 공경하지 않으면 안 된다(제의편)."[87], "효에는 세 단계가 있는데 가장 큰 효는 부모님을 공경하는 것이요, 그 다음이 부모를 욕되게 하지 않는 것이며, 마지막 단계가 부모를 봉양하는 것이다(제의편)."[88]라고 하여 공경을 강조하고 있으며 "수목(樹木)은 때에 맞춰 베고 금수(禽獸)도 때에 맞춰 죽여야 하며, 때를 맞추지 않으면 효가 아니다.(제의편)"[89]라고 하여 자연 사랑에 대하여 밝히고 있다.

# III 기독교의 효

한국의 기독교는 천주교(天主敎)와 개신교(改新敎)로 나뉜다. 천주교(로마 가톨릭)는 이승훈(李承薰, 1756~1801)이 18세기에 로마 가톨릭을 처음 들여올 때부터 시작되었고, 개신교는 1879년 이응찬(李應贊, ?~1883), 서



87 "身也者 父母之遺體也 行父母之遺體 致不敬乎? 居處不莊非孝也. 事君不忠非孝也 蒞官不敬非孝也 朋友不敬非孝也 戰陣無勇非孝也 五者不遂 裁及其 親 恥不敬乎?"

88 "大孝尊親 其次不辱 其下能養"

89 "樹木以時伐焉 禽獸以時殺焉 不以其時 非孝也"

상륜(徐相崙, 1848~1926) 등이 중국 만주에서 세례를 받은 데서 시작된다. 1700년대 후반에 들어온 천주교(天主敎)는 부모를 육신의 부모라 하여 효행을 무시하고 선조의 혼령을 마귀라 하며 제사를 마귀의 행사라고 배척한다는 등의 이유로 금교(禁敎)되었다. 사사건건 유교 사상과 어긋나는 가톨릭교는 나라의 금교령(禁敎令)을 무시하고 비밀리에 잠입한 포교(布敎)자들에 의해 그 세력을 확대하여 나가다 기해박해(己亥迫害)·신유박해(辛酉迫害)·병오박해(丙午迫害)·병인박해(丙寅迫害) 등을 당하기도 했다.

개신교(改新敎)는 1866년 재너럴셔먼호 사건 이후, 여러 차례 외국 선교사들이 선교를 시도했지만 직접적인 선교가 불가능해짐에 따라 만주 지역에 있는 한국인을 중심으로 전도가 이루어졌는데, 1879년 이응찬(李應贊), 서상륜(徐相崙) 등이 중국 만주에서 세례를 받은 다음 신앙 공동체를 형성함으로써 시작되었다. 개신교는 신앙 공동체를 형성 직후부터 성경 번역에 착수하여 1882년 함경도 방언으로 된 「예수성교 누가복음 전서」를 출판했다. 그러므로 한국의 개신교의 전래는 선교사가 한국에 들어오기 전부터 시작되었다고 볼 수 있다. 1883년 이수정(李樹廷, 1842~1886)이 일본에서 야스가와 목사에게서 세례를 받았는데, 그는 한글 성경을 번역하기 시작해 1885년에 「마가의 전복음서 언해」를 출판했다. 그의 성경 번역은 일본에서 체류하고 있던 서구 개신교 선교사들이 한국에서의 선교를 준비하는데 도움을 주었다. 1885년에 미국 북감리교의 아펜젤러 목사가 한국에 들어와 배재학당(現 배재고등학교, 배재대학교)을, 미국 북장로교회 선교사 호러스 그랜트 언더우드(H. G. Underwood) 목사가 서울 정동 32번지에 경신학당(언더우

드학당)과 서양식 의료기관인 광혜원(廣惠院, 연세학당)을, 1886년 스크랜튼 미국 여선교사에 의해 이화학당이 설립되면서 시작되었다.

　기독교의 효는 『성경』에 잘 나타나 있는데, 기독교 입장에서 성경적 효를 학문적으로 발전시킨 대표적인 학자로 변규용 신부, 윤성범 교수, 최성규 목사 등을 들 수 있다.[90] 변규용 신부는 프랑스 소르본 대학에서 효에 관한 박사학위 논문에 '효 신학'이라는 용어를 처음으로 사용하여 효를 통한 동서양 신학의 조우를 시도했다. 윤성범 교수는 기독교 신앙과 신학의 토착화 작업의 일환으로 효를 중요한 개념으로 취급했고 기독교 입장에서 효를 학문화하는데 기여했다. 최성규 목사는 '성경적 효'를 주창함으로써 성서 자체가 말하는 특징적인 효가 존재한다면서 "기독교는 하나님에 대한 절대 복종의 신앙이다. 전지전능하신 하나님을 믿는다면 어떤 말씀도 믿고 따르는 것이 진정한 기독교인의 정신이다. 때문에 성경에 제시된 효의 실천 또한 마찬가지로 보아야 할 것인데, 기독교의 효 정신은 첫째, 하나님을 사랑하고 그 다음으로는 부모를 섬겨 효도하는 도리를 가르치기 때문에 그리스도의 복음이 미치는 곳마다 건전한 가족제도가 확립되었고, 자녀로 하여금 효도를 행하게 하여 효도의 사상을 크게 발달시켰다. 그러므로 참된 그리스도인이 되지 못하면 올바른 효를 할 수가 없으며, 성도들은 모름지기 효를 행함으로써 주의 영광스러운 빛이 나타나게 해야 한다. 하나님 섬김 없는 효는 효가 아니고 부모공경 없는 신앙

---

**90** 김동수, 『21세기를 위한 효 사상과 가족문화 (국제학술회의 논문집) 「기독교 효 사상의 특징과 현대적 의의」』(인천 : 성산효대학원대학교, 2005), p.101

은 죽은 신앙이다"[91]라고 강조한다. 또한 1997년도 인천에 효대학원 대학교를 세워 효학 석 · 박사를 배출하고 있고, 한국효운동단체총연합회 대표회장으로서 한국의 효운동을 이끌고 있으며 중국, 호주, 베트남, 미국 등에 현대적 하모니의 효를 전파하고 있다.

『성경』에서의 효에 관한 가르침은 분명하게 『구약』과 『신약』 성경에 나타나 있다. 『구약』 성경의 출애굽기 20장 2절부터 17절까지 명시되어 있는 '십계명'에 "①나 이외에는 다른 신을 두지 말라.  ②너를 위해서 새긴 우상을 만들지 말라.  ③하나님 여호와의 이름을 망령되이 일컫지 말라.  ④안식일을 기억하여 거룩히 지켜라.  ⑤네 부모를 공경하라.  ⑥살인하지 말라.  ⑦간음하지 말라.  ⑧도둑질하지 말라.  ⑨네 이웃에 대하여 거짓 증거 하지 말라.  ⑩네 이웃의 물질이나 사람을 탐내지 말라."라고 기록되어 있다. 보다시피 첫 번째부터 네 번째까지의 계명은 하나님과 인간의 관계, 즉 하나님에 대한 계명이고, 다섯 번째부터는 인간과 인간의 관계인 대인계명인데, 그 첫 번째가 부모를 공경하라는 계명이다.

인간관계에서 부모와 자녀의 관계만큼 불가사의하고 밀접한 관계는 없다. 아무리 부모를 싫어해도 자기가 인간으로서 살고 있는 것은 부모가 있기 때문이며, 한 생명이 탄생되기까지의 신비, 그 자체는 인간의 의지가 아닌 하나님의 섭리이므로 하나님을 경외(敬畏)하고 부모를 공경해야 하는 것은 당연한 이치인 것이다.

20세기 최고의 신학자 가운데 한 사람인 칼 바르트(K. Barth)는 "부

<hr>

91 박용묵, 『네 부모를 공경하라』 서울 : 예영 커뮤니케이션, 1994, p.22

모는 하나님의 대리자"라고 했다.[92] 이는 효행이 부모를 자신의 대리 자인 하나님의 신적 권위에서 유래됨을 알게 한다. 그러므로 여기에 서 '효' 즉 부모공경은 곧바로 하나님 공경으로 이어지게 되는 것인데, "부모님을 기쁘게 해 드리고 걱정 끼쳐 드리지 않아야 한다(잠언 23:25)", "너는 너의 하나님 여호와가 명한 대로 네 부모를 공경하라. 그리하면 너의 하나님 여호와가 네게 준 땅에서 네가 생명이 길고 복을 누리리라(신명기 5:16)"는 내용에 잘 나타나 있다.

『신약』 성경에 "이웃을 내 몸같이 사랑하라(마태복음 22:37~40)", "자녀를 돌보고 사랑하라(골로새서 3:21)", "누구든지 자기 친족, 특히 자기 가족을 돌아보지 아니 하면 믿음을 배반한 자요, 불신자보다 더 악한 자니라(디모데전서 5:8)", "자녀는 하나님께서 부모님께 주신 특권인 동시에 자녀들이 악한 세상에서 올바른 인성과 신앙을 가지고 살아가도록 인도해야 하는, 부모의 마땅한 도리이다(디모데후서 1:2~5, 요한일서 5:2)", "아비들아 너희 자녀를 격노케 말지니 낙심할 까 함이라(골로새서 3:21)" 등의 내용이 제시되어 있다.

---

**92** 최성규, 『효가 살아야』(인천 : 성산서원, 1998), p. 21

기독교적인 효는 비권위적인 것으로 이데올로기적 효를 청산하는 역할을 한다고 보고 있다. 또한 성경적 효의 근원적 모델을 성부 하나님과 성자 하나님의 관계에서 찾을 수 있는데, 성부와 성자의 관계는 아버지와 아들의 관계라기보다는 사랑의 관계 속에서 '하나' 라는 생각이 전체를 관통하고 있으며, 오히려 성부와 성자의 관계가 위계의 상·하 복종관계라기보다는 사랑 안에서 하나 된 관계, 즉 수평적 관계로 보고 있다. 이러한 수평적 논리는 '피차 복종하라' 는 에베소서 5장 21절의 영향력 아래서 해석되어지며 이런 의미에서 상호 복종이 부모공경이나 자녀사랑보다 상위일 수 있지만, 자녀가 부모에게 '복종(섬김)' 하는 것과 부모가 자녀를 노엽게 하지 말고 사랑하라는 것은, 부모가 자녀에게 '복종(섬김)' 하는 구체적 방법으로 해석할 수 있으며, 여기에서 쌍무호혜적 관계임을 발견할 수 있다. 또한 모든 인간은 평등하고 모두가 하나님의 자녀이므로 '피차 복종' 의 관계라고 볼 수 있는데, 부모와 자녀·남편과 아내·주인과 종에게 규범이 따르는 것이라는 설명[93]에서 보듯이 기독교의 효는 수평적 윤리임을 발견할 수 있다. 예컨대 양반·상인, 사농공상(士農工商)의 신분차별이 예배당 안에서는 성도·집사·권사·장로 등으로 호칭됨으로써 수직적 관계를 수평적 관계로 변화시킨 것이 교회와 예배당이다.



**93** 최용호, 「기독교 효 사상의 특징과 현대적 의의」 논평, 『21세기를 위한 효 사상과 가족문화 (국제학술회의 논문집)』(인천 : 성산효대학원대학교, 2005), pp.116~117

# IV 한국 전통종교의 효

전통종교는 대체로 한민족의 전통정신을 살리는 종교를 뜻한다. 교주를 섬기는 신도가 있지만 교주를 섬기지 않는 신도가 더 많을 것이 특징이다. 불교나 유교, 기독교와 연계해서 생각한다면 민족종교라는 표현도 가능할 것이다. 민족종교는 어떤 구체적인 교주를 갖지 않고 '민족정신' 그 자체를 신앙하는 종교라는 특징을 갖고 있다. 천도교, 대종교, 증산도(대순진리회), 원불교, 단군교, 한얼교 등의 민족종교 등 일부에서는 무속신앙처럼 단군이나 환웅을 모시는 경우도 있고 창시자를 섬기는 경우도 있으나 숭배의 대상은 구체적인 사람이라기보다는 사상 그 자체이다.[94]

한국의 대표적인 민족 종교로는 대종교와 천도교를 들 수 있다.[95] 대종교는 국조 단군을 교조로 하는 한국의 고유 종교인데, 『천부경(天符經)』, 『삼일신고(三一神誥)』, 『참전계경(參佺戒經)』을 기본 경전으로 하고 있다. 『천부경』의 핵심 사상은 인간을 크고 넓게 이롭게 한다는 홍익인간(弘益人間) 사상이며, 이는 곧 배달겨레의 건국이념이기도

---

**94** 박정학, 『겨레의 얼을 찾아서』, 서울 : 백암, 2007, p.139

**95** 이명수, 『효 이야기』, 서울 : 지성문화사, 1994, p.141

하다. 대종교에서는 충효사상을 매우 중요시하고 있는데, 단군 한배검이 백성을 크게 깨우치게 했다는 '대화문(對話文)'에 잘 나타나 있다. "너희가 생겨났음은 어버이로 하여금 났으며, 어버이는 한울님으로부터 면면히 내려오셨다. 그러니 너희는 어버이를 공경하고 한울님을 진실로 공경하여 온 나라에 미치도록 하라. 이것이 곧 나라에 충성하고 어버이에게 효도하는 길이다. 이 도리를 진실로 잘 지키면 설사 하늘이 무너진다 해도 반드시 화를 면할 것이다."라는 내용이다.

'인내천(人乃天) 사상'을 기본 사상으로 하고 있는 천도교는 신앙의 대상인 신(神)을 '한울님'이라고 부르는데, 그 뜻은 무궁 무한의 시간과 공간을 총칭하는 말이다. 즉 한울님은 천지 만물의 창조주가 되는 동시에 만물의 부모가 된다는 것이다. 인간도 한울님의 기운으로 창조되었으므로 인간 속에 한울님이 존재하고 있으며 이것이 바로 '인내천(人乃天)', '사람이 곧 하늘'이라는 사상이다. 천도교에서는 "부모님 모시기를 한울님 섬기는 것과 같이 하라." 하여 효 사상을 강조하고 있는데, "무슨 일을 할 때에 자기의 내키는 마음대로 하지 말고 부모에게 여쭈어서 그 말씀에 쫓아 행해야 한다. 그렇듯이 매사를 한울님에게 마음으로 고함으로써 그 명령에 따라 행해야 하며, 어디에 갈 때나 돌아왔을 때, 잠을 자거나 일어났을 때, 식사를 할 때, 그 밖에 일거일동을 부모에게 고하듯 한울님에게 마음으로 고하고, 항상 웃는 얼굴로 큰소리 내지 아니하며 효성을 다하여 부모님을 기쁘게 해드리듯 한울님을 정성을 다하여 공경하라."고 기록하고 있다. 인간의 존엄성과 평등을 강조하는 천도교는 민주적 사상의 바탕 위에서 민족주의적 사상을 지니게 되고, 그것은 마침내 동학혁명으로 표출되었는데, 동학혁명의 4대 강령 중에도 '충성과 효도를 겸하라.'는 내용이 포함되어 있다.

이상과 같이 한국의 전통종교에서의 효를 고찰해 볼 때, 효가 갖는 본질적 의미는 인간이 인간다운 삶을 영위해 가는데 가장 우선시되어야 할 가치(價値)임을 알 수 있다. 그리고 사람관계의 근간인 부모·자식 간에 형성되는 원초적 사랑에서 출발해서 이웃과 사회, 나라를 사랑하게 함으로써 인류문명에 이바지하기에 이르는 정신으로 볼 수 있다. 그래서 효를 가족사랑, 또는 가정윤리로 표현하며, 세계 인류문명에 이바지할 보편적(普遍的)·이타적(利他的) 가치로 표현한다. 그리고 효를 인간의 인격 형성에 근간이 되는 백행(百行)의 근본(根本)으로 일컫는 이유도 원초적 인간관계인 친자지간(親子之間)의 관계를 시작으로 가족을 형성하고, 가족 간 질서는 다시 상호간의 인간관계로 확대되어 국가와 사회의 질서체계로 발전되기 때문이다.[96] 다시 말하면 효의 실천으로 말미암아 윤리적 가치관이 확립되고 사회의 질서가 바로 서며 가족·단체·사회 속에서의 상호 공경과 자애심이 형성된다는 점에서 효는 곧 이 나라를 지탱해가는 원동력이 되는 것이다.

---

96 김유혁, 『효의 본질』, 서울 : 단국대학교 출판부, 1977, pp.2~5

# V 종교적 효와 관련된 사례

## 1. 사례

### 사례 12  불교계의 효 문화를 진흥시키는 정호 스님

정호 스님은 불교계의 효 운동을 이끌고 있는 용주사 주지 스님이자 불교효실천연합회 회장 겸 한국효운동단체총연합회 공동회장이다. 필자와 스님과의 만남은 필자가 효연합회 사무총장을 맡고 있는 관계로 효 운동을 연합하는 과정에서였다. 스님을 처음 만난 것은 2007년 봄, 효연합회 정기총회자리에서였다. 당시 불교계 큰스님을 뵙는 필자로서는 어렵게 느껴지는 면이 있었지만 스님의 자상함과 따뜻한 배려로 불교 효 운동에 관해 많은 것을 알게 되는 계기가 되었다. 특히 2007년도 초는 한국효운동단체총연합회 회원 간의 결집과 기반을 조성해야 할 시기라서 불교계의 효 운동 참여가 중요했다. 효 연합회의 운영기조가 3통, 즉 통교(종교를 초월), 통념(이념을 초월), 통시(시대를 초월)인 관계로 종교적 화합이 절실했고, 2007년 7월 2일 국회에서 효행장려지원법을 제정하는 데에도 큰 도움이 되었다.

용주사는 정조대왕이 부친(사도세자)에게 효를 실천하기 위해 세운 사찰이다. 그런 관계로 불교의 효 운동도 용주사를 중심으로 이루어지고 있다. 필자가 효 운동과 관련해서 용주사를 방문하면 스님을 뵙게 된다. 특히 효 문화 유적이 많이 남아 있는 용주사 일대에 아파트를 건축하려는 것을 저지하기 위한 회합이 많아지면서 스님을 뵐 수 있는 기회도 많아졌다. 그리고

정조대왕 효 문화 유적을 보존하기 위해 결성된 「정조대왕 효
문화 유적지 보존 범국민운동 본부」를 스님께서 이끌고 있다.
알려져 있다시피 용주사와 융건릉 일대에는 초장재실터, 만년
제 등 정조대왕의 효심이 담긴 유물들이 상당수 남아 있다. 그
런데도 그곳에 고층 아파트를 짓기 위해 펜스를 치고 중장비를
동원해서 산을 깎아 내고 있다. 이를 막기 위해 효운동 단체 모
두가 나서서 효 문화를 지키기 위해 의기투합에 나서고 있고,
이를 정호 스님이 이끌고 있는 것이다.

정호 스님의 고향은 강원도 철원인데, 공부는 부산에서 경남
중학교, 고등학교와 고려대 법대(64학번)를 졸업했지만, 불가
(佛家)와의 큰 인연으로 스님이 되셨다고 한다. 정호 스님이 정
조대왕 효문화유적 보존에 관심을 가지게 된 동기는 용주사 주
지 스님으로 부임하면서부터이다. 2006년 3월부터 용주사 주
지 스님으로 봉직하다가 2010년 3월에 재임되어 4년을 더 봉직
하게 되었는데, 이 또한 정조대왕의 효 문화를 보존하기 위한
의지가 반영된 것으로 보고 있다.

용주사는 정조대왕이 부친 사도세자의 넋을 위로하기 위해
세운 절인데, 본래의 용주사는 신라 문성왕 16년(854년)에 창
간된 감양사로, 청정하고 이름 높은 도량(道場)이었으나 병자
호란 때 소실되어 폐사 되었다가 조선시대 제22대 임금인 정조
가 아버지 사도세자의 능을 화산으로 옮기면서 절을 다시 일으
켜 원찰로 삼았다. 28세 젊은 나이에 부왕(영조)에 의해 뒤주에
갇힌 채 숨을 거둔 사도세자의 영혼이 구천을 맴도는 것 같아
괴로워하던 정조는 보경스님으로부터 부모은중경 설법을 듣게
되면서 이에 큰 감동을 받게 되고, 부친의 넋을 위로하기 위해

절을 세우기로 결심한 것이다. 그러고 나서 경기도 양주 배봉산에 있던 부친의 묘를 화산으로 옮겨와 현릉원(뒤에 융릉으로 승격)이라 하고 이곳에 절을 지어 비명에 숨진 아버지 사도세자의 능을 수호하고 명복을 빌어 드리던 곳이 용주사이다. 용주사라는 이름은 낙성식 날 저녁에 정조가 꿈을 꾸었는데, 용(龍)이 여의주를 물고 승천했다 하여 절 이름을 용주사(龍珠寺)라 부르게 되었고, 효심의 보찰로서 불심과 효심이 한데 어우러지게 된 곳이다. 따라서 용주사 일대는 정조대왕의 효심이 담긴 융·건능, 만년제와 초장재실터 등이 남아 있고, 특히 초장재실터는 정조가 승하하여 장사지낸 1800년 11월 6일부터 천장(遷葬)한 1821년 3월 9일 (효의왕후 서거)까지 21년 동안 정조대왕이 묻혀 있던 곳으로 귀중한 문화재이다. 또한 건릉의 옛터에 정자각과 재실터 등 중요한 시설의 건물지가 남아있어 정조대왕의 효심을 읽을 수 있다. 그런데 노무현 정부시절에 주택공사에서 이곳에 택지(태안3지구)를 개발한다는 명목으로 원형을 훼손하고 있는 것이다. 이를 막기 위해 발족된 것이 소위 「정조대왕 효 문화 유적 보존 국민 연합」이다. 스님은 "아놀드 토인비가 『역사연구』라는 책에서 '앞으로 세계 인류문명에 이바지할 것이 있다면 한국이 낳은 효 사상일 것이다' 라고 했는데 이러한 효를 정치, 경제, 문화, 교육계 모두가 나서서 살려야 한다."고 강조하면서 "세계 문화유산인 이곳의 원형을 어떻게 해서라도 보존해야 한다."고 강한 의지를 보이고 있다.

필자가 이 사실을 알고 이해하기가 어려웠던 점은 조선시대 왕릉 전체가 세계문화유산(UNESCO)에 등재됐고, 그 중에서도 융건릉은 정조대왕의 효심이 담겨 있어 한국의 효를 세계에 알리는데 중요한 역할을 할 수 있는 문화유산임에도 중장비를 동원해서 효 문화재를 없애고, 그 위에 15층 아파트를 짓는다는 일 때문이다. 이는 대한민국 헌법 제9조 (문화의 계능·발전·창달)와 문화재 보호법 제1조(목적) "문화재를 보호하여 민족문화를 계승하고 이를 활용할 수 있도록 함으로써 국민의 문화적 향상을 도모함과 아울러 인류문화의 발전에 기여함을 목적으로 한다."에 위배될 뿐 아니라 문화의 세기로 불리는 21세기에 역행되는 발상이라 생각된다. 특히 이곳에는 "어머님이 우리를 낳으실 때 서 말 서 되의 피를 흘리시고 여덟 섬 너 말의 젖으로 키우셨으니, 어머니의 은혜를 잊어서는 안된다."는 내용이 담긴 『부모은중경』이 보존된 곳이다. 이러한 효 문화재들이 보존되어 있는 용주사 일대의 문화유적을 훼손한다는 것은 국가적 손실일뿐아니라 우리들의 효에 대한 의지를 빼앗는 것이다.

이점에 대해 스님은 "오늘날 현대인의 몸과 마음에 병이 든 것은 효 교육이 소홀해졌기 때문이다. 부모의 은혜를 알고 효를 실천하는 사람은 성품이 온후해지고 스스로 기쁨을 느끼게 되므로 오장육부가 건강해지기 마련이며, 이렇게 되면 얼굴색이 온화해지므로 대인관계에서 좋은 평가를 받게 되니 결국 성공의 원동력으로 작용하게 되는 것이다. 효는 자식이 부모에게 향하는 원초적 사랑이자 감정이지만 이것이 부부끼리에 작용하면 부부화목이요, 자녀들에게 향하면 자식사랑이요, 이웃에 향하면 이웃사랑이며, 나라, 자연, 세계, 우주로 향할 수 있는 백행의 근본인 것이다. 이러한 효의 원리는 이곳 용주사에서 정조대왕이 사도세자에게 행했던 효 실천 사례에서 원형을 찾아볼 수 있다. 이곳은 억울하게 죽음을 당한 사도세자의 영혼을 위로하기 위해 임금으로서 13회나 행차를 했던 정조대왕의 효심이 깃든 곳이기 때문에, 효 문화유적을 훼손하는 것에 대해서는 결단코 막아야 될 일이다."라고 강조한다.

세계 문화유산으로 등재된 조선왕릉, 그리고 그중에서도 융건릉 일대의 효 문화 유적이야말로 한국의 효를 세계에 알리는 데 꼭 필요한 유산이다. 이 유산들을 기초로 효 문화 유적지를 조성해야 한다. 이를테면 정조의 능행 코스를 자전거 길로 조성할 수 있고, 정조 효 테마 파크를 조성해서 한옥마을 및 궁중요리 체험장을 만들 수 있으며, 정조의 효성이 담긴 영상물을 제작해서 외국인에 대한 홍보 및 청소년 인성교육 장으로 활용할 수 있다. 이러한 방안들이 효 문화 유적 보존 및 문화 확산 차원에서 실행되기를 기대해 본다.


## "효를 하면 모두가 행복해진다."를 전파하는 기독교계 최성규 목사 이야기

한국 효운동단체 총연합회 대표회장을 5년째 맡고 있는 최성규(1941~) 회장님은 인천순복음교회의 담임목사이다. 개신교 목사 신분으로 효 운동을 하게 된 배경은 뜻밖에도 삼풍백화점 붕괴사고와 연관이 있다고 한다. 필자와 최성규 회장님과의 인연은 사제지간(師弟之間)으로의 만남이다. 중령계급으로 육군대학에서 리더십교관으로 근무 중이었던 1998년 어느 날, '효운동가' 들이 모이는 자리에 필자가 초청된 것이다. 필자는 군대에서 효 운동을 하고 있다는 이유로 초대를 받았는데, 참석해 보니 그곳에는 배갑제 회장(한국효도회), 장승학 회장(효도

회), 홍일식 총재(세계효문화운동본부) 등 효 운동을 이끌어가
는 여러 사람이 참석한 자리였다.

이날의 참석자마다 자기를 소개하는 시간이 있었는데, 필자
는 "저는 군대에서 효 운동을 하는 사람입니다. 군대에서 효 운
동을 하는 이유는 '군대 가면 사람 된다.', '군대 가면 효자 된
다.'고 하지만 '학교가면 사람 된다.', '학교 가면 효자 된다.'
는 이야기는 별로 듣지 못합니다. 집에서 호의호식하다가 군에
입대하면 모든 것을 스스로 해결해야 하기 때문에 부모님은혜
를 떠올리는 군대에서 효를 교육하면 매우 효과적이라고 생각
합니다. "시장이 반찬이다."라는 속담이나 "지식은 필요하다고
느끼는 사람에게 가르쳐야 깨우침으로 작용되는 법이다."라는
존 듀이의 말에서 군대 효 교육의 필요성과 효과성을 알 수 있
습니다. 그러나 군대의 효 교육에 활용할 이론이나 내용이 부
족해서 어려움이 많습니다. 저는 앞으로 효를 공부함으로써 군
대가 체계적으로 효를 교육시킬 수 있도록 발전시켜볼 생각입
니다."라는 요지로 필자를 소개했다.

이때 최성규 목사님이 군대 효 교육을 적극 지원하겠다는 말
씀과 함께 효대학원대학교에서 박사학위과정 공부를 하면 어
떻겠느냐는 제안을 하셨다. 필자는 그때 성균관대학에서 효 공
부를 위한 박사과정 입학을 고려하고 있었는데, 이날 만남의
계기로 성산효대학원대학교에서 박사학위 과정을 공부하게 됐
고, 최성규 총장님과 사제지간의 인연을 맺게 되었다.

최성규 회장님의 효 운동 계기가 삼풍백화점 붕괴사고와 연
관된 과정은 이렇다. "1973년(당시 33세) 막내딸을 분만한 병
원에 가서 장모님을 뵙고, 그동안 너무 바빠서 가정을 소홀히

한 것을 후회하게 됐고, 회심하는 마음으로 서대문에 있는 여의도순복음교회에 나가 예배를 드린 것이 목회자가 되는데 결정적 계기였습니다. 77년(37세)에 순복음신학교에 편입하고 1979년 여의도순복음교회 수련전도사로 시작해서 1981년 목사안수를 받았고, 1983년 11월 8일 인천상륙작전을 생각하면서 인천순복음교회를 개척했습니다. 저는 저의 아버지와 숙부가 6.25 때 전사하신 관계로 나라사랑 정신을 높이는 교육을 강조합니다. 그래서 모든 행사에 애국가는 무조건 4절까지 불러야 합니다. 1995년 6월 29일, 이날은 서울의 삼풍백화점이 붕괴되어 500여 명이 사망하고 1,500여 명이 부상했으며 수천억 원의 손실을 가져온 초대형 사고였습니다. 이때 현장에서 생존한 인원 중에 3명의 젊은이가 있었습니다. 11일 만에 구조된 최명석 군, 13일 만에 구조된 유지환 양, 7일 만에 구조된 박승현 양 등인데, 이들이 모두 효자였다는 점을 알게 되고 나서 저는 '교회는 안 다녀도 효를 하면 복을 받는구나'라는 점을 깨닫게 되었습니다. 또한 이때부터 교회 성도들에게 '기독교와 효'라는 설교를 하게 되었습니다."라는 내용이다.

최 목사님의 효 설교는 첫째, 효가 살면 나라가 산다. 둘째, 효가 살면 모두가 산다. 셋째, 효를 하면 모두가 행복해진다는 내용이다. 이는 하나의 외침으로 들린다. 이런 외침과 함께 효를 구현하기 위해 성산효대학원대학교를 설립(1996년)했고 성산효행봉사단, 성산효마을 봉사단, 한국효운동단체연합회 결성, 한국기독교 총연합회 산하에 성경적 효실천운동본부 신설(본부장 김평일), 효행장려지원법 제정에 이르기까지 많은 일을 하고 있다. 뿐만 아니라 베트남, 중국, 호주 등 해외에도 효

운동을 펼치고 있고, 중국 인민대학에서는 효대학원대학교에서 명예박사 학위를 취득하는 교수가 있을 정도로 한국의 효교육 위상을 높이는 일에 앞장서고 있다.

필자는 2004년 효대학원대학교 박사과정에 입학하여 학위를 취득했고, 2007년 7월부터 효운동단체 연합회 사무총장에 임명되어 5년 가까이 대한민국 효 운동을 보필한 바 있다. 효행장려지원법 제정 과정에 직간접적으로 참여했던 필자로서는 효 운동을 이끌고 있는 최 회장님을 바라보면서 "만일 이 분이 안계셨다면 오늘날 대한민국의 효가 어떻게 되었을까?!"하는 생각을 하게 된다. 효가 살아야 모두가 살고, 모두가 행복해진다는 최 회장님의 철학이 널리 펼쳐지기를 기원하며, 동참하고 있다.


## "예수를 따라가자!"와 "효도 · 애국 · 신앙" 교육의 홍우준 설립자 이야기

필자가 홍우준 경민학원 설립자님을 뵙게 된 인연은 군대에서 효 교육을 담당하던 때이다. 1999년 11월쯤 육군본부의 「충효예 종합추진계획」에 의거, 충효국민운동본부의 지원을 받아 경기도 분당 새마을 중앙연수원에서 군(軍) 간부를 대상으로 「충효예 교육 워크숍」을 진행하던 때에 홍우준 박사님을 강사로 초빙했기 때문이다. 그때 처음 뵌 느낌은 범상치 않은 분이라는 점이었다. 특별한 느낌의 이유는, 대체로 강사로 초빙된 분들은 강사로서 강의에 관심을 갖는 것이 관례인데, 홍 설립자님은 달랐다. "군대에서 무슨 이유로 이런 교육을 하느냐?" "교육받는 대상은 어떤 계급인가?" "이들이 교육받으면 어떤 역할을 하는가?" "내 강의를 듣는 교육생에게 식사를 대접하고 싶은데 가능한가?" "이 교육과정은 앞으로 얼마나 더 진행하게 되는가?" 등을 꼬치꼬치 질문하시는 것이었다. 결국 이때의 인연이 10년 후에 필자가 경민대학교 교수가 되는 계기가 되었다.

홍우준 설립자님은 1923년 4월 23일 평안북도 정주군 곽산면 엄장리 시골마을에서 부친 홍응팔(洪應八)씨와 모친 지성팔(池聖八) 여사 사이에 9남매 중 4째 아들로 태어났다. 아버지인 홍응팔(洪應八) 선생은 홍경래의 후손으로서 패기 있고 용맹스런 기질을 가진 한학자였는데, 우리나라가 일본에게 침략 당하자 독립군에 가담하여 만주, 상해 등지에서 활동하였다. 그리고 1939년에는 정주군 곽산면 경찰지서(파출소) 순사(경찰) 6명을 습격한 죄로 투옥되었다가 광복과 동시에 석방되었다. 그 후에 가족들은 고향을 떠나 평양시 기림리 모란봉 기슭 고등골로 이사하여 살았으며, 홍 설립자님 역시 3월 신사참배 반대와 독립군을 도와주었다는 죄목으로 황해도 황주군 겸이포(兼二浦) 경찰서에서 미결수로 복역 중 1945년 8월 15일 광복과 함께 석방되었다. 1945년 9월 23일, 평양에 소련 공산당이 진주하게 되면서 부녀자 성폭행을 비롯한 온갖 만행이 난무하게 되자. 이를 차마 볼 수 없었던 젊은 청년 홍우준은 공산당을 상대로 투쟁하게 되었고, 그때마다 공산당 간부와 부딪쳤다. 한번은 소련군 장교 3명이 형수와 여동생들을 성폭행하려는 장면을 목격하게 됐고, 짐승만도 못한 그들의 총을 빼앗고 폭행한 사건이 발생했는데, 이것이 죄가 되어 수배를 당하게 되었다. 더욱이 공산당이 기독교에 대한 탄압이 심해지면서 이에 항의하는 16명의 결사 동지회를 결성하게 되었는데, 이들은 1947년 2월 평

양역 광장에서 열리는 3·1절 기념행사에 김일성이 참석한다
는 정보를 입수하고 김일성을 단죄하기로 의견을 모았다. 불행
으로 행사장 단상 밑에 폭탄 장치를 하던 중, 이것이 발각되어
모두 체포 되는데, 사형을 받아야 할 처지였지만, 평양 류성리
감리교회 조윤승 감리사의 도움으로 은둔생활을 하게 되었고,
그러던 중 1947년 3월 2일 북한을 탈출하여 대한민국으로 월남
하게 되었다.

　자유를 찾아 월남한 홍우준 청년은 서울 YMCA안에 있던 중
앙신학교에서 이호빈 목사님(평양 성도중학교 설립자)을 만나
도움을 받아 서울 염천교 위에서 각종 학용품을 펴 놓고 장사를
시작하게 된다. 그러던 중 1950년 6·25 사변이 일어나 부산으
로 피난하게 됐고, 서울이 수복된 후 경희대학 법과대학을 졸업
하였다. 1954년 6월 10일 경민학원 공동 설립자인 이연신(당시
대구대학 3학년)과 결혼하였고, 그녀의 헌신적이고 희생적인
뒷받침으로 수유리 지역에 시범주택 30동을 건축할 수 있었으
며, 양계장과 가내수공업 등을 경영하여 서울 수유리 일대 땅을
구입하였는데 1966년 부산 시장이었던 김현옥 씨가 서울시장에
임명되어 첫 계획정리 사업으로 미아리 공동묘지 정리 및 수유
리 일대 개발 계획안을 발표하자 건립한 주택과 땅값이 천정부
지로 상승하여 큰 재산을 얻게 되었다. 이에 설립자 부부는 하
나님이 주신 축복이라 생각하고, 동족상잔의 폐허 속에서, 귀한
사업은 이 민족의 후세들에게 복음의 바탕 위에 민족교육을 시
키는 것이라 판단하고 오늘날의 경민학원을 설립하게 된다.

　학교설립의 결정적인 동기는 최용신, 임용신, 박순천, 모윤숙
같은 한국여성지도자들과 함께 애국, 선교, 교육에 대한 불굴

의 열정을 가진 황애덕, 양매륜, 이효덕, 김노다 어머니와 같은 여성지도자들의 도움과 함께 영향을 받았다. 현재 경민의 어머니로 모셔져 있는 네 분은 당시 아들과 같은 홍우준 설립자님에게 생전에 자신들이 이루지 못한 꿈을 이루게 되었다면서 매우 기뻐하였다. 경민학원을 설립할 당시 건학이념은 '신앙관', '조국사랑', '민족사랑'과 '부모공경' 등 네 가지였다. 첫째, 신앙교육은 '예수를 따라가자' 둘째, 조국사랑교육은 '민족교육은 제2의 독립운동이다' '나라의 주인은 너와 나다' 셋째, 민족사랑 교육은 '당신은 지금 조국을 위해 무엇을 하고 있는가?' 넷째, 부모공경 교육은 '네 부모를 공경하라. '사람이 되고 난 후에 학문이다·명예다·재물이다' 이다. 이러한 인성교육을 실시해온 경민학원은 45여 년의 역사를 거치면서 5개 중·고등학교와 유치원 그리고 대학을 포함하여 약 10만여 명의 졸업생을 배출하였고, 현재 12,000여 명이 재학하고 있다.

설립자님이 필자에게 평소 강조하시는 내용은 세 가지로 모두 효와 연관돼 있다. 첫째는 『성경(에베소서 6:2-3)』에 나오는 "부모를 공경하라, 그리하면 네가 잘되고 장수하리라."는 내용이다. 효도하는 자식은 후에 성공하여 나라와 민족을 위해 많은 일을 할 수 있지만 부모에게 불효하는 사람은 잘되기 어렵고, 양심적 갈등을 겪게 되어 결국 건강을 잃는다는 것이다.

두 번째는 『명심보감(천명편)』에 나오는 "하늘의 명령에 따르는 사람은 살고, 하늘에 거역하는 사람은 망한다(順天者存 逆天者亡)."는 내용이다. 이 내용 역시 부모와 자식의 관계는 하늘이 정해준 바인데, 부모에게 효도하는 사람은 하늘의 뜻에 순응하는 사람이고 부모에게 불효하는 사람은 하늘의 뜻을 거역하는 것이기 때문에 망하게 된다는 것이다. 홍 설립자님은 오늘의 경민학원으로 키워오기까지 경제적 어려움이 있을 때마다 주변으로부터 많은 도움을 받았는데, 이런 것들은 본인이 효를 교육하고 실천하는 모습을 보고, 믿음을 가진 분들이 도와 주셨기 때문에 가능했었다면서 현재는 어려운 사람과 뜻을 가진 사람들을 돕고 있다.

세 번째는 『논어(학이편)』에 나오는 "집에 들어가면 부모에게 효도하고 밖에 나오면 모든 일에 삼가며 남에게 믿음을 주고, 모든 사람을 사랑하되, 특히 어진 사람을 가까이 하고 그리고 도 남음이 있으면 글을 배워라(弟子入則孝 出則弟 謹而信 汎愛 衆 而親仁 行有餘力 則以學文)."는 내용이다. 달리 표현하면, "사람이 되고 나서 학문이요, 명예요, 재물이다."라는 것이다. 사람이 되는 길은 배워야 하고, 배우는 것은 효를 알고 실천해야 한다는 것이다.

홍 설립자님은 사람은 누구나 어린 시절에 가정에서 받는 교육이 중요하다는 점을 특히 강조하시는데, 모유수유와 밥상머리교육, 가정에서 큰절, 할머니·할아버지의 역할이다. 그러면서 실제로 본인이 자녀교육을 위해, 혈연관계가 아닌 할아버지·할머니를 집에 모셔서 자식들에게 교육적 역할을 하게 했던 일화를 소개하기도 한다. 이렇게 하게 된 이유는, 큰아들이 어렸을 때 "아버지, 우리 집은 왜 할아버지, 할머니가 없어요? 다른 집 할아버지는 친구들에게 엿도 사주고 놀이터에서 함께 놀아주시는데, 우리는 왜 할머니, 할아버지가 없어요? 라는 질문을 받고서부터라고 한다. 결국 할아버지, 할머니의 사랑이 있는 교육을 위해 가정에 할머니, 할아버지 두 분을 모셨고, 학교에는 네 분의 경민어머니(황애덕, 양매륜, 이효덕, 김노다)를 모셨다는 것이다.

경민학원의 교육활동 중 다른 교육기관과 특별히 구별되는 것이 있는데, 다름 아닌 국경일 등에 실시하는 계기 교육이다. 3·1절, 6·25 사변일, 8·15 광복절에 경민학원 전 교생(중학교2, 고등학교3, 대학교)이 공휴일임에도 모두 등교하여 대(大)기념관에 모여 기념식을 거행한다. 우리 민족에게 이런 날들이 왜 있게 되었는지에 대한 역사적 의의, 그리고 미래를 짊어질 학생으로서 나라 사랑 의식을 갖도록 하는 자리이자 참석자 모두가 각오를 새롭게 하는 기념 행사이다. 필자는 기념식에 참석할 때마다 모든 학교가 이런 행사를 통해서 산(生) 교육을 했으면 하는 바램을 가진다.

현재 경민학원에서는 대학교 산하에 '한국 효충교육원'을 두고 「의정부 효시화사업」, 「경기도 효지도사 교육사업」, 「군 충효지도사 교육사업」, 「초·중·고교 교사 연수과정 운영」 등 효 교육 사업을 하고 있고, 중·고생 및 대학 신입생에게 인성교육(1박 2일)을 시행하고 있으며, 효 만화·애니메이션 공모전을 개최하고 있다. 또한 대학에 전국 유일의 「효충사관학과」를 개설하여, 직업군인 및 '효행장려 및 지원에 관한 법률'을 시행해 나가는데 소요되는 인재를 육성하고 있다.

사단법인 한국 효도회 배갑제 이사장님은 금년 83세이다. 고령의 연세에도 하루도 빠짐없이 출근하고 많은 일을 하신다. 필자가 배 이사장님을 만나게 된 것은 군대에서 효 교육을 하고 있는 필자를 격려해주기 위해 초대한 자리에서였다. 그 당시 배 이사장님의 연세가 68세이셨고, 필자는 중령으로 육군교육사령부의 교육 훈련부 총괄 장교로 근무하던 때였다. 그때 처음으로 뵌 배 이사장님의 인상은 학식과 인격이 깊어 보이는 시골 노인 같은 인상이었다. 그리고 그때 말씀이, 자신은 평생 효 운동에 모든 것을 쏟고 있다고 하시면서, 심지어 아파트 한 채 있는 것도 효도회에 기부했고, 효도회가 사단법인으로 되는 과정에서 아파트를 담보물로 제공했다는 것이다.

배 이사장님은 1928년 3월 14일 전북 정읍군 북면 영타리 89번지에서 아버지 배규일 선생, 어머니 박선복 여사 사이에서 1남 2녀의 막내로 태어났다. 태어날 때 배갑제 어린이는 산모의 심신이 지치고 가냘픈 산모의 기대와 달리 울지도 못하는 아이였을 뿐 아니라, 숨조차 쉬지 못하는 아이로 태어나 한동안 주위 사람들을 긴장시켰다고 한다. 설상가상으로 그 당시 아버지는 이런 광경에 아랑곳하지 않고 외지에 전전하면서 이장 마당, 저장 마당으로 소장수에 여념이 없어, 가정의 형편이 말이 아니었다. 어린 시절을 아버지의 도움이 별반 없는 상태에서 보낼 수밖에 없었던 어린이 갑제는 열심히 한학(漢學)을 공부하며 두 누이와 함께 청·장년으로 성장하게 된다. 그후 전주시 의회 부의장, 성균관 고등공민학교장, 전주문화원장, 한국고전문우회장, 송사서예학원장, 사단법인 한국 효도회 회장 등을 역임하였다. 그러한 삶을 사는 동안 어머니의 사랑을 깊이 깨닫게 되었고 객지생활을 하면서부터는 어머니에 대한 그리움으로 베갯잇을 적신 적이 한두 번이 아니었다고 한다. 그러시던 어머니가 86세의 일기로 1978년 1월 14일에 별세하셨다. 그 후 어머니를 생각하며 효 운동을 한지 벌써 30년이 넘었다는 것이다.

필자가 생각하기로 한국 효 운동에 배갑제 이사장님의 공헌은 대단히 크다. 몇 가지로 간추리면 첫째, 효도회 창립을 들수 있다. 1988년 4월 15일에 창립한 효도회는 1997년 2월 25일에 사단법인 인가를 받았다. 또한 효행상 시상 23회(1,683명), 장한 어버이 상 11회(496명)를 시상하는 등 효 사상 앙양을 위해 애쓰고 있다.

둘째, 대한민국의 효운동단체를 연합하여 뜻을 한데 모으는 역할을 하신 분이다. 23개의 단체로 구성된 「한국효실천단체협의회」 회장을 2002년 3월 29일부터 2007년 7월 21일까지 역임했다. 이후 「한국효운동단체총연합회」로 이름이 바뀐 이후 종교를 초월하고 이념을 초월하고, 시대를 초월하는 '3통'의 개념하에 펼치고 있는 효운동의 기틀을 다져 놓으신 분이다. 특히 보건복지부 사단법인으로 등록된 '효도회'의 활약상은 대단하다.

셋째, 현대적 효 운동을 위해 진력(盡力)하는 모습이다. 서울특별시 중구를 효 특구로 지정하였고 서울시 중구청 앞, 그리고 전라북도 전주시 월드컵 경기장 앞에 한글 모양의 효탑을 세웠다. 또한 효도잡지를 34회를 발간하였으며 효를 전파하기 위해 많은 애를 쓰셨다. 또한 대한민국 효 운동계의 원로로서 한국 전통적 효 구현의 산파역을 담당하고 있다.

필자는 배갑제 이사장님을 뵈면서 효뿐 아니라 인생의 큰 스승으로 모시고 있다. 전통문화와 함께 좀 더 어려운 이웃을 위해 봉사하고 후배를 사랑하고 키우시는 헌신적인 삶과 사랑을 받아본 사람으로서의 말이다.

그리고 국민훈장 목련장, 삼성효행상, 청권사 효령대상 등 많은 표창과 감사패를 수여 받았다. 정읍시 중림동에 10대조 배명순 장군의 충혼단도 건립하고 10대 조부모님 이하 부모님 묘비까지를 선영에 수립하였다. 아울러 효도문화 활성화에 대한 저서로는 효도대사전을 비롯 16개 종의 서적을 남겼다.

## 2. 토의

① 종교적 효의 내용을 기초로 효 교육의 필요성에 대해여 발표해 봅시다.

② 각각의 종교에서 추구하고 있는 효에 대한 공통점과 차이점을 발표해 봅시다.

# 3부 효의 본질과 현대적 개념

효가 가지고 있는 본질적(本質的) 의미는 무엇인가? 그리고 효를 현대적 개념으로 표현한다면 어떻게 표현할 수 있을까?에 대하여 살펴본다.

본질(本質)이란 어떤 사물이 본디부터 가지고 있는 자체의 성질이나 모습, 근본적인 성질을 말한다. 따라서 효의 본질은 효가 본디 가지는 바탕이 되는 근본적인 의미를 말하는 것이다.

개념(槪念)이란 여러 관념 속에서 공통적 요소를 뽑아 종합하여 얻은 하나의 보편적인 관념이다. 이러한 개념 속에서 효의 뜻을 명백히 밝혀 규정한 것을 정의(定義)라고 한다. 따라서 효의 개념과 정의는 "효란 무엇인가?"에 대한 답이라고 할 수 있는데, 효의 개념(槪念)은 효가 가지는 여러 관념 속에서 공통된 요소를 뽑아내어 종합하여 얻은 효에 관한 보편적인 관념이다. 그러므로 효를 개념화하기 위해서는 현자(賢者)들이 효에 관하여 정리한 것들 중에서 보편적인 관념을 뽑아 현대적 의미로 정리해야 한다. 율곡은 말하기를 "배우는 사람이 학문의 길로 들어감에 있어서는 이치(理致)를 아는 것이 중요하고, 그 이치를 알기 위해서는 성인(聖人)과 현인(賢人)들이 마음으로 쓴 글을 통해 알도록 해야 한다"고 했다.

따라서 제 3부에서는 5장 「문헌에 제시된 효의 의미」에서 『효경』과 『불경』, 『성경』, 『논어』, 『맹자』 등 각종 문헌을 통해 효의 의미를 고찰해보고, 제6장 「효의 본질과 개념」에서는, 제 5장에서 살펴본 효 의미를 기초로 효의 본질적 의미와 개념, 효에 대한 정의를 제시하였다.

# 문헌에 제시된 **효**의 의미

'효란 무엇인가'에 대한 답은 『효경』을 비롯한 『불경』, 『성경』 등의 경전과 『논어』와 『맹자』, 『예기』 등의 문헌에서 찾을 수 있다. 효의 의미는 식자(識者)에 따라서 여러 가지로 설명되고 있지만, 효를 바르게 이해하기 위해서는 문헌에 제시된 내용들을 근거로 현대의 시대 상황에 부합되는 의미를 찾아내야 한다. 왜냐하면 효의 원리는 과거나 현재가 변한 것이 없다 하지만 효를 행동으로 옮기는 데는 상황적인 요인의 영향을 받기 때문이다. 따라서 경전에서 현자(賢者)들이 제시한 효의 의미를 살펴보고, 이를 통해 현대에 맞는 효의 의미를 부여해야 하는 것이다. 이점에 대해 율곡(栗谷) 이이(李珥)는 "배우는 사람은 항상 그 마음을 학문에 두어 다른 사물에 현혹되어서는 안 되며, 반드시 이치를 깊이 연구하고 선(善)을 밝힌 연후에 마땅히 행할 도리를 밝혀야 하는데, 이를 위해서는 이치를 연구하는 것보다 먼저 할 것이 없고, 이치를 연구함에는 책을 읽는 것보다 먼저 할 것이 없으며, 성인(聖人)과 현인(賢人)이 마음을 다해서 쓴 자취, 그리고 선과 악의 본받아야 할 것과 경계하여야 할 것을 책에서 찾아야 한다."[97]고 했다. 때문에 성인(聖人)과 현인(賢人)들이 말하는 효의 의미를 탐구하는 일은 중요하다.

그러나 유념해야 할 점은, 여러 문헌에서 제시하고 있는 효를 해석함에 있어 당시의 문화적 배경을 감안하지 않으면 안 된다. 농경사회의 대가족 제도와 현대사회의 핵가족 제도는 적용면에서 차이가 있어야 하기 때문인데, 특히 조선시대 성리학에 기초한 효는 부자자효(父慈子孝)와 부자유친(父子有親), 부위자강(父爲子綱)에 그 원리를 두고 있었음에도 해석과 적용에 있어서 '상호성'이 아닌, '일방향성'으로 적용된 면이 있다. 그렇지만 효는 부모가 부모답게 자식을 사랑했을 때, 그 사랑을 몸과 마음으로 체득한 자식이 부모에게 효도할 수 있다는 '상호성'의 원칙에 기초하여 해석해야 한다. 이런 맥락에서 각종 문헌에 제시된 효의 의미를 살펴본다.

## I 『효경』에 제시된 효

『효경』은 공자(孔子)가 효에 관련해서 그의 제자인 증자(曾子)와 논설



97 『격몽요결』「독서장」: "學者常存此心　不被事物所勝　而必須窮理明善然後　當
　行之道　曉然在前　可以進步　故　入道　莫先於窮理　窮理莫先乎讀書　以聖賢用心
　之迹　及善惡之可效戒者　皆在於書故也"

할 내용을 훗날 제자들이 편저(編著)한 유교 경전의 하나이지만 『효경』
의 저자와 저술된 연대(年代)에 대해서는 아직 정확히 밝혀지지 않고
있다. 공자가 저자(著者)라는 설과 증자가 저자라는 설, 또는 그들의 제
자에 의해 저술되었다는 등 여러 가지 설(說)이 있으나 정확하게 밝혀
지지 않은 상태이다. 다만 후세들이 평가하는 바에 의하면 공자와 증자
의 제자들에 의해 저술되었을 가능성이 큰 것으로 보고 있다.

『효경』은 『논어』와 함께 삼국시대에서 조선시대에 이르기까지 교육
기관에서 필수과목으로 삼았던 필독서였다는 점에서 효 교육에 크게
영향을 미친 책이다. 『효경』에 제시된 효의 의미를 살펴보면 다음과
같다.

① 효는 덕의 근본이요, 모든 가르침이 그로 말미암아 생겨난다.(개종
  명의장)[98]
② 우리 몸과 팔다리, 머리카락과 피부까지도 부모에게서 받은 것이
  므로 함부로 훼손하거나 상하지 않게 하는 것이 효의 시작이
  다.(개종명의장)[99]
③ 효의 시작은 부모를 섬기는데 있고 중간 단계는 나랏일에 충실 하
  는데 있으며, 효의 마지막은 이름을 드러내는 것이다. 몸을 세워
  도를 행함으로써 후대에 이름을 날려 부모의 이름을 드러나게 하
  는 것이 효의 마지막이다.(개종명의장)[100]
④ 효는 하늘의 법칙(經)이고 땅의 질서(義)이며 백성들이 실천(行)해

---

**98** "孝德之本也 敎之所由生也"

**99** "身體髮膚 受之父母 不敢毀傷 孝之始也"

**100** "孝 始於事親 中於事君 終於立身 立身行道 揚名後世 以顯父母 孝之終也"

야 할 것이다.(삼재장)[101]

⑤ 부모와 자식의 도(道)는 하늘의 뜻에 따르는데 있고 군주와 신하의 도는 의(義)를 따르는 데에 있다.(부모생적장)[102]

⑥ 부모를 섬기는 사람은 윗자리에 있어도 거만하지 않고 아랫자리에 있어도 질서를 어지럽히지 않으며 같은 무리와 함께 있어도 서로 다투지 않는다.(기효행장)[103]

⑦ 부모를 사랑하는 사람은 다른 사람을 미워하지 않고 부모를 공경하는 사람은 다른 사람을 업신여기지 않는다.(천자장)[104]

⑧ 부모에게 간쟁하는 자식이 있으면 (부모는) 불의(不義)함에 빠지지 않는다.(간쟁장)[105]

⑨ 효자가 부모를 섬김에 평소에는 공경을 극진히 하고 봉양할 때에는 즐거움을 다하고 질병에 걸렸을 때는 근심을 다하고 돌아가셨을 때는 슬픔을 다하고 제사지낼 때는 엄숙함을 다해야 한다. 이 다섯 가지를 갖춘 뒤라야 부모를 잘 섬긴다고 할 것이다.(기효행장)[106]

『효경』에서 찾을 수 있는 효의 의미는, 효는 덕(德)을 이루는 근본이며 하늘의 섭리라는 것이고, 또한 효는 부모로부터 받은 자기 몸을

---

**101** "孝 天之經也 地之義也 民之行也"
**102** "父子之道 天性也 君臣之道 義也"
**103** "事親者 居上不驕 爲下不亂 在醜不爭"
**104** "愛親者 不敢惡於人 敬親者 不敢慢於人"
**105** "父有爭子 則身不陷於不義"
**106** "孝子之事親也 居則致其敬 養則致其樂 病則致其憂 喪則致其哀 祭則致其嚴 五者備矣 然後 能事其親"

잘 보존하는 데서부터 시작되는 것으로 설명하고 있다. 그러므로 생명을 주신 부모님의 은혜를 갚기 위해 부모를 공경해야 하고 봉양할 때는 즐거운 마음으로 해야 한다. 또한 뜻을 세워 성공함으로써 부모님께 기쁨을 드리고, 부모님의 이름을 드러내는 것이 효의 최종단계이다. 부모님이 잘못하시는 것이 있으면 말려서 부모님을 불의함에 빠지지 않도록 해야 하고, 부모에게 효도하는 사람은 타인을 배려하고 업신여기지 않으며, 존중하는 이타적(利他的) 삶을 살아가게 된다고 이르고 있다.

# Ⅱ 『불경』에 제시된 효

『불경』은 불교의 가르침을 담은 책이다. 불교에서 경(經)이란 암송되어오던 석가모니의 설법내용을 훗날에 집성하여 문자화한 것이다. 불교에서의 경(經)은 석가의 제자가 설법한 교의(敎義)와 교단의 규율을 규정한 율(律)과 철학적 이론서인 논(論), 그리고 이상의 것들을 주석한 책들에 이르기까지 모두를 가리킨다. 이 중 효와 관련된 불교 경전은 『부모은중경』이 대표적이라 할 수 있다. 『불경』에 제시된 효의 의미는 다음과 같다.

> ① 부모에 대한 효는 모든 선(善)을 행하게 하는 근본이요, 모범이 되게 하는 것이다. 나를 낳으실 때 서 말 서 되의 피를 쏟으시고, 나를 기르실 때 여덟 섬 너 말의 젖을 먹이셨으니 그 은혜를 다 갚기 위해서는 부모님을 등에 업고 수미산을 팔만 사천 번 오르내려도 그 은혜를 다 갚을 수 없다.(부모은중경)
>
> ② 효는 부모를 공경하고 봉양하는 것이다.(대반야열반경)
>
> ③ 효는 수행자의 삶의 기준과 준거, 죄악을 범하지 못하게 하는 규정이다.(범망경)
>
> ④ 자식은 부모를 다섯 가지로 섬겨야 하며 부모도 역시 자식을 다섯 가지로 돌보아야 한다. 자식이 해야 할 다섯 가지는 살림살이·식사제공·걱정 끼치지 않음·부모의 은혜를 생각하는 일·병을 치료해드리는 일이고, 부모가 해야 할 다섯 가지는 자식에게 좋은 것을 하고 학업을 가르치며 경전과 계율을 지니게 한다. 장가들이

고 재산을 맡아주는 것이다.(불설시가리월육방예경)

⑤ 자식이 멀리 가면 걱정하고 끝까지 사랑하신다.(부모은중경)

⑥ 부모에게 효도하고 스승과 어른에게 공경하며 생활해야 한다.(유행경)

⑦ 부모는 자식이 잘되는 방향으로 옳게 하고, 자식은 부모의 은혜를 알고 병을 치료해 드려야 한다.(육방예경)

⑧ 부모는 자식을 잘 가르치고 자식은 부모가 원하는 바를 계승해야 한다.(아함부경)

⑨ 부모를 봉양하는 것은 작은 효에 속하지만 부모를 불의(不義)함에서 벗어나도록 하는 것은 참다운 큰 효이다.(죽창삼필)

⑩ 누구나 극락세계에 왕성하고자 하면 부모/어른/스승을 공경하고 살생을 말아야 한다.(관무량수경)

⑪ 부모와 스승을 공경하고 부모가 돌아가시면 제사를 정성으로 모시고 생전의 가르침을 실천해야 한다.(마누법전)

⑫ 효는 부모를 공경하고 봉양하는 것이다.(대반야열반경)

⑬ 너희가 천하에 귀신을 다 섬긴다해도 부모에게 효도하는 것만 못하다. 부모야말로 최고의 신이기 때문이다.(사십이대장경)

⑭ 누구나 극락세계에 왕성하고자 하면 부모/어른/스승을 공경하고 살생을 말아야 한다.(관무량수경)

『불경』에서는 효를 부모를 공경하고 봉양하는 것임을 강조하면서 효가 모든 선(善)의 으뜸이고 수행의 기준이 된다고 이르고 있다. 또한 자식으로서 부모 섬김에 필요한 다섯 가지와 부모가 자식을 돌보는데 요구되는 다섯 가지를 제시함으로써 상호성에 바탕을 둔 쌍무호혜적 사상으로 보고 있음을 볼 수 있다.

# Ⅲ 『성경』에 제시된 효

　『성경』은 기독교의 경전으로 구약과 신약으로 구성되어 있으며 십계명을 비롯한 여러 곳에서 효를 강조하고 있는데, 성경에 나타나 있는 효의 의미는 다음과 같다.

① 부모를 공경하라, 그리하면 너의 하나님 여호와가 네게 준 땅에서 네 생명이 길리라.(출애굽기 20:12)

② 너는 센 머리 앞에 일어서고 노인의 얼굴을 공경하라.(레위기 19:32)

③ 구약법에 있어 부모를 저주한 자나 하나님을 저주한 자 사법적 형량은 동일한 사형이다.(레위기 20:9, 24:15)

④ 부모는 먼저 마음과 성품을 다하고 힘을 다해 여호와를 사랑하고, 그런 마음으로 자녀를 부지런히 가르쳐야 한다.(신명기 6:4-9)

⑤ 그 부모를 경홀히 여기는 자는 저주를 받을 것이다.(신명기 27:16)

⑥ (효는) 부모를 기쁘게 하고 걱정 끼치지 않는 것이며, 자녀를 돌보고 사랑하는 것이다.(잠언 23:25, 골로새서 3:21)

⑦ 형제간 화목으로 가족의 조화를 이뤄야 한다.(마태복음 5:23~24)

⑧ 너희는 부모를 공경하고, 먼저 그의 나라와 그의 의를 구하라.(마태복음 6:33)

⑨ 부모를 거역하는 것은 성령을 거스르는 것이므로 성령은 이러한 사람들을 반드시 사망케 한다.(마태복음 15:4, 로마서 1:32)

⑩ 너희 아버지의 자비하심 같이 너희도 자비하라. 비판치 말라, 그리하면 너희가 비판을 받지 않을 것이요. 정죄하지 말라, 그리하

면 너희가 정죄를 받지 않을 것이요. 용서하라, 그리하면 너희가 용서를 받을 것이라.(누가복음 6:36-37)

⑪ 네 아버지와 어머니를 공경하라, 이것이 약속 있는 계명이니, 이는 네가 잘되고 땅에서 장수하리라.(에베소서 6:2-3)

⑫ 자녀를 돌보고 사랑함으로 가족간의 하모니를 이룬다(골로새서 3:21)

⑬ 부모는 먼저 자녀들이 부모로부터 사랑받고 있는 존재임을 알리고 사랑을 표현해야 한다.(데살로니카전서 2:8)

⑭ 어른을 부모 대하 듯하고 젊은이는 형제 대하듯 하라.(디모데전서 5:1-2)

⑮ 누구든지 가정에서 부모형제를 사랑하지 않으면서 보이지 않는 하나님을 사랑한다는 것은 거짓이다.(요한일서 3;20)

『성경』에서는 부모공경과 함께 자녀 돌봄에 대해 강조함으로써 상호성(相互性)에 기초한 쌍무호혜적인 사상임을 발견할 수 있다. 그리고 노인 공경이 포함됨으로써 이타성(利他性)을 강조하고 있으며, 효를 행했을 때의 결과에 대해서도 밝히고 있는데, 효를 하면 부(富)와 건강의 복을 동시에 얻게 된다는 것이다. 또한 부모를 걱정시키지 않고 기쁘게 해드리는 효를 강조하면서, 부모는 자녀를 돌보고 사랑해야 한다는 상호적 역할을 강조하고 있다.

# IV 『논어』에 제시된 효

『논어』는 유교 경전인 사서(四書)의 하나로 중국 최초의 어록으로 알려져 있으나 편자(編者)에 대해서는 '64제자설', '자하·자유설' 등 많은 설이 있으나 확실치 않다. 이 책은 공자의 가르침을 전하는 가장 확실한 옛 문헌으로, 공자와 그의 제자들의 문답을 주로하고 공자의 발언과 행적 등 인생의 교훈이 되는 내용들이 간결하고 함축성 있게 기록하고 있다. 주 내용은 공자사상의 중심이 되는 효제(孝悌), 그리고 인(仁)의 도(道)에 대하여 설명하고 있다. 『논어』는 삼국시대에서 조선시대에 이르기까지 교육기관에서 『효경』과 함께 필수과목으로 지정됐던 책이다. 율곡은 『격몽요결』에서 "『논어』를 읽어서 인(仁)을 구하여 자기 수양으로 하고 근본적이고 원칙적으로 학식을 넓혀서 심성을 닦는 공부에 대하여 하나하나 세밀히 생각하여 깊이 이것을 체험함으로써 자기의 것으로 만들어야 할 것이다."[107]라 하여 『논어』의 중요성에 대해 밝히고 있는데, 『논어』에 나타나 있는 효의 의미는 다음과 같다.

① 그 사람됨이 효성스럽고 우애있는 사람이 윗사람을 함부로 대하는 사람은 드문 것이니, 리더(군자)는 근본을 세우는데 힘써야 하며 근본이 서면 길과 방법이 저절로 생긴다. 효(孝)와 우애(悌)는 인(仁)을 이루는 근본이다.(학이편)[108]

---

**107** "次讀論語於求仁爲 己涵養本源之功一一精思而深體之"

**108** "其爲人也孝悌 而好犯上鮮矣 君子務本 本立而道生 孝悌也者 其爲仁之本與"

② 부모는 오직 자식이 병날까 걱정하시며 사랑하신다.(위정편)[109]

③ 효란 부모님 말씀을 거역하지 않는 것이다. 부모님 생전에는 예로써 섬기고, 돌아가시면 예로써 장사지내며, 예로써 제사지내는 것이 효이다.(위정편)[110]

④ 오늘날의 효는 부모를 부양하는 것을 효라고 이르고 있으나 개와 말에도 모두 부양을 하고 있으니, 공경하지 않는다면 무엇으로 구별하겠는가?(위정편)[111]

⑤ 부모가 살아계실 때는 그의 뜻을 살피고 부모가 돌아가셨을 때는 자식의 행동을 관찰하는 것이니 삼 년 동안 부모의 뜻(道)을 고치지 않아야 효라고 할 수 있다.(이인편)[112]

⑥ 부모에게 효를 행함에 있어 (부모의)잘못이 있을 때 슬쩍 간하고, 설령 나의 뜻을 따르지 않더라도 여전히 공경하여 부모의 뜻을 어기지 않아야 하며, 수고로워도 원망하지 말아야 한다.(이인편)[113]


『논어』에서 제시하는 효는 인(仁)을 이루는 근본, 즉 부모에게 효도하는 사람이 타인에게 사랑을 베푸는 이타적(利他的) 삶을 살아가게 되는 것으로 설명하고 있다. 또한 효는 부모님이 돌아가신 후에도 뜻을 어기지 않아야 한다고 이르고 있으며, 『효경』에서와 마찬가지로 "부모에게 효도하고 형제간에 우애가 있는 사람이 상관에게 예의 없게 대하는 경우는 드물다"는 이타성을 발견할 수 있으며, 부모가 잘

<hr>

109 "父母唯其疾之憂"
110 "孝者 無違, 生事之以禮 死葬之禮 祭之以禮"
111 "今之孝子 是謂能養 至於犬馬 皆能有養 不敬 何而別乎"
112 "父在觀其志 父沒觀其行 三年無改於父之道 可謂孝矣"
113 "事父母 幾諫 見志不從 又敬不違 勞而不怨"

못하는 것이 있으면 간(諫)해서 부모를 불의(不義)에 빠지지 않도록
해야 한다고 이르고 있다.


# V 『맹자』에 제시된 효

『맹자』는 유교 경전인 사서(四書)의 하나로 맹자와 그 제자들의 대
화내용 등을 기술한 책이다. 주요 내용은 양혜왕, 이루, 문공 등 7편
으로 구성돼 있는데, 율곡은 『격몽요결』 「독서장」에서 "『맹자』를 읽
어서 의리와 이익을 명확히 판별하고 지나친 욕심을 막고 하늘의 이
치가 있다는 주장에 있어 하나하나 밝게 살펴서 이것을 더욱 확충해
야 할 것이다."[114]라 하여 『맹자』를 읽어야 한다는 점을 강조하고 있
는데, 『맹자』에 나타나 있는 효의 의미는 다음과 같다.

① 자기 집 노인을 공경하여서 그 마음이 다른 집 노인을 공경하는
데까지 미치게 하고, 자기 집 어린이를 사랑하여서 그 마음이 다
른 집 어린이를 사랑하는 데까지 미치게 한다. 이렇게 마음을 쓴
다면 천하를 쉽게 이끌어 갈 수 있다.(양혜왕 상편)[115]
② 리더(군자)는 금수(禽獸)에 대해 그 살아있는 것을 보고서는 그것
이 죽는 것을 차마 보지 못하며, 그 죽는 소리를 듣고서는 차마 그



114 "次讀孟子於明辨義利 遏人慾 存天理之說——明察而擴充之"
115 "老吾老以及人之老 幼吾幼以及人之幼 天下可運於掌"

고기를 먹지 못하는지라. 그리하여 군자는 주방과 푸줏간을 멀리 하는 것이다.(양해왕 상편)[116]

③ 부모와 자식은 친함이 있어야 하고 임금과 신하는 의리가 있어야 하며, 부부간에는 구별이 있어야 하고 어른과 아이 사이에는 차례가 있어야 하며, 친구사이에는 신의가 있어야 한다.(등문공 상편)[117]

④ 효자의 지극한 도리로서는 어버이의 뜻을 높이는 것보다 큰 것이 없고, 어버이를 높이는 지극한 도리로서는 천하를 가지고 봉양하는 것보다 큰 것이 없으며, 천자의 아버지가 되는 것은 높아지는 것 중의 지극한 것이고 천하를 가지고 봉양하는 것은 봉양하는 것 중의 지극한 것이다.(만장 상편)[118]

⑤ 인(仁)의 근본은 어버이를 섬기는 것이요, 의(義)의 근본은 형을 따르는 것이다. 지(智)의 근본은 이 두 가지를 알아서 거기서 벗어나지 않는 것이고, 예(禮)의 근본은 이 두 가지를 조절하여 문식(文飾)을 이루는 것이며, 락(樂)의 근본은 이 두 가지를 즐거워하는 것이니 즐거워하면 그러한 마음이 생성된다.(이루 상편)[119]

⑥ 불효에는 세 가지가 있는데 그중에서도 후사(後嗣)를 계승할 자손이 없는 것이 가장 큰 불효이다.(이루 상편)[120]

⑦ 아랫자리에 있으면서 윗사람의 신임을 얻지 못하면 부하를 이끌

---

**116** "君子之於禽獸也 見其生 不忍見其死 聞其聲 不忍食其肉 是以 君子 遠庖廚也"

**117** "父子有親 君臣有義 夫婦有別 長幼有序 朋友有信"

**118** "孝子之至莫大乎尊親 尊親之至莫大乎以天下養 爲天子父尊之至也 以天下養養之至也"

**119** "仁之實事親是也義之實從兄是也 智之實知斯二者弗去是也 禮之實節文斯二者是也 樂之實樂斯二者 樂則生矣"

**120** "不孝有三 無後爲大"

어가지 못한다. 윗사람의 신임을 얻는 데는 방법이 있으니, 벗들 사이에 신임을 받지 못하면 윗사람에게 신임을 얻지 못할 것이다. 벗에게 믿음을 얻는 방법이 있으니, 어버이를 섬겨 기쁘게 하지 못하면 벗에게 믿음을 받지 못할 것이다. 어버이를 기쁘게 하는 데는 방법이 있으니, 자신에게 성실하지 못하면 어버이를 기쁘게 하지 못할 것이다. 자신을 성실하게 하는 데에는 방법이 있으니, 선(善)에 밝지 못하면 자신이 성실해질 수 없을 것이다. 그러므로 성(誠)은 하늘의 도(道)요, 성(誠)해지기를 생각함은 사람의 도(道)이다. 지성(至誠)으로 감동하지 않을 사람이 없고, 불성(不誠)으로 남을 감동하게 한 사람은 없었다.(이루 상편)[121]

⑧ 세상 풍속에 불효라고 일컬어지는 것이 다섯 가지가 있는데, 그 팔다리를 게을리 하여 부모의 봉양을 돌아보지 않는 것이 첫째 불효요, 장기 바둑과 술 마시기를 좋아하여 부모 봉양을 돌아보지 않는 것이 둘째 불효요, 재물을 좋아하고 처자를 사랑하여 부모 봉양을 돌아보지 않는 것이 셋째 불효요, 귀와 눈의 욕망에 방종하여 부모를 욕되게 하는 것이 넷째 불효요, 용맹을 좋아하여 싸우고 사나워 부모를 위태롭게 하는 것이 다섯째 불효이다.(이루 하편)[122]

『맹자』에서 제시하고 있는 효는 부모와 자식 사이에는 친함이 있어

---

**121** "居下位而不獲於上 民不可得而治也 獲於上有道 不信於友 弗獲於上矣 信於友有道 事親弗悅 弗信於友矣 悅親有道 反身不誠 不悅於親矣 誠身有道 不明乎善, 不誠其身矣 是故誠者, 天之道也 思誠者 人之道也 至誠而 不動者, 未之有也 不誠, 未有能動者也"

**122** "世俗所謂不孝者五 惰其四支 不顧父母之養 一不孝也 博奕好飮酒 不顧父母之養 二不孝也 好貨財, 私妻子 不顧父母之養 三不孝也 從耳目之欲 以爲父母戮 四不孝也 好勇鬪悍 以危父母 五不孝也"

야 하고, 성실함으로 입신양명해야 한다는 점을 강조하고 있다. 효 (孝)와 제(悌)를 인(仁)·의(義)와 연계하고, 인의(仁義)를 지(智)·예 (禮)·락(樂)과 연계하여 설명하고 있다. 불효에 대해서도 밝히고 있 는데, 불효에 해당하는 다섯 가지를 명료하게 제시하고 있고 자식을 안 낳아서 후사를 잇지 않는 것이 가장 큰 불효임을 제시하고 있다. 또한 나의 집 어른과 어린이를 사랑하듯 남의 집 어른과 어린이를 사 랑해야 하며 짐승에 대해서도 사랑하는 마음을 가지는 것이 인지상정 임을 강조함으로써 『효경』에서와 마찬가지로 효가 이타적(利他的) 가 치임을 나타내고 있다.


# Ⅵ 『예기』에 제시된 효

『예기』는 중국 고대 유가(儒家)의 5대 경전의 하나로 49편(編)으로 이루어져 있으며 『예기』를 『주례(周禮)』, 『의례(儀禮)』와 함께 삼례 (三禮)라 부른다. 예경이라 하지 않고 『예기』라고 할 것은 예에 관한 경전을 보완·주석(註釋)한 것이라는 의미가 담겨져 있다. 율곡은 『격몽요결』에서 "『예기』를 읽어서 천지(天地) 자연의 이치와 사리에 따라 정한 조리(條理), 그리고 사람이 지켜야 할 법칙의 정한 정도에 관하여 좋은 방법을 궁리해서 마음가짐과 몸가짐이 잘 이루어지게 해 야 할 것이다."[123]라 하여 반드시 읽어야 할 책으로 말하고 있다. 『예

**123** "次讀禮經於 天理之節文 儀則之 度數一一講究而 有入焉"

기』에 제시되어 있는 효의 의미는 다음과 같다.

① 인의(人義)라고 하는 것은, 부모는 자식을 사랑하고 자식은 부모에게 효도하며, 형은 아우를 사랑하고 아우는 형을 공경하며, 남편은 의롭고 아내는 남편 말을 들어야 하며, 어른은 은혜로워야 하고 어린이는 순해야 하며, 군주는 인자해야 하고 신하는 충성해야 한다. 이상의 열 가지를 이르러 인의라고 한다.(예운편)[124]

② 부모가 잘못하시는 일이 있을 때에는 마음을 억누르고 웃음 띤 얼굴로 부드럽게 간한다. 만일 간함을 받아들이지 않으면 일어나서 공손히 대하고 효성을 다하여 마음이 풀려서 기뻐하면 다시 간한다. (부모가) 기뻐하지 않는다고 (간하지 않다가) 지역에서 죄를 얻는 것보다 차라리 (용기 있게) 간하는 게 낫다.(내칙편)[125]

③ 가장 큰 효는 부모님을 공경하는 것이요, 그 다음이 부모를 욕되게 하지 않는 것이며 마지막 단계가 부모를 봉양하는 것이다.(제의편)[126]

④ 내 몸은 부모가 낳아주셨으니, 부모가 낳아주신 몸을 갖고 행동하는데 있어서 감히 부모의 뜻을 받들지 않으면 안 되는데 첫째, 평소 살아가는데 있어서 장경(莊敬)하지 않으면 효가 아니다. 둘째, 임금 섬김에 충성되지 않으면 효가 아니다. 셋째, 관직을 수행함에 있어 예에 맞지 않으면 효가 아니다. 넷째, 벗으로부터 신의와





---

**124** "何謂人義 父慈子孝 兄良弟弟 夫義婦聽 長惠幼順 君仁臣忠 十者謂之人義"

**125** "父母有過 下氣怡色 柔聲以諫 諫若不入 起敬起孝 悅則復諫 不悅, 與其得罪 於鄕黨州閭 寧孰諫"

**126** "大孝尊親 其次不辱 其下能養"

존경 받지 못하면 효가 아니다. 다섯째, 전장에서 싸움에 임하여
용감하지 않으면 효가 아니다. 이상 다섯 가지를 완수하지 못하
면, 그 결과가 부모에게 미칠 것이니 감히 공경하지 않으면 안 된
다.(제의편)[127]

⑤ 충신은 그 임금을 섬기고 효자는 어버이를 섬기는데, 그 근본은
하나이다.(제통편)[128]


『예기』에서는 효를 공경, 즉 부모의 뜻을 받들며 부모가 원하시는
방향으로 자식이 따라야 하는 것으로 설명하고 있다. 그러면서도 부
모가 자식을 사랑해야 자식이 부모에게 효도하게 된다는 쌍무호혜적
논리를 제시하고 있다. 나무를 베거나 짐승을 죽이는 일에 있어서도
부모님의 의향을 살펴야 한다는 점을 들어 『맹자』에서와 마찬가지로
효를 자연사랑을 포함하는 이타적(利他的)가치와 연계하고 있다. 특
히 효의 범주를 임금을 섬기는 일, 관직 수행하는 일, 친구로부터 신
의와 존경받는 일, 전장에서 용감히 싸우는 일 등과 연계하고 있으
며, 『효경』과 『논어』에서와 마찬가지로 부모가 잘못하는 것이 있을
경우 과감히 간함으로써 불의함에 빠지는 일이 없도록 해야 하는데,
이때는 부모가 노여워하지 않도록 예를 갖추어야 한다는 점을 제시하
고 있다.


127 "身也者 父母之遺體也 行父母之遺體 致不敬乎? 居處不莊非孝也. 事君不忠
　　非孝也 蒞官不敬非孝也 朋友不敬非孝也 戰陣無勇非孝也 五者不遂 裁及其
　　親恥不敬乎?"

128 "忠臣以事其君, 孝子以事其親, 其本一也"

# VII 『소학』에 제시된 효

　『소학(小學)』은 중국 송나라의 유자징(劉子澄, 1163~1232)이 주희 (朱熹, 1130~1200)의 가르침을 주된 내용으로 지은 초등(初等) 과정 의 학생들이 배우는 수양서이다. 이 책은 조선시대에 『효행실도(孝行 實圖)』와 함께 어린이 교과서로 활용되었으며, '소학'이라는 명칭은 교육기관(서당 등)에 입학하여 문자를 배운다는 데서 유래하였다. 율 곡은 『격몽요결』「독서장」에서 "『소학』을 읽어서 부모를 효도로 섬기 고 형을 공경으로 섬기며 임금을 충성으로 섬기고 벗을 친함으로써 사귀는 도리에 있어 하나하나 자세하게 익혀서 힘써 이것들을 실행해 야 할 것이다."[129]라고 하여 『소학』을 읽도록 권장하고 있는데, 『소학』 에 제시되어 있는 효의 의미는 다음과 같다.

① 부모를 봉양함에는 마음을 즐겁게 하고 뜻을 어기지 아니하며, 귀 와 눈을 즐겁게 하고 잠자고 거처하는 곳을 편안히 하며, 음식으 로 성심껏 봉양해야 한다. 그러므로 부모가 사랑하는 바를 또한 사랑하며, 부모가 공경하는 바를 또한 공경해야 하거니와 개나 말 에 이르러서도 다 그러하거늘, 하물며 사람에 있어서는 더욱 그러 한 것이다.(명륜편)[130]

② 리더(임금)의 명령에 구성원(신하)은 공손하고 부모가 자식을 사



---

**129** "先讀小學 於事親 敬兄 忠君 弟長 隆師 親友之道 ——詳玩而力行之"
**130** "孝子之養老也 樂其心 不違其志 樂其耳目 安其寢處 以其飲食 忠養之 是故 父母之所愛 亦愛之 父母之所敬 亦敬之 至於犬馬 盡然 而況於人乎"

랑함에 자식이 효도하며, 형은 사랑하고 아우는 공경하며, 남편은 온화하고 아내는 부드러우며, 시어머니는 자애롭고 며느리는 따르는 것이 예절이다.(명륜편)[131]

③ 자식이 부모를 섬김에 있어서는 세 번 간하여 부모가 듣지 아니하거든, 부르짖어 울면서 따라야 한다.(명륜편)[132]

④ 리더(君子)는 공경하지 않음이 없으나 몸을 공경함이 중대한 일이 되거니와, 몸이란 것은 부모의 가지이니 감히 공경하지 않으면 안 된다. 능히 그 몸을 공경하지 않으면 이는 그 부모를 상하게 하는 것이요, 그 부모를 상하게 하면, 이것은 그 근본을 상하게 하는 것이니, 그 근본이 상하면 자식(가지)은 따라서 망하게 되는 것이다.(경신편)[133]

⑤ 부모와 아들은 뼈와 살이 있는데, 신하와 임금은 의리로 이어져 있으므로 부모에게 잘못이 있으면 자식은 세 번 간하여 듣지 아니하면 따르면서 울고, 리더(임금)가 잘못이 있어 구성원(신하)이 세 번 간하여도 듣지 아니하면, 그 의리를 버리고 떠날 수 있다.(계고편)[134]


어린이들에게 가르칠 내용으로 구성된 『소학』에서는 효를 공경과 봉양하는 것이라는 점을 강조하면서 부모와 자식이 쌍무적으로 서로

---

**131** "君令臣共 父慈子孝 兄愛弟敬 夫和妻柔 姑慈婦聽 禮也"

**132** "子之事親也 三諫而不聽 則號泣而隨之"

**133** "君子無不敬也 敬身 爲大 身也者 親之枝也 敢不敬與 不能敬其身 是傷其親 傷其親 是 傷其本 傷其本 枝從而亡"

**134** "父子有骨肉 而臣主以義屬, 故父有過, 子三諫而不聽則隨而號之人臣 三諫而 不聽則其義可而去矣 於是遂行"

의 도리를 다해야 한다는 내용과 함께 불효에 대해서도 구체적으로 언급하고 있다. 효와 예의 관계에 대하여 조정에서 신하가 임금을 섬기는 것도 예이고, 가정에서 자식이 부모를 섬기는 것도 예이므로 충과 효는 기본적으로 예가 뒷받침 되어야 하는 것으로 보고 있다.

또한 『효경』과 『논어』, 『예기』 등에서와 마찬가지로 부모의 잘못이 있으면 간(諫)함으로써 부모가 불의함에 빠지지 않도록 해야 한다는 점을 강조하고 있다. 그리고 혈육과 비(非)혈육, 즉 부모와 상관을 구분 짓고 있는데, 부모에게 간해서 들어주지 않으면 울면서 따라야 하지만 상관에게 세 번 간해서 들어주지 않으면 갈라설 수 있는 것으로 구분하여 설명하고 있다.


# Ⅷ  『명심보감』에 제시된 효

『명심보감』은 고려 충렬왕(忠烈王) 때의 문신(文臣)인 추적(秋適, 연대 미상)이 어린이들을 위하여 각종 고전(古典)에서 문구들을 발췌하여 만든 책이다. 19편으로 이루어져 있으며 유불선(儒佛仙) 종교의 복합된 사상을 망라하여 구성하였다.

조선시대에 서당에서 어린이들을 위한 교과서로 사용되었으며, 자신을 수양하고 반성하여 양심을 기르는 인격수양을 목적으로 가르쳤다. 『명심보감』에 제시된 효의 의미는 다음과 같다.

① 그 임금을 알고자 하면 먼저 그 신하를 살피고, 그 사람을 알고자
하면 먼저 그 친구를 살피며, 그 부모를 알고자 하면 먼저 그 자식
을 살핀다. 임금이 성인(聖人)답다면 신하가 충성하고 부모가 자
식을 사랑하면 자식은 부모에게 효도할 것이다.(성심편〈하〉)[135]

② 입신(立身)에는 의(義)가 있으니 효(孝)가 그 근본이요, 상사(喪祀)
에는 예(禮)가 있으니 슬퍼함이 근본이요, 전진(戰陣)에 대열(隊
列)이 있으니 용기가 근본이다. 나라를 다스림에 도리(道理)가 있
으니 농사가 근본이고, 나라에 거함에는 도(道)가 있으니 대(代)를
잇는 것이 근본이며, 재물을 생산함에는 노력이 근본이다.(입교
편)[136]

③ 삼강(三綱)이라는 것은 임금은 신하의 본(모범)이 되고, 어버이는
자식의 본(모범)이 되며, 남편은 아내의 본(모범)이 되어야 하는
것이다.(입교편)[137]

---

**135** “欲知其君 先視其臣 欲識其人 先視其友 欲知其父 先視其子 君聖臣忠 父慈
子孝”

**136** “子曰 立身有義而孝爲本 喪紀有禮而哀爲本 戰陣有列而勇爲本 治政有理而
農爲本 居國有道而嗣爲本 生財有時 而力爲本”

**137** “三綱 君爲臣綱 父爲子綱 夫爲婦綱”

『명심보감』에서 제시하는 효는 성공과 출세를 의미하는 입지(立志)에 반드시 의(義)가 뒷받침되어야 하고, 그 의로움의 근본이 효라는 것이다. 그리고 『예기』에서와 마찬가지로 전장에서의 효는 용감히 싸우는 것임을 제시하고 있으며, 『예기』, 『소학』 등에서와 마찬가지로 부모는 자식을 사랑해야 하고, 자식은 부모에게 효도해야 한다는 점을 강조함으로써 상호성의 원칙이 적용되어야 함을 제시하고 있다.

# IX 『격몽요결』에 제시된 효

『격몽요결(擊蒙要訣)』은 율곡 이이(李珥, 1536~1584)가 황해도 해주에서 제자들을 가르친 경험을 기초로 1577년(42세)에 청소년을 지도하기 위해 편찬한 책이다. 이 책이 담고 있는 의미는 '격몽(擊蒙)'과 '요결(要訣)'이라는 단어에서 찾을 수 있다. '擊蒙(격몽)'에서 '격(擊)'은 '부딪치다'는 뜻이 담긴 '부딪칠 격'자이고, '몽(蒙)'은 '덮어가리다'는 뜻이 담긴 글자이니 "두뇌에 덮여 있는 것과 부딪쳐서 깨우치게 한다."는 의미이고, '要訣(요결)'에서 '요(要)'는 '긴요하다', '결(訣)'은 '결단하다'는 의미이니 "요긴한 것을 얻기 위해 결단하다"는 의미를 담고 있다. 그러니 擊蒙要訣(격몽요결)은 "무엇인가로 덮여져 있는 젊은이의 두뇌를 깨우치게 하여 긴요한 결단을 하게 한다"는 의미를 담고 있다.

이 책의 구성은 뜻을 세운다는 '입지장(立志章)', 나쁜 습관을 버리고 바꾸어야 한다는 '혁구습장(革舊習章)', 올바른 몸가짐을 강조한 '지신장(持身章)', 책을 읽는 방법을 논한 '독서장(讀書章)', 어버이 섬기는 도리를 논한 '사친장(事親章)' 등 학문의 뜻을 세우고, 목표를 달성해가는 구체적인 실천 방법에 대해 자세히 설명하고 있다. 『격몽요결(擊蒙要訣)』에 제시된 효의 의미는 다음과 같다.

① (학문을 하는 이유는) 부모가 되어서는 마땅히 자식을 사랑하고, 자식이 되어서는 마땅히 부모에게 효도하고, 신하가 되어서는 마땅히 임금에게 충성하고, 부부가 되어서는 마땅히 분별이 있어야 하고, 형제가 되어서는 마땅히 우애가 있고, 젊은이가 되어서는 마땅히 어른을 공경하고, 친구가 되어서는 마땅히 믿음을 주기 위함이다.(서문)[138]

② 학문을 하는 사람은 반드시(부모의 뜻에 따라) 성실한 마음으로 그 학문하는 길로 향해야 하고, 속된 세상의 잡된 일로 그 학문하는 뜻을 어지럽게 하여서는 안 된다. 어지럽히지 않은 연후에 학문을 하는 터전이 잡힌다.(지신장)[139]

③ 항상 일찍 일어나고(부모님께 문안드리고) 늦게 자야 하며, 의관을 반드시 단정히 하고 얼굴빛을 반드시 엄숙하게 하고, 두 손을 맞잡고 바르게 앉아야 하고, 걸음걸이는 조용하고 조촐해야 하고, 언어는 삼가고 무거워서 한 가지 한 가지의 동정을 소홀히 해서는 아니 되며, 조금이라도 아무렇게나 지나쳐 버려서는 안 된

---

**138** 「序文」"只是 爲父當慈 爲子當孝 爲臣當忠 爲夫婦當別 爲兄弟當友 爲少者當敬長 爲朋友當有信"

**139** "學者必誠心向道 不以世俗雜事 亂其志然後 爲學有基址"

다.(지신장)[140]

④ 모든 음식은 정도에 맞게 먹어야 하고 입에 맞는다고 기운을 상해서(부모님을 걱정시키면)는 안 된다. 말과 웃음은 마땅히 간단하고 신중해야 한다. 시끄럽게 떠듦으로써 그 절도를 벗어나서는 안 되고, 행동거지는 마땅히 안정되고 세심해야 하며 거칠게 함으로써 그 몸가짐을 그르쳐서는 안 된다.(지신장)[141]

⑤ 항상 한 가지라도 불의(不義)를 행하고, 한 사람이라도 죄 없는 사람을 죽이고서 천하를 얻는다 할지라도, 해서는 안 된다는 것을 마음속 깊이 생각함으로써 이 생각을 가슴속에 명심하고 있어야 한다.(지신장)[142]

⑥ 무릇 부모를 섬기는 사람은 모든 일이나 모든 행실에 감히 제 맘대로 하지 말고, 반드시 부모의 명령을 받은 뒤에 실행해야 할 것이다. 만일 당연히 해야 할 일이라도 부모가 허락하지 않는다면, 반드시 자세히 설명을 해드려서 허락을 받은 뒤에 행할 것이다. 만일 부모를 설득해도 끝끝내 허락을 받지 못한 일 역시 제 생각대로 일을 할 수 없는 것이다.(사친장)[143]

⑦ 부모의 뜻하는 일이 만일 의리에 해가 되는 일이 아니라면, 마땅히 부모가 말씀하시기 전에 그 뜻을 받들어 잘 순종하고, 조금이라도 소홀히 하여 어겨서는 안 된다. 만일 그것이 의리에 해로운

---

**140** "常須夙興夜寐 衣冠必正 容色必肅 拱手危坐 行步安詳 言語愼重 一動一靜 不可輕忽苟且放過"

**141** "凡飮食當適中 不可快意有傷乎氣 言笑當簡重 不可喧譁以過其節 動止當安詳 不可粗率以失其儀"

**142** "常以行一不義 殺一不辜而得天下 不爲底意思 存諸胸中"

**143** "凡事父母者 一事一行 毋敢自專 必稟命而後行 若事之可爲者 父母不許則必委曲陳達, 頷可而後行, 若終不許則 亦不可直遂其情也"

것이라면 온화한 기색과 기쁜 태도로써 부드러운 목소리로 바르 게 간하되, 그 뜻을 여러 가지로 사유를 들어 거듭 설명해서 반드 시 이해하여 들어주시기를 바라야 할 것이다. (사친장)[144]

⑧ 부모님께서 병환이 있으시거든 진심으로 걱정하고 염려하며, 다 른 일은 모두 제쳐놓고 다만 의사에게 묻고 약을 조제함으로써 병 을 고치는 데만 힘쓰고, 그리고 병이 나으시거든 여느 때와 같이 할 것이다. (사친장)[145]

⑨ 일상생활에 잠깐 사이라도 부모를 잊지 않아야 한다. 그런 다음에 야 곧 효도를 하는 사람이라 이름 지을 수 있다. 그리고 자기의 몸 가짐을 삼가지 않으며, 하는 말에 법도가 없고 난잡하게 노는 것 으로 세월을 보내는 사람은 모두 그 부모를 잊은 자의 행동들이 다. (사친장)[146]

⑩ 어떤 사람이 너무 예에 치우친 나머지 3년 동안 죽만을 먹었다 하 니, 이와 같이 참으로 효성이 남보다 뛰어나고 추호도 힘써 억지 로 하는 뜻이 없다면, 비록 예의 한도에 지나쳤더라도 오히려 그 런대로 괜찮다. 그러나 만일 효성이 지극하지 못하면서 억지로 힘 써 예를 지나치게 한다면, 이것은 자신을 속이고 어버이를 속이는 것이니 절대로 마땅히 경계해야 할 것이다. (상제장)[147]


**144** "父母之志, 若非害於義理, 則當先意承順, 毫忽不可違. 若其害理者, 則和氣 怡色, 柔聲以諫, 反覆開陳, 必期於聽從"

**145** "父母有疾, 心憂色沮, 捨置他事, 只以問醫劑藥爲務, 疾止, 復初"

**146** "日用之間, 一毫之頃, 不忘父母 然後乃名爲孝, 彼持身不謹, 出言無章, 嬉戲 度日者, 皆是忘父母者也"

**147** "人或有過禮 而啜粥三年者 若是誠孝出人 無一毫勉强之意 則雖過禮 有或可 也. 若誠孝未至 而勉强踰禮 則是自欺而欺親也 切宜戒之"

『격몽요결』에서 제시하는 효는, 공부하는 젊은이로서의 세상에 임하는 자세에 대해서 논하고 있다. 배우는 젊은이는 부모가 원하는 방향으로 행해야 하는 것이니, 뜻을 높이 세워(立志) 입신양명(立身揚名)의 길을 가는 일, 나쁜 습관을 개선해 가는 일(革舊習), 불의와 타협하지 않으면서 몸을 잘 관리하는 일(持身), 부모를 섬기는 일(事親) 등에 관하여 배우고 실천하는 것이 곧 효의 길임을 이르고 있으며 『예기』, 『소학』, 『명심보감』 등에서와 마찬가지로 부모의 불의함에 대해서는 간해야 하며, 부모의 사랑과 자식의 효를 함께 강조함으로써 상호성의 원칙이 적용되어야 한다고 이르고 있다.


# X 기타 문헌에 제시된 효

① 《시경》 나의 아내에게 모범이 됨으로 해서 형제에 이르고, 집안과 나라를 거느린다.(대아)[148]

② 《중용》 무릇 효라는 것은 선인(부모)의 뜻을 잘 계승하며 선인(조상)의 일을 잘 따라가는 것이다.[149]

③ 《순자》 자식이 (부모의)명령을 따르지 않는 세 가지의 경우가 있다. 명령을 따르면 부모가 위태롭고 명령을 따르지 않아서 부모가 편안하면 효자는 명을 따르지 않는다. 이것이 충(衷)이다. 명령을

---

148 "刑于寡妻 至于兄弟 以御于家邦"
149 "夫孝者 善繼人之志 善述人之事者也"

따르면 부모가 욕되고 명령을 따르지 않아서 부모가 명예로우면
명령을 따르지 않는다. 이것이 의(義)이다. 명령을 따르면 금수가
되고 명령을 따르지 않아서 예의를 갖출 수 있다면 명령을 따르지
않는다. 이것이 경(敬)이다. 따라야 할 것과 따르지 않아야 할 대
의를 밝혀서 공경과 충신(忠信)을 다하고 단정하며 신중하게 행동
한다면 '큰 효'라 할만하다. 전하는 말에 '도를 따르는 것이지 임
금을 따르는 것이 아니며, 의를 따르는 것이지 부모를 따르는 것
이 아니다'라고 한 것이 바로 이 뜻이다.(자도)[150]

④《순자》효자는 의를 따르는 것이지 부모를 따르는 것이 아니
다.(자도편)[151]

⑤《춘추번로》부모는 자식의 벼리가 되어야 한다.[152]

⑥《묵자》하늘의 뜻은 의를 원하고 불의를 미워한다.(법의편)[153]

⑦《후한서》나라를 구할 충성된 신하는 효자의 가문에서 나온다.[154]

⑧《한시외전》나무는 고요하려고 하나 바람이 그냥 놔주지 않고, 자
식은 봉양하려고 하나 부모는 기다려 주지 않는다.[155]

⑨《충경》무릇 충이란 자신에게서 일어나 집안에서 드러나고 나라
에서 완성되는데 실행하는 것은 모두 한결같다. 그러므로 그 몸을

---

**150** "孝子所以不從命有三, 從命則親危, 不從命則親安, 孝子不從命乃衷, 從命則
親辱, 不從命則親榮, 孝子不從命乃義, 從命則禽獸, 不從明則修飾, 孝子不
從命乃敬 故可以從而不從, 是不子也, 未可以從而從, 是不衷也, 明於從不從
之義, 而能致恭敬忠信, 端慤以愼行之, 則可謂大孝矣, 傳日, 從道不從君, 從
義不從父, 此之謂也"

**151** "孝子 從義不從父"

**152** "父爲子綱"

**153** "天欲義而惡不義"

**154** "求忠臣必於孝子之門"

**155** "樹欲靜而風不止 子欲養而親不待"

하나로 하는 것은 충의 시작이요, 그 집안을 한결같게 하는 것은 충의 중간단계요, 그 나라를 하나로 만드는 것은 충의 마지막 단계이다. 몸이 하나가 되면 모든 복록이 이르게 되고, 집안이 한결같게 되면 모든 친족이 화목하게 되며, 나라가 하나가 되면 만인이 다스려지게 된다.(천지신명)[156]

⑩ 《채근담》 아버지가 사랑하고 아들이 효도하는 것은 모두 당연히 그처럼 해야 하는 것이다. 만약 베푸는 자가 덕으로 자처하고 받는 자가 은혜로 생각한다면 문득 장사꾼의 도(道)가 되어 버리고 만다.[157]


기타 문헌에서 제시하고 있는 효는 『중용』에서는 부모의 뜻 계승을, 『순자』에서는 의(義)를 추구하는 것임을, 『채근담』에서는 부모와 자식의 상호적 노력과 당위성을, 『후한서』에서는 효와 충의 연계성을, 『충경』에서는 자신과 가정, 국가에서 일어나는 일이 한결 같아야 한다는 점을 강조함으로써 자신에게 충실하는 것이 나라를 위하는 길이며, 이것이 결국 부모를 기쁘게 하는 것이라는 점을, 『시경』에서는 부부간의 화합이 형제간 우애와 자녀를 이끌 수 있는 기본이라는 점을 이르고 있다.


이상과 같이 각종 문헌을 통해서 성인(聖人)과 현인(賢人)들이 밝히



156 "夫忠興於身 著於家 成於國 其行一焉. 是故 一於其身 忠之始也 一於其家忠之中也 一於其國 忠之終也. 身一 則百祿至 家一則六親和 國一則萬人理"

157 "父慈子孝 俱是合當如此 如施者任德 受者懷恩 便成市道矣"

고 있는 효의 의미를 대략 알아볼 수 있었다. 효는 부모와 자식 사이에 형성된 원초적(原初的) 사랑으로 '부자자효(父慈子孝)'와 '부자유친(父子有親)'을 원리로 한다는 점을 알 수 있다. 그러므로 효는 자식이 부모에게 향하는 일방성의 감정이라기보다는 상호성에 기초한다는 점도 알 수 있다.

그리고 아무리 세상이 변한다 해도 부모와 자식의 관계는 존재할 수밖에 없다는 점에서 효는 보편적 가치이며, 또한 가정에서 부모와 자식 사이에 형성된 사랑의 감정을 타인과 이웃, 사회와 국가, 자연에 이르기까지 확대해서 작용되게 된다는 점에서 효는 이타적 가치인 것이다.

그리고 효는 부모와 자식 모두에게 도덕적 정당성과 절차의 합리성에 기초한다는 점에서 의(義)를 추구한다는 점을 알 수 있다. 따라서 의로움이 아니면 그 어떤 방법으로 부모를 위할 수 없으며, 자식을 위할 수도 없는 것이다. 그래서 효를 인륜질서의 근본이자 가정윤리라고 하며, 사회윤리인 예(禮)와 국가윤리인 충(忠)의 기초(基礎)가 되는 것이다.

이렇게 볼 때, 효를 개념적으로 정리한다면 가정 윤리로서의 효와 보편적·이타적 가치로서의 효, 행위적·실천적 관점에서의 효로 생각해 볼 수 있다. 가정 윤리적 관점에서 보면 조상과 부모를 공경하고 물질적으로 봉양하여 생활이 불편하지 않도록 해드리며, 입신양명(立身揚名)으로 부모를 기쁘게 해드리는 것이다. 또한 가족사랑을 실천하고 부모님이 불의함에 빠지지 않도록 간(諫)해야 하며, 부모와 자식이 서로를 위해 도리를 다하는 쌍무호혜적 사랑의 감정으로 이해할 수 있다.

그리고 보편적·이타적 가치의 관점에서의 효는 하늘을 경외하고 어른과 어린이를 사랑하며 이웃과 사회를 위하는 마음의 발로(發露)라는 점이다. 따라서 가족사랑과 가정윤리를 바탕으로 나라를 사랑하고, 자연을 사랑하는 보편적·이타적 가치임을 알 수 있다. 또한 효를 행위적·실천적으로 보는 이유는, 효라는 것이 마음에만 있고 행하지 않는다면 소용이 없기 때문이다.

## XI 토의

① 여러 문헌에서 "효란 무엇인가?"를 찾아보고, 이를 각자의 입장에서 현대적 의미로 주관적으로 발표해 봅시다.

② 여러 문헌에 나타난 효의 의미를 '효와 복지와의 관계', '효와 교육과 의 관계', '효와 리더십의 관계'에 맞는 문장을 찾아 발표해 봅시다.

제6장

# 효의<br>본질적 의미와 정의

    본질(本質)이란 사전적으로 "[어떤 것이 지니고 있는] 가장 중요한 근본적인 성질이나 요소"를 말한다.[158] 따라서 효의 본질적 의미는 효가 지니고 있는 의미 중에서 가장 바탕이 되는 성질로 이해할 수 있다. 본질의 의미는 한자(漢字)에 잘 나타나 있다. 본(本)은 근본을 의미하고 질(質)은 바탕을 뜻하므로 본질은 곧 근본과 바탕이 되는 것이다. 여기서 질(質)자를 파자(破字)해보면 '斦(모탕 은)'자와 '貝(조개 패)'자의 합자인데, '모탕'이란 나무를 쪼개거나 자를 때에 밑에 받쳐 놓는 나무토막(받침목)을 말하는 것으로 '바탕'을 뜻한다.

    또한 '조개'는 재화(財貨)를 의미하므로 사람이 살아가는 데는 기본과 재화가 있어야 바탕이 공고해진다는 뜻을 담고 있어 '기본'과 '바탕'의 의미를 가진다. 따라서 효의 본질은 효가 본디 가지는 근본

---

158 이기문 감수, 『새국어사전』(서울 : 두산 동아, 2004), p.1004

적인 의미라 할 수 있는데, 이러한 본질을 제5장(문헌에 제시된 효의 의미)에서 다루어진 내용을 기초로 하여 찾아보고자 하였다.

개념(槪念)이란 '어떤 사물 현상에 대한 일반적인 지식', 또는 '여러 관념 속에서 공통적 요소를 뽑아 종합하여 얻은 하나의 보편적인 관념'[159]으로 정의할 수 있으므로 효의 개념은 여러 문헌에 나타나 있는 공통요소를 뽑아 종합하여 얻은 하나의 보편적인 관념이며 "효란 무엇인가?"에 대한 답이라고 할 수 있다.

필자가 경민대학교에서 봉직할 때, 미국의 캔서스대학 사회복지학과 '캔더(Edward R. Canda, PhD, Professor)' 교수가 방문(2011. 6. 16)하여 「이 시대 가족과 청소년을 위하여 효를 다시 생각해 본다.」는 주제로 효충사관과 학생을 대상으로 강의와 토의를 한 일이 있다. 이때 캔더 교수는 "본인이 효를 연구하면서 느낀 점은, 중국의 공자와 맹자 시대부터 이미 부모의 역할과 자녀의 역할이 제시되고 있었음에도 한국의 효는 자녀의 역할에만 초점이 맞춰진 면이 있다. 그것도 자녀들에게 극단적인 희생을 요구하는 경향이 있는데, 효가 이 시대에 부합하기 위해서는 상호적 관점에서 사랑의 감정으로 이해되어야 한다"는 요지의 말을 남겼다. "이때 그렇다면 효의 영어표기를 Filial Piety보다 HYO로 함으로써 상호성과 조화를 추구하는 것임을 부각시킬 수 있다고 보는데 교수님의 견해는 어떻습니까?"라는 범숙희(20) 학생의 질문에 캔더 교수는 "효의 영어표기를 HYO로 하는 것은



[159] 네이버 국어사전(2011. 3. 2)

획기적 발상이다. 내가 연구한 효의 개념과도 맞다고 본다. HYO로 표기하는 것은 효를 글로벌화하는데 크게 기여할 것이다."라는 답변이 있었다. 이처럼 우리는 효의 본질과 개념을 잘못 이해한 면이 있는 것이다. 이런 맥락에서 어원(語源)에 나타나 있는 의미를 살펴보고, 경전(經典)의 내용을 중심으로 효의 본질(本質)을 살펴본 다음, 이를 바탕으로 효에 대한 정의(定義)를 알아보고자 한다.


# I 어원으로 본 효의 의미

어원(語源)을 통해서 효의 의미를 분석해 보는 것은 효의 개념을 이해하는데 필요하다. 따라서 효에 대한 정의를 내리기 전에 그 어원에 대해 살펴볼 필요가 있는데, 효의 어원은 孝라는 한자, 그리고 HYO라는 영문자에 잘 나타나 있다.

〈표 2〉 어원을 통해 본 효의 의미

- 孝=考(생각할 고)＋子(자식 자)
  ⇒ 부모와 자식은 서로 생각하는 관계 : 정신적인 효
- 孝=老(늙을 노)＋子(자식 자)
  ⇒ 부모와 자식은 서로를 물질적으로 위하는 관계 : 물질적인 효
- HYO＝Harmony＋Young＋Old
  ⇒ 부모(노인세대)와 자식(젊은 세대)이 조화를 추구하는 관계 : 조화로움의 효

# 1. 孝는 考(생각할 고)와 子(자식 자)의 합자

생각할 고(考)자와 자식 자(子)의 합자로 보면, 부모와 자식은 서로를 생각하는 관계, 즉 정신적인 효로 이해할 수 있다. 여기서 고(考)는 조상 제사 때 올려놓는 지방(紙榜)의 '현고학생부군신위(顯考學生府君神位)'에서 '현고(顯考)'는 조상의 행적을 드러내어 생각하며, 조상님이 원하셨던 방향으로 행하도록 노력한다는 의미이다. 여기서 주의할 점은 '자식이 부모를 생각한다.' 뿐만이 아니라 '부모는 자식을 생각하고 자식은 부모를 생각한다.'는 쌍무호혜적 의미로 해석해야 한다는 점이다.


# 2. 孝는 老(늙을 노)와 子(자식 자)의 합자

『설문해자(說文解字)』에 자식(子)이 늙은 부모(老)를 봉양하는 모습으로 묘사되어 있는데, 이는 곧 물질적 효를 말한다. 다시 말해 늙은 부모를 등에 업고 가는 모습, 고령자를 업고 가는 젊은이의 모습을 연상케 하는 글자이다. 성경에도 "물질을 드림으로써 마음이 함께하도록 해야 한다(마태복음 6:21)"고 했듯이, 물질적인 효를 실천하다보면 마음도 함께 하기 마련이다. 여기서도 주의할 점은 '자식이 부모에게 물질적으로 봉양한다.'만이 아니라 '부모는 어린 자식을 양육하고 자식은 늙은 부모를 봉양한다.'는 쌍무호혜적 의미로 해석해야 한다는 점이다. 따라서 우리가 어렸을 때 의식주(衣食住) 모두를 부모님이 해결해 주셨듯이, 부모님의 연세가 많아 나약해지면 정신적으로 평안하게 해드리는 것은 물론이고, 의식주면에서 불편함이 없도록 물질적으로도 보살펴 드려야 하는 것이다.

## 3. HYO(효)는 Harmony와 Young, Old의 약자

지금까지 효에 대한 영어는 Filial piety 또는 Filial duty 등으로 표기해왔으나 우리 발음 그대로하는 것이 적절한 표현이다. 왜냐하면 김치, 태권도 등도 우리 발음 그대로 표기하는 것처럼, 효에 대한 표기도 우리 발음 그대로 했을 때 우리의 정서가 담긴 효의 의미가 될 수 있기 때문이다. 그리고 효는 일방성이 아닌 상호성을

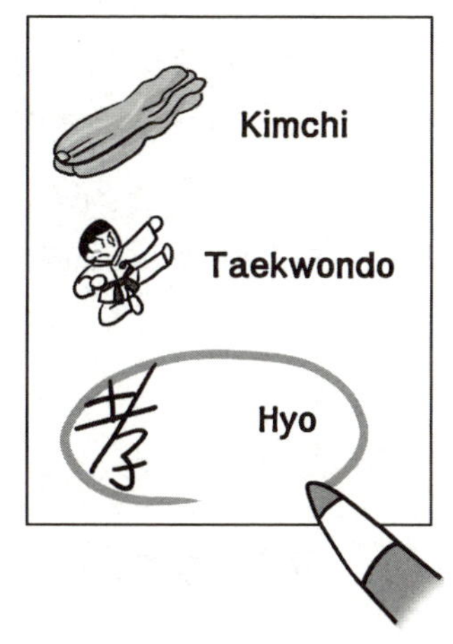


바탕으로 하고 하모니를 추구한다는 의미에서 HYO로 표기하고, HYO는 Harmony of the Young and Old의 약자로 이해하면 된다. HYO는 상호성과 쌍무적 노력의 의미, 즉 조화(Harmony)인 것이다.

# Ⅱ 효의 본질적 의미

효의 본질은 제 5장(문헌에 제시된 효의 의미)에 살펴본 내용을 기초로 알아낼 수 있다. 즉 『효경』, 『불경』, 『성경』, 『논어』, 『맹자』, 『예기』,

『격몽요결』 등에서 제시하고 있는 '효란 무엇인가'에 대한 내용을 분석하고 그 가운데에서 본질적 의미를 찾으면 되는 것이다. 각종 문헌을 근거한 효의 본질적 의미는 〈표 3〉과 같이 정리할 수 있다.

<표 3> 효의 본질적 의미

① 효는 부모와 자식의 원초적(原初的) 사랑이다.
② 효는 상호성(相互性)을 기초 조화를 추구로 한다.
③ 효는 보편성(普遍性)과 이타성(利他性)을 가진다.
④ 효는 의(義)를 추구한다.
⑤ 효는 예(禮)와 충(忠)의 기초이다.

## 1. 효는 부모와 자식의 원초적 사랑이다.

원초적(原初的)이란 어떤 일이나 현상이 비롯하는 맨 처음이 되는 것을 의미한다. 그리고 사랑은 남을 돕고 아끼며 이해하는 마음으로 아가페(Agape), 스토르게(Storge), 필리아(Philia), 에로스(Eros)의 의미가 포함된다. 효는 인간이 부모로부터 생명을 얻게 되면서 가장 먼저 접하게 되는 사랑의 감정이다. 그 사랑은 태아(胎兒)가 어머니의 뱃속에서부터 받는 사랑이며, 태아는 그 감정을 마음과 몸으로 느끼는 가운데 세상에 나오게 된다. 세상에 나와서는 부모가 베푸는 자애(慈愛)를 통해 자식으로서

응답의 이치를 터득하게 된다. 또한 그 응답은 인간의 도리(道理)로서 책임의식의 원천으로 발전하게 되고, 그 책임의식은 주위로부터 신뢰를 얻게 되어 성공의 원동력으로 작용하게 되는 것이다. [사례 20 : 박옥랑 여사의 자식 사랑]이나 [사례 29 : 13자녀 다둥이 가족 김석태·엄계숙 씨 부부의 자식 사랑] 등에 잘 나타나 있다. 그러므로 효는 궁극적으로 조화(Harmony)를 이루는 삶을 이루게 해주고, 이를 통해 행복의 길로 안내되는 것이다. 가나안 농군학교에서는 효를 '내리사랑·올리효도'로 표현하는데, 이 또한 조화(調和)의 이치 때문이다.

'효'와 '사랑'을 연계하여 기술된 경전(經典)의 내용을 살펴보면 『효경』에 "효는 사랑의 근본이다.(개종명의장)"[160], "백성이 부모를 사랑하게 하는 데는 효보다 좋은 것이 없다.(광요도장)"[161]고 했고, 『논어』에 "부모는 오직 자식이 병날까 걱정하시며 사랑하신다.(위정편)"[162], 『맹자』에 "부모와 자식은 어떤 경우라도 사랑에 기초한 친함이 있어야 한다.(등문공 상편)"[163], 『맹자집주』에 "자식을 가르치는 것은 본래 그 자식을 사랑하기 때문이다.(이루구 상편)"[164], 『소학』에 "자식은 부모가 사랑하는 바를 사랑하고 부모가 공경하는 바를 공경해야 한다.(명륜편)"[165], 『한시외전』에 "나무는 고요하려고 하나 바람이 그냥

160 "孝德之本也"
161 "敎民親愛 莫善於孝"
162 "父母唯其疾之憂"
163 "父子有親"
164 "敎子者 本爲愛其子也"
165 "父母之所愛亦愛之 父母之所敬亦敬之"

놔주지 않고, 자식은 봉양하려고 하나 부모는 기다려 주지 않는다.”[166]
고 하여 사랑을 나타내고 있다. 『불경』에도 “자식을 잉태하여 노심초
사 출산하고 자식을 보살핀다.(부모은중경)”, “자식을 낳으실 때 서말
서되의 피와 여덟섬 너 말의 젖을 먹이시고 사랑으로 키우신다.(부모
은중경)”, “자식이 멀리 가면 걱정하고 끝까지 사랑하신다.(부모은중
경)”고 나와 있다. 또한 『성경』에도 “부모는 먼저 마음과 성품을 다하
고 힘을 다해 여호와를 사랑하고, 그런 마음으로 자녀를 부지런히 가
르쳐야 한다.(신명기 6:4-9)”, “자녀를 노엽게 하지 말고 오직 교양과
훈계로 양육하라.(에베소서 6:4)”, “부모는 먼저 자녀들이 부모로부터
사랑받고 있는 존재임을 알리고 사랑을 표현해야 한다.(데살로니카전서
2:8)”, “새 계명을 너희에게 주노니 내가 너희를 사랑한 것 같이 서로
사랑하라.(요한복음 13:34)”고 이르고 있다.

효에 대해서 공자는 “효와 제는 인을 이루는 근본이다(孝悌也者其
爲仁之本與)”라고 했다. 여기서 말하는 인(仁)은 곧 사랑을 의미하고,
이러한 인은 두 사람이 서로 각자의 도리를 다할 때 이루어지는 사랑
이다. 그리고 두 사람은 부모와 자식, 스승과 제자, 언니와 동생, 형
과 아우, 친구와 친구 등을 뜻한다. 다시 말해서 부모는 자식에게 부
모로서의 도리를 다하고 자식은 자식으로서의 도리를 다하는 모습이
인(仁)이라는 것이다. 이점에 대해 사암(俟菴) 정약용(丁若鏞, 1762-
1836)은 “인(仁)이란 사람(人)이 둘(二)이니, 두 사람 사이에 각자의 도
리를 다하는 것이다(二人際盡己道).”라고 하여 부모와 자식의 도리를

강조했다.

부모의 원초적 사랑은 부모가 자식을 잉태(孕胎)하면 그때부터 자식에게 한없는 사랑을 베풀게 된다. 자식을 잉태한 엄마는 감기가 걸리면 약도 먹지 못하고 오직 뱃속의 아기가 온전하기만을 바라는 마음으로 고통을 감내(堪耐)한다. 그러다 아기가 세상에 나오면 젖꼭지를 입에 물리고, 젖을 빨면서 엄마의 눈을 쳐다보는 아기의 눈을 마주하면서 '눈빛'과 '마음'으로 사랑의 대화를 나눈다. 그래서 모유(母乳)를 먹고 자란 사람이 성격도 온순하고 지능(知能)도 높은 것으로 나타나 있다. 아기가 자라서 기어 다니고 아무것이나 입에 가져다 댈 때가 되면 그야말로 부모는 아기의 곁을 떠날 수 없게 된다. 그런 가운데 어린이집, 유치원, 초등학교, 중학교, 고등학교, 대학교를 보내기 위하여 갖은 고생을 마다하지 않는다. 부모는 이처럼 자식을 위해 온갖 고생을 하면서 사랑을 베푸는 것인데, 이는 바로 누군가가 가르쳐서가 아니라 원초적 행위에 기인하는 것으로 사람뿐만 아니라 모든 동물에서도 공통적으로 나타난다. 이것이 내리사랑이다. 그러나 올리효도는 일반 동물에는 없고 사람에게만 있다. 그렇지만 효를 알지 못하면 효를 행할 수도 없다. 그래서 효를 알도록 가르쳐야 하는 것인데, 이 내용은 『제②권(효 교육론)』에서 다루기로 한다.


## 2. 효는 상호성(相互性)을 기초로 조화를 추구한다.

효는 부자자효(父慈子孝)와 부자유친(父子有親), 부위자강(父爲子綱)의 원리에 기초한 부모와 자식의 쌍무적인 노력이다. 어떤 경우라

도 부모는 자식을 사랑하고 자식은 부
모에게 효도해야 하고, 부모와 자식간
에는 친함이 유지되어야 하며, 부모는
자식의 본(버리)가 되어야 한다. 때문에
부모와 자식이라는 '쌍방'이 없이는 효

라는 말 자체가 무의미한 것이다. [사례 17 : 율곡의 효와 어머니 신씨],
[사례 18 : 신지애 선수와 아버지], [사례 19 : 퇴계의 효와 어머니 박씨], [사례
24 : 박찬석 총장과 아버지], [사례 25 : 맹자와 어머니], [사례 26 : 강영우·석
은옥 씨 가정의 효], [사례 27 : 충무공 이순신의 효와 부하사랑], [사례 28 : 사
암의 효와 가족사랑], [사례 30 : 양사언과 어머니], [사례 31 : 시어머니와 며느
리]에 잘 나타나 있다. 가정이 평온한 상태에서 성취를 달성하려면 부
모와 자식의 역할과 서로를 위하는 노력이 있어야 한다. 윗물이 맑아
야 아랫물이 맑을 수 있듯이 우선은 부모의 역할이 바라야 하고 자식
으로서의 도리가 따라야 하는 것인데, '상호성'과 관련하여, 『불경』에
는 "자식은 부모를 다섯 가지로 섬겨야 하고, 부모는 역시 다섯 가지
로 자식을 돌보아야 한다고 했다. 자식의 다섯 가지는 살림살이·식
사제공·걱정 끼치지 않음·부모의 은혜를 생각하는 일·병을 치료
해드리는 것이고, 부모의 다섯 가지는 자식을 위해 좋은 일을 하고 학
업을 가르치며 경전과 계율을 지니게 한다. 장가들이고 자식의 재산
을 맡아주는 것이다.(불설시가리월육방예경)", "남편과 아내가 서로 대접
하기를 예로써 해야 한다.(장아함경)", "부모는 자식이 잘되는 방향으로
옳게 하고, 자식은 부모의 은혜를 알고 병을 치료해 드려야 한다.(육방
예경)", "부모는 자식을 잘 가르치고 자식은 부모가 원하는 바를 계승

해야 한다.(아함부경)"라고 했고, 『성경』에는 "네 아버지와 어머니를 공경하라, 이것은 약속이 있는 첫 계명이니 이로써 네가 잘되고 땅에서 장수하리라. 또 아비들아 너희 자녀를 노엽게 하지 말고 오직 주의 교훈과 훈계로 양육하라(에베소서 6:2-4)", "효는 부모를 기쁘게 하고 걱정 끼치지 않는 것이며, 자녀를 돌보고 사랑하는 것이다(잠언 23:25, 골로새서 3:21)."라고 이르고 있다.

『맹자』에 "부모와 자식은 친함이 있어야 하고, 임금과 신하는 의리가 있어야 하며, 부부간에는 구별이 있어야 하고, 어른과 아이 사이에는 순서가 있어야 하며, 친구사이에는 신의가 있어야 한다.(등문공 상편)"[167] 『예기』에 "인의(人義)란, 부모는 자식을 사랑하고 자식은 부모에게 효도하며, 형은 현량하고 아우는 형을 공경하며, 남편은 의롭고 아내는 남편 말을 들어야 하며, 어른은 은혜로워야 하고 어린이는 순해야 하며, 리더(군주)는 인자해야 하고 구성원(신하)은 충성해야 한다. 이 열 가지를 이르러 인의(人義)라고 한다.(예운편)"[168] 『춘추번로』에 "부모는 자식의 벼리가 되어야 한다."[169]

『소학』에 "리더(임금)의 명령에 신하는 공손하고 부모의 인자함에 자식이 효도하며, 형은 사랑하고 아우는 공경하며, 남편은 온화하고 아내는 부드러우며, 시어머니는 자애롭고 며느리는 따르는 것인데, 이것이 예절이다.(명륜편)"[170]

---

**167** "父子有親 君臣有義 夫婦有別 長幼有序 朋友有信"

**168** "何謂仁義 父慈. 子孝. 兄良. 弟弟. 夫義. 婦聽. 長惠. 幼順. 君仁. 臣忠十者 謂之人義"

**169** "父爲子綱"

**170** "君令臣共 父慈子孝 兄愛弟敬 夫和妻柔 姑慈婦聽 禮也"

『명심보감』에 "그 리더(임금)를 알고자 하면 먼저 그 구성원(신하)을 살피고 그 사람의 됨됨이를 알고자 하면 먼저 그 친구를 살피고 그 부모를 알고자 하면 먼저 그 자식을 살핀다. 그 리더(임금)가 성인(聖人)답다면 구성원(신하)이 충성하고 부모가 자식을 사랑하면 자식은 부모에게 효도하는 것이다.(성심편 하)"[171]라고 했다.

『격몽요결』에 "부모가 되어서는 마땅히 자식을 사랑하고 자식이 되어서는 마땅히 부모에게 효도하고 형제가 되어서는 마땅히 우애가 있어야 한다."[172]『채근담』에도 "아버지는 사랑하고 자식은 효도하며 형은 우애하며 아우는 공경하여서 비록 극진한데에 이르렀다 할지라도 그것은 모두 마땅히 털끝만큼도 감격하는 생각을 두어서는 안된다. 아들이 효도하는 것은 모두 당연히 그처럼 해야 하는 것이다. 만약 베푸는 자가 덕으로 자처하고 받는 자가 은혜를 생각한다면 이는 길 가는 행인과 같아 문득 장사꾼의 도(道)가 되어 버리리라."[173]라고 했다.

171 "欲知其君先視其臣 欲識其人先視其友 欲知其父先視其子 君聖臣忠 父慈子孝"

172 「序文」"爲父當慈 爲子當孝 爲兄弟當友"

173 "父慈子孝 兄友弟恭 縱做到極處 俱是合當如此 着不得一毫感激的念頭 如施者任德 受者懷恩 便是路人 便成市道矣"

사람이 여타 짐승과 다른 점은 은혜를 갚을 줄 아는 심성을 가졌다는 것이다. 여타 짐승은 '내리사랑'만 있고 '올리효도'는 없지만, 사람은 '내리사랑'과 '올리효도'가 모두 다 있는 유일한 동물이다. 부모에게 받은 원초적 사랑에 대하여 보답하려는 생각을 가지게 되는 것이 사람이다. 『효경』에 "효는 덕의 근본이요, 모든 가르침이 그로 말미암아 생겨난다.(개종명의장)"[174], "효의 시작은 부모를 섬기는데 있고, 중간 단계는 나랏일에 충실 하는 것이며 효의 마지막은 몸을 세워 이름을 드러내는 것이다. 몸을 세워 도를 행함으로써 후대에 이름을 날려 부모님 이름을 드러나게 하는 것이 효의 마지막이다.(개종명의장)"[175]라고 했으며, 정수동은 "효는 어버이의 간절한 부름에 대한 자식의 응답이다."[176]라고 했다. 부모의 사랑과 정성에 의해 성장한 자식은 당연히 은혜에 보답하려는 생각을 갖게 되는데, 그것이 바로 자식으로서의 '응답'이자 책임의식의 발로(發露)인 것이다.

본디 우리 민족은 상고시대부터 효에 대해 "부모가 마땅히 자식을 사랑하고 자식은 마땅히 부모에게 효도해야 한다(爲父當慈 爲子當孝)."고 여겨온 것으로 나타나 있다.[177] 부모가 태아를 잉태하면서부터 사랑을 베풀고, 태아는 어머니의 뱃속에서부터 받는 원초적 사랑을 성장하고 나면 부모에게 갚으려는 사랑의 감정이 있다. 그래서 조

---

**174** "孝德之本也 敎之所由生也"

**175** "孝 始於事親 中於事君 終於立身 立身行道 揚名後世 以顯父母 孝之終也"

**176** 정수동, 「불교의 효사상」,『효학연구』, 서울 : 한국효학회, 2008, p.12

**177** 『격몽요결』의 서문, 『환단고기』의 「중일경」에 나오는 말이다.

화(Harmony)를 이루는 삶을 살아가게 되는 것이며 효를 '내리사랑·올리효도'라고 하는 것도 같은 맥락이다. 부모의 역할과 도리를 다하는 것이 결국 자식의 성공을 가져오고, 그러한 부모의 기대에 대해 자식은 성공으로 보답하게 되는 것인데, 이처럼 효는 상호적 성격을 가지는 것이다.

## 3. 효는 보편성(普遍性)과 이타성(利他性)을 가진다.

보편적(普遍的)이란 '모든 것에 공통되거나 들어맞는 것', '모든 것에 두루 미치거나 통하는 성질'을 의미한다. 효를 보편적 가치로 보는 것은, 가정에서 형성된 따뜻한 마음이 타인과 이웃, 사회와 국가, 자연으로 확대되어 두루 작용되기 때문이다. [사례 16 : 한국인 슈바이처 이태석 신부], [사례 18 : 신지애 선수의 효심과 이웃사랑], [사례 19 : 퇴계 이황의 가족사랑과 인류애], [사례 20 : 101세의 엄마 박옥랑 여사], [사례 22 : "아버지를 팝니다" 사례에 나타난 이타심], [사례 31 : 시어머니의 사랑과 며느리의 효], [사례 32 : 효녀 가수 현숙 씨의 효행] 등에 잘 나타나 있다. 어떻게 보면 부모가 자식을 사랑하고, 자식이 부모를 사랑하는 것도 이타적 현상이다. 특히 부모와 자식이 사랑을 나누는 사람일수록 가족 뿐 아니라 타인과 이웃, 인류봉사에 힘쓰는 성품으로 발전하는 모습을 볼 수 있는데, 이런 것들은 원초적 사랑을 기반으로 하기 때문이다. 효를 보편적 가치로 보는 이유는 세상이 아무리 바뀐

다고 해도, 지구촌 어디를 막론하고 부모와 자식의 관계는 있을 수밖에 없으며, 부모와 자식 사이에 형성된 사랑의 감정이 이웃과 사회, 국가와 자연으로 확대된다는 점에 기인한다.

보편성을 달리 표현하면 하늘의 이치에 따라 순리적으로 삶을 살아가는 것으로 말할 수 있다. 우리는 예부터 하늘을 경외(敬畏)하고 인간을 널리 이롭게 하는 홍익(弘益)인간 정신에 바탕을 두고 살아온 민족이다.

『효경』에 "효는 덕의 근본이요 모든 가르침이 그로 말미암아 생겨난다.(개종명의장)"[178], "효의 시작은 부모를 섬기는데 있고, 중간 단계는 나랏일에 충실 하는 데 있으며, 효의 마지막은 이름을 드러내는 것이다. 부모의 이름을 드러나게 하는 것이 효의 마지막이다.(개종명의장)"[179], "사람의 행위 가운데 효보다 큰 것이 없고, 효는 부모를 공경하는 것보다 큰 것이 없으며, 부모를 공경하는 것은 하느님과 같은 (짝을 이루는) 존재로 생각하는 것보다 더 큰 것이 없다.(성치장)"[180]고 했고, 『불경』에 "지극한 道는 효순심이다(범망경).", "가정에서 부모를 공경하고 우애있는 사람은 나가서도 스승과 어른을 공경한다.(부모은중경)"고 했으며, 『성경』에 "가정에서 먼저 효를 배우게 하라. 이것이 옳으니라.(디모데전서 5:4)"고 했으며, 『맹자』에도 "효도와 우애와 충성과 신의를 배워 집에 들어가서는 그 부형을 섬기고 밖에 나가서

---

178 "孝德之本也敎之所由生也"
179 "孝始於事親 終於立身揚名 以顯父母孝之終也"
180 "人之行 莫大於孝 孝莫大於嚴父 嚴父莫大於配天"

는 그 연장자와 윗사람을 섬겨야 한다.(양혜왕 상편)"[181]라고 했다.

다음 이타성이란 '내가 희생해서 남에게 이로움을 준다' 는 의미로 이기적(利己的) 삶과 반대되는 뜻이다. 이기적은 '나를 이롭게' 하는 것이고 이타적은 '타인을 이롭게' 한다는 것이니, 이타적이란 '남을 이롭게 해주는', '남을 더 생각 한다' 는 뜻이 포함돼 있다. 그래서 남을 위해 헌신하는 사람을 이타적인 사람이라고 한다. 우리의 전통문화인 효가 이타적 가치인 점은 홍익인간(弘益人間) 정신에도 나타나 있다. 인류만이 아닌 자연까지도 이롭게 하라는 홍익인간 정신은 고조선(B.C. 2333~B.C. 108)의 건국이념임과 동시에 교육법 제2조(교육이념)에 "홍익인간의 이념 아래 모든 국민으로 하여금 인격을 도야하고 자주적 생활능력과 민주시민으로서 필요한 자질을 갖추게 하여 인간다운 삶을 영위하게 하고 민주국가의 발전과 인류공영의 이상을 실현하는데 이바지함을 목적으로 한다."고 규정하고 있다.

『효경』에도 "부모를 섬기는 사람은 윗자리에 있어도 거만하지 않고 아랫자리에 있어도 질서를 어지럽히지 않으며 같은 무리와 함께 있어도 서로 다투지 않는다.(기효행장)"[182], "부모를 사랑하는 사람은 다른 사람을 미워하지 않고, 부모를 공경하는 사람은 다른 사람을 업신여기지 않는다.(천자장)"[183]고 했고, 『성경』에 "누구든지 가정에서 부모형제를 사랑하지 않으면서 보이지 않는 하나님을 사랑한다는 것은 거짓이다.(요한일서 3:20)", "어른을 부모 대하 듯하고 젊은이는 형제 대하

---

181 "修其孝悌忠信 入以事其父兄 出以事其長上"

182 "事親者 居上不驕 在醜不爭"

183 "愛親者 不敢惡於人 敬親者 不敢慢於人"

듯 하라(디모데전서 5:1-2)”, “내 일 뿐 아니라 이웃의 일까지 돌보아야
한다.(빌립보서 2:3-4)”라고 했다. 『맹자』에 “자기 집 노인을 공경하여
서 그 마음이 다른 집 노인을 공경하는 데까지 미치게 하고, 자기 집
어린이를 사랑하여서 그 마음이 다른 집 어린이를 사랑하는 데까지
미치게 한다. 이런 마음으로 행한다면 천하를 쉽게 다스릴 수 있
다.(양혜왕 상편)”[184], “리더(군자)는 금수(禽獸)에 대해 그 살아있는 것
을 보고서는 그것이 죽는 것을 차마 보지 못하며, 그 죽는 소리를 듣
고서는 차마 그 고기를 먹지 못하는지라, 군자는 주방과 푸줏간을 멀
리하는 것이다.(양혜왕 상편)”[185]라고 했으며, 『예기』에 “수목(樹木)은
때에 맞춰 베고 금수(禽獸)도 때에 맞춰 죽이지 않으면 효가 아니
다.(제의편)”[186]라고 했다.

『격몽요결』에도 “항상 온순하고 공손하며, 자애로우며, 남에게 은
혜를 베풀며, 사물을 구제함으로써 마음가짐을 삼고, 만약 남을 침략
하며 사물을 해치는 따위의 일들은 조금도 마음속에 두어서는 안 된
다. 무릇 사람들은 자기에게 이롭게 하려고 남이나 다른 사물을 침해
하게 된다. 그러므로 배우는 자는 먼저 이기심을 끊어 버린 다음에야
이것으로써 어진 것을 배울 수 있다.(접인장)”[187]라고 했다. 이렇듯이
효는 상대방을 이롭게 하는 이타성을 가지는 것이다.

---

**184** “老吾老以及人之老 幼吾幼以及人之幼 天下可運於掌”

**185** “君子之於禽獸也 見其生 不忍見其死 聞其聲 不忍食其肉 是以 君子 遠庖廚
也”

**186** “樹木以時伐焉 禽獸以時殺焉 不以其時 非孝也”

**187** “常以溫恭慈愛 惠人濟物爲心 若其侵人害物之事 則一毫不可留於心曲 凡人
欲利於己 必至侵害人物 故 學者先絶利心然後 可以學 仁矣”

## 4. 효는 의(義)를 추구한다.

효는 부모나 자식이 의롭지 않은 일
을 행하면 말려서 불의함에 빠지지 않
고 올바른 길을 갈 수 있도록 하는 것이
다. [사례 1 : 신생의 효에 대한 인식]을 비롯
하여 [사례 2 : 원각의 효와 지게이야기]에서
볼 수 있듯이 부모가 잘못하면 간(諫)함
으로써 불의(不義)함을 행하지 않도록 해

야 하는 것이다. 자식의 역할과 도리에 대해 문헌에는 다음과 같이
제시하고 있다. 『효경』에 “효는 하늘의 법칙이고 땅의 질서이며 백성
들이 실천해야 할 것이다.(삼재장)”[188], “마땅히 의롭지 않은 일이라면
자식은 부모에게 간언하지 않을 수 없고, 구성원(신하)은 리더(임금)
에게 간쟁하지 않을 수 없다. 그러므로 옳지 않다면 간쟁을 해야 하는
것이지, 부모님의 명령에 무조건 복종하는 것은 효라고 할 수 없는 것
이다.(간쟁장)”[189]라고 했고, 『불경』에 “효는 모든 善을 행하게 하는 근
본이요, 모범이 되게 하는 것이다.(범망경)”, “부모는 자식이 잘되는 방
향으로 옳게 하고 자식은 부모의 은혜를 알고 병을 치료해 드려야 한
다.(육방예경)”, “부모를 봉양하는 것은 작은 효에 속하지만 부모를 불
의(不義)함에서 벗어나도록 하는 것은 참다운 큰 효이다.(죽창삼필)”,

**188** “孝天之經也 地之義也 民之行也”

**189** “當不義則子不可以不爭 於父 臣不可以不爭於君 故 當不義 則爭之 從父之令
又安得爲 孝乎”

“태아를 낙태하는 행위는 참회를 해도 벗어나기 어렵고, 반드시 무간 지옥에 떨어진다(장수멸죄경)”고 했다. 『성경』에 “무릇 지킬 것만 한 것보다 더욱 네 마음을 지키라.(잠언 5:23)”, “내 아들아, 네 입술이 정직을 말하면 내 속이 쾌하리라.(잠언 23:16)”, “의인의 아비와 지혜로운 자식을 낳은 자는 즐거울 것이라.(잠언 23:24)”, “너희는 먼저 그의 나라와 그의 의를 구하라.(마태복음 6:24-34)”, “빛의 열매는 모든 착함과 의로움과 진실함에 있는 것이다.(에베소서 5:9)” 『논어』에 “부모에게 효를 행함에 있어 (부모의) 잘못이 있을 때 슬쩍 간하고, 설령 나의 뜻을 따르지 않더라도 여전히 공경하여 부모의 뜻을 어기지 않아야 하며, 수고로워도 원망하지 말아야 한다.(이인편)”[190]라고 했다. 『맹자』에 “인(仁)의 근본은 어버이를 섬기는 것이요, 의(義)의 근본은 형을 따르는 것이다. 예의 근본은 이 두 가지를 조절하여 문식(文飾)을 이루는 것이다.(이루 상편)”[191], “팔다리를 게을리하여 부모의 봉양을 돌아보지 않는 것이 불효이다.(이루 하편)”[192]

또한 『예기』에 “부모가 잘못하는 일이 있을 때에는 마음을 억누르고 웃음 띤 얼굴로 부드럽게 간한다. 만일 간함을 받아드리지 않으면 일어나서 공손히 대하고 효성을 다하여 마음이 풀려 기뻐하면 그때에 다시 간한다. (부모가) 기뻐하지 않는다고 (간하지 않다가) 동네에서 죄를 얻는 것보다 차라리 (용기 있게) 간하는 게 낫다.(내칙편)”[193]고 했

---

**190** “事父母 幾諫 見志不從 又敬不違 勞而不怨”

**191** “仁之實事親是也 義之實從兄是也 禮之實節文斯二者是也”

**192** “惰其四支 不顧父母之養 不孝也”

**193** “父母有過 下氣怡色 柔聲以諫 諫若不入 起敬起孝 悅則復諫 不悅, 與其得罪
　　　於鄕黨州閭 寧孰諫.”

고, 『순자』에 "효자는 의를 따르는 것이지 부모를 따르는 것이 아니다.(자도편)"[194], 『묵자』에 "하늘의 뜻은 의를 원하고 불의를 미워한다.(법의편)"[195], 『소학』에도 "자식이 부모를 섬김에 있어 세 번 간하여 부모가 듣지 아니하거든, 부르짖어 울면서 따라야 한다.(명륜편)"[196], "부모와 아들은 뼈와 살이 있는데, 신하와 임금은 의리로 이어져 있으므로 부모에게 잘못이 있으면 자식은 세 번 간하여 듣지 아니하면 따르면서 울고, 리더(임금)가 잘못이 있어 구성원(신하)이 세 번 간하여도 듣지 아니하면, 그 의리를 버리고 떠날 수 있다.(계고편)"[197]고 이르고 있다.

『명심보감』에 "입신(立身)에는 의(義)가 있으니 효(孝)가 그 근본이요, 상사(喪祀)에는 예(禮)가 있으니 슬퍼함이 근본이요, 전진(戰陣)에 대열(隊列)이 있으니 용기가 근본이다.(입교편)"[198]라고 했고, 『순자』에 효자가 (부모의)명령을 따르지 않는 세 경우가 있다. 명령을 따르면 부모가 위태롭고 명령을 따르지 않아서 부모가 편안하면 효자는 명을 따르지 않는다. 이것이 충(衷)이다. 명령을 따르면 부모가 욕되고 명령을 따르지 않아서 부모가 명예로우면 명령을 따르지 않는다. 이것이 의(義)이다. 명령을 따르면 금수가 되고 명령을 따르지 않아서 예의를 갖출 수 있다면 명령을 따르지 않는다. 이것이 경(敬)이다. 따라

---

**194** "孝子 從義不從父"

**195** "天欲義而惡不義"

**196** "子之事親也 三諫而不聽 則號泣而隨之"

**197** "父子有骨肉 而臣主以義屬 故父有過 子三諫而不聽則隨而號之人臣 三諫而 不聽則其義可而去矣 於是遂行"

**198** "子曰 立身有義而孝爲本 喪紀有禮而哀爲本 戰陣有列而勇爲本 治政有理而 農爲本 居國有道而嗣爲本 生財有時而力爲本"

야 할 것과 따르지 않아야 할 대의를 밝혀서 공경과 충성을 다하고 단정하며 신중하게 행동한다면 '큰 효'라 할만하다. 전하는 말에 '도를 따르는 것이지 임금을 따르는 것이 아니며, 의를 따르는 것이지 부모를 따르는 것이 아니다'라고 한 것이 바로 이 뜻이다.(자도편)"[199] 라고 이르고 있다.

이렇듯이 효는 의로움을 추구하는 것, 즉 옳은 방향으로 하는 것임을 알 수 있다. 또한 부모·자식간의 사랑이 이웃과 사회, 국가를 위하는 마음으로 작용한 예가 있는데, [사례 27 : 충무공 이순신의 효와 나라사랑]의 사례를 들 수 있다. 수많은 모함과 조정의 미움으로 인해 두 차례나 사형언도와 백의종군을 당했으면서도 나라에 충성한 것은 효에서 시작된 의로움에 기인한 것이라고 하겠다.


## 5. 효는 예(禮)와 충(忠)의 기초이다.

가정윤리인 효는 사회윤리인 예(禮), 국가윤리인 충(忠)의 기초가 된다. 효·예·충의 관계는 이런 점에서 연계성이 있다. 가정에서 부모에게 효도하는 사람이 타인과 이웃, 나라와 자연을 위해서 사랑을 실천

— Tip

가정윤리인 '효'는 사회윤리인 '예', 국가윤리인 '충'의 기초가 된다. 가정이 안정되지 않으면 사회의 안정과 부강한 국가를 이루어 나갈 수 없다. 따라서 효는 예와 충의 기초이다.

---

199 "孝子所以不從命有三 從命則親危 不從命則親安 孝子不從命乃衷 從命則親辱 不從命則 親榮 孝子不從命乃義 從命則禽獸 不從明則修飾 孝子不從命乃敬 故可以從而不從 是不子也 未可以從而從 是不衷也 明於從不從之 義 而能致 恭敬忠信 端愨以愼行之 則可謂大孝矣 傳曰 從道不從君 從義不從父 此 之謂也"

하게 되는 것이다. [사례 12 : 불교계 정호 스님]이나 [사례 13 : 최성규 목사], [사례 14 : 홍우준 경민학원 설립자], [사례 15 : 배갑제 이사장], [사례 16 : 한국인 슈바이처 이태석 신부], [사례 27 : 충무공 이순신의 효], [사례 32 : 효녀 가수 현숙 씨의 사회적 효], [사례 33 : 정조대왕의 오륜행실도] 사례 등에 잘 나타나 있다.

본시 효·예·충은 하나의 정신덕목으로 간주되어 왔는데 옛말에 "자식이 부모에게 예를 다하면 이것이 효이다", "예로써 임금을 섬기면 이것이 곧 충이다", "자기가 맡은 일에 정성을 다하는 것이 효이고 충이며, 충의 실천은 곧 부모를 기쁘게 하는 일이다", "충효는 손의 양면과 같다" 등의 표현에서 알 수 있는 것처럼 '충효'는 연관된 덕목이며 '예'는 충과 효를 잇는 정신 덕목으로 간주되어 온 것이다.

경전에 나와 있는 내용 중에 '효'와 '예'가 연계되는 문구(文句)를 보면, 『효경』에 "효의 시작은 부모를 섬기는데 있고, 중간 단계는 나랏일에 충실 하는 데 있으며, 효의 마지막은 이름을 드러내어 성공하는 것이다.(개종명의장)"[200]라고 했고, 『불경』에 "남편과 아내가 서로 대접하기를 예로써 해야 한다.(장아함경)", "부모가 홀로 빈방을 지키게 하고 문안드리지 않는 것은 예의가 아니다.(부모은중경)", "효는 수행자 삶의 기준과 준거요, 죄악을 범하지 못하게 하는 규정이다.(범망경)"라고 했으며, 『성경』에 "너는 센 머리 앞에 일어서고 노인의 얼굴을 공경하라.(레위기 19:32)", "소망중에 즐거워하며 환난중에 참으며 손님대접하기에 힘쓰라.(로마서 12:12-13)"고 했다. 또한 『논어』에 "효

200 "孝始於事親 中於事君 終於立身"

란 부모님 말씀을 거역하지 않는 것이다. 부모님 생전에는 예로써 섬기고, 돌아가시면 예로 써 장사지내며, 예로써 제사지내는 것이 효이다.(위정편)"[201]라고 했고, 『맹자』에 "부모와 자식은 친함이 있어야하고 임금과 신하는 의리가 있어야 하며, 부부 간에는 구별이 있어야 하고 어른과 아이 사이에는 차례가 있어야 하며, 친구 사이에는 신의가 있어야 한다.(등문공 상편)"[202], "인(仁)의 근본은 어버이를 섬기는 것이요, 의(義)의 근본은 형을 따르는 것이다. 예(禮)의 근본은 이 두 가지를 조절하여 문식(文飾)을 이루는 것이다.(이루 상편)"[203], "그 팔다리를 게을리 하여 부모 봉양을 돌아보지 않으면 불효다.(이루 하편)"[204]라고 했으며, 『예기』에 "친족을 친애하므로 조상을 존경한다. 종묘가 존엄하므로 백성을 사랑한다.(대전편)"[205]

『격몽요결』에 "예의에 어긋나는 것은 보지 말고, 예의에 어긋나는 것은 듣지 말고, 예의에 어긋나는 것은 말하지 말고, 예의에 어긋나는 것은 행하지 말라. 이 네 가지 것은 몸을 닦는 데 가장 요긴한 것이다. 예의(禮儀)와 예의에 어긋나는 것을 처음 공부하는 이는 분별하기 어려우니, 반드시 사물의 이치를 깊이 궁리하여 밝혀서 다만, 이미 아는 데까

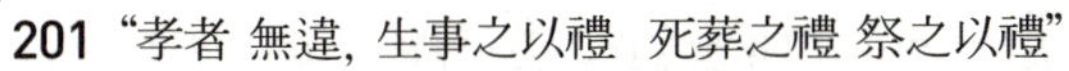


---

**201** "孝者 無違, 生事之以禮 死葬之禮 祭之以禮"
**202** "父子有親 君臣有義 夫婦有別 長幼有序 朋友有信"
**203** "仁之實事親是也 義之實從兄是也 禮之實節文斯二者是也"
**204** "惰其四支 不顧父母之養 不孝也"
**205** "親親故尊祖 宗廟嚴故愛百姓"

지만이라도 함께 행한다면 생각한 바가 이미 반을 넘었다 할 것이다.(지신장)"[206]라고 했는데, 이를 "효는 덕의 근본이요, 모든 가르침이 그로 말미암아 생겨난다."[207]는 『효경』의 내용과 연계하면 효성스런 사람이 예를 행하는데 있어서도 성실하다는 것을 알 수 있다.

다음 '효'와 '충'이 연계되는 문구(文句)를 보면, 『불경』에 "발지국 사람들이 부모에게 효도하고 스승과 어른에게 공경하며 교훈을 받아 생활하는 까닭에 나라가 망하지 않는다.(유행경)", 『성경』에 "하늘의 아버지여 이름이 거룩히 여김 받으시오며, 나라에 임하옵시며, 뜻이 하늘에서 처럼 땅에서도 이루어지이다.(마태복음 6:9-10)". "먼저 그의 나라와 의를 구하라. 모든 것을 너희에 더하시리라.(마태복음 6:24-34)" 『예기』에 "관직에 나가 성실하지 않으면 효가 아니고 친구와 사귐에 믿음으로 하지 않으면 효가 아니고 전장에서 용감하지 않으면 효가 아니다.(제의편)"[208], 『후한서』에 "나라를 구할 충성된 신하는 효자의 가문에서 나온다."[209]하여 효와 충을 연계하고 있으며, 『충경』에도 "무릇 충이란 자신에게서 일어나 집안에서 드러나고 나라에서 완성되는데 실행하는 것은 모두 한결같다. 그러므로 그 몸을 하나로 하는 것은 충의 시작이요, 그 집안을 한결같게 하는 것은 충의 중간단계요, 그 나라를 하나로 만드는 것은 충의 마지막 단계이다. 몸이 하

---

206 "非禮勿視非禮勿聽非禮勿言非禮勿動四者修身之要也禮與非禮初學難辨必須窮理而明之但於已知處力行之則思過半矣"
207 "孝德之本也 敎之所由生也"
208 "涖官不敬非孝也 朋友不敬非孝也 戰陣無勇非孝也"
209 "求忠臣必於孝子之門"

나가 되면 모든 복록이 이르게 되고, 집안이 한결같게 되면 모든 친족이 화목하게 되며, 나라가 하나가 되면 만인이 다스려지게 된다.(천지신명)"[210]라 하여 효와 충을 연계하고 있다.

일반적으로 효·예·충을 설명할 때 우리는 효를 가정윤리이자 근본(根本), 예를 사회의 윤리이자 질서(秩序), 충을 국가의 윤리이자 기강(紀綱)으로 설명한다. 다시 말하면 '효·예·충'을 같은 맥락의 덕목으로 볼 때, 효는 가정에서 부모와 자식 간에 행해져야 할 덕목이므로 인간이 행하는 모든 행위의 근본이고, 예는 사람이 사람다운 도리를 하게 하는 것으로서 사회 구성원 간의 조화와 질서를 형성케 하는 덕목이며, 충은 애국심의 발로로써, 국가를 지탱해주는 법도의 대강(大綱)이며 언제나 조국을 생각하게 하는 덕목인 것이다. 건강한 가정이 건전한 사회를, 건강한 가정과 사회가 부강한 국가를 형성케 할 수 있다는 의미에서 효·예·충은 연관된 하나의 정신덕목으로 볼 수 있는데, 이를 도식화하면 〈표 4〉와 같다.

〈표 4〉 孝·禮·忠의 연계성[211]

| 孝 (가 정) | ⇒ | 禮 (사 회) | ⇒ | 忠 (국 가) |
|---|---|---|---|---|
| (부모와 자식 간의 정성) | | (만인 간의 조화 및 질서) | | (나라에 대한 충성) |

---

210 "夫忠興於身 著於家 成於國 其行一焉. 是故 一於其身 忠之始也 一於其家忠之中也 一於其國 忠之終也. 身一則百祿至 家一則六親和 國一則萬人理"

211 김종두, "군 장병의 효심과 복무자세 간 관계에 관한 연구", 「영남대학교 석사학위 논문」. 1996, p.6

가정에서의 효는 사회에서 지켜져야 될 예의 기초가 되며, 국가의 기강인 충의 기반이 되는 것이다. 가정은 사회의 기본 단위로 가정이 안정되지 않으면 사회의 안녕을 기대할 수 없고, 사회의 안녕을 이룩하자면 먼저 가정이 안정되어야 할 것인데, 그 가정을 다스리려면 부모는 자애로워야 하고 자식은 효성스러워야 한다. 또한 가정과 사회가 모여서 국가가 형성되는 것이므로 건전한 사회, 부강한 국가가 되기 위해서는 효를 바탕으로 가정이 안정되도록 해야 한다는 점에서, 효는 곧 예와 충의 기초가 되는 것이다.

# Ⅲ 효의 정의

정의(定義)란 사전적으로 '어떤 일이나 사물의 뜻을 명백히 밝혀 규정함'을 말한다. 그러므로 효를 정의한다는 것은, 효에 대한 뜻을 명백히 밝혀 뜻을 매기는 일이다. 그리고 이는 효가 갖는 본질적 의미를 기초로 이루어져야 하는데, 기존의 효에 대한 정의는 '상호성'이 아닌 '일방성'에 기초하고 있다는 점에서 올바른 정의로 보기 어렵다. 예컨대 효를 '어버이에 대한 사랑과 정성', '어버이를 섬기는 자식의 도리' 등으로 표현함으로써 효(孝)를 효도(孝道)와 같은 의미로 풀이하고 있는 것이다. 이런 정의들은 현대적 개념으로 맞

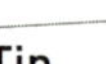

지 않는 것이므로 시대적 개념에 맞도록 할 필요가 있다. 따라서 효는 협의적(協議的)인 의미와 광의적(廣義的) 의미로 구분해서 정의할수 있는데, 협의는 가정에 한정된 영역이고, 광의는 가정을 기초로이웃과 사회, 국가와 자연으로까지 확대되는 영역을 말한다. 여기서참고할 것은 효에 대한 정의의 수(數)는 정해진 것이 없고, 여러 정의가 있을 수 있다는 점이다. 예컨대 리더십의 정의의 수가 850여 개에이른다는 것과 같은 이치이다. 따라서 협의적, 광의적으로 정의하면다음과 같다.

## 1. 협의적 의미의 효

효를 협의적으로 정의(定義)하면, 효는 부모와 자식의 관계에서부터 비롯되므로, "부모는 자식을 사랑하고 자식은 부모에게 효도해야한다"는 '父慈子孝(부자자효)'와 "부모와 자식은 어떠한 경우라도 친함을 유지해야 한다"는 '父子有親(부자유친)', '父爲子綱(부위자강)'을 원리로 한다. 한마디로 소통(疏通)과 친함을 추구하는 것이다.

따라서 "효는 가족구성원이 각자의 도리를 다하는 가정윤리이다", "효는 가족구성원이 서로를 위하는 가족사랑이다", "효는 가족구성원이 각자의 도리를 다하는 쌍무호혜적 가치이다", "효는 가족구성원이 서로를 위하는 사랑과 정성이다" "효는 가족 구성원이 서로를 위하는 보편적·이타적 가치이다" 등으로 정의할 수 있는데, 각자 입장에따라 효의 대상은 달라지므로 다음과 같이 구분해서 정의할 수 있다.

| 입장 | 정의 |
|---|---|
| 부모 | • 부모로서 자식에 대한 사랑과 정성이다.<br>• 부모로서 자식에 대한 도리이다. |
| 자식 | • 자식으로서 부모에 대한 사랑과 정성이다.<br>• 자식으로서 부모를 섬기는 도리이다. |
| 형<br>(언니) | • 형으로서 동생을 사랑하고 우애함으로써 부모가 걱정하지 않고 기뻐하도록 하는 것이다. |
| 동생 | • 아우로서 형을 공경하고 우애함으로써 부모가 걱정하지 않고 기뻐하도록 하는 것이다. |
| 남편 | • 남편으로서 아내와 자녀를 사랑하여 가족을 걱정하지 않게 하고 가정을 화목하게 하는 것이다. |
| 아내 | • 아내로서 남편과 자녀를 사랑하여 가족을 걱정하지 않게 하고 가정을 화목하게 하는 것이다. |

## 2. 광의적 의미의 효

효를 광의적으로 해석하면, 시간적으로 과거와 현재·미래, 그리고 세상 어디에서든 부모와 자식의 관계는 존재하기 마련이므로 보편성(普遍性)을 가지며, 가정에서 형성된 사랑의 가치를 타인과 이웃, 사회와 국가, 자연에 이르기까지 이타적(利他的)으로 작용한다. 그리고 이러한 이타적 작용은 사람에게만이 아니라 나라를 비롯한 나무와 짐승, 환경 등 자연에 이르기까지 확대해야 하다고 『후한서』, 『예기』, 『맹자』 등 문헌에서 제시하고 있다. 이런 맥락에서 효를 광의적으로 정의하면 다음과 같다.

〈표 6〉 효에 대한 광의적 정의

- 효는 가정윤리와 가족사랑을 바탕으로 이웃과 사회, 나라와 자연을 사랑하는 인류의 보편적·이타적 가치이다.
- 효는 가정에서의 원초적 사랑을 바탕으로 이웃과 사회, 나라와 자연을 위하는 인류의 보편적·이타적 가치이다.

# IV 토의

① 어원으로 본 효의 의미와 본질적 의미를 기초로 '효의 협의적 의미'에 대하여 각각의 주관적 입장에서 발표해 봅시다.

② 어원으로 본 효의 의미와 본질적 의미를 기초로 '효의 광의적 의미'에 대하여 각각의 주관적 입장에서 발표해 봅시다.

# 제 7 장

# 현대적 효의
# 실천적 의미 : 3통 7행의 효

현대적 효라 함은 우리가 살아가고 있는 21세기에 '배우고 가르치며 행해야 할 효'를 말한다. 우리는 21세기를 지식(知識) · 정보화(情報化)시대, 문화(文化)의 시대라고 한다. 여기서 지식(知識)의 시대라 함은 '지식이 중요시되는 시대'를 말한다. 지식(知識)이란 사전적으로 '어떤 대상에 대하여 배우거나 실천을 통해 알게 된 명확한 인식이나 이해'를 뜻한다. 이는 한자의 의미에서도 알 수 있는데, 알 지(知)와 식별할 식(識)자의 합자이니 아는 것을 식별할 수 있는 역량을 뜻한다. 따라서 효 관련 지식(知識)은 효에 대해 알고 있는 것을 이 시대에 맞게 식별하여 적용할 수 있어야 한다는 뜻이다.

정보화(情報化)의 시대 또한 정보화가 중요시되는 시대를 뜻하는데, 여기서 정보화란 내가 뜻하는 바(情)를 알려서(報) 변화(化)되도록 하는 역량을 말한다. 그러므로 효를 정보화한다는 것은 효를 가르쳐서 상대방이 효를 행하도록 변화시키는 역량을 뜻한다. 그리고 문화

(文化)의 시대는 문화가 중요시 되는 시대라는 의미인데, 여기서 문화란 인간의 삶을 밝게(文) 변화(化)시킨다는 뜻이므로 효문화는 효를 통해 세상을 밝게 변화시킨다는 의미를 가지고 있다.

효의 실천적(實踐的) 의미란, 효에 대하여 생각한 바를 실제로 행한다는 뜻이다. 따라서 현대적 효를 실천한다는 의미는 효를 행함에 있어 현재 상황에서 생각한 바를 실제로 행한다는 것을 의미한다. 효를 배우고 가르침에 있어서 지향하는 최종목표가 '행함'에 있다는 점에서, 행함을 위해서는 효에 대한 실천적 의미를 알아야 한다.

현대적 효는 '3통 7행의 효'로 표현할 수 있다. 여기서 '3통'은 첫째, 종교를 초월(通敎)하고 시대를 초월(通時)하며 이념을 초월(通念)한다는 의미이다. 그리고 '7행의 효'는 현대적 효를 7가지로 표현한 것으로 '天(하늘), 上(부모/어른/스승), 平(부부/가족/이웃/인류), 下(어린이/청소년/제자), 己(자기), 國(나라), 生(생명/자연/환경)'이다. 즉 첫째(天), 하늘을 경외하고 둘째(上), 부모·어른·스승을 공경하며 셋째(平), 부부·가족·이웃을 사랑하고 인류에 봉사한다. 넷째(下), 어린이·청소년·제자를 사랑하고 다섯째(己), 나를 사랑하며 여섯째(國), 나라를 사랑한다. 일곱째(生), 생명을 존중하고 자연을 사랑하며 환경을 보호한다는 뜻이다. 이는 '한국효운동단체연합회(약칭, 효연합회)'에서 2007년도에 비전으로 선포한 '항목'에 대해 필자가 연구한 내용을 약간 추가한 형태로 기술하였다. 참고적으로 '한국효운동단체연합회'는 대한민국에서 효 운동을 하는 25개의 운동단체가 모여서 2002년도에 결성한 비영리 민간단체이며, '3통 7효'를 운용기조로 삼고 있다.

# I 효는 통교·통념·통시적이다 : '3통'

'3통'이란 종교를 초월하는 통교(通敎), 이념을 초월하는 통념(通念), 시대를 초월하는 통시(通時)를 의미한다. 「한국효운동단체 총연합회」에서 제시한 「비전선언문(2007. 7. 24)」에 의하면, 유구한 역사를 이어온 우리 민족은 자랑스러운 유산인 경천애인(敬天愛人)과 홍익인간(弘益人間) 정신을 실천해야 한다. 이는 우리 모두를 잘살게 하는 정신이며, 그 선(善)의 의지(意志)와 관련된 중심축은 효(孝) 사상이다. 효(孝) 사상은 우리 민족의 정체성을 발현해 온 원동력이며, 숭고한 정신적 자산이다. 그런데 시대의 급격한 변화는 우리의 삶을 이끌어준 올바른 가치관들을 깊은 혼돈에 빠뜨리는 현실을 만들어냈다. 이러한 때에 인간을 인간답게 지켜내고 세대·지역·계층간 갈등을 불식시키며, 종교적·이념적·시대적 위화감을 화해와 평화로 용해해 낼 수 있는 힘은 오직 효(孝)를 바탕으로 조화(하모니)를 추구하는 것이다. 따라서 효(孝)는 삼통이다.

<표 7> '3통'의 효

| ① 통교적 효 | ② 통념적 효 | ③ 통시적 효 |
| --- | --- | --- |

## 1. 효는 통교적이다.

효는 종교와 종파를 포괄하는 통교(通敎)적인 가치이다. 어떤 종교이든 부모를 공경하라고 가르치고 있고, 부모에게 효도하는 삶이 종교의 가르침을 바르게 따르는 삶으로 보고 있다.

## 2. 효는 통념적이다.

효는 이념과 사상을 뛰어넘는 통념(痛念)적인 정신이다. 여기서 말하는 이념(理念, Ideology)은 목표로 삼아 지향해야할 최고의 가치체계, 이상적이라 여겨지는 생각이나 견해를 말한다. 따라서 효는 인간이 살아감에 있어서 목표로 삼아야할 최고의 가치체계라는 점에서, 이념을 초월해야 하는 것이다.

여기서 말하는 가치(價値, Value)는 인간정신의 목표가 되는 그 무엇, 또는 인간행동의 원칙이 되는 기준이다. 그리고 인간은 가치 지향적 존재라는 점에서 모든 종교는 '효'라는 보편적 · 이타적 가치를 지향하도록 해야 한다.

## 3. 효는 통시적이다.

효는 시대와 공간을 아우르는 통시(通時)적인 문화이다. 부모와 자식의 관계는 아무리 세상이 변한다 해도, 어떤 지역을 간다고 해도 있기 마련이다. 따라서 효는 시대를 초월하는 문화이다. 문화(文化)

는 인간의 삶을 밝게 해주는 정신적·예술적 영역의 총체이자 생활방식이다. 이처럼 인간의 삶을 밝게 해줌에 있어서 효는 꼭 필요한 것이라는 점에서 효는 통시적인 문화이다.

# II 실천적 관점의 현대적 효 : '7행의 효'

'7행의 효'는 '효를 실천하는 일곱 가지 행위'를 의미한다. 이는 한국효운동단체 총연합회에서 효 비전으로 선포한 내용을 요약하는 형태로, 약간 보완해서 정리한 것이다. 효의 일곱 가지 실천 형태는 〈표 8〉과 같이 정리할 수 있고, 이를 개념화하여 그림으로 표현하면 〈그림1〉과 같이 나타낼 수 있다.

<표8> 7행의 효[212]

① 경천애인(敬天愛人)을 실천한다.　② 부모와 스승, 어른을 공경한다.
③ 부부와 가족, 이웃을 사랑한다.　④ 어린이, 청소년, 제자를 사랑한다.
⑤ 자기 자신을 사랑한다.　⑥ 나라를 사랑한다.
⑦ 생명을 존중하고 자연을 사랑하며 환경을 보호한다.

212 본 내용은 한국효운동단체 총연합회(2007. 7. 24)에서 발표한 비전선언문에는 ① 경천애인 ② 부모·스승·어른 공경 ③ 어린이·청소년·제자 사랑 ④ 가족사랑 ⑤ 나라사랑 ⑥ 자연 사랑·환경보호 ⑦ 이웃 사랑·인류 봉사 등 7가지로 되어있으나, 본서(本書)에서는 수평적 관계인 '부부', '가족', '이웃'을 함께 묶고, '자기 사랑'을 별개 항목으로 포함시켰음. 결과적으로 효연합회에서 선포한 '7효'에 '자기 사랑'이 추가 되었으며 '가족사랑'에 '부부'가 추가되고 '자연 사랑·환경보호'에 '생명 존중'을 추가하는 등 약간 보완의 성격으로 기술하였음.

# 1. 개념도(槪念圖)



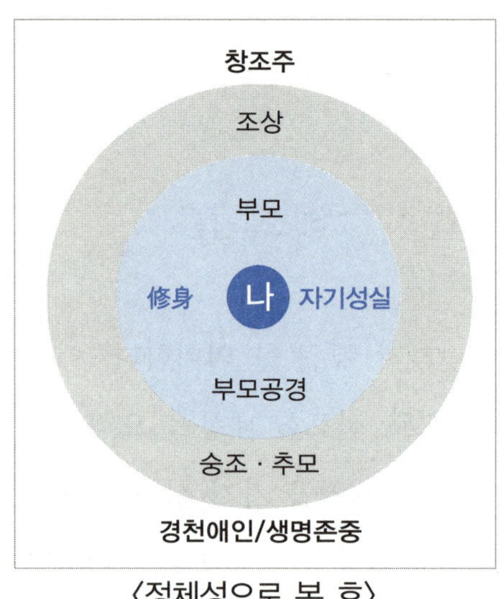


〈정체성으로 본 효〉

〈공동체로 본 효〉

사람이 세상을 살아가는 데는 두 가지 관점에서 '나'가 존재한다. 하나는 정체성(正體性)을 기초로 자아를 찾아가는 것이고, 또 하나는 공동체의식(共同體意識)으로 살아가는 것이다. 인간은 내가 누구인지를 아는 가운데 공동체의식을 기반으로 살아가야 한다.

정체성이란 어떤 존재로서 본질을 깨닫는 성질을 말한다. 인간은 독립적인 존재로 살아가면서 자신의 정체성을 깨닫는 자아정체성을 필요로 한다. 여기서 중요한 것은 자기라는 존재가 어떤 존재인가를 느끼는 것이다. "나는 누구인가?", "나는 어디로부터 왔는가?", "나는 어떻게 살아가야 할 것인가?"에 대해 알아야 하는 것이다. 정체성과 효를 연계시켜보면 나는 부모님으로부터 태어났고, 나와 부모님은 조상님에 의해 존재할 수 있으며, 이 모두는 삼라만상을 창조하신 창조주(조물주)에 의해 존재할 수 있는 것이다. 따라서 이러한 원리로 보면 인간은 자기성실(修身)을 바탕으로 부모님을 공경하고 조상을 숭배하며 하늘을 경외하는 마음으로 인류를 사랑해야 하는 것이다. 『대학』의 '수신제가치국평천하(修身齊家治國平天下)'와 같은 맥락이다.

공동체의식이란 세상을 살아가면서 자기가 속한 집단에 대하여 행동이나 목적 따위를 같이하려는 정신적 작용이다. 사람은 혈연이나 지연, 학연 등 공동의 이해관계나 목적을 바탕으로 형성된 기본적 사회집단에 소속되어 살아가게 된다. 내가 태어난 가정, 내가 배우는 학교, 내가 다니는 직장 등에 속하기 마련인데, 여기에 공동체 의식을 필요로 하게 된다. 공동체 의식과 효를 연계시켜보면 나는 가정의 일원이고 내가 태어난 가정은 사회의 부분이며, 가정과 사회는 국가의 부분이고 가정·사회·국가는 세계와 우주의 부분이다. 따라서 이러한 원리로 보면 인간은 자기성실(修身)을 바탕으로 부모님을 공경하고 가족을 사랑해야 하며, 사회생활에서 이웃을 사랑하고 봉사하며, 어른과 스승을 공경하고 청소년과 제자를 사랑해야 한다. 또한 자연을 사랑하고 환경을 보호하며, 하늘을 경외하는 마음으로 인류를 사랑해야 하는 것이다. 이는 『목민심서』의 "군자의 학문은 수신이 반이고 목민이 반이다(君子之學 修身爲半 其半牧民也)"라는 사암 정약용의 말과 맥을 같이 한다.

## 2. '7행'의 효

### (1) 경천애인(敬天愛人)을 실천한다.

우리 민족은 예로부터 하느님을 경외해왔으며 천손민족임을 자부
해 왔다. 우리나라는 온 국민이 '하느님의 보우하심'을 기원하면서
애국가를 부른다. 하느님을 경외하는 마음으로 모두가 희망을 가지고
서로를 존중하고 사랑한다면 이 땅엔 평화와 행복이 넘칠 것이다. 따
라서 효는 하느님을 두려워하는 마음으로 인간을 사랑하는 것이다.

부모와 자식의 관계를 인륜(人倫)이 아닌 천륜(天倫)관계라고 하는
데, 그 이유는 부모와 자식은 하늘이 맺어준 관계이기 때문이다. 『효
경』에 "효는 하늘의 법칙이고 땅의 질서이며 백성들이 실천해야 할
것이다.(삼재장)"[213], "사람의 행위가운데 효보다 큰 것이 없고 효 가운
데 부모를 공경하는 것보다 더 큰 효가 없으며, 부모를 공경하는 것
은 부모를 하나님과 짝을 이루는 것으로 여기는 것보다 큰 것이 없
다.(성치장)"[214], "부모와 자식의 도(道)는 하늘의 뜻에 따르는데 있
다.(부모생적장)"[215], 『불경』에 "누구나 극락세계에 왕성하고자 하면 부
모·어른·스승을 공경하고 살생을 말아야 한다.(관무량수경)", "지극
한 도는 효순심이다.(범망경)", "하늘은 자기집에 있나니 하늘을 섬기
고자 하면 먼저 부모님께 공양하라. 예배를 하고자 하면 먼저 부모님
께 예배해야 한다.(증일아함경)", 『성경』에 "부모를 거역하는 것은 성

**213** "孝天之經也 地之義也 民之行也"
**214** "人之行莫大於孝 孝莫大於嚴父 嚴父莫大於配天"
**215** "父子之道 天性也"

령을 거스르는 것이므로 부모를 공경하고 이웃을 네 몸과 같이 사랑해야 한다.(마태복음 15:4, 22:37)", "구약법에 있어 부모를 저주한 자나 하나님을 저주한 자 사법적 형량은 동일한 사형이다.(레위기 20:9, 24:15)", "하늘에 계신 여호와의 온전하심 같이 너희도 오전하라.(마태복음 5:48)" 『맹자』에 "하늘에 순응자는 흥하고, 역행하자는 망한다.(이루 상편)"[216]고 하였다. 효는 이처럼 하늘을 경외하는 마음을 실천하는 것인데, 이와 관련된 사례로 [사례 18 : 신지애 선수의 효], [사례 26 : 김영우 박사, 석은옥 여사의 경천애인] 등을 들 수 있는데, 여기서는 아프리카 톤즈에 가서 한국인 슈바이처로 활동하다 안타깝게 타계한 이태석 신부님의 사례를 제시해 본다.

<table>
<tr><td>사례 16</td><td>아프리카 톤즈의 '한국인 슈바이처' 이태석 신부</td></tr>
</table>

이태석 신부는 세상 사람들이 갖고자 하는 부와 명예를 누리면서 윤택한 삶을 살아갈 수도 있었지만, 가장 낮은 곳에서 살다가 48년이라는 짧은 생(生)을 마감한 인물이다. 그가 선종한 지 1년도 채 되지 않았지만 그가 보인 선행에 대하여 국내외의 많은 사람들이 칭송과 함께 아쉬움을 나타내고 있다. 그는 신앙인이면서 의사이자 교육자이고 건축가이자 음악가였으며 개척자였다. 필자가 이 신부님의 삶에 대하여 알게 된 것은 「울지 마 톤즈」라는 영화를 보고 나서였다. 그 영화를 보면서 이 신부님이야말로 "하늘을 경외하며 인류에 대한 사랑을 실천한다." 는 경천애인(敬天愛人)을 실천하신 분이라는 생각을 하게 됐다.

이태석(1962-2010) 신부님은 1962년 9월 19일 부산에서 출생,

부산 경남고등학교와 인제대학교 의과대학을 졸업하고 육군에서 군의관으로 군복무를 마쳤다. 그 후 1992년 광주 가톨릭대학교 신학과에 입학하여 성직자의 길을 걷기 시작했고, 1997년 이탈리아 로마로 유학하였으며, 2000년 4월 종신 서원, 그 해 6월 부제서품을 받았다. 2001년 6월 24일 서울에서 사제서품을 받고 11월 아프리카 수단 남부 톤즈(Tonj)로 향했다. 톤즈는 오랫동안 수단의 내전(內戰)으로 폐허가 된 지역이며 주민들이 살길을 찾아 흩어져 황폐화된 지역이었다. 이 신부님은 이곳에서 가톨릭 선교활동을 펼쳤으며 말라리아와 콜레라로 죽어가는 주민들과 나병환자들을 치료하기 위해 병원을 세우고 병원에 찾아오지 못하는 사람들에 대해서는 80여 개 마을을 다니며 이동 진료를 하였다. 주민들이 오염된 톤즈 강물을 마시고 콜레라에 감염되어 전염병이 창궐하자, 이 신부님은 여러 곳에 우물을 파서 식수난을 해결해 주기도 하였다. 또한 그는 학교를 세워 원주민 계몽에 나섰으며 처음에는 초등학교를 세웠지만 중학교, 고등학교 과정을 차례로 개설하였고, 음악을 가르쳐 내전으로 상처 받은 원주민들의 마음을 위로하였다. 그러나 그는 미처 자신의 건강을 돌보지 못했다. 톤즈에 간 지 8년 만의 2008년 11월 한국에 잠시 입국했을 때, 주위의 권유로 건강 검진을 했다가 대장암 4기 판정을 받고 톤즈로 돌아가지 못했다. 투병생활 중에도 톤즈 돕기 모금운동 음악회를 열었으며, 그가 중학교 3학년 때 작곡한 '묵상'이라는 노래 가사처럼 48세라는 젊은 나이로 세상과 이별했다. 2010년 1월 14일 5시 35분, 그는 가족들과 동료 수도자들이 보는 가운데 웃는 얼굴의 모습으로 선종(善終)하고 만 것이다.

어머니 신명남(안토니아, 85) 여사는 아들의 죽음에 대해 "학생시절 내내 1등을 놓치지 않았고, 의과대학에 합격했을 때는 뛸 듯이 기뻤지만, 막상 의사직업을 마다하고 신부가 되겠다고 할 때 많이 말렸고 울었습니다. 말썽 한 번 부리지 않고 착하게 자란 아들이었는데, 그 뜻만은 꺾을 수가 없었습니다. 또 아프리카 톤즈로 떠날 때도 마찬가지로 한사코 말렸지만, 어미로서 자식을 이길 수가 없었지요. 아들이 아프리카로 떠난 후 아들의 전화를 기다리는 것이 일과요, 희망이었습니다. 전화하려면 헬기로 4시간을 가야 한다는 사실을 알면서도 아들의 목소리가 듣고 싶었습니다. 아프리카에서 더위와 사투를 벌이고 있을 아들을 생각하면, 나도 여름엔 선풍기를 틀지 못했습니다. 아들의 고통과 희생, 그리고 그 뜻에 함께 하고 싶어서였어요. 이런 아들을 하느님께서 데려가실 때는 하느님이 너무 원망스러워 기도조차 할 수 없었습니다. 하지만 이제는 아들을 불러간 뜻을 알 수 있을 것 같습니다. 하느님께서는 우리 아들을 밀알로 쓰신 것 같아요. 성령의 힘으로 하루하루 하느님의 말씀을 실천하며 살겠습니다. 이태석 신부를 위해 기도해주시는 여러분께 감사드립니다."라고 눈물을 닦으며 아들의 사진을 바라보는 어머니의 웃는 모습이, 마지막까지 웃으며 떠난 아들, 이태석 신부님의 모습과 같아 보였다.

고(故) 이태석 신부님은 효자였다. 10남매 중 9번째로 태어나 9살 때 아버지가 돌아가셨고, 자갈치시장에서 삯바느질로 자신을 대학까지 보내주신 어머니를 존경하면서 살았다. 이 신부님이 선종하기 하루 전 마지막으로 남긴 육성도 "엄마"였다. 이 신부님의 효심은 톤즈에서 편지를 통해 어머니를 위로하는 것을 비롯하여 암 투병 기간 내내 어머니를 뵐 때는 웃는 얼굴이었다. 실제로 그가 암 선고를 받고 입원할 때도 병을 알리지 않으려고 '아프리카로 간다'고 했고, 나중에 아시고 문병 오시는 어머니에게는 곧 나을 것처럼 밝게 웃는 모습으로 일관했다. 이 신부님이 일생동안 거짓말을 한 것은 어머니에게 한 것이 유일하다고 한다.

필자는 이 영화를 보면서 내내 이 신부가 어머니에 대한 그리움을 간직하고 있음을 보았고, 톤즈로 향할 때 반대하신 어머니에 대해서는, 톤즈의 주민들에게는 어떻게 대하는 것이 어머니의 사랑을 실천하는 것이고, 큰 사랑인지를 보여주고 싶었을 것이다. 그러한 삶을 살다가신 신부님을 존경한다. 그리고 명복을 빌어드리자.

**해설** ● 고 이태석 신부님의 삶은 종교인으로서의 삶뿐 아니라 교육자로서의 더 큰 족적을 남긴, 젊은 거인이라는 칭호를 붙이고 싶다. 사람으로 태어나 세상을 살아가는 길은 여러 종류가 있기 마련이지만 이태석 신부님처럼 안타까움을 주는 경우는 많지 않다고 본다. 필자도 영화 「울지마 톤즈」를 보면서 내내 "왜, 저런 분을 이토록 빨리 데려가시는 것일까?"라는 질문을 하나님께 던지고 싶었다. 이 영화를 보면서 필자 자신이 한편 부끄럽기도 했지만, 교육자로서 학생들을 어떻게 가르쳐야 할지에 대하여 많은 생각을 하게 됐다. 이태석 신부님의 가르침을, 무엇을 어떻게 받아들일 것인가에 대하여 효와 연관해서 생각해본다.

첫째, 교육자는 가치 지향적 삶을 안내하는 안내자로서의 역할이다. 효자인 이태석 신부님이 어머니의 간곡한 바람을 외면한 것은 이 신부님의 가치관 때문이라고 본다. '맹모삼천지교'에서 맹모의 현명함이 맹자를 훌륭한 학자로 만든 것처럼, 이 신부님의 어머니 신기남 여사님 역시 아들이 성당 근처에서 생활하도록 함으로써 이태석 신부님 자신이 "나는 크면 '다미안 신부'처럼 될 거야"를 다짐하게 만든 것이다. "인간은 가치 지향적 존재이다"라는 말처럼, 중학교 1학년 때 성당에서 보았던 「다미안 신부 영화」가 결과적으로 이태석 신부님의 길을 안내했던 것이다. 다미안 신부는 19세기 말 하와이 칼라와오에서 한센병(나병)환자를 돌보다 결국 자신도 한센병에 걸려 죽은 사제였다.

둘째, 셀프리더십 역량을 키워주는 중요한 효소(酵素)로서의 작용이다. 이태석 신부님 자신이 셀프리더십을 잘 발휘했지만 톤즈에 있는 청소년들에 대한 깊은 애정으로, 그들이 가지고 있는 소질을 계발시켜주고, 그들 스스로가 적극적으로 참여하도록 임파워먼트를 일으키도록 해주었기 때문이다. 셀프리더십은 자기가 원하는 방향으로 자신을 안내하도록 하는 리더십인데, 내가 원하는 것은 곧 부모님이 원하시는 것인 경우가 대부분이다. 이태석 신부님은 톤즈의 청소년들에게 그들이 가치 있는 삶을 살아가도록 음악을 가르치고, 수학을 가르치고, 도덕을 가르쳐줌으로써 그들에게 셀프리더십 역량을 키워주었는데, 톤즈 청소년들의 부모님 또한 자녀들의 그러한 모습을 원했을 것이다. 원래 톤즈의 원주민들은 평생에 우는 것을 수치로 여기고 절대로 울지 않는다는 원주민들이지만, 이태석 신부님이 사망했다는 소식에는 모두가 눈물범벅이 되는 모습을 보여주고 있다. 이는 이태석 신부님이 그동안 자신들의 삶을 어떻게 안내해주었는지, 삶에 대한 자신감을 심어준데 대한 감사의 뜻에서 비롯된 눈물이라고 본다.

셋째, 문화적 토양에 기반을 둔 헌신적 마인드를 갖게 해주는 서번트 리더십을 보여주었다는 점이다. 이 신부님은 현지에서 가톨릭 신부의 신분이었지만 개신교, 이슬람, 톤즈의 토속신앙을 구분하지 않았다. 도움이 필요한 사람에게는 도움을 주고, 희망을 잃은 이들에게는 희망을 주고, 사랑을 잃은 이들에게 사랑을 주는데 종교의 구분은 무의미하다고 생각했다. 토속적 신앙에 뿌리 깊게 자리 잡은 그들의 문화를 바꾸는 데는, 이 신부님 자신의 솔선수범이 필요하다고 생각했다. 톤즈에 학교를 짓고 병원을 짓고 음악을 가르치고 진료하면서 80여 개 마을을 이동 진료했다. 예수님이 그렇게 하신 것처럼 서번트적 삶을 통하여 그들에게 헌신하고 사랑하고 봉사하는 삶을 통해 문화와 친숙해지고, 선교에 장애로 작용한 문화를 존중하고 이해하려고 노력하는 서번트 정신은 그들의 모든 것을 움직일 수 있는 원동력이 되었던 것인데, 이는 원초적인 사랑과도 같은 것이고, 보편적·이타적 가치를 실천한 것이다.

넷째, 어머니의 사랑과 아들의 효심을 전달할 수 있는 효 리더십 역량이 필요함을 느꼈다. 영화 「울지마 톤즈」에 나오는 이태석 신부님의 가족으로 어머니, 누나, 형, 동생이 등장하는데, 그 분들의 가족사랑이 애처로우면서도 아름다웠다는 점이다.

특히 아들이 아프리카에서 무더위와 싸우고 있을 생각에, 부산의 여름 날씨에도 선풍기를 틀지 않고 삯바느질을 하신 어머니의 사랑은 너무도 숭고하다고 느껴진다. 효는 '부자자효(父慈子孝)'와 '부자유친(父子有親)', '부위자강(父爲子綱)'의 원리에 의해 이루어진다는 진리를 이태석 신부님의 가족, 특히 모자(母子)에게서 발견할 수 있다.

　　필자는 이 신부님과 어머니의 관계를 보면서 고향에 계신 필자의 어머니를 떠올리게 되었다. 필자의 어머니는 금년 99세이시다. 필자가 경북 영천에 위치한 육군3 사관학교에서 훈련받고 있을 때 (1974~75)의 일이다. 한여름 날씨에 밭을 매시다가 점심을 드신 후에는 휴식을 하셔야 하는데, 다른 집 아낙네들은 한 시간 남짓 더위를 피했다가 밭을 매곤 했지만, 유독 필자의 어머니는 쉬지 않고 밭에서 일을 하셨다고 한다. 이 모습을 본 동네 아주머니가 "더위가 너무 심하니 좀 쉬었다가 밭에 나가시지 그러세요?" 라고 말씀드리자, 어머니는 "둘째 아들은 이 더위에 훈련받고 있는데, 애미가 돼가지고 어떻게 쉰다나?" 하시면서 밭을 매시곤 하신다는 얘기를 들은 것이다. 그때 어머니 연세가 63세이셨으니 노인의 몸으로 그리하신 것이다. 지금도 그러셨던 어머니를 생각하면 가슴이 메이고, 필자는 그러한 모습의 어머니를 생각하게 되면 매사에 열심히 임할 수밖에 없었다. 그래서 이태석 신부님의 어머니 신명남 여사의 모습에서 필자의 어머니를 생각하게 된다. '효 리더십'은 효를 바탕으로 발휘하는 리더십이다. 이는 부모는 자식을 사랑하고 자식은 부모님이 원하시는 방향으로 행하게 하는 리더십이다. 또한 부모님이 원하시는 것 중에는 형제간에 우애있게 지내고, 나쁜 짓 하지 않으면서 화목하게 잘 살아가는 것을 원하시니 효심이 있는 자식은 그렇게 할 수밖에 없다. 또 교육자로서의 사명을 실천에 옮김에 있어서도 교육자다운 모습을 보이도록 원하시는 것이 어머니 마음이시니, 그런 모습으로 제자들 앞에 서는 것이 필자로서는 효를 바탕으로 한 리더십이라 할 수 있는데, 이태석 신부님의 삶에서도 그러한 리더십을 발견할 수 있다.

## (2) 부모와 스승, 어른을 공경한다.

우리 고유의 전통 신앙은 물론 유교·불교·기독교 등 제반 종교에서 부모공경을 강조하고 있다. 내 부모를 공경하는 마음으로 남의 부모를 공경함은 물론 모든 어른을 공경하며, 나아가 삶의 가르침을 주는 모든 스승을 존경하여 진정한 사도권(師道權)을 확립한다면 화목한 가정, 즐거운 사회, 기쁨 넘치는 교육현장을 만들 수 있을 것이다.

'공경(恭敬)'이란 "공손하다, 섬기다, 삼가다, 받들다, 조심하다, 직분을 다하다"는 공(恭)의 의미와, "예를 다한다, 정중하다, 삼가다"는 경(敬)의 의미가 합해서 만들어진 단어이다. 이는 부모님의 은혜를 생각하면서 부모님을 공손하고 정성으로 받들어 모셔야 한다는 의미이다.

『효경』에 "효자가 부모를 섬김에 평소에는 공경을 다하고 봉양할 때에는 즐거움을 다하고 질병에 걸렸을 때는 근심을 다하고 돌아가셨을 때는 슬픔을 다하고 제사지낼 때는 엄숙함을 다해야 한다.(기효행장)"[217], "군자가 효를 가르치는 것은 자기 부모뿐만 아니라 남의 부모까지도 자기부모 처럼 공경하고 형제간 우애하며 남의 형제까지도 우애하게 하기 위함이다.(광지덕장)"[218]라고 했고, 『불경』에 "부모에게 효도하고 스승과 어른에게 공경하며 생활해야 한다.(유행경)", "모든 남자는 내 아버지이고 모든 여자는 내어머니이다. 그러므로 육도의 중생은 모두 내 부모로 생각하고 섬겨야 한다.(범망경)", "부모와 스승을

217 "孝子之事親也 則致其敬 養則致其樂 病則致其憂 喪則致其哀 祭則致其嚴"
218 "君子之敎以孝也 非家至而日見之也 敎以孝 所以敬天下之爲人父者也 敎以悌 所以天下之爲人兄者也"

공경하고 부모가 돌아가시면 제사를 정성으로 모시고 생전의 가르침을 실천해야 한다.(마누법전)", "효는 부모를 공경하고 봉양하는 것이다.(대반야열반경)", "너희가 천하에 귀신을 다 섬긴다해도 부모에게 효도하는 것만 못하다. 부모야말로 최고의 신이기 때문이다.(사십이대장경)"라고 했으며, 『성경』에 "부모를 공경하라, 그리하면 너의 하나님 여호와가 네게 준 땅에서 네 생명이 길리라.(출애굽기 20:12)", "너는 센 머리 앞에 일어서고 노인의 얼굴을 공경하라.(레위기 19:32)", "그 부모를 경홀히 여기는 자는 저주를 받을 것이다.(신명기 27:16)", "어른을 네 부모처럼 대하라.(디모데전서 5:1)", "부모를 공경하라, 그리하면 네가 잘되고 장수하리라.(에베소서 6:4)"고 하였다. 또한 『논어』에 "오늘날의 효는 부모를 부양하는 것을 효라고 이르고 있으나 개와 말에도 모두 부양을 하고 있으니, 공경하지 않는다면 무엇으로 구별하겠는가?(위정편)"[219]라고 하였고, 『예기』에 "사랑함을 세우는데 부모님(사랑하는 것)으로부터 하는 것은 백성들에게 화목을 가르치기 위함이다. 교육을 세우는데 어른(공경하는 것)으로부터 하는 것은 백성들에게 공순함을 가르치기 위함이다.(제의편)"[220], "가장 큰 효는 부모님을 공경하는 것이요, 그 다음이 부모를 욕되게 하지 않는 것이며 마지막 단계가 부모를 봉양하는 것이다.(제의편)"[221]라고 하였으며, 『맹자』에 "자기 집 노인을 공경하여서 그 마음이 다른 집 노인을 공경하는데

---

**219** "今之孝子 是謂能養 至於犬馬 皆能有養 不敬 何而別乎"

**220** "立愛自親始 敎民睦也 立敎自長始 敎民順也"

**221** "大孝尊親 其次不辱 其下能養"

까지 미치게 한다.(양혜왕 상)"[222], 『소학』에 "부모가 사랑하는 바를 사랑하고 부모가 공경하는 바를 공경하라.(명륜편)"[223]고 기록하고 있다.

　예부터 우리는 군사부일체(君師父一體)라 하여 스승을 부모님과 같은 대상으로하며, 어른을 공경하도록 가르쳐 왔다. 『효경』에 "효로써 임금을 섬기면 곧 충이 되는 것이요, 공경하는 마음으로 윗사람을 섬기면 곧 순(順)이 되는 것이다."[224] 『맹자』에도 "우리 집 노인을 노인으로 존경하고 사랑해서 다른 집 노인에게로 존경과 사랑을 확대한다."[225]라고 하여 부모를 공경하는 마음으로 어른을 공경해야 함을 강조하고 있는데, 이렇듯 효는 어른과 스승을 공경하는 것이다. 이는 부모나 어른, 스승이 살아계실 때만이 아니라 돌아가신 뒤에도 가르침을 따라야 하는 것인데, 이와 관련된 사례로 [사례 17 : 율곡 이이의 효와 신사임당], [사례 18 : 신지애 선수의 효], [사례 19 : 퇴계 이황의 효], [사례 20 : 박옥랑 여사], [사례 21 : 의좋은 형제 이야기], [사례 24 : 박찬석 총장 이야기], [사례 25 : 맹자의 효], [사례 27 : 충무공 이순신의 효], [사례 28 : 사암 정약용의 효], [사례 31 : 시어머니와 며느리의 효], [사례 32 : 효녀 가수 현숙 씨의 효] 등을 들 수 있는데, 여기서는 율곡 이이 선생과 세계적인 프로골퍼 신지애 선수의 사례를 제시한다.

222 "老吾老以及人之老"
223 "父母之所愛 亦愛之 父母之所敬 亦敬之"
224 『효경』 「사친장」 : "以孝事君則忠, 以悌事長則順"
225 『맹자』 「양해왕(상)」 : "老吾老 以及人之老"

율곡(栗谷) 이이(李珥)는 1536년 12월 26일에 부친 이원수 공과 모친 사임당 신씨 사이의 4형제 중 3남으로, 강원도 강릉 오죽헌(烏竹軒)에 있는 외가에서 태어났다. 6살 때까지 외가에서 생활하다가 서울 본가로 와서 살았으며, 그의 본가가 경기도 파주 율곡촌이라 하여 '율곡'을 그의 호로 삼았다. 사임당이 아이를 낳기 전에 꿈속에서 용을 보았다고 해서 그의 자(字)를 현룡(見龍)이라 했고, 율곡은 어려서부터 총명해 서너 살 때부터 글을 배우기 시작하였으며 깊은 생각과 문학적 자질을 익혀나갔다.

사임당은 33세 되어 율곡 선생을 잉태했을 때에 동해 바닷가에서 선녀가 백옥같이 흰 옥동자 하나를 안고 나와서 부인의 품에 안겨 주는 꿈을 꾸었다. 또 강릉 친정에서도 율곡 선생을 낳던 날 밤 꿈에 검은 용이 동해로부터 날아와 그의 침실문 머리에 서려 있었다고 해서 율곡의 이름을 현룡(玄龍)이라 지었다. 사임당은 많은 자녀들 중에서도 특히 율곡을 더 사랑했으며, 또 율곡도 그 어머니에게 효성이 지극했다. 사임당은 평소에 몸이 약한 편이었는데 37세 때에는 더욱더 약했다고 한다. 율곡의 나이 다섯 살 때에 어머니 사임당 신씨가 무거운 병으로 앓아눕게 되었는데, 그때 어린 율곡은 아무도 모르게 사당으로 들어가 어머니의 회복을 바라는 기도를 드리는 일이 일어났다. "얘가 어디 갔지? 현룡아!" 해가 질 무렵이 되어도 어린 율곡이 보이지 않자, 집안이 발칵 뒤집히면서 식구 모두가 현룡을 부르면서 찾아 헤맸다. 한참 만에 사당에서 눈물을 흘리며 기도하고 있는 어린 율곡을 발견한 집안 식구들은 깜짝 놀랐다. 그런 일이 있은 다음 사임당은 곧 완쾌되었는데, 이에 탄복한 사람들이 그에게 '강보 효자', 즉 '포대기 효자'란 칭호를 붙였다고 한다.

어린 시절부터 영명하고 효행이 남다르게 지극했던 율곡은 부모님의 뜻을 단 한 번도 거역한 적이 없었다고 한다. 율곡은 그 후에 『어머님 행장』에서 "아버지께서는 성품이 잘지 않아 집안 살림을 모르셨고, 또 집이 넉넉하지 못했기 때문에 어머님께서 온갖 것을 절용하여 위아래를 받들었고, 또 무슨 일이든지 시어머님 홍씨에게 아뢰었으며, 아래론 계집종들에게도 부드러운 말, 화평한 기색으로 타이르셨다. 그리고 혹시 아버지께서 실수하는 일이 있으면 반드시 친히 간하고, 자녀들의 잘못을 훈계하며, 모든 아랫사람들의 허물을 옳게 꾸짖으셨기 때문에 모든 사람들이 받들었다."라고 적고 있다.

특히 사임당이 어머니로서 훌륭했다는 것은 몸소 교육에 유익한 행동만을 자녀들 앞에서 보였다는 점이다. 뿐만 아니라 그녀는 일찍부터 자녀들의 자질을 찾아내어 이를 가꾸는 데 소홀히 하지 않았다. 사임당은 자녀들로 하여금 언제나 자신감을 갖도록 했고, 그들을 사랑하는 부모가 있음을 상기시켰다. 자녀들을 이해하고 그들이 하는 말을 참을성 있게 듣고 묻는 말을 가로막거나 핀잔을 주는 일이 없었다. 정신적으로나 도덕적으로 일관성 있게 대하고 풍부한 사랑을 표시했으며, 지성으로 인화를 조성했기 때문에 가정의 분위기는 항상 행복했다. 그녀는 자녀들에게 남녀 차별을 하지 않았고 둔한 자녀일수록 참고 격려함으로써 좋은 습관이 형성되게 했다.

사임당은 일생 동안 아이들을 때리거나 계집종을 꾸짖어본

적이 없었고 윗사람들을 받들고 하인들에게까지 말을 온화하
게 했으며, 그들의 잘못은 항상 용서하였다. 그러면서도 그녀
는 애정에 끌리지 않고 자기 책임을 다하도록 훈계했으며, 책
임을 다하지 못했을 때에는 때와 장소를 가려 잘못을 지적하여
가르쳐 주는 지혜도 있었다. 자녀 교육은 자신의 행동으로 이루
어짐을 깨닫고 자신의 일거일동이 모범이 되도록 하고, 다음에
자녀들의 몸가짐, 태도, 행실을 올바르게 살피고 지도하였다.

효심이 지극한 율곡이 어머니인 사임당을 여읜 것은 열여섯
살 때였다. 그가 수운판관의 벼슬을 지내고 있던 아버지를 따
라 집을 떠나 있을 때 세상을 하직한 것이다. 어머니의 임종조
차도 하지 못한 채 떠나보낸 율곡은 여러 날 동안 슬픔이 극에
달하여 마치 정신 나간 사람과 같았다고 한다. 어머니 묘소 옆
에 여막을 치고 시묘살이를 하던 율곡은 어머니를 사모하는
『선비행장』을 지으며 눈물로 세월을 보냈다.

율곡이 어머니의 여막에서 밤낮으로 울고 있다는 소식을 전
해들은 그의 친구들은 수시로 찾아와서 '효행 때문에 몸을 상
하게 하지 말게나' 하면서 충고와 위로를 했다고 한다. 효행도
좋지만 효행 때문에 몸을 상하게 되면 그것도 불효 중의 하나
라고 충고했던 것이다. 그때 친구들은 여막살이를 하는 율곡에
게 고금의 많은 서적들을 보내어 독서를 권했는데, 그의 독서
능력이 뛰어나 한눈에 열 줄을 읽어낼 정도였다고 한다.

사임당이 세상을 떠난 후 율곡의 아버지는 후처를 맞이했다.
계모 권씨는 성질이 괴팍하고 포악하여 율곡을 몹시도 괴롭혔
다. 그럼에도 불구하고 율곡은 계모를 지극한 정성으로 섬겼
다. 율곡의 나이 스물여섯에 아버지마저 세상을 떠났다. 삼년

상을 치른 율곡은 아버지가 살아계실 때와 마찬가지로 계모를 모시고 공경했다. 뒷날 율곡이 재상을 지낼 때에도 효성은 변함없었다. 그러자 마침내는 그토록 괴팍하고 포악하던 계모도 감동하여 마음을 바로잡게 되었다.

율곡이 49세로 세상을 떠났을 때, 계모 권씨는 누구보다도 슬퍼했다. 율곡이 병을 얻어 자리에 누웠을 때, 계모는 율곡의 아내보다 더 극진히 병간호를 했고, 율곡이 죽은 다음에는 삼 년 동안이나 소복을 입고 심상(心喪)을 표시하여 세상 사람들을 놀라게 했다. 계모 권씨는 지난날 자신의 나쁜 마음을 뉘우치며 이렇게 말했다고 한다. "율곡은 해동이 낳은 증자(曾子)이다. 그런 효자를 괴롭힌 일을 참회하지 않고는 도저히 눈을 감을 수 없다.

율곡은 모친을 여읜 것을 계기로 인생에 대한 근원적 물음에 직면했으며, 율곡은 불서(佛書)를 보게 되어 불교에 대해 큰 관심을 가지게 된다. 율곡의 이러한 불교에 대한 공부는 학자들에게 비난을 받기도 했으나 훗날 율곡이 임금에게 말했던 것과 같이 자신은 불교의 문제점을 인식하고 결연히 뛰쳐나왔다고 말했다. 또한 율곡이 23살이 되던 해 봄, 그는 당대 석학으로 존경받던 퇴계 선생을 예안(안동) 도산(陶山)으로 찾아가 뵙는데, 이때 율곡은 장래가 촉망되는 철학도요, 퇴계는 58세의 원로 유학자였다. 이황은 그의 제자 월천(月川) 조목(趙穆, 1524~1606)에게 보낸 편지에서 "아무개가 찾아왔는데 그 사람됨이 명랑하고 시원스러우며 지식과 견문도 많고, 또 우리 학문에 뜻이 있으니 '후배가 가히 두렵다' 는 공자의 말씀이 참으로 나를 속이지 않았다."고 술회할 정도로 율곡의 인물됨을 높이 샀다.

율곡은 26세 때에는 아버지 이원수 공을 여의는 아픔을 겪었고, 40이 되던 해 수신(修身), 제가(齊家), 치국(治國), 평천하(平天下)의 요도가 들어 있는 『성학집요(聖學輯要)』를 선조 임금에게 올려 국왕으로서 성군이 될 것을 기대하였다.

율곡이 효에 대하여 밝힌 내용을 보면, 학문을 하는 이유는 부모가 되어서는 마땅히 자식을 사랑하고, 자식이 되어서는 마땅히 부모에게 효도하고, 형제가 되어서는 마땅히 우애를 유지하기 위해서라고 강조하면서, 자식으로서 하고자 하는 목표를 세우고, 공부를 통하여 뜻을 이루는 것이 효임을 강조하고 있다. 효 하는 방법으로서는 항상 일찍 일어나고 늦게 자야 하며, 모든 음식은 정도에 맞게 먹어야 하고, 모든 일이나 모든 행실에 감히 제 맘대로 하지 말고, 반드시 부모에게 고하여 명령을 받은 뒤에 실행해야 할 것이다. 만일 당연히 해야 할 일이라도 부모가 허락하지 않는다면, 반드시 자세히 설명을 해드려서 허락을 받은 뒤에 행할 것이다. 부모의 뜻하는 일이 만일 의리에 해가 되는 일이 아니라면, 마땅히 부모가 말씀하시기 전에 그 뜻을 받들어 잘 순종하고 조금이라도 소홀히 하여 어겨서는 안 된다. 만일 그것이 의리에 해로운 것이라면 온화한 기색과 기쁜 태도로써 부드러운 목소리로 바르게 간하되, 그 뜻을 여러 가지로 사유를 들어 거듭 설명해서 반드시 이해하여 들어주시기를 바라는 마음으로 간해야 한다고 이르고 있다.

**해설 ●** 율곡이 그처럼 훌륭한 인물이 되기까지는 어머니 신사임당의 가르침이 있었다. 그리고 율곡이 보여준 어머니를 공경하는 마음이 누구보다도 깊었다. 우리 한국 역사상 가장 모범적이고 완전한 여성을 꼽는다면 조선시대 유명한 학자인 이율곡의 어머니 사임당 신씨를 들 수 있다. 그녀는 천성이 어질고 덕성과 인품이 뛰어났으며, 현명하고 어진 아내이자 어머니였으며, 어버이에게는 지극한 효녀였을 뿐만 아니라, 예술과 학문에 있어서도 깊은 견해를 가진 사람이다. 이러한 어머니가 존재했기 때문에 율곡과 같은 대학자가 탄생할 수 있었던 것이다.

사임당은 강원도 강릉 북쪽 북평 마을에서 1504년(연산 10년) 10월 29일, 아버지 신명화, 용인 이씨인 어머니 사이에서 태어났다. 아버지는 고려 태조의 충신 장절 공의 18대 손이며, 어머니는 참판 최웅현의 외손녀였다. 신명화 공과 이씨 부인 사이에는 아들은 없었고 딸만 다섯이 있었는데, 사임당은 그 중 둘째 딸이었다. 사임당은 19세 때 이원수 공에게 출가하니 고려 중랑장, 돈수의 12대손으로 아버지는 일찍 죽고 홀어머니 밑에서 자란 사임당보다 세 살 위의 청년이었다. 사임당이 출가는 했지만 아들처럼 사랑을 쏟아 키워 온 둘째 딸을 신진사(사임당의 부친)는 시댁으로 얼른 보내지 못했다. 신진사는 사위에게 "내가 여러 딸을 두었지마는 자네 처만은 내 곁에서 떠나게 할 수 없다."고까지 했다. 그러다가 신진사는 47세의 나이로 세상을 떠나게 되었고, 사임당은 홀어머니를 혼자 두고 시댁으로 갈 수 없어서 친정에서 3년 상례를 마치고 서울로 올라오게 되는데, 서울에 와서도 어머니에 대한 그리움은 식을 줄 몰랐다. 이런 마음은 사임당의 시(詩) 등에 잘 나타나 있다.

율곡은 효에 대해서 다음과 같이 강조하고 있다. "사람들은 모두가 효도해야 한다는 것을 알고 있지만, 효도하지 않는 것은 부모님의 은혜가 얼마나 크고, 얼마나 깊은지 알지 못하기 때문이다. 날마다 밝기 전에 일어나서 세수하고 머리를 빗고 의관을 갖춘 후에, 부모의 침소에 가서 기색을 낮추고 음성을 부드럽게 하여 안부를 여쭙고, 날이 저물어 어두워지면 부모의 침소에 가서 이부자리를 보아 드리고 덥고 추운 것을 살피며, 곁에서 모실 때에는 항상 화평하고 기쁜 안색으로 공경스럽게 응대하여 매사 성의를 극진히 하여 받들어 모시되 출입할 때에는 반드시 절하고 말씀 드려야 하고 돌아온 후에도 반드시 보고 드려야 한다"는 내용이다.

오늘과 같은 사업화 사회에서는 행하기 어려운 옛날이야기 같지만 '효'가 무엇인지를 일깨워주는 간곡한 말씀이다. 우리는 이러한 마음으로 효도해야 하는 것이 사람의 도리일 것이다. 조용히 눈을 감고 부모님의 은혜가 무엇인지 생각해 보자. '효'는 인간 행복의 요건인 동시에 자신을 성공시켜주는 최선의 방법인 것이다.

**사례 18**    **신지애 선수의 효**

신지애(1988~) 선수는 한국을 대표하는 세계적인 골프 선수이다. 2009년도 LPGA 상금왕과 신인왕으로 선정된 바 있고, 소렌스탐과 오초아 이후 여자 골프계의 정상권에 있는 선수로 주목을 받고 있다. 이러한 신지애 선수가 세계적 스타로 성장하기까지의 가족사(家族史)는 처절함 그 자체이며 부모님을 공경하는 마음이 베어있다.

필자가 신지애 선수의 효에 대해 관심을 가지게 된 것은 우연히 골프 경기 TV중계를 보고 있을 때였다. 미 LPGA 골프 대회에서 한국 선수가 우승 퍼팅을 하고 나서 해맑은 미소와 함께 하늘을 쳐다보는 모습이 눈에 들어 왔는데, 다른 선수가 기뻐하는 표정과는 달라 보였다.

그런데 다음 날 조간신문을 통해 알게 된 것은, 그 모습이 하늘나라에 계신 엄마에게 감사를 드리며, 엄마와 대화를 나누는 것이었고, 신 선수의 남다른 효심이 입신양명(立身揚名)으로 이어졌음을 알게 되었다. 신 선수의 성공에는 교통사고로 요절(夭折)한 엄마의 헌신적인 보살핌과 아버지 신제섭 씨의 지도가 있었다. 스포츠 마니아로 알려진 아버지는 계획적으로 딸을 운동선수로 만들기로 작정한 사람이었다. 그러나 아내의 갑작스런 사망이 신 선수를 크게 성장케하는 계기가 된, 그야말로 눈물겨운 성공스토리가 아닐 수 없다. 특히 아내의 교통사고 시점이, 그토록 엄마의 헌신적인 사랑과 지원으로 국가 상비군에 선발된 지 5일 후였던 터라, 신 선수와 가족에겐 아쉬움이 클 수밖에 없었다. 2003년 11월 두 동생을 태우고 목포의 큰 이모 회갑연으로 향하던 엄마의 승용차가 트럭과 충돌하는 교통사고로 엄마는 현장에서 사망하고, 두 동생은 심한 부상을 입어 1년여 동안 병원에 있어야 했을 때, 신 선수는 중학교 3학년 학생이었지만 동생들에겐 엄마와 같은 존재였고, 신 선수는 엄마로, 언니로, 누나로서의 역할을 하면서 운동을 계속했다.

엄마의 장례를 치르고 나서 남은 재산이 1,900만원이었는데,

아버지 신제섭 씨는 그 중 1,700만원을 신 선수에게 주면서 미국으로 건너가 운동할 수 있게 해 주었고, 그 돈으로 성공하기까지의 일화는 정말로 눈물겹다. 불과 21살의 나이로 2009년도 미 LPGA를 결산하는 '올해의 선수상' 시상식에서 단 1점 차로 '올해의 선수' 자리는 오초아 선수에게 뺏겼지만, 신인상·상금왕을 차지하는 기염을 토했다. 이는 스물한 살의 신지애가 LPGA 투어의 새 역사를 써갈 것임을 예고하는 것이었다.

신지애는 초등학교 6학년 때 154cm로 키가 반에서 두 번째로 컸지만, 그때 이후로 2cm밖에 크지 않았는데, 그 이유는 어렸을 때 체력훈련을 심하게 한 탓이라는 것이다.

신지애는 광주 두암초등학교 4학년 때 잠깐 양궁을 배웠지만, 개척교회 목사인 아버지를 따라 전남 영광의 홍농서초등학교로 5학년 때 전학 가면서 골프와 인연을 맺게 되었다. 목사가 되기 전 그의 아버지는 골프 마니아였다. 박세리가 1998년 US여자오픈에서 '맨발의 기적'을 일군 뒤, 전국에 숱한 '골프 대디'와 '세리 키즈'가 생겨나던 때였다.

신지애는 아쉽게 올해의 선수상을 놓친 뒤 숙소로 돌아오는 차 안에서 눈물을 흘렸다고 한다. "중학교 1학년 때 85타 치고 예선 탈락해서 울고 난 뒤 골프 때문에 울어보기는 두 번째"라고 말했다는 신지애 선수의 굳은 마음을 읽을 수 있다.

"못해요"를 몰랐던 아이, 작은 신지애의 손은 온통 굳은살이고, 마디가 울퉁불퉁하다. 골프를 시작한 중학 시절 매일 완력기를 한 손마다 400번씩 조였고, 아령을 400번씩 들었다고 한다. 타이어를 100번씩 내려쳤고, 연습장 모래더미도 아이언으로 20번씩 내려쳤다. 연습장 앞의 20층 아파트를 매일 뛰어 오르내렸는데, 하루에 7차례 왕복하면 꼬박 1시간이 걸렸다고 한다. 아버지 신제섭 씨는 "다른 아이 같으면 요령을 부렸을 텐데, 지애는 '못해요'라는 말을 한 번도 한 적이 없다"고 했다. 신지애는 또 박세리가 무덤 옆에서 '담력 훈련'을 했다는 이야기를 듣고, 중학교 시절 한밤에 공동묘지를 오르내리기도 했다. 그처럼 열심히 체력과 정신훈련을 하고 있었지만 가난한 신선수로서는 라운딩이 문제였다.

그러던 어느날 신지애에게 행운이 찾아왔다. 중학교 2학년 때 무안 CC에서 신지애를 지켜본 골프장 사장이 무료로 연습 라운딩을 할 수 있게 해준 것이다. 돈이 없어 라운딩이 부담스러웠던 그에게는 엄청난 도움이었다. 신지애는 초등학교와 중학교 시절 장타자로 알려졌다. 한 일간지가 "한국에 로라 데이비스가 탄생했다"는 기사를 실을 정도였다. 지방대회에선 스타였지만, 전국대회에선 중학교 2학년 때 3위 한 차례, 3학년 때 준우승이 전부였다.

신지애는 동생들을 위하는 마음도 남달랐다. 어머니와 함께 교통사고를 당해 중상을 입은 여동생 지원과 남동생 지훈이를 간병하면서 운동을 계속했다.

신지애의 여동생 지원(18)과 남동생 지훈(13)은 어머니가 돌아가신 후 1년 이상 병원에 입원해야 했다. 신지애는 엄마 역할까지 아빠와 나눠 맡아야 했다. 두 동생을 간병하면서 골프 연습도 했고 대회에도 나갔다. 어머니와 두 동생을 위해 한 타 한 타에 모든 걸 걸면서 그의 골프는 만들어져 갔다. '독종 승부사'는 이렇게 탄생했고, 어머니가 돌아가신 지 4개월 만에 신지애는 전국대회 첫 우승을 했다. 그 후 연습과 연습을 거듭해

**해설** ● 신지애 선수가 성공하기까지는 본인의 노력이 컸지만 부모님의 사랑과 지도가 있었다. 특히 아버지 신재섭 씨의 가르침과 훈계에 대해 순종하는 마음과 공경심이 남달랐다. 결국 신지애 선수가 성공하는데 결정적으로 작용한 것은 효심이라 할 수 있다. 그리고 아버지의 엄한 가르침을 신지애 선수가 따를 수 있기까지는 아버지의 훌륭한 리더십이 있었다.

한국에는 성공한 스포츠 스타들이 많이 있다. 그리고 그들의 성공이 있기까지는 부모님의 헌신적인 사랑이 있었고, 그 사랑을 긍정적으로 받아들이면서 열심히 노력하는 효심이 있었다. 예를 들면 신지애 선수 외에도 권투계의 홍수환, 축구의 지소연, 골프의 박세리, 야구의 박찬호, 이승엽, 이대호, 봉중근, 수영의 박태환, 체조의 양학선 선수 등이다. 이들이 세계적인 선수가 되기까지에는 많은 난관이 있었지만 이를 극복하는데 필요했던 에너지는 부모님께서 고생하시면서 키워주신 은혜에 보답코저 하는 효심에 있었던 것이다.

신지애 선수 아버지 '신제섭' 씨는 부인이 교통사고로 사망하자 장례를 치르고 남은 1,700만원 중 1,500만원을 딸 신지애 선수에게 내놓으면서 '하는데 까지 해 보아라'는 믿음과 함께 미국행을 독촉했다. 그리고 어머니를 여의고 어린 두 동생을 남겨둔 채 미국 땅에 가서 2009년 상금왕과 올해의 선수상을 받았다. 결과적으로 신지애 선수의 성공하기 까지의 과정에는 부모님의 고생과 희생에 보답하고자 하는 효심이 자기적 성실로 이어져서 성공하는데, 에너지로 작용했다고 볼 수 있다.

### (3) 부부와 가족, 이웃을 사랑하고 인류에 봉사한다.

부부와 가족, 이웃 사랑은 가정에서 부부관계를 기초로 형성된 가족사랑을 이웃으로 확대하는 이타적 가치이자, 수평적 효의 실천을 의미한다. 여기에서 부부는 '가족에 포함되긴 하지만, 가정윤리와 가족사랑은 부부의 화목에서 출발한다는 중요성을 부각시키기 위해 별도로 제시하였다.

가족은 모든 공동체의 시작이며 안식처인데 부부간 화목에서부터 출발한다. 우리 민족은 가족제도를 지켜온 민족이다. 가족이기주의와 무관한 끈끈한 가족애는 한국의 자랑이자 저력이다. 공동체의 기반인 가정이 붕괴되면 나라의 장래는 보장될 수 없다. 가족을 지키려는 의지와 사랑의 정신을 이웃으로 확대한다면, 우리 민족의 장래는 밝아질 것이다. 그리고 이는 나 자신의 성실함과 충실함에서 비롯되는 것이다.

효란 가정윤리를 기초로 부모는 자식을 사랑하고, 부부와 형제자매 등 가족사랑을 기초로 이웃으로 확대되어지는 가치이자 덕목이고 윤리이다. 예로부터 우리는 가화만사성(家和萬事成)이라 하여 가정이 화목하면 모든 것이 잘 이루어지는 것으로 여겨 왔다. 또한 부모님이 원하시는 것 중의 하나가 형제들 간에 화목하게 지내는 것이고, 자식이 원하는 것 중의 하나가 부모님 두 분이 다정하고 금실있게 지내는 모습이다. 사람은 동물과 달라서 혈육을 알아 가릴 것은 가리고 도울 것은 돕는 마음을 가지고 있다. 가족이란 인류학적 용어로 남편과 아내, 그리고 자녀로 구성된 사회적 단위이다. 『효경』에 "부모를 사랑하는 사람은 다른 사람을 미워하지 않고, 부모를 공경하는 사람은 다른 사람을 업신여기지 않는다.(천자장)"[226], "부모를 섬기는 사람은 윗자리에 있어도 거만하지 않고 아랫자리에 있어도 질서를 어지럽히지 않으며 같은 무리와 함께 있어도 서로 다투지 않는다.(기효행장)"[227]고 했고, 『불경』에 "자식을 잉태하여 노심초사 출산하고 자식을 보살핀다.(부모은중경)", "자식이 멀리 가면 걱정하고 끝까지 사랑한다.(부모은중경)", "부모는 자식이 잘되도록 옳은 방향으로 살아가야 한다.(육방예경)", "사람은 부모를 공경하고, 善法으로 부인과 자식을 교육하며, 하인을 사랑 하고, 착한 벗은 가까이 하되 악한 사람은 멀리해야 한다.(대반열반경)", "모든 남자는 내 아버지이고 모든 여자는 내 어머니이다. 그러므로 육도의 중생은 모두 내 부모로 생각하고 섬겨야 한다.(범망경)", "누구나 극락세계에 왕성하고자 하면 부모/어른/스승을 공경하고 살생을 말아야 한다.(관무량수경)", "재가(在家)의 사람은 네 가지의 법을 마땅히 닦아 익혀야 하는바, 하나는 부모님을 공경하

<hr>

226 "愛親者 不敢惡於人 敬親者 不敢慢於人"
227 "事親者 居上不驕 爲下不亂 在醜不爭"

고 진심으로 효도·봉양하는 것이고, 둘은 항상 선법(善法)으로 부인과 자식을 가르쳐 이끄는 것이며, 셋은 하인들을 불쌍히 여기는 것이고, 넷은 항상 착한 벗을 가까이 하고 악한 사람을 멀리하는 것이다.(아함부경)”, “재가(在家)의 사람은 부모님을 공경하고 봉양하며, 부인과 자식을 가르쳐 이끌며, 하인을 불쌍히 여겨 그들의 요구를 살피며 항상 착한 벗을 가가이 하고 악한 벗을 멀리해야 한다.(대반열반경)”고 하였으며, 『성경』에 “남편은 아내에 대해 의무를 다하고 아내도 그 남편에게 그렇게 하라.(고전 7:3)”, “너희도 각각 아내사랑하기를 자기같이 하고 아내도 남편을 경외 하라.(에베소서 5:33)”, “형제간 화목으로 가족의 조화를 이뤄야 한다.(마태복음 5:23~24)”, “자녀를 돌보고 사랑함으로 가족간의 하모니를 이룬다.(골로새서 3:21)”, “누구든지 자기 친족 특히, 자기 가족을 돌보지 아니하면 믿음을 배반한 자요, 불신자보다 더 악한 자니라.(디모데전서 5:8)”, “네 마음과 목숨을 다하여 이웃을 네 몸과 같이 사랑하라.(마태 22:37-39)”, “인류의 모든 족속을 한 혈통으로 만드사 온 땅에 거하게 하시고 저희의 연대를 정하신다.(사도행전 17:26)”, “이웃을 기쁘게 하되 선을 이루고 덕을 세우도록 해야한다.(로마서 15:2)”, “내 일 뿐 아니라 이웃의 일까지 돌보아야 한다.(빌립보서 2:3-4)”, “노인은 아비와 어미처럼, 젊은이는 형제 대하듯 하라.(디모데전서 5:1-2)”고 했다. 또한 『논어』에 “효도와 우애를 다하는 사람이 윗사람 범하기를 좋아하는 사람은 드물다.”[228], “부모는 오직 그의 질병에 대해서만 걱정하는 것이다.(위정

---

**228** “其爲人也孝悌 而好犯上者鮮矣”

편)"[229]라고 했고, 『예기』에 "남녀간에 분별이 있은 다음 부부간에 의가 있고, 부부간에 의가 있은 다음 부자간에 친애가 있고, 부자간에 친애함이 있은 연후에 군신간에 정도가 있다."[230]고 했으며, 『맹자집주』에 "자식을 가르치는 이유는 본래 그 자식을 사랑하기 때문이다.(교자자)"[231]라고 하였다. 그리고 『명심보감』에 "자식이 효도하면 아버지의 마음이 너그러워지고, 나무가 먹을 줄 좇으면 곧고, 사람이 간(諫)함을 받아들이면 거룩하게 된다.(성심편)"[232], "어버이는 자식의 본이 되며, 남편은 아내의 본이 되는 것이다.(입교편)"[233]라고 하였고, 『소학』에 "부모가 사랑하는 바를 사랑하고 부모가 공경하는 바를 공경하라.(명륜편)"[234]고 했다.

이와 관련된 사례로 ①「퇴계 이황」 선생의 가족사랑과 인류애, ② 68세된 딸을 간병하는 「101세의 엄마 박옥랑」 여사 ③「의좋은 형제」 사례에 담긴 가족사랑과 형제애 ④효복 사례 "아버지를 팝니다."로 본 이웃 사랑과 인류애 등을 제시한다.

229 "父母唯其疾之憂"
230 "男女有別 而後夫婦有義 夫婦有義而後 父子有親 父子有親而後 君臣有正"
231 "敎子者, 本爲愛其子也"
232 "子孝心之寬 木從繩則直 人受諫則聖"
233 "父爲子綱 夫爲婦綱"
234 "父母之 所愛 亦愛之 父母之所敬 亦敬之"

 **퇴계(退溪) 이황(李滉)의 가족사랑과 인류애**

　　조선시대의 대학자이자 만인의 스승을 꼽는다면 퇴계 이황 (李滉, 1501-1570), 율곡 이이(李珥, 1536-1584), 사암 정약용 (丁若鏞, 1762-1836)을 들 수 있다. 그리고 이들은 대학자이자 스승이며 효자라는 공통점을 가지고 있다. 이 중에서 퇴계는 율곡과 사암에게 학문적 영향을 준 스승 중의 스승이라 할 수 있다.

　　퇴계의 효는, 퇴계 자신이 효를 실천하는 삶을 살았을 뿐 아니라 지식보다도 사람됨을 중시했는데, 그 중심에는 효가 바탕이 되고 있다는 점이다. 그리고 그러한 사람됨은 가정에서부터 부모의 사랑과 교육이 뒷받침되어야 한다고 보고 있는데, 이러한 퇴계의 효는 『경연일기』와 제자들이 쓴 『퇴계 언행록』에 잘 나타나 있다.

　　퇴계는 경북 예안에서 8남매 중 막내로 태어났다. 퇴계의 아버지는 진사 이식(李埴)인데 첫째 부인 김씨에게서 3남 1녀를 낳았으나, 1남을 잃고 2남 1녀를 키우다가 29세의 일기로 세상을 뜨자, 둘째 부인 박씨를 맞아 4형제(의, 해, 징, 황)를 낳았는데 퇴계가 막내이다. 결국 8남매 중 막내인 셈이다. 그런데 퇴계의 아버지는 퇴계가 태어난 지 7개월 만에 40세의 일기로 세상을 뜨게 된다. 그러자 어머니 박씨가 6남 1녀를 도맡아 키우게 되는데, 그때 박씨 부인의 나이는 32세였다.

　　퇴계 아버지는 죽기 전에 늘상 말하기를 "내 아들 가운데 능히 나의 업(業)을 계승하는 자가 있다면 나는 죽어도 여한이 없겠다"는 말을 하곤 했다. 여기서 말하는 '나의 업'은 퇴계가 쓴 '아버지 묘갈문(墓碣文)'에서 알 수 있는데, 「공께서는 젊어서

부터 아우 우(瑀)와 함께 독지역학(篤志力學)하여 군서(群書)를 박람(博覽)하고 문장을 하되, 오로지 과거에만 힘쓰지 아니하셨다. 여러 번 과거를 보았으나 늘 떨어지다가 경신년 향시에 일등으로 뽑히고 신유년에 진사에 중시되셨다. 항상 분발하시고 격려하시기를 조금도 게을리 하지 아니하시며 탄식하여 말씀하시길 "세상에서 뜻을 얻지 못하면 학도를 모아 놓고 학문을 가르쳐주면 나의 뜻을 저버리게 되지는 않을 것이다"라고 했다.」라는 내용이다. 여기에서 아버지의 '업'을 잇는 것이 곧 학문 몰두였던 것이고, 이는 아버지의 뜻을 존중하며 계승했다는 점에서 퇴계의 효를 확인할 수 있다.

퇴계는 어머니에 대한 효성도 남달랐는데, 평소 "나의 삶에 가장 영향을 준 사람은 어머니다."라고 할 정도로 어머니에 대한 공경심이 강했다. 이는 퇴계가 쓴 '정경부인(貞敬夫人) 박씨 묘갈(朴氏墓碣)'에 잘 나타나 있다. 「선친이 병으로 돌아가셨을 때에 큰형이 겨우 장가들었고, 나머지 어린아이들이 앞에 가득했었다. 부인께서는 많은 자식을 거느린 채 홀몸이 되어 앞으로 집안을 잘 다스리지 못할까 뼈아프게 염려하시고, 더욱 농사와 양잠에 힘을 기울여 집안 살림을 잃지 아니하셨다. 또한 아들이 자라자 가난한 속에서도 학비를 마련해 뒤를 대주시어 취학(就學)케 해주시었다. 부인께서는 노상 "문장이나 글재간에만 힘쓸게 아니라 몸가짐과 행동을 성실하게 해야 한다."고 훈계하셨고, 또한 "흔히 세상에서는 홀어머니 자식들은 배우지 못할 거라고 욕들을 하는데 너희들이 남보다 백배 이상 공부를 하지 않으면 어찌 그 허물을 벗을 수가 있겠느냐?"하고 스스로 경계토록 해주시었다.」라는 내용이다. 퇴계의 고명(高

明)한 학문과 근엄하고 성실한 인격과 행실은 바로 그의 어머니 박씨로부터 입은 바가 큰 것임을 알 수 있다.

　퇴계의 공부는 여섯 살 때부터인 것으로 알려져 있다. 마침 이웃에 『천자문』을 해독할 줄 아는 어떤 노인이 있어 퇴계는 그에게 『천자문』을 배우기 시작했는데, 아침이면 반드시 세수하고 머리 빗고 가서 울타리 밖에서 먼저 묵송(默訟)으로 외어 본 다음 들어가서 절하고 엎드리어 글을 바쳤다. 그는 6, 7세 때부터 이미 온순하고 공손하여 어른 앞에서는 감히 태만한 모양을 보이지 아니하였으며, 비록 밤중에 깊이 잠들어 있을 때라도 어른이 부르면 곧 깨어 응답했다. 또 언젠가는 둘째 형이 칼에 손을 다치자 퇴계도 따라 울었는데, 그때 어머니가 "너의 형은 안 우는데 네가 왜 우느냐"고 묻자, 어린 퇴계는 "형이 울지는 않지만 저렇게 피가 나는데 어찌 아프지 않겠어요"라며 우는 것이었다. 측은한 마음은 인(仁)의 단서라고 하는데, 퇴계는 본래부터 인의 바탕을 가슴속에 지니고 태어났다고 할 것이다. 12세에 퇴계는 숙부 송제공(松齋公)에게 『논어』를 배웠다. "집에 들어오면 부모에게 효도하고 밖에 나가서는 이웃사람을 공경하며, 행동을 조심하고 널리 사람을 사귀되 어진 사람과 가까이 해야 한다."는 내용을 읽고 감명을 받게 되었다. 이미 그 때부터 학문의 자질이 뛰어난 것을 알아본 숙부 송제공은 퇴계를 가리켜 '우리 문호를 유지할 아이다.' 라고 칭찬하고 기뻐했다고 한다. 퇴계는 20세에 『주역』을 읽고, 그 심오한 뜻을 강구하느라고 침식을 잊고 몰두한 탓에 건강을 해치게 되고, 결국 후에 조사경(趙士敬)에게 보낸 편지에서 "내가 지나치게 각고(刻苦)한 탓으로 쇠약한 병을 앓게 되었다."고 진술하기도 했다.

21세에 부인 허씨(許氏)를 맞아 장가들어 23세에는 아들 준(寯)을 낳았고, 27세에는 둘째 아들 채(寀)를 낳았으나 허약해진 부인 허씨가 별세하였다. 30세에 둘째 부인 권씨를 맞았고, 31세에 아들 적(寂)을 낳았는데, 둘째 부인은 완전한 사람이 못돼서 주변 사람들을 당황시킬 때가 많았다. 퇴계는 원래 효심이 깊었던 탓에 벼슬생활에 뜻이 별로 없고, 가난한 살림과 어머니 봉양을 해야겠다는 마음이 강했다. 37세에 어머니 박씨의 상을 당하여 고향으로 내려가 삼년상을 마쳤다. 그 후 권씨 부인과 결혼한 지 17년 되던 해(46세)에 부인 권씨마저 사망하게 되자, 더욱더 벼슬을 버리고 학문을 닦고 싶은 마음으로 돌아서게 되는데, 이는 아버지의 유언을 따르는 효심에서 나온 것이었다.

퇴계의 삶에서 강한 인간애가 담긴 다음의 일화들이 전해진다. 첫 번째 사례는 둘째 부인 권씨에 관한 이야기이다. 퇴계 이황은 첫째 부인 허씨를 잃은 뒤, 평소 학문을 교류하며 존경해마지 않던 선비 권질의 딸을 둘째 부인으로 맞았다. "영리하지도 못하고 부족한 딸을 맡아 주게나"라는 권질의 부탁을 받아들인 것이다. 그러나 부인 권씨는 드세고 눈치가 없는 사람이라 퇴계에게 적잖이 어려움을 주었다. 사람들도 모자란 권씨 부인을 두고 말이 많았지만, 퇴계는 개의치 않고 아내를 한결같이 아끼고 사랑했다. 한번은 할아버지 제삿날, 부인이 제사상에 올린 배를 치마 속에 숨기다가 형수에게 들켜 크게 꾸중을 들었다. 그때 퇴계가 나서서 아내를 감싸며 말하길 "형수님, 죄송합니다. 앞으로 제가 잘 가르치겠습니다." 그러고는 손자며느리의 잘못이니 돌아가신 할아버지께서도 귀엽게 보실 것이라면서 용서를 구한 뒤 아내를 불러 배를 숨긴 이유를 물었다. 아내가 먹고 싶어서 훔쳤다고 하자, 퇴계는 손수 배를 깎아 아내에게 건넸다고 한다. 한번은 퇴계가 왕의 부름을 받고 입궐하게 되어 관복을 챙겨 입는데, 관복 귀퉁이에 구멍이 뚫린 것을 발견하고 아내에게 급히 꿰매 달라고 부탁했는데, 아내는 색깔이 어울리지 않는 빨간색 헝겊을 대어 기워 주었다. 수선된 관복을 입고 입궐한 퇴계를 보고 사람들이 비웃었지만, 퇴계는 환하게 웃으며 "붉은색이면 어떤가? 붉은색은 액운을 막는다고 하지 않나."라면서 받아 넘겼다. 둘째 부인과 퇴계는 16년 동안이나 수많은 사건을 겪으며 순탄치 않은 나날을 보냈지만 부인을 탓하지 않고 늘 손님 대하는 마음으로 부인에게 예를 다했다.

두 번째 일화는, 큰아들을 장가보내는 과정에서 사돈댁 집안과 있었던 내용이다. 퇴계는 슬하에 두 명의 아들을 두었는데, 그 중 큰아들을 결혼시키는 과정에서 신분상 차이가 나는 집안과 혼사를 치루게 됐다. 퇴계 선생댁 맏며느리로 들어 온 사람은 금씨(金氏)였는데, 금씨는 당시 봉화의 서슬 퍼런 토호(土豪)가문 출신이었다. 퇴계 선생이 상객(上客)으로 사돈댁을 방문했지만 환대는커녕 금씨 문중 사람은 한 사람도 없고, 오직 중매(中媒) 한 사람만이 퇴계를 맞이하는 것이었다. 이유인즉 금씨는 봉화의 권문세족이고 퇴계 가문은 문벌도 지체도 없는 가문이므로 집안의 반대가 있었기 때문이다. 당시 퇴계는 예문관 검열을 지냈지만 6대 이전에는 아전만을 지냈을 뿐이다.

퇴계가 사돈댁을 떠난 이후 사돈댁 사람들은 그를 중매한 사람을 나무라고 퇴계가 앉았던 자리를 물로 씻고 대패로 밀어 버렸다고 한다. 그러자 퇴계 가문에서 이런 모욕에 대한 소식을 듣게 되자 들고 일어났다. 그렇지만 퇴계는 묵묵히 말했다. "사돈댁에서 무슨 일이 있었거니와 우리로서는 관여할 바가 아니다. 가문의 명예란 문중에서 떠든다고 높아지는 것도 아니요, 남들이 헐뜯는다고 낮아지는 것도 아니다. 상대방이 예의를 갖추지 못한다고 해서 나도 예의를 지키지 않으면 우리 가문은 사돈댁 가문보다도 못한 가문이라는 증거가 될 것이 아니냐. 더구나 우리는 사돈댁의 귀한 따님을 우리 집 며느리로 맞아오는 터인데, 우리가 만약 그런 하찮은 일로 말썽을 일으키면 새 며느리가 얼굴을 들 수 없게 될 것이다. 내 며느리를 보아서도 아무 소리 말고 물러가거라."

그 후 맏며느리가 이씨 집안에 시집와서 어떻게 지냈는가는 알 수 없다. 하지만 다음과 같은 맏며느리의 유언을 통해 본다면 시아버지의 사랑과 배려가 얼마나 지극했는지를 알 수 있다. "시아버님 생존 시에 내가 시아버님을 모시는데 여러 가지로 부족한 점이 많았다. 그래서 사후에도 다시 아버님을 정성껏 모시고 싶으니, 내가 죽거든 반드시 아버님 묘소 가까운 곳에 묻어 주도록 하여라."

세번째 사례는, 둘째 며느리와 관련된 내용이다. 퇴계가 단양 군수로 재직할 때 둘째 아들이 그만 21세의 젊은 나이로 타계하였다. 아들의 죽음도 슬픔이지만 자식도 없이 한평생 과부로 살아야할 둘째 며느리의 장래도 걱정이었다. '여필종부(女必從夫)' '부창부수(夫唱婦隨)' '삼종지도(三從之道)'의 봉건적 조선사회에서 여인의 재혼은 꿈도 못 꾸던 때이다. 그것도 1477년 과부재가금지법이 만들어졌다.(이 법은 1896년 갑오경장 때 폐지)비록 사대부출신이라 해도 과부로서 재가해서 낳은 아들이라면 관직이 철저히 봉쇄되었다. 물론 이런 제도는 여인의 삶을 옥죄는 수단이기도 했지만, 신라 이후 고려시대를 풍미했던, 그래서 조선시대까지 내려오던 문란한 남녀관계를 바로잡기 위한 윤리적 결단이기도 했다. 그래서 과부로서 평생 수절하게 되면 중앙 정부는 정절을 기리는 기념비를 하사하여 다른 여러 혜택을 부여하기도 하였다. 그런데 퇴계는 누구보다 이런 것을 잘 알고 있으면서도 며느리의 인간다운 삶을 먼저 고려하였다. 한번 시집가면 시댁의 여인이 되었다가 시댁의 귀신이 되는 게 당시의 법도였지만 퇴계는 사돈을 불러서 둘째 며느리를 데려가도록 했다. 조선시대의 통념을 깬 것이다. 사돈은 퇴계의 뜻을 이해하고 은밀하게 그녀를 재혼시켰다. 전해지는 말에 의하면 둘째 며느리는 아들이 타계한 이후, 그 방에서 남자와 대화하는 듯한 소리가 들려서 알아보니, 며느리가 허수아비를 만들어놓고 남편 대하듯 이야기를 나누고 있더라는 것이다. 이 같은 애처로운 모습을 본 퇴계는 시대의 법도보다는 며느리의 삶을 먼저 생각했던 것이다.

재가한 며느리에 대해 전해오는 이야기 또한 감동적이다. 어느 날 퇴계가 조정의 부름을 받고 서울로 가는 길에 어느 기와집에 유숙할 때였다. 퇴계 선생은 주인집에서 차려준 저녁 밥상이 입맛에 꼭 맞고, 고기보다 채식을 좋아하는 자신의 특성에 맞춰 차려진 상을 보고 기이하게 여겼는데, 아침상도 마찬가지였다. 아침 식사 후 주인이 당시 예법대로 버선을 선물하며 "아내가 손님께 드리라고 새로 지었는데, 발에 맞으십니까?"고 물었다. 버선의 크기가 정확함을 알았지만 서로 체면을 생각해서 모른 척 하였다. 퇴계는 주인집을 떠난 뒤 그 집을 바라보자, 자신의 둘째 며느리가 담 모퉁이에 서서 퇴계를 바라보고 옷 고름으로 눈물을 닦으며 배웅하고 있었다. 마치 영화 속의 한 장면 같다. 어찌됐건 며느리 재가가 알려지기라도 한다면 퇴계와 그 가문이 받아야 할 치욕은 이만저만한 게 아니었다. 사대부가 가장 치욕적으로 생각하는 것은 감옥살이하거나 유배당하는 것이 아니라 사대부로서 지켜야 할 명예를 지키지 못하는 것이다. 그러나 퇴계가 선택한 것은 명예보다는 며느리의 인생이었다. 실제로 진성 이씨 가문에서는 이 같은 사실이 공개적으로 알려지는 것을 꺼리고 있는 형편이다. 그러나 퇴계의 인간미 넘치는 이런 처사는 길이길이 후대에 큰 족적을 남긴 결과를 낳았다.

**해설** ● 퇴계는 조선시대의 대학자이다. 퇴계가 이러한 학문적 성업을 이루게 된 배경에는 퇴계가 보여준 부모님에 대한 효심과 함께 아내사랑·가족사랑·인류사랑이 작용했음을 볼 수 있다. 아버지의 유언을 철저히 따랐을 뿐 아니라, 어머니의 가르침을 따르는 삶을 살았다. 어린 시절 형의 손가락에 흐르는 피를 보고 울면서 형을 걱정하던 인류애적 성품이 훗날 상대방을 배려하고, 상대방의 입장에서 매사를 판단하며 관대히 대하는 심성을 갖게된 것으로 볼 수 있다. 작품에 나타나 있는 퇴계의 효 사상은 『경연일기(經筵日記)』와 제자들이 기록한 『퇴계 언행록(言行錄)』에 잘 나타나 있는데, 당시의 시대적 상황에도 불구하고 부모와 자식, 부부의 관계를 수평적인 관점에서 보고 있음을 볼 수 있다. 둘째 부인 권씨에 대한 사랑, 그리고 큰아들 장가들이면서 사돈댁과의 불편한 문제를 풀어

가는 해법, 둘째 며느리를 재가시키고, 그 며느리를 마음으로
감싸는 따스한 마음은 자당(慈堂)의 가르침을 따르고자 하는
효심에서부터 출발한 것임에 틀림없다. 이렇듯 퇴계는 하늘
을 경외하는 마음과 함께 인류애를 발휘하는 이타적 효를 실
천했음을 볼 수 있다.


### 68세 된 딸을 간병하는 101세의 엄마, 박옥랑 여사[235]

네 살 때 업힌 등에서 떨어져 머리와 등을 다쳐, 전신마비
된 딸의 손발 노릇을 하는 101세의 어머니가 있다. "불쌍한 자
식 위해 오래 살아야…" "불쌍한 딸을 위해서도 오래 살아야
지…, 내가 세상을 뜨면 혼자서 어떻게 살겠어…", 101세의 박
옥랑(朴玉郎, 광주시 북구 우산동 주공아파트) 할머니의 혼잣
말이다.

자손들의 극진한 봉양을 받아도 모자랄 나이에 몸이 불편한
68세 된 딸을 돌보느라 손에 물이 마를 날이 없다. 딸 조의순
(趙義淳)씨가 전신마비 상태로 누워 있기 때문이다. 이들 모녀
는 현재 광주 시내 13평짜리 영구 임대아파트에서 살아가고 있
다. 朴씨에게 불행이 찾아든 것은 1939년의 일이다. 중학교에
서 교편을 잡고 있던 박씨가 출근한 사이 가정부가 업고 있던
네 살배기 딸이 바닥으로 떨어지면서 머리와 목을 심하게 다치
는 일이 일어났다. 그리고 그 뒤 딸은 불구가 됐다.

박씨는 고개조차 제대로 가누지 못하는 딸을 들쳐 업고 용하

다는 병원, 한의원, 침술원 등을 찾아다녔지만 허사였다. 그 뒤부터 딸은 방에 누워서 천장을 보며 살아왔다. 엎친 데 덮친 격으로 남편마저 다른 여자와 눈이 맞아 집을 나가버렸다. 박씨는 딸을 언니 집에 맡기고 학교에서 계속 교편을 잡았다. 별다른 생계수단이 없었기 때문이다. 1953년 전남 나주시 영산포 여중에서 30년의 교사생활을 마감했다. "딸의 상태가 악화된 데다, 생업이라는 핑계로 아픈 딸을 혼자 방치했다는 생각이 퍼뜩 든 거죠." 교직을 그만둔 뒤 박씨는 딸에게 글공부를 시켰다. 종이에 글을 써 보이며 한글은 물론이고 한자까지 가르쳤다. 학교 교과서와 문학서 등도 읽어줬다. 딸은 금방 글을 깨우쳤다. 때로는 시도 읊조렸다. 몸을 움직이지 못할 뿐 머리는 영리했다고 박씨는 말했다.

'얄미운 행복 / 어느 곳에 숨었는지 / 저 산 넘어 숨었을까 / 저 바다 건너 숨었을까 / 저마다 너를 찾아 헤매어도 / 얄미운 행복은 이리저리 피해 다니고….'

딸이 몇 년 전에 지은 '얄미운 행복'이란 시의 일부이다. 어렵게 한마디씩 뱉어내는 시구를 어머니가 노트에 받아 적은 것이다. 딸의 손발 노릇을 하느라 늙을 틈도, 아플 여유조차 없었던 박씨도 얼마 전부터 소리가 잘 들리지 않는다고 한다. 기억력도 크게 떨어졌다. 박씨는 "딸은 나한테 몸을 기대고, 나는 점차 흐트러지고 있는 정신을 딸에게 맡기고 사는 셈이죠"라며 웃었다. 그녀는 자신이 저 세상으로 간 뒤, 딸이 어떻게 살지를 생각하면 아득하다고 했다. "어미로서 이렇게 생각해서는 안 되겠지만 내가 세상을 등질 때 딸애도 함께 갔으면 하는 마음이 굴뚝같아요." 국민 기초생활보장 수급자인 박씨는 정부에서 매달 52만원씩 나오는 돈을 아끼고 아껴 한 달에 몇 만원씩이라도 꼭 저축을 한다. 자신이 죽은 뒤 딸 혼자 살려면 더 많은 돈이 필요할 거라는 생각에서이다.

조씨는 "세상에서 가장 훌륭한 분이 나의 어머니"라며 "오늘까지 산 하루하루가 모두 어머니의 덕"이라며 눈시울을 붉혔다. 박씨가 사는 아파트에 간병 봉사를 하러 다니는 유상엽(44.여) 씨는 "할머니는 딸을 돌봐야 한다는 정신력 때문에 건강하게 사시는 것 같다"며 "이들 모녀를 볼 때마다 모정(母情)은 위대하고 지고(至高)하다는 걸 실감하게 된다."고 말했다.

**해설** ● 어머니의 숭고한 자식 사랑을 느끼게 해주는 사례이다. 이 사례를 접하면서 어머니 박옥랑 여사에 대한 존경심도 컸지만, 딸 조의순 씨에 대한 안타까움도 크게 다가온다.

4살 때 불구가 되었고 교육이라곤 안방에 누워서 어머니로부터 받은 것이 전부이지만 '얄미운 행복'의 시(詩)에서 내면적 성숙함이 베어 나온다. 무엇보다도 교편을 그만두면서까지 딸 보살핌에 매진해 온 박옥랑 '엄마'에 대해 경의와 찬사를 보내고 싶다.

갖출 것을 다 갖춘 가정에서도 반듯한 자식을 버리고 나몰라라 하는 부모들이 있는 세상에, 이처럼 불구가 된 딸을 위해 평생을 헌신하는 모정이 너무 애절하고 아름다울 뿐이다.

필자에게도 99세 된 노모가 계시다. 군 생활하는 동안 생신 때, 아버지 제사 때 1년에 두 번 뵈었다.

그러다가 연대장 마치고 국방대학교에 근무하면서는 1개월에 한 번 뵙는 것을 목표로 하다가 2008년도부터는 한 달에 두 번, 그리고 전역하면서는 매주 뵙는 것으로 목표를 상향 조정했지만 평균 한 달에 두세 번 정도 뵙는다. 필자 나이 60이 가까워 오면서 어머니 앞에서는 언제나 어린 아이의 모습이 되고 싶다. 어머니의 말씀이 그렇게 들리기 때문이다.

그런데 어머니가 병원에 3주 동안 입원하셨던 2009년도 봄부터는 어머니가 필자에게 의지하려는 모습을 점점 더 강하게 보이신다. 주말에 집에 가면 가지신 돈을 다 내놓으시고 "내가 죽으면 이 돈을 이렇게 분배해라, 저렇게 분배해라.", "내 옷가지는 새것은 누구누구에게 주고 나머지는 태워라", "보석류는 누구누구에게 주어라" 등등 말씀을 하시면서 "네가 보고 싶을 때면 난 항상 네 사진 보고 앉아 있다"고 하신다.

그러면서도 "바쁘고 여비 많이 들 테니 자주는 오지 마라"라고도 하신다.

101세 되신 박옥랑 할머니의 마음씨가 꼭 울 엄니 같다. 부디 건강하게 사시고 조의순 따님께도 하나님의 가호가 있으시길 빈다.

옛날 어느 마을에 의좋은 형제가 살고 있었다. 두 형제는 어려서부터 늘 서로 아껴주고 양보했기 때문에 다투는 일이 없이 사이좋게 지내며 살았다. 먹을 것을 나눌 때도 크고 맛있는 것은 서로 먹으라고 양보하였고, 동구 밖에 나가 뛰어놀 때에도 언제나 손을 맞잡고 형은 동생을, 동생은 형을 가장 좋은 친구로 삼아 즐겁게 놀곤 했다.

두 형제의 부모님은 가난하면서도 정직하고 부지런한 분들이셨다. 마음 착한 두 형제는 비록 가난하더라도 항상 깨끗하고 올바른 마음가짐으로 살아야 한다는 부모님의 가르침을 소중히 여겼기 때문에 언제나 글공부도 열심히 하고 힘든 일이 있을 때는 서로 자기가 먼저 하겠다고 나섰다. 남달리 착한 마음을 가진 형제였던 그들은 어려운 일을 만나더라도 힘을 합쳐서 잘 해결해 나갔다. 이런 형제의 우애를 보고 마을 사람들은 많은 칭찬을 했으며 형제는 더욱 효성스럽고 우애가 두터운 소년들로 자라났다.

어느덧 세월이 흘러 아버지가 돌아가시게 되었다. "아버지, 제발 돌아가시지 마세요." 이렇게 말하는 두 아들의 손을 꼭 쥐고 아버지는 마지막 유언을 하셨다. "너희가 의좋다는 것은 세상 사람들이 다 아는 사실이다. 앞으로도 다투는 일없이 끝까지 사이좋은 형제가 되어다오." 그 말씀을 마지막으로 아버지가 돌아가시자 두 형제는 소리 내어 엉엉 울었다. 그리고 두 형제는 아버지 무덤 앞에 초막집을 짓고 비가 오나 눈이 오나 아버지 무덤 곁을 떠나지 않았다. 비록 아버지는 돌아가셨지만 두 형제의 효성스런 마음은 한결 같았다. 세월이 흘러 형님이 장가를 들게 되자, 형제는 논밭을 나누어 가지고 따로 살기로 하였다. 땅을 나누기로 한 날 아침, 밥을 먹던 중 동생이 이렇게 말했다. "형님, 형님은 식구가 많아서 저보다 더 많은 논밭이 필요하실 테니 제게는 조금만 나누어 주세요." "아니다. 네가 몰라서 하는 말이다. 새로 살림을 시작하려면 필요한 것이 훨씬 많은 법이니 네가 많이 가져야 해." 형님은 펄쩍 뛰면서 대답했다. 이렇게 한참을 서로 적게 가지겠다고 양보하다가 마침내는 재산을 똑같이 반으로 나누어 가지기로 하고 두 형제는 논으로 나갔다. 그 해 가을은 풍년이 들어 들판마다 누런 곡식으로 황금 물결을 이루고 있었다. 농부들은 기쁨에 넘쳐 흥겨운 노래를 불렀으며 두 형제도 즐거운 마음으로 부지런히 벼를 베기 시작했다.

어느덧 해가 저물어 벼를 거의 다 베었을 무렵, 아우는 '아무래도 형님 논에 베어 놓은 볏단이 내 것보다 적은 것 같아.' 이렇게 혼자 중얼거리더니 볏단 한 짐을 몰래 형님네 볏단 위에 쌓아 놓고 돌아왔다. 다음날 두 형제는 잘 마른 볏단을 털어서 곡식을 거두기 시작했다. 힘든 줄도 모르고 열심히 땀 흘려 타작을 마친 뒤에 형제는 누가 더 많이 거두었나 비교해 보았다. 그런데 이상하게도 두 집에서 거둔 벼의 양이 열 섬씩 똑같았다. 그날 밤, 형은 생각에 잠겼다. '아우가 새살림을 시작한 지 얼마 안 되니 필요한 것이 많을 거야. 아무래도 아우 몰래 좀 더 갖다 놓아야겠어!' 이렇게 결심한 형은 아무도 모르게 벼 한 섬을 지게에다 지고 집을 나섰다. 그날 밤, 아우도 형과 같은 생각을 하였다. '형님은 나보다 식구도 많고 찾아오는 손님도 많아. 조상님들의 제사도 모셔야 되니 아무래도 양식이 더 많이 필요할 거야.' 아우는 벼 한 섬을 짊어지고 나와 형님네 볏섬 위에 쌓아 두고 돌아왔다. 돌아오는 아우의 발걸음은 한결 가벼웠다. 이튿날 아침이 되었다. 형은 그날도 일찍 일어나 볏섬을 정리하기 위해 헛간으로 갔다. 하나, 둘, 셋 … 볏섬을 정리하던 형은 깜짝 놀랐다. "아니, 이거 어떻게 된 일이야? 어젯밤 분명히 아우네 집에 한 섬을 가져다 놓았는데 조금도 줄지 않고 그대로 있다니! 참 이상한 일이네."

　한편, 아우 역시 아침 일찍 일어나 볏섬을 쌓아 놓은 곳으로 가 보았다. '어, 이럴 리가 없는데… ' 아우는 고개를 갸우뚱거리며 몇 번이고 볏섬을 다시 세어 보았다. '분명히 형님 댁으로 한 섬을 가져다 놓았는데… 조금도 줄지 않고 그대로 있다니 어찌 된 걸까?' 아우는 곰곰이 생각해 보았지만 알 수가 없었다. 일을 하다가도 몇 번씩 일손을 멈추고 생각해 보았지만 도무지 알 수가 없었다. 형이 아우 몰래 볏섬을 가져다 놓았다는 것을 까맣게 모르고 있는 아우로서는 이상할 수밖에 없었다. 그날 밤, 형은 또다시 벼 한 섬을 지고 아우네 집으로 갔다. 그리고 아무도 눈치채지 못하게 아우네 볏섬 위에 쌓아 놓고 돌아왔다. 아우는 아우대로 벼 한 섬을 짊어지고 형님네 집 볏섬 위에 쌓아 놓고 왔다. 다음날, 형은 볏섬이 어젯밤과 똑같은 것을 보고 너무나 이상하게 생각했다. '참, 이상도 하다. 알 수 없는 일이야.' 형은 형대로 아우는 아우대로 볏섬을 세어 보았지만 볏섬은 조금도 줄지 않고 그대로 있었다. '어떻게 된 일일까?' 도저히 알 수 없는 일이었다. 조금도 줄지 않는 볏섬을 보고 형은, "혹시 누가 장난을 하는 게 아닐까? 오늘밤에는 아우네 집에 빨리 볏섬을 갖다놓고 와서 헛간을 꼭 지켜봐야겠어." 하고 다짐을 했다. 그날 밤 형은 다시 볏섬을 지게에 짊어지고 아우네 집으로 향했다. 그런데 중간쯤 왔을 때 저쪽에서 누군가가 짐을 지고 이쪽으로 오고 있는 것이 아닌가. 두 형제는 너무 어두워 쉽게 서로를 알아볼 수가 없었다. '혹시 아우가 아닐까?' '형님이 아닐까?' 차츰 두 사람의 거리가 가까워졌다. "아니, 형님 아니십니까?" "그래, 역시 너였구나!" 형제는 이제야 비로소 볏섬이 줄지 않은 까닭을 알고 눈물을 흘리며 두 손을 마주 잡았다.

**해설** ● 초등학교 때 배운 동화 「의좋은 형제」의 이야기이다. 우애 좋은 형제간에 있었던 일화는 몇 번을 읽고 또 읽어도 참으로 좋은 내용이다. 충남 예산군 대흥면에 고려시대에 있었던 이성만 형제 효제비(孝悌碑)가 세워져 있고 봉수산 휴양림 입구에 「의좋은 형제 테마공원」이 조성돼 있다. 오늘날 학교 교육에서 효를 가르쳐야 하는 이유도 사례에 나오는 두 형제처럼 사이좋게 지내서 부모님을 걱정 끼쳐드리지 않고 기쁘게 해드리고, 이웃에 대해서도 좋은 이웃이 되기 위해서이다.

그래서 조선시대에는 『삼강행실도』, 『이륜행실도』, 『오륜행실도』가 있었는데, 「의좋은 형제」 이야기는 『이륜행실도』에 해당되는 내용이다. 조선시대에는 형제, 자매, 사제, 붕우 등 두 사람 간에 각자가 해야 할 도리를 가르치는 이륜(二倫)행실에 관한 교육이 있었다. 그러나 현대에 와서는 그런 교육이 소홀하다 보니 소위 재벌의 자제(子弟)들끼리 재산문제로 법정다툼을 하는 경우가 나타나고 있다. 모기업의 총수인 형제간에는 아버지가 주신 유산이 "아우보다 내가 많아야 한다"면서 어머니를 법정에 증인으로 세운 예가 있었다.

필자도 비슷한 경험이 있다. 필자는 중학교 때 공부를 하기 싫어했던 탓에 아버지께서는 "3형제 중 둘째가 농사를 짓는 게 좋겠다. 고등학교는 가지 말고 농사를 지어라"라고 말씀하셨다.

난 그만 농사일이 하기 싫어 가출(?)을 했고, 결국 동생이 중학교를 졸업하고 농사일을 하게 만든 꼴이 되고 말았다. 필자가 중위 계급일 때(27세), 어느 날 아버지께서 3형제가 모인 자리에서 논밭을 나누어 주겠다고 하셨다.

그때 필자는 동생에게 미안했던 터라 "아버지, 전 논밭이 필요 없어요, 저 때문에 공부하지 못한 동생에게 제 몫을 주세요"라고 말씀드렸고, 형도 마찬가지로 아버지께 말씀드려서, 결국 부모님의 재산 모두가 동생에게 상속하시도록 한 일이 있다. 그 일로 인하여 필자는 더 열심히 군복무에 임했고 대령 계급까지 진급하는데 내면적 원동력으로 작용했다고 생각한다.

그리고 직업군인으로 있으면서 틈틈이 공부해서 박사학위를 받는데도, 대학교수가 되는데도 정신적 기반이 되었다.

현재는 삼 형제 중 막내가 가장 부자이고, 필자는 아직 집도 장만하지 못한 상태이지만, 후회하거나 어려움을 느끼지 않는다.

그리고 고향에서 가장 우애가 좋은 삼 형제라는 소리를 듣고 있다.

　"아버지를 팝니다." 어느 날 신문광고에 아버지를 판다는 내용이 실려 있었다. 그 광고에는 "아버지는 지금 노령이고 몸이 편치 않아서 일금 일십만 원이면 아버지를 팔겠습니다."라고 적혀 있었다. 많은 사람들은 이 광고를 바라보고 혀를 끌끌 차며 "세상이 말세다"라고 하는 이도 있었고, "다 늙은 할아버지를 누가 사겠나" 하면서 쑥덕거렸다.

　이 광고를 보고 부모 없는 설움을 지녔던 한 부부가 새벽같이 그곳으로 달려갔다. 대문 앞에서 몸매를 가다듬은 부부는 심호흡을 하고 초인종을 누른다. 넓은 정원에서 꽃밭에 물을 주고 있던 할아버지가 대문을 열고서는 어떻게 왔냐고 물었다. 부부는 할아버지를 바라보면서 신문광고를 보고 달려왔다고 말씀을 드리자, 할아버지가 웃음을 지으며 집안으로 안내를 한다. 그곳은 아주 부잣집이었다.

　"아버지를 파시겠다는 광고를 보고 왔습니다." 젊은 부부는 또박또박 뚜렷하게 이야기를 한다. 할아버지는 빙긋 웃음을 지으시더니 "내가 잘 아는 할아버지인데, 그 할아버지 몸이 좋지 않아요. 그런 할아버지를 왜 사려고?!…"

　젊은 부부는 모두가 어릴 때 부모를 여의고 고아처럼 살다 결혼했기 때문에, 부모 없는 설움이 늘 가슴에 남아 있어 부모님을 모시는 것이 소원이라는 것이었다. 아울러 아프거나 집안이 어렵지 않은 가정이라면 누가 아버지를 팔겠다고 광고를 내겠느냐고… 비록 넉넉하게 살아가고 있지는 않지만, 넉넉지 않은 가운데서도 아기자기하게 살아가고 있는 우리 부부에게도 아버지를 모실 수 있는 기회가 왔다 싶어서 달려왔다고 하였다.

이들 부부를 물끄러미 바라보던 할아버지가 고개를 끄덕이며 돈을 달라고 한다. 젊은 부부는 정성스럽게 가지런히 담은 흰 봉투 하나를 할아버지에게 내어놓았다. 할아버지는 돈 봉투를 받아들고 나서 그 할아버지도 정리할 것이 있어서 그러니 일주일 후에 다시 이곳을 오라고 하였다.

일주일 후 젊은 부부는 다시금 그 집을 찾았다. 기다리고 있던 할아버지가 반갑게 맞이하면서 "어서 오게나, 나의 아들과 며느리야" 하시면서 "사실 내가 너희에게 팔렸으니 응당 내가 너희들을 따라가야 하겠지만, 너희가 이 집으로 식구를 데려오너라"고 하신다. 깜짝 놀란 부부는 양자를 얼마든지 데려올 수 있지만 요즈음 젊은이들이 돈만 알기 때문에 그럴 수 없었다는 할아버지의 이야기를 듣고서 이해가 되었다. 젊은 부부는 "저희에게 아버지로 팔렸으면 저희를 따라가셔야지요, 비록 저희들은 넉넉하게 살지는 않지만 그곳에는 사랑이 있답니다."라고 고집했다.

할아버지는 진정 흐뭇한 마음으로 "너희는 참으로 착한 사람들이다. 너희가 부모를 섬기러 왔으니 진정 내 아들이다. 그러하니 내가 가진 모든 것은 곧 너희 것이며, 너희는 나로 인해 남부럽지 않게 살게 될 것이다. 이것은 너희가 가진 아름다운 마음 때문에 복을 불러들인 것이다."라고 기뻐하시며 자식들의 절을 받았다.

**해설** ● 본 사례는 효를 하면 복을 받게 된다는 효복(孝福) 사례로, 이웃사랑, 인류봉사의 예(例)이다. 세상을 살면서 효심이 깊은 사람, 효를 실천하는 사람을 보면 돕고 싶고, 내 아이도 효자가 되었으면 하는 바람을 갖게 되는 것이 세상 사람들의 '인지상정(人之常情)'이다. 『성경』에도 "네 부모를 공경하라, 그리하면 네가 잘되고 장수하리라"고 이르고 있다. 여기에서 '잘 된다'는 것은 효도를 함으로써 복을 누리게 된다는 의미로 해석할 수 있다. 『시경』에도 "밝게 하늘을 섬기어 많은 복을 누리게 되었다."[236], "효자는 다함이 없으니 영원히 그대에게 복을 내릴 것이다."[237] 라고 이르고 있는데, 효를 실천하기가 그만큼 어렵다는 것을 내포하는 표현이다. 상기 '아버지를 팝니다' 사례는 혈육의 부모만이 아닌 남의 부모에게도 효를 하면 복을 받게 된다는 것을 보여주고 있다.

또 하나의 효복 사례는, 코카콜라 회장과 제임스 레이너 박사에 관한 일화가 전해지고 있다. 대학 교수인 레이너 박사는 건강을 지키기 위해 매일 자전거를 타고 출퇴근을 했다. 그런데 출근길에 항상 외로워 보이는 노인 한 분이 벤치에 앉아 쉬고 있는 모습이 보였다. 레이너 교수는 그 자리를 지날 때마다 잠시 멈춰 그 노인과 대화하기로 결심하고 그 노인의 친구가 되어 2년 동안 거의 매일 같이 대화를 나누고 출근했다. 그런데 2년이 지난 어느 날, 그 노인이 보이지 않았다. 수소문 끝에 그 노인이 이미 세상을 떠난 것을 알게 되었고, 그의 장

---

**236** 『충경』「성군」"昭事 上帝 聿懷 多福"

**237** 『충경』「보효행」"孝子不匱永錫爾類"

례식에 찾아가 명복을 빌어 드리기로 했다. 장례식장에서 명복을 빌고 나오자, 한 관계자가 레이너 교수를 알아보고 다가와 편지봉투 하나를 건넸다. 그것은 코카콜라 주식의 5%인 25억 달러에 해당하는 주식이었다. 그 노인은 코카콜라 회장이었던 것이고, 그는 2년 동안 친구가 돼준 레이너에게 주식을 남기고 세상을 떠난 것이다. 레이너는 그 돈을 자신을 위해 쓰지 않고 자신이 봉직하는 대학교에 기부했으며, 그 대학은 명문대학으로 발전하게 되었다.(2011. 1. 30 조용기 목사님 설교내용 중에서)

세상에서 가장 견디기 어려운 병이 고독한 병이라고 한다. 앞서 '아버지를 팝니다'의 주인공이나 코카콜라 회장님도 자신의 외로움을 달래는데 도와준 사람에게 고마움을 표하고 있다. 효자는 복을 받게 된다는 귀감 사례이다.

 **부모를 속이는 아들을 대학 총장으로 키운 아버지의 사랑과 지혜**

박찬석 총장은 1940년 경북 산청에서 태어났다. 가난한 집에서 자랐지만 열심히 공부해 미 하와이 대학에서 지리학 박사학위를 받았고, 경북대 교수를 거쳐 경북대학 총장, 17대 국회의원을 지냈다. 「효도실버신문」에 게재된 '아버지의 마음'의 글을 옮겨본다.

나의 고향은 경남 산청으로, 지금도 비교적 가난한 곳이다. 그러나 나의 아버지는 가정형편도 안 되고 머리도 안 되는 나를 대구로 유학을 보내셨다. 대구중학을 다녔는데 공부가 하기 싫었다. 1학년 8반, 석차는 68/68, 꼴찌를 했다.

　부끄러운 성적표를 가지고 고향에 가기에는, 어린 마음에도 그 성적을 내밀 자신이 없었다. 당신이 교육을 받지 못한 한(限)을 자식을 통해 풀고자 했는데, 꼴찌라니… 끼니를 제대로 잇지 못하는 소작농을 하시면서도 아들을 중학교에 보낼 생각을 하신 아버지를 떠올리면 그냥 있을 수가 없었다. 그래서 잉크로 기록된 성적표를 1/68로 고쳐 아버지께 보여드렸다. 아버지는 보통학교도 다니지 않았으므로 내가 1등으로 고친 성적표를 알아차리지 못할 것으로 생각했다.

　대구로 유학한 아들이 집으로 왔으니 친지들이 몰려와 "찬석이는 공부를 잘 했제?"라고 묻는 것이었다. 아버지는 "앞으로 봐야제… 이번에는 어쩌다 1등을 했는가배…"라고 답하시는 것이었다. 친지들은 나의 속도 모르고 "명순(아버지)이는 자식하나는 잘 뒀어. 1등을 했으면 책거리를 해야제"라고들 야단이었다. 당시 우리 집은 동네에서 가장 가난한 살림이었다.

　이튿날 강에서 멱을 감고 돌아오니, 아버지는 한 마리뿐인 돼지를 잡아 동네 사람들을 모아 놓고 잔치를 하고 있었다. 그 돼지는 우리 집 재산목록 1호였다. 기가 막힌 일이 벌어진 것이다. "아부지…" 하고 불렀지만 다음 말을 할 수가 없었다. 그리고 달려 나갔다. 그 뒤로 나를 부르는 소리가 들렸다. 겁이 난 나는 강으로 가 죽어버리고 싶은 마음에 물속에 뛰어들어 숨을 안 쉬고 버티기도 했고, 주먹으로 내 머리를 내리치기도 했다… 충격적인 그 사건 이후 나는 달라졌다. 항상 그 일이 머리에 맴돌고 있었기 때문이다. 그로부터 17년 후, 나는 대학교수가 되었다. 그리고 나의 아들이 중학교에 입학했을 때, 그러니까 내 나이 마흔 다섯이 되던 어느 날, 부모님 앞에 33년 전의 일을 사과하기 위해 "어무이…, 저 중학교 1학년 때 1등은요…" 하고 말을 시작하려고 할 때였다. 그때 옆에서 담배를 피우시던 아버지께서 "그만 해라. 알고 있었다. 민우(손자)가 듣는다."고 하셨다.

자식이 위조하여 조작된 성적표임을 알고서도, 재산목록 1호인 돼지를 잡아 잔치를 베푸신 부모님 마음을, 박사이고 교수이고 대학 총장인 나는, 아직도 감히 알 수가 없다.

(박찬석, 전 경북대학교 총장, 교수)

**해설** ● 박찬석 교수가 성공하기까지는 아버지의 사랑과 지혜가 돋보이는 사례이다. 이 사례에서도 맹자의 어머니와 같이 자식을 바르게 키우기 위해 부모의 마음을 겉으로 내색하지 않고 기다려주는 모습을 보임으로써 자식이 성공해 갈 수 있게 한 사례이다. 이를테면 대학 교수와 대학총장을 지낸 '박찬석' 씨의 경우 중학교 1학년 때 꼴찌한 성적표 (68명중 68등)을 1등으로 둔갑시킨 아들의 거짓(?)을 아버지가 모른 채 속아 주면서 재산목록 1호인 돼지를 잡아서 잔치를 벌임으로써 아들이 양심의 가책과 함께 각오를 다지게 한 사례이다. 우리는 이 사례를 통해서 진정한 자식사랑이 무엇인지를 발견할 수 있으며, 오늘날 자식을 위해서라면 무엇이든 비싸고 좋은 것을 사주는 것이 부모로서의 사랑인 것으로 착각해서는 안 된다는 교훈을 얻을 수 있다.

### (4) 어린이, 청소년, 제자를 사랑한다.

자식과 어린이, 제자를 사랑하는 것은 내리사랑을 실천하는 것을 의미한다. 부모가 자식을 사랑하는 것은, 혈육간의 사랑(Storge)이지만, 어린이와 제자에 대한 사랑은 이타적 사랑(Agape)이다. 어린이와 청소년은 우리 사회의 꿈이며 보배이다. 따라서 그들을 보호하고 지도하며 육성해야 할 책임이 우리에게 있다.

『효경』에 "부모를 사랑하는 사람은 다른 사람을 미워하지 않고, 부모를 공경 하는 사람은 다른 사람을 업신여기지 않는다.(천자장)"[238], "부모를 섬기는 사람은 윗자리에 있어도 거만하지 않고 아랫자리에 있어도 질서를 어지럽히지 않으며 같은 무리와 함께 있어도 서로 다투지 않는다.(기효행장)"[239]고 했고, 『불경』에 "효는 모든 善을 행하게 하는 근본이요, 모범이 되게 하는 것이다.(범망경)", "효는 수행자의 기준/준거, 죄악을 범하지 못하게 하는 규정이다.(범망경)", "부모와 스승과 어른을 공경할 줄 아는 사람이 어린이를 사랑하고 높은 지위에 올라 나라를 위해 이치를 구현해야 한다.(삼세인과경)"고 하였으며, 『성경』에 "누구든지 하나님 나라를 어린이와 같이 받들지 않는 자는 결단코 들어가지 못하리라.(마태복음 10:15-16)", "누구든지 자기 가족을 돌보고, 내 이름으로 어린 아이를 영접해야 한다.(디모데전서 5:8, 마태복음 18:5-6)", "어린 아이들을 용납하고 내게 오는 것을 금하지 말라, 천국이 이런 자의 것이니라.(마태복음 19:13-14)", "아비들아 너

---

**238** "愛親者 不敢惡於人 敬親者 不敢慢於人"

**239** "事親者 居上 不驕 爲下不亂 在醜不爭"

희 자녀를 격노케 말지니 낙심할까 하노라.(골로새서 3:21)", "노인을 아비와 어미처럼 대하고 젊은이를 형제 대하듯 하라.(디모데전서 5:1-2)", "마땅히 행할 것을 아이에게 가르치라, 그리하면 늙어서도 그것을 떠나지 아니하리라.(잠언 22:6)"라고 하였다. 또한 『맹자』에 "자기 집 어린이를 사랑하여서 그 마음이 다른 집 어린이를 사랑 하는데 까지 미치게 한다.(양혜왕 상)"[240]고 하였고, 『소학』에 "부모가 사랑하는 바를 사랑하고 부모가 공경하는 바를 공경하라.(명륜편)"[241]고 했다. 사람은 누구나 자기가 낳은 자식, 혈육의 동생을 사랑하고 아껴주기 마련인데 그러한 마음으로 자식을 사랑하듯이 어린이를 사랑하고 동생을 아껴주듯이 어린이와 청소년을 사랑해야 한다. 때문에 효는 어린이와 제자를 사랑하는 마음의 발로(發露)인 것이다. 이와 관련된 사례로 ①입양한 장애아를 최고의 수영선수로 키운 양정숙 씨 ②부모를 속이는 아들을 대학 총장으로 키운 아버지의 사랑 등을 제시한다.

사례 24    입양한 장애아를 최고의 수영선수로 키운 양정숙 씨

자원봉사를 갔던 양정숙(41) 씨가 세진(13)이를 처음 만난 건 1998년 초겨울이었다. 그 해 봄, 대전의 한 보육원 앞에 버려진 아기는 보육원에서 새 삶을 찾고 있었다. 1997년생으로 짐작될 뿐인 아이는 양쪽 허벅지 아래 다리가 없고, 오른쪽 손가락이 하나뿐인 선천성 무형성 장애아이였다. 이듬해 봄, 양정숙 씨는 입양을 결심했다. 울며 보채다가도 품에만 안기면 울음을

---

뚝 그치는 아기를 떨쳐낼 수 없었던 것이다. 딸(김은아, 19) 하나 키우다가 아들까지 생기자 양정숙 씨는 더 열심히 일했다. 백화점 매장과 여행사에서 근무할 때는 그래도 생활에 여유가 있었다. 그러나 계속 자라나는 다리뼈를 수술해야 하는 아들이 입원했을 때는 간병을 위해 직장을 그만둬야 했고, 시간이 자유로운 대리운전 등으로 생계를 꾸리며 어렵게 생활했다.

그 가운데서도 그녀는 세진이에게 정성을 쏟았다. 재활을 돕고 사회적응력을 키우기 위해 달리기와 바이올린 등 여러 가지를 시켰다. 여덟 살 때부터 배운 수영을 너무 좋아하더니 세계적인 선수로 성장했다. 2009년 영국 셰필드에서 열린 세계장애인선수권대회에서는 금메달 4개와 은메달 3개를, 2010년 독일 베를린 세계장애인선수권대회에서는 금 2, 은 2, 동 6개를 획득했을 정도다. 지금은 하루 5시간씩 강훈련을 받으며 계속 정진하고 있다. 대회참가경비는 생활비를 아껴 모아 마련했다. 더욱이 아들의 의족은 1년에 한번 발 부위를, 2년에 한번 무릎을 교체해야 하는데, 이 제품들은 상당히 비싸서 경제적 부담이 크다. 다행히 화성시에서 지금 살고 있는 아파트를 무상임대 해주었고, 하이닉스반도체에서는 매달 수영용품비와 생활비를 일부 지원해주고 있어서 큰 도움이 되고 있다고 한다. "저보다 딸이 세진이를 더 아껴요. 지금이야 세진이가 의족을 차고 축구도 잘하지만, 초등학교 저학년일 때는 딸이 세진이를 업고서 등교시켰거든요. 몸은 불편해도 마음에 그늘이 없는 세진이가 누나를 위해서라도 2012년 런던 장애인올림픽에서 꼭 금메달을 따겠다고 다짐을 하고 있어요."라는 표현에서 이타적 삶의 진수를 엿볼 수 있다.

 양정숙 씨의 사례를 보면서 『맹자』에 나오는 글귀를 생각하게 됐다. "자기 집 노인을 공경하여서 그 마음을 다른 집 노인을 공경하는 데까지 미치게 하고, 자기 집 어린이를 사랑하여서 그 마음을 다른 집 어린이를 사랑하는 데까지 미치게 한다. 이렇게 마음을 쓴다면 세상을 쉽게 이끌수 있다."는 내용으로, 『맹자』「양해왕 상」편에 나오는 말이다. 맹자라는 인물은 원래 인간을 선한 존재로 본 대표적인 현인이다. 성선설(性善說)로도 유명하지만, 하늘의 이치에 따르는 삶을 살아야 한다면서, 인간의 마음에는 인(仁)·의(義)·예(禮)·지(智) 등 사덕의 사단(四端)이 구비 되어 있음을 주장했다. 여기서 말하는 인(仁)은 측은지심(惻隱之心), 즉 남의 어려운 처지를 그냥 보아 넘길 수 없는 마음이며, 의(義)는 옳지 못하고 선하지 않은 것을 보아 넘기지 못하는 수오지심(羞惡之心), 예(禮)는 타인을 위해 사양하는 사양지심(辭讓之心), 그리고 지(智)는 선악의 시비를 판단하는 시비지심(是非之心)의 마음이라고 했다. 사례에서 양정숙 씨의 경우는 맹자가 말하는 '인의예지' 모두를 실천한 경우라 할 수 있다. 요즈음 세상 살아가기가 어려워지면서, 자기 자식을 돌보기조차 버겁게 생각할 수 있는 이때에 장애 아이를 입양해서 세계적 선수로 키운 헌신적 정신은 참으로 아름다운 정신이며, 맹자의 사단(四端)을 실행에 옮긴 사례라 할 수 있다. 양정숙 씨와 같은 아름다운 선행이 세상의 등불이 되어, 더 많은 이들에게 비쳐지기를 기원한다.

## (5) 자신에게 성실(修身)하고 자기를 사랑한다.

자기 자신을 사랑한다는 것은 자기적 효를 실천하는 것으로 소위 말하는 '더 높은 단계'의 효이다. 자기 성실성을 바탕으로 부단한 자기계발(自己啓發)을 통해 입신양명(立身揚名)의 길을 가는 것이다. 그럼으로써 부모님께 기쁨을 드리는 효이다. '나'는 곧 부모님의 분신이다. 따라서 부모님 기대에 보답하는 삶을 살아야 한다. 나로 인하여 부모님이 걱정하시지 않도록 자기 몸을 잘 간수함으로써 '나' 자신을 사랑하는 것이다. 부모님께서는 나를 낳으실 때 서 말 서 되의 피를 흘리시고, 여덟 섬 너 말의 젖으로 키워주셨으니 내 몸을 소중히 할 줄 알아야 한다.

『효경』에 "우리 몸과 팔다리, 머리카락과 피부까지도 부모에게서 받은 것이므로 함부로 훼손하거나 상하지 않게 하는 것이 효의 시작이다.(개종명의장)"[242], "효의 시작은 부모를 섬기는데 있고, 효의 마지막은 이름을 드러내는 것이다. 부모의 이름을 드러나게 하는 것이 효의 마지막이다.(개종명의장)"[243]라고 했고, 『불경』에 "효는 모든 善을 행하게 하는 근본이요, 모범이 되게 하는 것이다.(범망경)", "효는 수행자 삶의 기준이자 준거, 죄악을 범하지 못하게 하는 규정이다.(범망경)", "이 세상에 나보다 존귀한 사람은 없다.(天上天下唯我獨尊, 서응경)"고 하였으며, 『성경』에 "여호와를 경외하여 그 모든 도를 행하고 사랑하며 마음과 성품을 다해야 한다.(신명기 10:12)", "무릇 지킬 것

---

**242** "體髮膚受之父母 不甘毀傷孝之始也"
**243** "孝始於事親 終於立身 揚名 以顯父母孝之終也"

만 한것보다 더욱 네 마음을 지키라.(잠언 5:23)", "네 마음을 다하고 목숨을 다하고 뜻을 다하라.(마태복음 22:37-40)"고 했다. 또한 『충경』에 "자기의 몸과 마음을 다하는 것을 이르러 충이라 이른다."[244]고 했으며, 『소학』에 "부모가 사랑하는 바를 사랑하고 부모가 공경하는 바를 공경하라.(명륜편)"[245]고 했다.

최근 리더십 이론의 발전 추세에서도 "자기에게 성실하고 자신을 소중히 여기는 사람이 남을 사랑하고 배려하며 이끌 수 있다."는 내용이 부각되고 있다. 리더십으로 상대방을 변화시키기 위해서는 리더가 자기 자신부터 변화시킬 수 있어야 하는 것이다. 그래서 노자(老子)도 "상대방과 싸워 이기는 사람이 강한 사람이긴 하지만, 자신과 싸워 이기는 사람이 더욱 강한 사람이다."라고 했다. 나 자신은 부모님으로부터 받은 소중한 존재이므로 자기 자신을 사랑하고 타인을 사랑하는 등 부모님이 원하시는 방향으로 자기 자신을 이끎으로써 입신양명을 추구해야 하는 것이다. 이와 관련된 사례로 ①맹모의 가르침과 맹자의 자기사랑 ②강영우 박사의 삶 속에 나타난 자기사랑 등을 제시한다.

**사례 25**   **맹모의 가르침과 맹자의 자기사랑**

맹자(B.C. 372~B.C. 289?)는 공자의 사상을 이어 발전시킨 인물로, 중국에서는 공자와 함께 2대 성인으로 칭송 받고 있는데, 공자보다 179년 뒤에 태어났다. 맹모삼천지교(孟母三遷之敎)로 유명한 맹자 어머니의 가르침은 오늘날에도 귀감이 되고 있으

<hr>

244 "盡己之謂忠"
245 "父母之所愛 亦愛之 父母之所敬 亦敬之"

며, 특히 맹자가 네 살 되었을 때 아버지가 세상을 떠나게 되면
서, 맹모 구씨 부인의 헌신적인 뒷받침으로 성장하게 된다.

맹자의 아버지는 몸이 약해 맹자가 태어난 이후 줄곧 병석에
누워있었는데, 총명함이 뛰어난 아들을 보면서 큰 기대를 가지
게 되었지만, 결국 세상을 하직함으로써 맹자는 홀어머니 밑에
서 가난한 어린 시절을 보내게 된다. 한편 맹모 구씨 부인은 남
편을 잃고 외로움을 느꼈으나 구 부인은 결코 절망하지 않고
어린 아들을 힘닿는 데까지 훌륭하게 키우는 데 몸과 마음을
바치기로 굳게 마음먹었다. 그녀는 생계를 위한 것 외의 시간
에는 어린 아들의 훈육에 전력을 기울였다. 맹자는 총명함을
지닌 예리한 감수성으로 한번 어떤 의문을 가지면 그것을 완전
히 이해할 때까지 끈질기게 파고드는 성미였다. 이러한 맹자의
성격에 어머니는 하나하나 대답을 게을리 하지 않았다.

그러면서 아들에 대한 교육에 더욱 힘썼는데, 다음과 같은 예
화가 전해진다. 맹자 모자가 사는 집이 공동묘지 근처에 있어
자연스레 장례 구경을 하게 되므로 맹자는 그 흉내를 내면서
놀았다. 그러자 어머니는 "여기는 자식을 기를 데가 못 된다."
생각하고 이사를 하게 되는데, 시장의 근처로 이사를 갔다. 그
런데 이번에는 맹자가 또 물건을 파는 흉내를 내며 노는 것이
었다. 맹모는 "여기도 역시 자식 기를 데가 못 된다." 하여 이
번에는 서당 곁으로 이사를 했다. 그랬더니 여기서는 글 읽는
흉내라든가, 제사를 드리는 예법 등을 본떠서 노는 것을 보고
어머니는 비로소 안심하고 거기서 오랫동안 살았다는 것인데,
이것이 바로 유명한 '맹모(孟母)의 삼천지교(三遷之敎)', 즉
「맹자 어머니의 세 번 이사를 통한 자식 교육」이다.

어느 날 구씨 부인에게 어린 아들이 물었다. "엄마, 저 건너 집에서 돼지를 죽이는데 왜 죽이는 거예요?" "아마 너에게 고기를 먹이려고 그럴 거야." 무심코 이렇게 말한 구씨 부인은 그 말에 자신도 깜짝 놀랐다. 그리고 어린아이를 속이는 것은 거짓말과 불신을 가르치는 것이라 생각하고 곧 그 집에 가서 돼지고기를 사다 주었다.

이렇듯 사소한 것에까지 세심하게 아들을 위해 생각하던 구 부인은 맹자의 나이 12살이 되자, 공자의 손자 자사(子思)에게 아들을 보내 배우도록 하였다. 학문을 닦으러 어머니 곁을 떠나는 어린 아들의 마음은 아팠지만, 아들을 멀리까지 보내야 하는 구씨 부인의 마음은 더욱 아팠다. 그러나 그녀는 결코 약한 모습을 어린 아들에게 보이지 않았다.

아들이 떠난 후에도 부인은 부지런히 베를 짜면서 아들의 장래를 생각하며 보고 싶은 마음을 참았다. 맹자는 자신 때문에 고생하시는 어머니를 생각하고는 어머니를 좀더 편안히 모시고 난 다음에 학문을 닦으리라 결심하고 스승인 자사에게 뜻을 표했다. 맹자의 간곡한 청에 못 이겨 스승은 귀가(歸家) 승낙을 내렸다. 그렇게하여 열심히 학문을 배우던 맹자는 어느덧 3년이라는 세월이 경과한 어느날, 맹자는 어머니가 계신 집을 향해 길을 떠났다. 갑자기 돌아온 아들을 보고 구씨 부인은 마음속으로 매우 반가웠지만 표정은 굳게 하고 아들을 대했다. "너는 벌써 배울 것을 다 배웠느냐?" 그러면서 짜던 베를 중간에 끊어 버렸다. "짜던 베도 중도에서 이렇게 잘라 버리면 아무 쓸모가 없거늘, 하물며 인간이 학문을 중간에 그만두면 이 잘린 베와 무엇이 다르겠느냐?"

어머니가 보고 싶어 먼 길을 달려온 맹자는 고개를 숙이고 다시 발길을 돌려야 했다. 그렇게도 그리웠고 보고 싶었던 아들을 돌려보내는 구씨 부인의 마음은 매우 쓰라렸음은 물론이다. "아무쪼록 쉬지 말고 배워서 훌륭히 된 다음에 돌아오너라." 절을 하고 돌아가는 아들의 뒷모습을 바라보는 어머니의 눈에서는 눈물이 흘러내렸다.

이 일화는 맹모의 '단기지훈(斷機之訓)' 사례로 후세에 길이 전해지고 있으며, 어머니로서의 태도가 무엇인지에 대하여 귀감이 되고 있다. 맹자는 어머니의 가르침을 오래오래 간직하여 공부에 온 전력을 다하였다. 맹자는 자사의 문하에서 예(禮), 악(樂), 사(射), 어(御), 서(書), 수(數)의 육례(六禮)를 배웠다. 그의 성선설(性善說)은 측은한 마음, 부끄러운 마음, 겸허한 마음, 선악을 가리는 마음인 인의예지(仁義禮智), 사덕(四德)의 단서(端緖)로 그의 윤리설 및 정치설의 중심 사상을 뒷받침 했다.

이토록 훌륭한 맹자일지라도 그의 어머니에게 또 한 가지 배운 것이 있었다. 하루는 맹자가 아무 인기척도 없이 아내의 방에 들어갔다가 매무새를 풀어헤치고 있는 아내를 못마땅하게 생각하고 돌아 나왔다. 이것을 본 아내는 무안한 김에 시어머니에게 가서 "부부 일신으로 생각하지 않는 모양이니 친정으로 저를 보내 주세요."라고 청했다. 그러자 어머니는 아들을 불러서 말했다. "방문을 열기 전 기척을 해서 사람이 온 것을 알리는 것이 예의요, 고개를 숙이고 들어가 미리 단정하게 준비하지 못한 모양을 보지 않는 것이 예의거늘, 너는 스스로 예의를 잃고 어떻게 아내의 비례를 책망할 수 있겠느냐?" 결국 맹자는 어머니의 꾸중을 듣고 자신의 잘못을 수긍하였다.

　그 후 맹자는 만인의 스승이 되었으며, 20년 동안 중국 천하를 다니면서 인간의 도리를 주장하고 성선설을 주장했으며, 덕으로써 정치를 행해야 한다는 왕도정치를 설파할 수 있었다. 그리고 이 모두는 어린 시절 홀어머니 슬하에서 자라는 동안 어머니의 교육 방법이 주효했음은 물론이다.

　우리는 여기서 부자자효(父慈子孝)와 부자유친(父子有親)의 관계속에서 자식의 입신양명(立身揚名), 즉 자기적(自己的) 효가 있을 수 있었던 교훈을 발견할 수 있다.

**해설** ● 오늘날 맹자가 공자와 함께 성현(聖賢)으로 불 릴 정도로 훌륭한 인물로 평가되기 까지 어머니 구(丘) 씨 부인의 사랑과 지혜가 있었다. 어머니가 '단기지훈(斷機之訓)'과 같은 결자해지(結者解之)적인 모습을 보임으로써 자식의 굳은 결심을 이끌어 냈고, 결국 성공의 길로 안내한 내용을 담고 있다. 그리고 누구보다도 어머니의 말씀을 순종하면서 자기에게 엄격했고, 입신양명(立身揚名)을 위해 노력한 맹자의 모습을 발견할 수 있는데, 효심에서 비롯된 것으로 볼 수 있다. 소크라테스는 "부모를 섬길 줄 모르는 사람과는 벗하지 말라. 왜냐하면 그는 인간의 첫걸음으로부터 벗어난 사람이기 때문이다."라고 했고, 토머스 폴러는 "자식게 회초리를 들지 않으면, 자식이 부모에게 회초리를 든다."고 했다. 여기서 우리는 "여성은 약하지만 모성은 강하다(빅톨유고)"는 말을 상기하게 된다.

　　한국 최초 시각장애인 박사이자, 미 백악관 국가장애위원회 정책 차관보를 지낸 강영우 박사 가족의 이야기이다. 강 박사님의 성공에는 한평생 그의 지팡이가 되어주고 그림자처럼 내조했으며, 자식을 훌륭히 키워낸 석은옥 씨의 헌신과 희생이 있었다. 그리고 부부의 아름다운 사랑과 하모니는 두 아들에게 '내리사랑'으로 이어졌고, 두 아들은 '올리효도'로 보답했다. 큰아들 진석 씨는 유명한 안과 의사이자, 미 워싱턴 의사 협회 회장으로 있고, 막내 진영 씨는 오바마 미국 대통령의 법률비서관이다. 강 박사님은 미국의 저명인사 200인의 명단에 오르고 모범 가정으로 소문나기까지 부모와 자녀가 각자의 도리를 다한 가정적 효의 모범 사례라 할 수 있다.

　　강영우 박사님은 1944년 경기도 양평에서, 2남 1녀 중 장남으로 태어났다. 열네 살 때 아버지를 여윈 강영우 학생은 홀어머니를 모시고 효심이 많은 학생으로 자라고 있었다. 얼굴도 잘 생겼지만 모범생으로 공부도 잘했으며 친구관계도 좋았다. 그러던 어느 날, 중학교 1학년 (15세)친구들과 축구를 하다가, 친구가 찬 공에 눈을 맞아 양쪽 눈을 실명하는 사고를 당하게 된다. 청천벽력 같은 장남의 실명 소식을 들은 어머니는 그만 충격으로 기절해 노일혈로 사망함으로써 3남매는 고아원으로 보내졌다.

　　고아원에서 생활하면서 시각장애인 학교에서 중등과정 1학년 과정에 다니던 어느 날, 걸스카우트 회원으로 봉사활동 프로그램에 참여한 석은옥이라는 여대생을 만나게 된다. 당시에 대해 석은옥 씨는 "만일, 저 불쌍하고 초라해 보이는 맹인 중학생이, 10년 후 나의 신랑이 된다는 사실을 하나님께서 미리 알려주셨다면, 저는 그대로 도망쳤을 것입니다."라고 회고한다. 봉사활동을 나온 인원들에게 "강영우 학생을 버스 정류장까지 데려다 줄 사람 손들어 주세요."라는 부탁에 손을 번쩍 들고 앞으로 나가 강영우 학생의 손을 잡고 버스 정류장으로 안내해준 사람이 바로 석은옥 학생이고, 그때의 만남이 결국 발전해서 결혼으로 이어지게 된다.

강영우 중학생은 대학생인 석은옥 누나와 '누이 동생의 관계'로 발전하면서 공부에 더욱 매진한 결과, 우수한 성적으로 맹아 학교를 졸업하고 연세대학에 입학하게 되는데, 장애인이라는 이유로 많은 어려움을 격게 되지만 우여곡절 끝에 연세대학에 입학했고, 2등으로 졸업하는 영예를 안게 된다. 대학 졸업과 함께 결혼식을 올린 두 사람은 미국 유학에 도전하게 되는데, 당시로서는 장애인을 외국으로 유학 보낸 사례가 없어 어려움이 많았다. 그렇지만 아내가 된 석은옥 씨의 노력으로 천신만고 끝에 미국의 피츠버그 대학에 입학하게 됐고, 석사학위와 박사학위를 취득하고 여러 기관에서 강사로 활동하다가 미국 공무원시험에 응시하여 공무원으로 근무하던 중, 미 부시 대통령 시절 백악관 장애인 담당 보좌관으로 근무하게 되었으며 장애인 중 세계 최고의 자리에 오른 사람일뿐 아니라 미국 200인 인명사전에 등록된 유명인사이다.

석은옥 씨는 강영우 박사님보다 한 살 연상(年上)이다. 석은옥 씨는 강영우 박사님과의 만남에 대해 "최고 엘리트였던 제가 앞을 못 보는 남자와 결혼, 남편의 성공을 위해 헌신해온 감동 인생에 관하여 이야기하자면 눈물 없이는 말하기 어렵습니다. 인생 60을 넘긴 지금도 가만히 눈을 감으면 지난 세월이 주마등처럼 지나갑니다. 저의 인생을 뒤바꾼 한 맹인소년과의 만남! 그 후 자원봉사자로 1년, 누나로 6년, 약혼녀로 3년, 그리고 아내로 34년을 그의 그림자가 되어 살아왔습니다."라고 회고한다.

　숙명여자대학 영문과 1학년 학생으로 처음 만났을 때, 강영우 학생은 시력을 완전히 잃은 게 아니어서 어렴풋이나마 젊은 시절 석은옥 씨의 얼굴을 기억하고 있다고 한다. "그저 대학생과 중학생이라는 것만 생각해 부담 없이 그의 누나가 되겠다고 했던 자신이 2년 정도 지나 그의 성적표에 있는 생년월일을 보고 한 살 반밖에 차이가 나지 않는다는 사실을 알게 되었지만, 양친이 안 계신 동생이 생기니 누나로서 할 일이 정말 많았습니다. 당시엔 맹인에 대한 편견이 심했던 관례로 맹인이 버스를 타려고 하면 차장이 밀어내기 일쑤고, 가게에서는 재수가 없다며 오후에 오라 하고, 식당에서는 구석 자리에 앉으라고 하던 그러한 시대에, 어려운 처지에 있던 강영우 학생을 돕다 보니, 결국 평생을 지켜주어야겠다는 생각을 하게 되었습니다."라고 말한다. 그 후 두 사람은 비밀리에 약혼식을 올렸지만, 홀로 된 채 무남독녀 외동딸로 애지중지 기른 딸을 맹인에게 준다는 것은 청천벽력과 같은 소식에 어머니는 "절대로 안 된다!"며 반대하셨지만 결국

딸의 고집을 꺾지 못했다.

　이를 보던 친구들은 "관상을 보면 팔자가 그렇게 센 것 같지는 않은데 하느님이 해도 너무하셨다. 아무리 공부를 잘하고 학벌이 좋으면 뭐하니? 너는 좋아서 결혼한다 해도 그 사이에서 태어나는 자식들을 생각해봐. 아버지가 장님인데…"하면서 결혼을 말렸다. 주위의 반대에도 불구하고 대학생이던 약혼자를 졸업하기까지 만 3년이나 기다린 끝에 드디어 나이 서른이 다 되어 결혼식을 올렸지만, 다른 친구들은 모두 판사, 의사, 약사, 대기업 간부의 부인이 되어 있을 때, 연하인 맹인 학사를 신랑으로 맞아 많은 고생을 할 수밖에 없었던 석은옥 씨의 입장을 이해할 만하다.

　결혼 4년 후 남편이 드디어 피츠버그 대학교에서 박사학위를 받던 그날의 감회에 대해 그녀는 "대학 당국의 배려로 박사 복(複)을 입은 남편을 총장 앞으로 안내하면서 헬렌 켈러의 말이 생각났습니다." "마음껏 사랑하고 즐긴 것은 결코 잊지 못하며, 자신의 일부분으로 남게 된다."는 말이다. 석은옥 씨는 남편의 성취를 자신의 성취로, 남편의 성공을 자신의 성공으로 여기면서 아내의 길, 어머니의 길을 성공적으로 걸어온 길이야말로 이 시대의 신사임당이라 할 수 있을 것이다.

　큰아들 진석 군은 아버지의 눈을 치료해 드리기 위해 하버드 대학 의대 안과를 전공한 사례로 유명하다. 현재 그는 36세에 미국 워싱턴 의사협회장으로 근무하고 있는데, 40세 이전에 이 자리에 앉게 된 사람은 진석 씨가 처음이라고 한다. 진석 씨가 하버드 의과대학 시험을 칠 때, 답안 작성에 나타난 효 스토리는 너무나 감동적이다. "당신이 지금까지 인생을 살아오면서 삶에 영향을 준 이슈가 될 만한 내용을 제목으로 정하고, 그 내용을 기술하시오"라는 논술문제 문제였는데, "나의 아버지 강영우"라는 제목의 답안(答案) 내용을 대강 간추리면 이렇다.

"난 어린 시절 아버지가 싫었다. 다른 친구의 아버지는 운전을 해서 여행도 다니고 함께 농구, 야구, 축구를 하는데, 우리 아버지는 시각장애인이라서 아무것도 할 수 없었다. 그래서 난 아버지를 싫어했다. 그런데 언제부터인가 점자책을 이용해서 캄캄한 어둠 속에서 동화책을 읽어주시고, 시각장애를 무릅쓰고 가족을 위해 저토록 열심히 생활하시는 모습을 보고 난 아버지를 존경하게 됐다…. 만일 내가 하버드 의과대학에 합격한다면 안과를 전공해서 아버지의 눈을 뜨게 해드리고 싶다. 그래서 난 하버드 대학에 지원했다…"는 골자의 답안 내용이다.

진석 군은 결국 하버드 대학에 합격했고, 실력 있는 안과 의사가 됐지만, 아버지의 눈은 이미 망막이 모두 파열된 상태라 치료할 수 없었다고 한다. 그러나 아버지 눈을 뜨게 해드리기 위해 열심히 공부했고, 세계적인 의사가 되었다.

이렇게 아버지를 위해 안과의사가 되기까지 진석 군의 어린 시절 일화가 전해진다. 당시 미국 장애위원회 위원이던 아버지에게 4살이던 강진석 군은 이렇게 말했다. "어떻게 하면 아빠가 앞을 볼 수 있어요?" 그러자 아버지는 이렇게 답변했다. "진석이가 커서 안과의사가 돼 아빠를 고쳐 주면 되잖아." 시각장애인 아버지를 위해 네 살 때 안과의사가 되기로 결심했던 한국계 미국인이 32년 후, 워싱턴지역 안과의사 협회장에 취임하게 된

계기를 마련했던 것이다.

막내아들 진영 군도 마찬가지로 훌륭한 부모님과 형을 본받아서 열심히 공부한 결과 필립스 아카데미 법과대학을 졸업하고, 현재는 미국 오바마 대통령 법률비서관으로 근무하고 있다. 아버지는 부시 대통령의 장애인 담당 비서관을, 아들은 오바마 대통령의 법률 비서관을 하고 있는 것이다.

**해설 ●** 본 사례는 강영우 박사님이 시각장애에도 불구하고 처절한 노력으로 입신양명한 사례이다. 또한 석은옥 여사님의 남편에 대한 헌신적 내조와 자녀사랑을 통해 두 아들이 효자로 성장하게 한 가족사랑의 모범 사례이기도 하다. 큰아들 진석 씨는 아버지 눈을 뜨게 해드려야겠다는 목표의식으로 열심히 공부하여 세계적인 안과 전문의가 되었고, 둘째 아들 진영 씨는 백악관 법률 담당 비서관이 되었다.

미국사회에서 32세 나이로 오바마 대통령의 입법특별보좌관(Special Assistant · 차관보급)에 임명된 강 박사님의 둘째 아들 강진영(미국명 크리스)씨가 화제가 된 일이 있고, 큰아들 강진석(미국명 폴 강)씨가 월간지 워싱토니안으로부터 '2010년의 가장 뛰어난 의사' 중 한 명으로 선정되어 화제가 된 일이 있다.

안과의사로 활동하는 큰아들 진석 씨는 "앞 못 보시는 아버지 때문에 지금도 눈 때문에 고생하는 사람을 보면, 다른 의사들과는 다른 감정을 가지게 됩니다. 환자들에 대한 남다른 연민이 오늘의 저를 만든 것 같습니다. 저는 한국계 미국인들이 사는 지역에서 안락하게 의사생활 하는 것에는 관심 없습니다. 어떤 의사는 연구에, 또 다른 의사는 돈 버는 것에 몰두하지만, 저는 의학적으로 성공한 안과의사뿐 아니라 워싱턴은 물론 미국과 국제사회에서 리더가 돼 세상을 발전시키고 변화시키는 것이 꿈입니다."라는 진석 씨의 적극적 성격에는 아버지 강 박사님의 영향이 컸다고 아들은 말한다. "어렸을 때 살던 인디애나주 먼스터시에서 우리 집은 가장 가난했어요. 부모가 의사·변호사인 친구들이 수두룩한 학교에서 저와 동생은 전혀 특별할 것이 없었어요.

그런데도 아버지는 특별한 사람이라며 도전의식을 갖도록 했어요. 구체적으로 무엇이 되라고 강요하지는 않고, 다른 사람을 위해 봉사하라고 하셨지요."라는 아버지의 말씀이 본인을 이렇게 성공하게 했다는 것이다.

이와 같은 강영우 박사님과 석은옥 씨 가정에서 우리는 부모와 자녀가 각자 도리를 다함으로써 가정적인 성공만이 아니라, 이웃을 위하고 사회에 이바지하며 대한민국의 위상을 높이고 있다.

또한 여러 저서를 통해 수많은 장애인들과 청소년들에게 꿈과 희망을 선사하고 있다. 이런 삶이야말로 철저한 자기사랑을 통해 성공한 입신양명의 사례라 할 것이다.

필자에게도 아버지 가르침을 잊을 수 없고 항상 감사한 마음을 가지게 되는 일화가 있다. 필자의 고향은 충남 보령시 무창포 해수욕장 부근의 농어촌이다.

당시 고향에서는 초등학교를 졸업한 남자들은 모두 석공(石工) 공장에 나가 석수장이로 돈을 버는 것이 관례였다. 그러나 딸 일곱을 낳으시고 마흔이 넘어 아들 삼 형제를 낳으신 아버지는 몸이 약하셨던 탓에 우리 삼 형제도 석공수로 보내셨어야 할 형편이었지만, 우리 집만 아들 삼 형제를 모두 중학교에 진학시켰다. 동네 사람들은 손가락질하며 아버지를 '미련한 사람'이라며 흉보았지만 아버지 생각은 다르셨다. 그러면서 주경야독(晝耕夜讀)이라는 지혜의 말씀을 해 주셨다.

아버지와 새끼를 꼬아 나래 이엉을 엮던 날, 주경야독에 대해 설명해주신 것이다. "종두야! 주경야독이란 말이 있다. 낮에 일하고 저녁에 책을 읽는다는 뜻인데, 우리 집처럼 넉넉하지 않은 집에서 태어난 너의 3형제가 공부하기 위해서 새겨야 할 말이다."라는 요지였다.

난 그때부터 부모님 고생을 덜어드려야겠다고 생각했고, 야간 고등학교를 선택하는 계기가 되었다. 직장을 가지고 고학을 한 것도, 장교로 입관해서 부지런히 책을 보며 공부를 한 것도 아버지의 가르침과 부모님의 애처로운 모습에서 의지를 얻게 된 때문이다.

이런 이유로 군에서 대령 계급을 달 수 있었고, 이처럼 대학교수가 될 수 있었다. 아버지를 존경하고, 사랑에 감사드린다.

## (6) 나라를 사랑한다.

나라를 사랑한다는 것은 나와 우리 가족을 보호해주는 나라를 지키기 위한 노력이다. 이런 면에서 나라는 나 자신보다 우선한다. 우리 민족은 역사를 통해 나라 없는 설움을 경험해봤듯이 나라가 없으면 나도 없다. 나의 존재는 나를 보호하는 국가가 존재하기 때문에 가능하다. 국민의 의무와 책임을 다하고, 나의 발전과 나라의 발전은 함께 가야 할 공동운명체로 여겨야 한다. 이런 맥락에서 효는 나라를 사랑하는 마음의 발로(發路)인 것이다. 우리 민족은 예로부터 '충효일신(忠孝一身)', '충효일본(忠孝一本)'이라 하여 효와 충은 함께하는 것으로 여겨온 면이 있다.

『효경』에 "리더(군자)는 부모를 섬김에 효를 다하는 고로 그것을 군주에게 옮겨서 충성한다.(광양명장)"[246]고 했고, 『불경』에 "충으로써 나라를 사랑하라.(事君以忠, 원광법사)", "부모를 사랑하고 스승과 어른을 공경할 줄 아는 사람이 어린이를 사랑하고 높은 지위에 올라 나라를 위함에서도 이치를 구현한다.(삼세인과경)", "가정에서 효도하고 나가서는 국가에 충성한다.(삼국사기)", "발지국 사람들이 부모에게 효도하고 스승과 어른에게 공경하며 교훈을 받아 생활하는 까닭

에 나라가 망하지 않는다.(유행경)"고 했으며, 『성경』에 "내가 어찌 내민족이 화를 당함을 차마 볼 수 있으며, 내 친척의 멸망함을 차마 볼 수 있겠나이까.(에스더 8:6)", "하늘에 계신 우리 아버지여 이름이 거룩히 여김을 받으시오며, 나라에 임하옵시며, 뜻이 하늘에서 이루

---

**246** "君子之事親 故忠可移於君"

어진 것 같이 땅에서도 이루어지이다.(마태복음 6:9-10)”, “너희는 부모를 공경하고, 먼저 그의 나라와 그의 의를 구하라.(출애굽기 20:12, 마태복음 6:33)”고 했다. 또한『예기』에 “관직에 나가 성실하지 않으면 효가 아니고 친구와 사귐에 믿음으로 하지 않으면 효가 아니고 전장에서 용감하지 않으면 효가 아니다.(제의편)”[247]라고 했고, 『후한서』에 “나라를 구할 충성된 신하는 효자의 가문에서 나온다.”[248]고 했으며, 『충경』에 “무릇 충이란 자신에게서 일어나 집안에서 드러나고 나라에서 완성되는데 실행하는 것은 모두 한결같다.(천지신명)”[249]고 했다. 그리고『여씨춘추』에 “무릇 천하를 위하여 국가를 다스리는 데에는 반드시 그 근본을 다스려야 한다. 근본을 다스림ㅂ에는 효보다 귀한 것이 없다.(효행람)”[250]고 했고, 『묵자』에 “부모자녀간 효도와 사랑이 없고 형제간 조화를 이루지 못하면 그것이 곧 천하의 해악이 된다.(겸애상)”[251]고 했으며, 『세신실어』에 “나라를 기만하는 것은 불충이고 부모를 병들게 하는 것은 불효이다. 불충과 불효보다 더큰 죄악은 없다.(정사편)”[252]고 했다.

이처럼 나라를 위하는 마음은 효에서 비롯되는 것이다. 물질적 가치를 중요시 하는 물질적 효는, 가정에서 보면 물질로서 부모님을 기

---

**247** “蒞官不敬非孝也 朋友不敬非孝也 戰陣無勇非孝也”
**248** “求忠臣必於孝子之門”
**249** “夫忠興於身 著於家 成於國 其行一焉”
**250** “凡爲天下 治國家 必務本而後末 所謂本者 務本莫貴於孝”
**251** “父子不慈孝 兄弟不和調 此則天下之害也”
**252** “欺君不忠 病母不孝 不忠不孝 其罪莫大”

쁘게 해드리는 것이지만, 사회적 효나 국가적 효로 보면 고령이 된 노인들의 삶을 어떻게 보살펴 드리느냐의 문제가 포함된다. 본디 가난을 물려받았거나 사업에 실패해서 물질적으로 어렵게 지내는 노인이 많지만, 어떤 노인은 자식들이 보살핌을 외면해서 무료 급식장을 찾아다니는 경우도 있다. 우리를 낳아 길러주신 부모님의 은혜를 잊어선 안 되며, 또한 이웃에 그러한 노인이 있으면 보살펴 드림으로써 따뜻한 세상을 만들어서 모두가 행복한 삶이 가능하도록 해야 한다. 이것이 나라를 사랑하는 마음이며, 가정윤리에서 확대된 나라사랑의 정신이다. 이와 관련된 사례로 ①충무공 이순신의 효와 나라사랑 ② 사암 정약용의 효심과 나라사랑 등을 제시한다.

**사례27**   **충무공 이순신의 효와 나라사랑 정신**

충무공 이순신(1545~1598)은 조선시대의 임진왜란 때 일본군을 물리치는데 큰 공을 세운 명장이다. 원균을 비롯한 여러 사람의 모함과 질시가 있었지만, 오직 나라와 백성을 위하는 마음으로 직분에 임했으며, 옥포대첩, 사천포해전, 당포해전, 명량대첩, 노량해전 등에서 승리했다.

충무공은 지금까지 나라에 대한 충성으로 널리 알려져 있지만 어머니에 대한 효성이 지극했던 것으로도 유명하다. 충무공의 난중일기에는 어머니에 대한 효심(孝心)으로 가득 찬 대목이 여러 곳 눈에 띤다. 임진란이 일어났을 무렵, 그의 어머니는 78세였고, 충무공 또한 50세를 넘어서 지천명(知天命)이었다. 충무공은 늘 어머니를 그리워하고 문안을 드렸으며, 어머니의 소식만 듣고도 반가워하고 몇 날만 소식이 끊겨도 걱정하였다. 이러한 그의 효심은 난중일기 곳곳에 배어 있다.

갑오년 정월 12일 일기에는 다음과 같이 적혀 있다. "아침을 먹은 뒤 어머님께 하직 인사를 드리니 노모께서는 '잘 가거라! 가서 나라의 욕됨을 크게 씻어라' 하시며, 두 번 세 번 거듭 타이르시며 위로해 주셨다." 그리고 병신년(丙申年) 윤 8월 12일 일기에는 다음과 같이 기록되어 있다. "하루 종일 노를 저어 밤중에 어머님을 찾아뵈오니 백발이 부수수한 채 나를 보고 놀라 일어나 앉으시는데 기력이 흐려져 몇 날을 더 보전하시기가 어려울 지경이었다. 눈물을 머금고 서로 붙들고 앉아 그 마음을 즐겁게 풀어 드리기 위하여 장년의 시름을 잊고 소년의 모습으로 어머니를 위로하였다."라는 내용이다.

충무공은 이 같은 효성을 다하는 것도 잠시였다. 왜군들의 침범이 계속되자, 기력이 조금 회복된 어머니를 모셔 두고 다시 임지로 떠났다.

1593년 삼도수군통제사가 되었을 무렵, 노환의 어머니에게 효성을 다하지 못함을 안타깝게 생각하던 이순신은 어머님을 잠시 뵙고자 진주에 있던 도체찰사(都體察使) 이원익(李元翼)에게 휴가를 청한 내용에도 효심이 베어있음을 볼 수 있다. "자식이 아침에 나가 돌아오지 않아도 어버이는 문 밖에 기다린다고 하거늘, 하물며 찾아뵙지 못한 지 3년이 지났으니 얼마나 안타까이 기다리시겠습니까? 요즘은 인편에 들으니 노환이 날로 심하여 여생이 얼마 남지 않으신 것 같습니다. 죽기 전에 자식 얼굴을 다시 한 번 보는 것이 소원이라고 하십니다. 아, 다른 사람들이 들어도 눈물을 흘리겠거늘 자식 된 심정이야 어찌 말

로 다 표현할 수 있겠습니까?"라는 내용이다. 이처럼 어머니에 대한 충무공의 효성은 지극하였다.

4월 11일의 일기에는 이렇게 적혀 있다. "새벽 꿈이 몹시도 뒤숭숭하였다. 병드신 어머니를 생각하니 마음이 괴롭고 눈물이 흐른다."는 내용이다. 충무공은 종 순화(順花)를 보내어 어머님의 안부를 자세히 알아오도록 하였다. 그때 충무공의 다른 가족은 고향에 있었지만 어머니만은 순천에 와 계시도록 해두었던 것인데, 가까운 곳에 어머니를 모시고 자주 찾아뵙기 위해서였다.

13일 아침 해정(海汀)을 향하는 길에 종 순화가 급히 달려와 어머니의 죽음을 전하였다. 이순신은 하늘이 무너지는 듯하였다. 순화가 "대부인께서는 고향 아산으로 돌아오시는 도중 별세하셨다 합니다."고 전하자 이순신은 통곡하였다. "불초자의 옥사 때문에 병환이 나시더니 기어이 돌아가셨구나…." 이순신은 슬픔과 원통한 마음을 가누지 못한 채 게바위라는 나룻가로 달려갔다. 영구를 실은 배가 이미 당도해 있었다. "자식 된 도리로서 임종을 지키기는 커녕 죄를 받아 옥중에 있었으니 불효를 더한 것이 아니옵니까?" 하고 통곡하며 영구를 모시고 고향에 이르니 이순신은 가슴이 더욱 메어 왔다.

다음날 4월 17일 금부서리 이수영이 곧 길을 떠나기를 재촉해 왔다. 하늘도 통곡하는지 그날 종일 비가 내렸다. 어머니의 장례도 치르지 못하고 임지로 떠나야 했다. 이순신은 종가 선묘(先廟)에 고하고 비장한 마음으로 백의종군 길에 올랐다. 이러한 광경을 본 이웃과 백성들은 군민(軍民) 할 것 없이 통곡하며 이순신과 함께 슬픔을 같이하였다.

또한 공(公)은 자식사랑도 남달랐음을 볼 수 있다. 막내아들 '면'이 전사한 날의 일기에 다음과 같이 기록 돼 있다. "어느새 간담이 떨어져 목 놓아 통곡, 통곡하였다. 간담이 타고 찢어지는 것 같다. 내가 죽고 네가 사는 것이 마땅하거늘, 네가 죽고 내가 사니 이런 어그러진 이치가 어디 있다더냐! 천지가 캄캄하고 해조차 빛이 변했구나. 슬프다. 내 아들아, 나를 버리고 어딜 갔느냐. 내 지은 죄가 네 몸에 미친 것이냐? 목숨은 연명이야 하고 있다마는 마음은 죽고 형상만 남아 있어 울부짖을 따름이다. 하룻밤 지내기가 일 년 같구나. 사랑하는 내 아들아" 라는 내용에서 자식에 대한 사랑을 알 수 있다.



**해설** ● 본 사례는 가족사랑을 바탕으로 나라와 백성을 사랑하는 이타성을 보여주고 있다. 이순신은 부모, 자식에 대한 사랑뿐 아니라 나라와 백성, 심지어 포로로 잡힌 왜군에 이르기까지 이타적 사랑을 실천한 것으로 나타나 있다. 전장에서 부하들에 대하여 일거수일투족 모두를 챙겨서 구성원들의 불편을 최소화하려고 노력했던 부하 사랑이 그것이다. 그리고 명나라의 사신 '운덕'이라는 사람이 충무공 이순신을 평가한 내용에 "하루는 눈과 함께 칼바람이 살결을 찢는 듯해 감히 밖으로 나서지 못하고 있을 때, 통제사 영감이 홀로 지나가 궁금해 따라가 보니, 그곳은 왜놈들이 잡혀있는 현장이었고, 영감은 왜군에게 『명심보감(효행편)』을 읽어 주고 있었다. 다음날 알아보니 그 왜군의 나이는 15세였더라. 내가 본 두 사람은 한 아버지와 그의 아들로 보였는데, 통제사 영감이 저러하다면, 백성을 아끼는 마음도 그러하리라!"라고 적혀있다.

『손자병법』에 "병사 보기를 어린아이 보듯 하면 병사들은 깊고 험한 골짜기도 함께 들어가게 할 수 있고, 병사 보기를 사랑스런 자식같이 하면 가히 리더와 함께 죽을 수 있게 한다."고 했고, 『맹자』에 "리더십의 성공은 벗들의 신뢰와 존경에서 시작되고, 그 존경과 신뢰는 부모님에 대한 효성에서 비롯되며, 부모님에 대한 효는 자기 성실에서 비롯된다."고 했는데, 충무공 이순신의 그토록 훌륭한 리더십에는 오직 나라와 백성을 위해 효라는 보편적·이타적 가치를 실천함으로써 가능할 수 있었음을 알 수 있다.

사례 28 **사암(俟菴) 정약용(丁若鏞)의 효심과 나라사랑 정신**

사암의 효는 그의 기본 철학이 효제자(孝悌慈)에 바탕을 두고 있음에 기인한다. 즉 자식은 부모에게 효도하고 형과 아우는 우애가 있어야 하며, 부모는 자식을 사랑하고 스승이 제자를 사랑할 때 교육이 바로 서고, 사회, 문화, 경제 등이 바로 설 수 있다고 본 것인데, 그 중심에 효 사상이 자리하고 있다는 것이다.

 정약용(丁若鏞)은 1762년 6월 16일, 그의 묘소가 위치하고 있는 경기도 남양주군 조안면 능내리에서 아버지 정재원(丁載遠)과 어머니 해남(海南) 윤씨 사이에서 5남 3녀 중 다섯 번째로 태어났다. 아버지는 연천군수와 화순현감, 예천군수, 울산부사, 진주목사 등을 지냈으며, 첫째 부인 의령(宜寧) 남씨(南氏)와의 사이에 큰아들 약현(若鉉)을 두었고, 사별 후 해남 윤씨와의 사이에 딸(이승훈의 처)·약전(若銓)·약종(若鐘)·약용(若鏞) 등 3남 1녀를 두었으며, 윤씨와 사별 후 김씨와의 사이에 1남 2녀를 두었다. 이 중 해남 윤씨가 낳은 3남 1녀의 삶이 천주교와 연관됨으로 인해 파란만장한 삶을 살아야 했다. 해남 윤씨와의 사이에 맏이인 약전은, 천주교 및 붕당정치의 여파로 사암과 같은 시기에 흑산도에 유배돼 『현산어보(茲山漁譜)』를 집필하는 등 후학 양성에 힘쓰다가 해배(解配) 2년 전에 유배지에서 사망하였고, 둘째인 약종은 천주교 사건으로 순교하였으며, 누이는 천주교 신자인 이승훈과 결혼하였으나 천주교사건으로 이승훈이 사형 당했다. 사암도 천주교와 연관되었다는 누명으로 18년 동안 유배 생활을 하는 등 순탄치 않은 삶을 살았다.

 사암은 9살 때 어머니를 여의고 약현의 처인 큰형수의 보살핌으로 성장하였다. 정조 임금이 즉위하던 해에 열다섯의 나이로 풍산 홍씨(豊山 洪氏)와 결혼하여 6남 3녀를 두었으나 4남 2녀는 요절(夭折)하고 아들 학연(學淵)·학유(學遊)와 딸만이 성장했으며, 사위는 윤창모(尹昌謨)이다.

 사암의 어린 시절은 비교적 순탄하게 성장해서 벼슬길에 오르게 되는데, 18세 때 승보시(陞補試)에 합격하여 과거시험 응시 자격을 얻은 이후, 22세 되던 해에 초시와 복시에 합격하여 성균관에 들어갔다. 23세에 정조(正祖) 앞에서『중용(中庸)』강의를 바치면서 발탁되어 정조 임금의 측근에서 보필하게 되는데, 이후 경기암행어사(33세), 곡산부사(36세), 동부승지·형조참의(38세) 등을 통해 정조(正祖)의 높은 신임을 받게 되지만, 당쟁의 반대파인 노론 벽파의 무고(誣告)도 점점 더 심해짐을 느끼게 되자, 39세에 고향으로 돌아와 여유당에서 칩거하고 있던 중에 정조가 갑자기 승하하게 된다.

이렇게 되자 천주교 관련 누명이 씌워지고, 그 다음 해에 사암은 유배를 떠나게 된다. 그러나 그는 누굴 원망하기보다는 오히려 그동안 게을리 했던 학문에 전념할 수 있는 좋은 기회를 얻었다고 여기고 후진양성과 연구에 몰두했던 것으로『자찬묘지명(自撰墓誌銘)』에 기록하고 있다. 유배 초기에는 철학분야에 온 마음을 기울여『주역(周易)』등『사서(四書)』·『육경(六經)』을 연구한 끝에 232권의 경학(經學) 저술을 남겼고, 유배 말년에는 일표이서(一表二書) 등 경세학(經世學) 연구를 통하여 부란(腐爛)의 상태에 있던 조선을 재건하기 위해 사회전반의 개혁을 주장했다.

사암은 57세 되던 해(순조 18, 1818)에 이태순(李泰淳)의 상소로 18년간의 유배 생활에서 풀려나 마침내 9월 초 고향에 돌아왔다. 그는 집에 칩거하면서 이듬해에『흠흠신서(欽欽神書)』를 완성하고 학문연구에 몰두하였으며, 강진 유배생활에서 연구한 각종 서적들에 대해 논의하기 위해 당대 학자들을 만나 토론을 즐기곤 하였다. 61세 되던 해(1821)에 회갑(回甲)을 맞아

지은 『자찬묘지명(自撰墓誌銘)』을 포함한 『여유당서(與猶堂書)』로 불리는 500권이 넘는 방대한 저술을 남겼다.

사암은 유배기간 중 3회에 걸쳐 해배될 기회가 있었으나 반대파의 저지로 이루지 못했고, 해배 이후 벼슬 기회도 있었지만 그가 경기 암행어사 시절, 비위사실을 밝혀내 파직당한바 있던 서용보(徐龍輔)의 방해로 기용되지 못했으며, 75세 되던 해, 회혼일(回婚日)인 음력 2월 22일 진시(辰時, 아침 9시 경) 마재의 자택에서 생을 마감하고 여유당 뒷동산에 안장되었다. 1910년(순종 4년) 7월 18일 정헌대부규장각제학(正憲大夫奎章閣提學)에 추증되고 문도공(文度公) 시호를 받았다.

사암의 삶을 정리해 보면, 18이라는 숫자와 인연이 깊다는 점을 발견할 수 있다. 4살 때 천자문 공부를 시작으로 22살 때까지 18년간 수학(修學)했고, 22살 때 초시에 합격하여 성균관에 들어간 때부터 정조 임금과 함께 학문을 토론하는 등 40살 까지 18년간 벼슬직(宦職)에 있으면서 정조를 보필하였으며, 40세에 유배 길에 올라 57세 까지 18년 동안 유배를 살면서 18명의 제자를 키웠고, 57세에 해배되어 75세 까지 18년 동안 여생을 보냈다. 또한 18세 때 성균관 대사성(大司成)에서 생원(生員)·진사(進士)과에 응시할 자격을 주는 승보시(陞補試)에 합격했으며, 유배로 가던 길도 1801년 11월 5일부터 23일까지 18일간 이동했다.

사암에게 학문적 영향을 준 사람은 아버지와 성호(星湖) 이익(李翼)이다. 그는 결혼하던 15세까지 아버지에게 학문을 배웠으며, 결혼한 그 해 영조(英祖)가 승하하고 정조가 왕위에 오르면서 아버지가 병조좌랑(兵曹佐郎)으로 출사하게 되자, 아버지를 따라 서울로 가게 되면서 성호 이익의 서적을 접하게 된다. 이때 남인(南人)계 학자이면서 성호 선생을 조술(祖述)했던 권철신(權哲身), 이가환(李家煥), 이기양(李基讓), 이승훈(李承薰) 등을 만나 성호의 유고(遺稿)를 접하고, 이때부터 사숙(私淑)하면서 성호의 실사구시(實事求是)적 사상에 심취하게 된다. 그러면서 고착되었던 정주성리학(程朱性理學)에서 벗어나 호대(浩大)한 학문세계와 열린 경학(經學) 세계로 들어서게 되는데, 본래의 공맹(孔孟)사상으로 돌아가야 한다면서 주자의 성리학을 비판했다.

사암과 서학 및 천주교(天主敎)의 관계는, 23세 때 맏형 정약현(丁若鉉)의 처남 이벽(李檗)에게 천주교에 대한 설명을 듣고 천주교 서적을 접하면서부터이다. 이런 과정을 통해 서양학문에서 각종 지식을 얻게 되지만 천주교 사건, 즉 30세 때 사암과 외사촌간인 윤지충이 그의 외사촌 권상연과 함께 어머니의 영정을 불태우고 제사를 모시지 않는 진산사건(珍山事件)으로 천주교 배격운동이 일어나자, 그는 서양의 학문은 받아들이되 종교는 멀리하게 된다. 38세 때 대사간 신헌조(申獻朝)가 천주교와 연관하여 형 약전(若銓)을 탄핵하자, 그도 사직서를 올리고 사직했으며 이듬해인 39세 때는 처자를 데리고 낙향하여 여유당이라는 당호(堂號)를 짓고 학문에만 전념한다.

사암의 효 사상은 수기안인(修己安人)을 바탕으로 삶을 살아가는 과정과 조상과 가문, 부모를 섬기는 자세, 그리고 유배생활을 하는 동안 자식들에 대한 애틋한 사랑 등에 잘 나타나 있다.

사암의 효 사상은 『부모에게 효도하는 길(諭谷山鄕校勸孝

文)』에 잘 나타나 있는데, "효자가 자기 어버이를 봉양하는 일은 어버이의 뜻을 봉양함에 있었기 때문에 성인(聖人)께서 먹고 입는 일만 봉양함을 무척 경계 삼도록 하였다. 그러나 세상이 갈수록 타락하고 도덕이 날로 빛을 잃고 있는 탓인지, 먹고 입는 것만을 봉양하는 사람조차 도리어 찾아보기 어렵다. 먹고 입는 일만 봉양할 사람이 있다면 이 사람이야말로 역시 효자의 부류이리라. 더구나 일반 백성들의 뜻이란 대인군자(大人君子)와는 달라서 먹고 입는 일 말고는 별다른 뜻을 가지기가 힘들어, 곧 먹고 입는 일만 봉양해 드릴 수 있으면 더러는 뜻까지 함께 하여 봉양 받은 것으로 여기지 않을 수 없다. 연약한 백성들이나 서민들이 어찌하여 먹고 입는 것에 대한 봉양만이라도 부지런히 힘쓰지 않을 수 있겠는가."라고 하여 자식으로서 최소한의 도리만이라도 다함으로써 물질적 봉양과 함께 정신적 편안함을 드려야 한다는 점을 강조하고 있다.

그러면서 "효자의 행동으로서 손가락을 잘라 피를 내거나 어버이의 똥을 맛보아 병세를 살피는 일 같은 것은 정말로 훌륭하고 기특한 품행이 아니랄 수는 없지만, 그러나 순(舜)임금·증자(曾子)·윤자기(尹子奇)·민자건(閔子騫)과 같은 옛날의 효자들은 왜 그러한 일을 하지 않았을까? 만약 살아계실 때 섬기고 죽어서 장례 치르고 제사지내는 일들을 예로써 하여 백 가지 행실이 모두 갖추어져 있어 하나라도 모자람이 없는 사람이라면, 비록 한 가지의 기이한 품행이 없다 하더라도 그런 사람이 바로 효자인 것이다. 또 얼음 속에서 잉어가 뛰어나오고, 눈 속에서 죽순이 솟아나오고, 꿩이 던져지고, 호랑이가 타라고 땅을 긁는 것과 같은 자취는 옛날 사람들의 특이한 신령스러움이 나타났던 일이지, 어떻게 그러한 일이 항상 있을 수 있는 일이겠는가. 고을이나 마을에서 효행한 사람을 칭송하는 일로, 했다 하면 옛날의 기적과 같은 그런 소리를 답습하고 있는데, 더러는 사실과 다른 소리였다. 사람의 아들이 되어 설사 그러한 기적이 있었다 할지라도 의당 자신의 비밀로 가려두고 남이 알도록 하지 않는 것이 예의일 것이다."라고 기술하고 있다.

다음 『열부론』에는 다음과 같이 기술하고 있다. "그 아버지가 병들었다가 죽었는데 아들도 따라 죽었다면 이를 효자라 할 수 있겠는가? 그런 것을 효자라고 할 수는 없다. 임금이 병들어 죽었는데 신하가 따라 죽었다면 이를 충신(忠臣)이라고 할 수 있겠는가? 그런 사람을 충신이라고 할 수는 없다. 그렇다면 남편이 죽자 아내가 따라 죽은 경우 이를 열부(烈婦)라고 하면서 마을에 정표(旌表)를 세우고 호역(戶役)을 면제해 주는가 하면, 아들이나 손자들의 요역(繇役)까지도 덜어주는 것은 무슨 까닭인가? 그런 것은 열부가 아니라 소견이 좁은 여자인데 관리가

살피지 못했을 뿐이다. 대체로 세상의 일 가운데 제일 흉측한 것은 그 목숨을 끊는 것보다 더한 것이 없다. 그 목숨을 끊었는데 무엇을 취하겠는가? 오직 그 목숨을 끊으려면 그것이 의(義)에 합당한 경우여야 하는 것이다. 다만 남편이 맹수(猛獸)나 도적(盜賊)에 핍박당하여 죽었을 때 아내도 호위하다가 어쩔수 없이 함께 죽었다면 이는 열부이다. 혹 자신이 도적이나 치한(痴漢)에게 핍박당하여 강제로 욕보이려 할 때 이에 굴하지 않다가 죽었다면 이는 열부이다. 혹 일찍 과부가 되었을 적에 그 부모나 형제들이 자신의 뜻을 꺾고 남에게 재가시키려 할 경우, 이에 항거하다가 감당하지 못할 때 죽음으로써 맞섰다면 이는 열부인 것이다. 그 남편이 원통한 한을 품고 죽자 아내가 남편을 위하여 울부짖으면서 정상을 밝히려다 밝힐 수 없게 되어 함께 형벌(刑罰)을 당해 죽었다면 이는 열부인 것이다. 이런 경우가 아닌, 남편이 편안히 천수(天壽)를 누리고 안방 아랫목에서 조용히 운명하였는데도 아내가 따라 죽으면 이는 그 목숨을 끊은 것일 뿐이며 그 목숨을 끊은 것을 의(義)에 합당한 것이라고 할 수는 없다.”라고 기술하고 있다.

　이처럼 사암은 효(孝)나 열(烈)에 있어서 이치에 합당해야 함을 강조하고 있으며, 유배생활하는 기간 동안에는 제자들에게 유선시사(唯善是師)적 자세, 즉 “오직 나라와 백성을 위해서라면 착하고 옳은 일을 스승으로 삼는다”는 정신으로 당파를 초월해 의기투합하면서 이 나라를 바로 세워야 한다고 했으며, 이런 내용을 제자들에게 가르쳤다.

**해설** ● 본 사례는 사암 정약용이 유배에 가서까지 철저한 자기 관리를 바탕으로 오직 나라와 백성을 위하는 모습을 보여주고 있다. 그리고 여기에는 효제자(孝悌慈) 정신이 작용했음을 알 수 있는데, 사암은 효를 밝힘에 있어 인(仁)과 연관 지어 설명하고 있다.

인(仁)을 인간관계에 대한 결합을 이루는 사회질서의 이상(理想)으로 보고, 가정과 국가의 모든 인간관계를 지탱하는 도덕적 가치로서 효(孝)·제(悌)·자(慈)를 근간으로 삼았다. 그는 『원교(原敎)』에서 "부모를 잘 봉양하는 것을 효(孝)라 하고, 형제끼리 우애하는 것을 제(悌)라 하고, 자기 자식을 교육하는 것을 자(慈)라 하며, 이것을 오교(五敎)라 한다."라고 기록하고 있다. 또한 경세학의 근저에는 민(民)을 근본으로 한, 백성에 대한 애정을 바탕으로 하고 있음을 볼 수 있고, 이러한 내용은 『흠흠신서』 서문에 잘 나타나 있는데, 이는 그의 인도주의(人道主義)적 정신과 인명을 존중하고 인권을 중시하는 내용으로 구성되어 있다.

사암은 백성의 주체성을 강조하면서 치자(治者)의 책무와 피치자(被治者)의 권리를 각성시키고자 노력했다. 『원목(原牧)』이라는 글에서 "백성이 목민관을 위해 있는 것이 아니라 목민관이 백성을 위해 있는 것이다"라고 결말을 짓고 있다. 사암은 경학(經學)과 경세학(經世學)을 통해 수기(修己)와 안인(安人)을 강조했다. 즉 『사서』·『육경』을 통해 자기의 인간됨을 수양(修養)하고, 1표2서(一表二書인) 『경세유표』, 『목민심서』, 『흠흠신서』를 통해 천하와 국가를 경영(安人)해야 한다는 것이다. 또한 사암이 제시하는 오교(五敎), 즉 효제자(孝悌慈)

를 통하여 사람으로서의 도리를 교육할 것을 강조하고 있다.

사암에게서 배워야 할 효는 실사구시(實事求是)적인 효, 즉 가정과 사회와 국가적으로 합당하고 온당하게 행해질 수 있는 효를 요구하고 있다. 그러기 위해서는 공자와 맹자의 효 사상에 기초하면서 시대에 맞는 효의 개념을 정립하고, 가르칠 수 있는 환경과 여건을 만들어야 하는 것이라는 점을 제안한 것이다.

원래 정약용은 그의 호(號)를 열수(洌水), 사암(俟菴)으로 『자찬묘지명』에 기록하고 있다. 그러나 오늘날 그의 호가 다산(茶山)으로 알려진 것은 그가 10년 동안 전남 강진 만덕산 자락의 자그만 동산(茶山)에서 유배생활을 했다는 데서 기인한다. 따라서 효라는 관점 즉, 조상의 가르침에 어긋나지 않게 따라 해야 하는 후손의 입장에서 보면, 그의 호는 '열수' 또는 '사암'으로 부르는 것이 맞다. 왜냐하면 그가 쓴 『자찬묘지명』에 그렇게 밝히고 있기 때문이기도하고, 다산(茶山)에서 보낸 유배기간이 정약용 선생의 삶을 매우 불행하게 만든 기간이었기 때문이다.

사암은 그 곳에서 10년 동안 머물면서 많은 책을 낼 수는 있었지만, 넷째 아들(농아)가 죽었을 때 가보지 못했고 고명딸이 시집갈 때도 가보지 못했으며, 부인이 아플 때도, 존경하는 약전형의 죽음에도 도리(道理)를 하지 못한 점 등을 감안하면, 정약용 선생은 '다산'이라는 호보다 '사암'이라는 호를 원하고 계실 것 같아서 필자는 '사암'이라는 호를 쓰고 있다.

## (7) 생명을 존중하고 자연을 사랑하며, 환경을 보호한다.

생명을 존중하고 자연을 사랑하며 환경을 보호한다는 것은 나와 우리 가족을 보호해주는 자연과 환경을 지켜나가는 것이다.

자연은 인간의 소유가 아니다. 모든 생명의 터전이다. 자연이 있기에 사람이 있다. 때문에 사람도 곧 자연이다. 그런데 세계적인 환경오염이 생명을 위협하고 있다. 우리 삶의 터전인 삼천리금수강산을 아름답게 보호하고 보전하는 것은 대한민국 국민의 당연한 책무이다.

그러므로 자연을 아끼고 보호해야 하는데, 이는 가정에서 가족간 실천하는 이타적 가치에서 나온다. 즉 자연 사랑도 가족사랑의 확대된 이타적 가치의 실현에서 나오는 것이다. 이런 점에서 효는 자연을 사랑하고 환경을 보호하는 마음의 발로(發路)인 것이다. 자연이란 사람의 손이 닿지 않은 상태로 존재하는 현상이며, 인간이나 사물이 본디 가지는 성질, 즉 본성(本性)이다. 효는 부모와 자식이 서로를 위하는 원초적 사랑으로, 이는 다른 사물을 몹시 소중히 여기고 긍휼히 여기는 씨앗과 같은 것이다. 『불경』에 "살생은 함부로 하지 말고 가려서 해야 한다.(殺生有擇, 원광법사)", "신체와 국토의 체는 차별이 없다.(성유식론)", "법신과 정토는 오직 한 진리의 세계이다.(본업경소)", "극락세계에 왕성하고자 하면 부모·어른·스승을 공경하고 살생을 말아야 한다.(관무량수경)"고 했고 『성경』에 "생육하고 번성하여 땅에 충만하여라. 땅을 정복하여라. 바다의 고기와 공중의 새와 땅위의 생물을 보호하라.(창세기 1:28)", "너의 곡물이 스스로 난 것을 거두지 말고, 다스리지 아니한 포도나무의 맺은 열매는 거두지 말라. 이는 땅의 안식년임이라.(레 25:5)", "인간의 영혼이나 정신뿐만 아니라 온 우주가 하나님의 구원의 대상이다. 자연도 구원의 대상이다.(이사야 11:6-9)"라고 했으며, 『예기』에 "수목(樹木)은 때에 맞춰 베고 금수(禽獸)도 때에 맞춰 죽여야 하며, 때를 맞추지 않으면 효가 아니다.(제의편)"[253], 『맹자』에 "리더는 짐승에 대해 그 살아있는 것을 보고서는 그것이 죽는 것을 차마 보지 못하며, 그 죽는 소리를 듣고서는 차마 그 고기를 먹지 못한다.(양혜왕 상)"[254], "부모가 사랑하는 바를 사랑하고 부모가 공경하는 바를 공경하라.(명륜편)"[255]라 하여 자연을 사랑할 것을 강조하고 있다.

이와 관련된 사례는 13자녀 다둥이를 낳아 키우는 김석태·엄계숙 씨 부부의 사례를 제시한다.

<table>
<tr><td>사례 29</td><td>13자녀 다둥이 가족 '김석태·엄계숙' 씨 가정에 나타난 효[256]</td></tr>
</table>

경북 구미시 황산리, 아이가 많아 유명해진 집이 있다. 작은 시골 교회인 황산교회의 김석태(53) 목사·엄계숙(44) 씨 부부의 가정이다. 전국 최다인 5남 8녀, 모두 13명의 아이들과 김 목사 부부가 살고 있다.

김씨 부부는 1986년 결혼하여 이듬해 첫딸(빛나·20·경북대 3년)을 낳은 뒤, 이날까지 22년간 13명의 아이를 낳아 건강

---

**253** "樹木以時伐焉 禽獸以時殺焉 不以其時 非孝也"

**254** "君子之於禽獸也 見其生 不忍見其死 聞其聲 不忍食其肉"

**255** "父母之所愛 亦愛之 父母之所敬 亦敬之"

**256** 김선홍, 『플러스 인생(제 2월호)』, 서울 : 순복음교회출판부, 2010. p.32~33

하게 기르고 있다. 1987년 첫딸을 출산한 후, 21년 동안 13명의 아이를 낳아 전국 최다의 다둥이 가족이 되었다. 아이가 많아 유명해진 이후에 2006년 전국체육대회 성화 봉송 때 전 가족이 뛰기도 했고, 엄마 엄계숙 사모는 2007년 12월 31일에 종로 보신각에서 제야의 종 타종식에 참석하기도 했다.

엄계숙 씨가 막내인 열셋째를 낳을 때는 쉽지 않았다. 12명의 아이들은 모두 자연분만으로 낳았지만 막내 온새미('언제나 변함없이 영원히'라는 뜻)을 낳을 때는 과다출혈 위험이 있어 고심 끝에 처음으로 제왕절개 수술을 했다. "하나님께서 우리 가족이 감당할 수 있으니까 온새미를 주신 것으로 믿어요. 아이들은 가업이자 하나님의 선물입니다. 주셨을 때는 감사함으로 받아야 합니다. 내 자녀이지만 결코 내 소유가 아닙니다. 모든 아이는 하나님께서 세상에 태어나길 원하셨던 자녀입니다." 엄마 엄계숙 씨의 말이다.

막내인 온새미는 선천성 상구순 파열(속칭 언청이)로 태어났다. 김씨 부부는 온새미가 언청이로 태어난 것에 대해 아무런 문제될 것이 없다고 말한다. "그 아이 역시 하나님의 귀한 선물이니까요, 단지, 아이가 컸을 때 아이에게 상처가 될까봐 염려가 되긴 하지만 그럼에도 불구하고 이 아이를 통해 하나님이 얼마나 기뻐하시고, 또 어떤 계획을 가지고 계실지가 기대됩니다. 열셋째 아이를 통해 우리 부부는 굉장히 낮아지고 겸손하게 되었습니다. 우리 부부에게 다른 아이들은 귀한 선물이고 막내는 특별한 선물입니다." 라고 말한다.

많은 사람들이 궁금해 하는 질문은 어떻게 그렇게 많이 낳을 생각을 하게 됐냐는 것과 경제적인 어려움, 또 교육에 대한 관심일 것이다. "아이를 많이 낳겠다는 욕심이 없었습니다. 그런데 아이를 하나, 둘, 셋 낳다 보니까 아이들의 커가는 모습이 너무 예쁘고 함께하는 시간이 너무 행복했습니다. 그 후로는 하나님께서 주시면 신앙 안에서 잘 길러보겠다고 생각을 했지요. 많은 분들이 경제적인 면을 궁금해 하시는데 사실 저희도 궁금해요. 이 많은 아이들을 먹이고 입히고 하는데 들어가는 돈을 어떻게 공급하고 계신지… 모두 하나님의 은혜라 감사할 따름이에요."

다둥이네 가정은 사교육을 시키지 않고 방과 후에는 홈스쿨처럼 한자 외우기, 영어 받아쓰기 등 아이들이 매일 규칙적으로 학습할 수 있도록 가르친다. 엄마는 학교공부도 중요하지만 신앙교육과 인성교육이 더 중요하다고 말한다. 다둥이네 가족은 매일 아침 7시에 잠에서 깨어 일어나 가족이 둘러앉아 가정예배를 드린다. 가족이 다 모이면 웬만한 소그룹 모임 이상이라 사회를 보는 아이가 있고 성경봉독을 하는 아이 등 역할이 분담되어 있다. 아빠의 말씀을 깨달은 부분을 서로 나누며 하루를 시작한다.

엄계숙 사모는 아이를 많이 낳아본 사람만이 아는 기쁨이 있다고 말한다. "저희처럼 다둥이 가족을 만나면 어쩌면 그렇게 우리 가정과 비슷한 면이 많은지 신기하고 재미있기도 해요. 아이는 하나님께서 주신 선물이에요. 물질의 선물은 한때이지만 생명의 선물은 평생을 갑니다. 아이를 통해 한 가지 감정만 느끼는 것이 아니라 다양한 기쁨을 누릴 수 있어요. 아이가 아프면 엄마도 동일하게 아프듯이, '내가 아프면 하나님도 아파하시겠구나' 하고 느끼고, 또 아이로 인해 아주 많이 기뻐서 어쩔 줄 모르면, '하나님도 내가 기뻐서 이렇게 기쁨을 이기지 못하시는구나' 하는 것 등 하나님 아버지의 마음을 깨달아요. 아이를 통해 엄마는 더욱 성숙해가는 거지요." 아이를 낳기도 전에 걱정하고 염려하는 세태를 두고 엄 사모는 자녀는 짐이 아니라 선물이라고 말한다. "선물을 짐으로 느끼는 사람이 어디 있나요? 주님의 계획 속에 몸을 맡기면 그분의 뜻 가운데 우리의 자녀들과 가정을 인도하는 것이지요."라고 답하는 엄계숙 씨에게는 행복감이 넘쳐흐른다.

**해설** ● 유엔인구기금(UNFPA)과 인구보건복지협회가 함께 발표한 '2009 세계인구현황보고서'에 따르면, 한국의 합계출산율(가임기 여성이 평생 낳는 아이 수)은 1.22명으로 2008년도(1.2명)에 이어 세계에서 출산율이 제일 낮은 것으로 조사됐다. 보고서에서 출산율 최저로 나타난 것은 보스니아헤르체고비나(1.21명)였으나, 인구보건복지협회는 지난해 통계청 조사에서 우리나라의 합계출산율은 1.19명이었으므로 사실상 세계 최저라고 밝힌바 있다. 협회는 "유엔인구기금(UNFPA) 보고서는 최근 5년의 자료를 기반으로 합계출산율을 추정하기 때문에 사실상 우리나라가 출산율이 가장 낮은 것으로 봐야 한다"는 것이다.

한국의 합계출산율 1.22명은 세계 평균(2.54명)의 절반에도 못 미치는 것은 물론 선진국 평균인 1.64명에도 미치지 못하는 수준이라는 점에 고민할 필요가 있다. 2010년도 대한민국 인구는 4,830만 명으로 세계 26위지만, 이처럼 저출산이 계속되면 2050년 우리나라 인구는 4,410만 명으로 감소해 세계 41위로 밀려날 것으로 전망됐다. 한편 북한의 출산율은 1.85명으로 세계 52위, 인구는 2,390만 명으로 47위를 기록했다. 남북한 인구를 합하면 7,220만 명으로 세계 19위의 인구 규모다.

2010년 세계 총 인구는 68억2,940만 명으로 2009년(67억 4,970 만명)에 비해 7,970만 명이 늘었다. 인구가 가장 많은 국 가는 중국(13억4,580만명)이었으며, 인도(11억9,800만 명), 미국(3억1,470만 명)이 뒤를 이었다. 그러나 2050년이 되면 인도가 16억1,380만 명으로 세계 1위의 인구 대국으로 올라서고, 중국(14억1,700만)이 2위로 물러날 것으로 예상됐다. 한편, 전세계 평균 수명은 남성 65.8세, 여성은 70.2세였으며, 우리나라는 남성 76.2세로 세계 32위, 여성 82.8세로 17위를 기록했다. 세계 최장수국은 남성의 경우 아이슬란드(80.4세), 여성의 경우 일본(86.5세)이 꼽혔고, 최단명국은 남녀 모두 아프가니스탄(44.3세)인 것으로 나타났다. 북한은 남성이 65.3세(118위), 여성이 69.5세(125위)로 세계 평균보다 낮았다.

이런 추세로 진행된다면 국가발전 원동력에 크게 지장을 줄 전망이다. 당장 대학들이 문 닫는 사례가 속출하고 학력인플레 현상을 비롯하여 수많은 부작용이 발생하게 될 것이다. 이런 관점에서 김석태, 엄계숙 씨 부부가정은 애국자의 집안이다.

한 가지 개탄스러운 점은 정부에서 추진하는 저출산·고령화 대책은 '가치' 지향적 접근이 아닌 '물질' 지향적 접근으로 추진되고 있다는 점이다. 현재 젊은 여성들이 아이낳기를 망설이는 것은 물질적 문제보다도 가치적 문제임을 알고, 효를 철학적 기초로 삼아야 한다. 김석태·엄계숙 씨 부부의 경우를 보더라도 그렇다는 것을 알 수 있다. 가정이 안정되어야

학교가 안정되고 사회가 안정되며 국가 정책이 추진될 수 있다. 그것이 효를 저출산·고령화의 철학적 기초로 삼아야 하는 이유이다. 여성들이 많은 기업체, 학교, 공공기관에는 탁아시설을 만들고, 아이를 키워주는 보모(保姆)들에게도 철저한 교육과 지원이 따르는 등 국가적 관심사로, 국가적 효의 개념으로 추진되어야 한다.

# Ⅲ 토의

① 제시된 사례를 참고로 '7행의 효'에 대하여 사례를 발굴하여 발표해 봅시다.

② 제시된 사례 14가지 중 효의 본질적 의미 5가지에 해당되는 내용을 찾아 발표해 봅시다.

# 4부 효 영역의 확장, 그리고 미래적 효

8장  효의 구분과 영역
9장  미래 가치로서의 효

미래 사회는 우리에게 어떤 모습으로 다가올 것인가? 그것은 분명 물질적으로는 풍요로워지겠지만 정신적으로는 소외와 고독, 물욕에 눈이 어두워 질투와 싸움으로 번지게 됨으로써 현재보다 더 피폐해질 가능성이 크다. 현대 문명은 과학문명, 기계문명이 발달되면서 본질적으로 인간성이 상실되어간다는 우려를 낳고 있다. 미래사회는 분명 인간이 기계에 매달리고 기계에 의존해서 많은 돈을 벌려고 할 것이며, 재물을 놓고 부모와 자식 간 송사(訟事)가 벌어지는 형국이 도처에서 일어날 가능성이 높다. 지금도 이미 자식은 부모에게 더 많은 유산을 요구하고, 부모는 자식에게 부양비를 청구하는 사례가 늘고 있으며, 소위 재벌가로 소문난 가문에서 형제간에 재산 문제로 법정 다툼을 하는 사례도 쉽게 볼 수 있다. 특히 앞으로는 저출산 고령화, 다문화 가정의 문제, 주택 및 부동산 문제, 육아 및 사교육비 증가, 대학 등록금 문제 등 인간을 더욱 힘들게 할 요소들이 도사리고 있어 인간미는 더욱 엷어질 전망이다.

그러므로 보편적 · 이타적 가치인 효를 통해서 부모와 자식 간에 형성된 원초적 사랑을 실천하도록 가르쳐서 이웃과 사회로의 확대를 통하여 미래 사회를 어둡지 않은 세상으로 만들어 가야 한다. "앞으로 인류문명에 기여할 가치는 한국이 낳은 효 사상일 것이다."라는 미래학자 아놀드 토인비의 예언처럼 우리의 효 사상을 잘 보존하고 가꾸어 나감으로써 미래사회를 밝게 열어가야 할 것이다.

따라서 현대와 미래 사회에 요구되는 효는, 전통사회의 효에 대한 패러다임의 전환이 필요하다. 이런 맥락에서 제8장 「효의 구분과 영역」에서는 기존에 가정윤리, 가족사랑 등 가정의 영역으로 인식되었던 효의 영역을, 개인 · 사회 · 국가 영역으로 구분하고 확대하여 살펴보았다.

제9장 「미래가치로서의 효」에서는, 미래적 가치로서 효가 어떤 작용을 하게 될 것인가에 대하여 제시하였다.

# 효의
# 구분과 영역

현대 사회는 과거 농경사회의 대가족이 함께 생활했던 시대와 달리 핵가족화 시대가 도래하면서 생활패턴이 많이 바뀌었다. 홀로 사는 노인, 그리고 부모의 도움을 받지 못하는 어린이들이 날로 늘어나고 있다. 이농(離農) 현상이 늘어나면서 혼자 사는 노인이 많아지고, 백세 시대가 도래하면서 가족이 아닌 이웃이나 종교 단체 등의 도움으로 살아가야 하는 노인들이 늘어나고 있다. 또한 경제 사정 등으로 부모가 이혼하거나 가출하는 현상이 늘어나면서 조부모나 위탁시설에 맡겨지는 어린이들도 늘어나고 있다. 특히 자식이 있는 노인이라 할지라도 말 못할 사정으로 혼자 살아가야 하는 경우도 있다. 이제는 효를 가정의 문제로만 보아서는 안 되고, 개인과 가정, 사회와 국가라는 각각의 영역으로 확대해야 할 것인데, 이런 맥락에서 현대의 효 패러다임은 자식이 부모를 공경하고 부모가 자식을 사랑하는 의미의 '가정 윤리적' 틀에서 탈피하는 패러다임이 요구된다. 최근 '가족 실태조사'에 대한 설문에서 한지붕 아래서 함께 살지 않으면, 혈연의 관계라 할지라도 가족으로 여기지 않는다는 사람의 수가 80%를 넘는 것으로 나타났다. 우리나라 국민들이 생각하는 가족의 범위를 보면, 할머니·할아버지를 '우리 가족'으로 인식하는 비율이 23.4%로, 5년 전 63.8%에 비해 크게 낮아졌다. 국민 10명 중 무려 8명이 '조부모는 우리 가족이 아니다'라고 생각한다는 충격적인 발표가 있었다.[257]

지식과 정보화 사회, 문화의 시대로 불리는 현대는 문화의 흐름상, 자식의 효심이 있고 없고를 떠나서, 부모의 사랑이 깊고 얕음을 떠나서 가정의 힘만으로는 어찌할 수 없는 사회적, 국가적 환경이 도래하였다. 때문에 현대적 효는 개인과 가정, 사회와 국가의 영역에서 각각의 역할이 있어야 하는 것이다.

'개인' 영역의 효는 자기 자신에게 성실함으로써 입신양명(立身揚名)을 통해 부모님에게 기쁨을 드리는 효이고, '가정' 영역의 효는 가족 구성원 서로가 도리를 다하는 것이며, '사회적 효'는 가족의 도움이나 보살핌을 받을 수 없는 어린이나 노인을 이웃이나 사회단체에서 보살피는 것이다. 또한 국가적 효는 정부가 나서서 법과 제도를 통해 효를 구현하는 것을 말한다. 즉 자기(개인), 가정, 사회, 국가 영역의 효로 구분해야 하는 것이다.

<표9> 효의 구분과 영역

| ① 자기적 효 | ② 가정적 효 |
| --- | --- |
| ③ 사회적 효 | ④ 국가적 효 |

**257** 이미정, 『노년시대신문(256호)』, 2011. 2. 10

# Ⅰ 자기적 효

## 1. 자기적 효의 의미

'자기적 효'는 일명 수신(修身)의 효를 말한다. 즉 자기 자신을 수양해서 부모를 걱정 끼쳐드리지 않을 뿐 아니라 부모님께 기쁨을 드리는 효이다. 자기를 알고 부모의

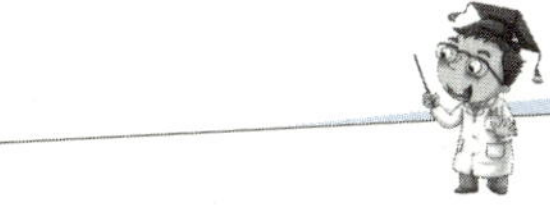


존재를 아는 정체성을 바탕으로, 성실성에 기초한 자기계발(自己啓發)과 입신양명(立身揚名)을 통하여 부모님께 기쁨을 드리는 것이다. 부모님은 나를 잉태하시고 열 달 동안 애지중지 품어주셨다가 온전한 몸으로 낳아주셨다. 그리고 젖먹이에서부터 유치원·초·중·고등학교와 대학을 마칠 때까지 온몸으로 돌봐주셨다. 따라서 자식된 자로서 우리는 부모님을 걱정 끼쳐드리지 않고 기쁘게 해드리기 위해 노력해야 한다. '나'는 곧 부모의 분신이다. 그러므로 부모님 기대에 보답하는 삶을 살아야 한다. 『부모은중경』에 "부모님께서는 나를 낳으실 때 서 말 서 되의 피를 흘리시고, 여덟 섬 너 말의 젖으로 키우셨으니 내 몸을 소중히 해야 한다."고 했고, 『효경(孝經)』에 "몸과 머리카락, 피부까지도 부모님으로부터 받았으므로 다치거나 상하게 하지 않는 것이 효의 시작이다. 성공함으로써 후대에 이름을 날려 부모님 이름을 드러나게 하는 것이 효의 마지막이다.(개종명의장)"[258], "효는

---

258 "身體髮膚 受之父母 不敢毁傷 孝之始也, 立身行道 揚名後世 以顯父母 孝之終也"

어버이를 섬기는 일에서 시작하여 다음에는 나라를 위해 일하고 마지막에는 자신이 성공하여 이름을 드러내는 것이다.(개종명의장)"²⁵⁹라고 하였으며, 『예기(禮記)』에 "효자가 어두운 곳에서 일을 하지 않으며 위험한 곳에 오르지 않는 것은 어버이를 욕되게 할까 두렵기 때문이다.(곡례상편)"²⁶⁰라고 하였다. 또한 『성경(聖經)』에 "무릇 지킬만한 것보다 더욱 네 마음을 지키라. 생명의 근원이 여기에서 남이니라.(잠언 5:23)"라 하였고, 『불경(佛經)』에도 "우주만물 중에서는 '나' 자신이 가장 존엄한 존재다.(서응경)"²⁶¹라고 하였으며, 노자는 "타인과 싸워서 이기는 사람이 강한 사람인것 같지만, 자신과 싸워서 이기는 사람이 더 강한 사람이다."라고 하여 자기에게 충실할 것을 강조하고 있다. 특히, 어렸을 적부터 성장할 때까지의 지침서라 할 수 있는 『격몽요결』에는 자신을 어떻게 관리하고 대인관계는 어떻게 할 것이며, 세상은 어떻게 살아가야 할 것인가에 대하여 다음과 같이 기술하고 있다.

① 예의에 어긋나는 것은 보지 말고, 예의에 어긋나는 것은 듣지 말고, 예의에 어긋나는 것은 말하지 말고, 예의에 어긋나는 것은 행하지 말라. 이 네 가지 것은 몸을 닦는 데 가장 요긴한 것이다. 예의와 예의에 어긋나는 것을 처음 공부하는 이는 분별하기 어려우니, 반드시 사물의 이치를 깊이 궁리하여 밝혀서 다만, 이미 아는 데까지 만이라도 함께 행한다면 생각한 바가 이미 반을 넘었다 할

─
**259** "孝始於事親 中於事君 終於立身揚名"
**260** "孝子不服闇 不登危 懼辱親也"
**261** "天上天下唯我獨尊"

것이다.(지신장)[262]

② 공부하는 사람은 한결같이 학업의 길로만 향할 것이요, 바깥 사물에 이김을 당해서는 안될 것이고, 바깥의 사물이 바르지 못한 것이라면 마땅히 일체 마음에 두지 말아야 한다. 동네 사람들이 모인 곳에서 만일 쌍륙이나 바둑 등의 노름판을 벌이고 있으면 마땅히 눈여겨보지 말고 후퇴하여 물러가며, 만일 창녀에게 노래를 불리우고 춤을 추게 하는 것을 만나거든 반드시 피해 가야 하며, 만일 향중의 대회를 당하여 혹 웃어른이 굳이 만류하여 피해 물러날 수 없거든 비록 자리에 있을지라도 용모를 단정히 하고 마음을 맑게 가져서 간사한 소리나 음란한 기색으로 인해서 내 마음에 범하는 바가 있어서는 안 되고, 잔치에 임하여 술을 마시되 지나치게 취하도록 마시지 말고 얼큰할 정도면 그만 마시는 게 옳다.(지신장)[263]

③ 마땅히 신심(身心)을 바르게 해서 표리(表裏)가 하나같이 하여 아무리 깊숙한 곳에 이르러서도 드러난 곳에 있는 것 같이 하고, 혼자 있더라도 여럿이 있는 것 같이 해서, 내 마음이 명백하여 조금도 은폐하거나 의혹하는 것이 없어서 남들이 나를 볼 수 있도록 할 것이다.(지신장)[264]

④ 날마다 자주 자기 몸을 돌이켜 자세히 검사하여서 혹시 마음이 올

---

262 "非禮勿視 非禮勿聽 非禮勿言 非禮勿動 四者 修身之要也 禮與非 禮初學難辨 必須窮理而明之 但於已知處 力行之 則思過半矣"

263 "爲學者 一味向道 不可爲外物所勝 外物之不正者 當一切不留於心 鄕人會處 若設博奕樗蒲等戲 則當不寓目 逡巡引退若遇娼妓作歌舞則必須避去如値鄕中 大會或尊長强留不能避退則雖在座而整容淸心不可使奸聲亂色有干於我當宴 飮酒不可沈醉浹洽而止可也"

264 "當正身心 表裏如一 處幽如顯 處獨如衆 使此心 如靑天白日 人得而見之"

바른 데 있지 않은가, 학문이 진보되지 않는가, 행실에 힘을 쓰지 않는가를 살핀다. 만일 이 세 가지 중에 한 가지라도 있으면 이것을 고치고 없으면 더 힘써서 부지런히 하고 게으르지 말아서 자기 몸이 죽은 뒤에라야 그만둘 것이다.(지신장)[265]

⑤ 나를 헐뜯고 비난하는 사람이 있거든 반드시 돌이켜 스스로 반성하여 살피고, 만약 나에게 실제로 헐뜯음을 당할 만한 행실이 있거든 스스로 자신을 꾸짖고 잘못을 고치는 데 주저함이 없어야 한다. 만약 나의 잘못이 아주 작은데 남들이 더 보태어 늘려서 말했거든, 그 말이 비록 지나치더라도 나는 실로 비방을 받을 만한 근거가 있는 것이니, 역시 마땅히 예전의 잘못한 점을 없애 버려서 털끝만큼도 남겨두지 말 것이고, 만약 나는 본래 아무 잘못이 없는데도 거짓말을 꾸며서 만든 것이라면 그는 망령된 사람에 지나지 않을 뿐이니, 망령된 사람과 어찌 거짓과 진실을 따질 수 있겠는가? 또 그런 허황된 비방을 하는 것은 마치 바람이 귓전을 스쳐 가는 것이니, 구름이 허공을 지나가는 것과 같으므로, 나에게 무슨 상관이 있겠는가? 대체로 비방이란 이와 같으니, 남이 비방을 해왔을 때 조금이라도 잘못이 있으면 이를 고치고, 그런 허물이 없으면 더욱 힘써 허물이 없도록 노력하면 되는 것이나, 이런 것들은 모두 나에게 유익한 일이 되는 것이다.(접인장)[266]

265 "每日 頻自點檢 心不存乎 學不進乎 行不力乎 有則改之 無則加勉 孜孜毋怠斃而後已"

266 "人有毁謗我者 則必反而自省 若我實有可毁之行 則自責內訟 不憚改過 若我過甚微 而增衍附益 則彼言 雖過 而我實有受謗之苗脈 亦當剗鋤前愆 不留毫末 若我本無過 而捏造虛言 則此 不過妄人而已 與妄人 何足計較虛實哉 且彼之虛謗 如風之過耳 雲之過空 於我 何與哉 夫如是 則毁謗之來 有則改之 無則加勉 莫非有益於我也"

⑥ 다만 과거 공부를 하는 사람들은 으레 성공하느냐 못하느냐에 따라서 마음이 동요되어 마음이 항상 초조하고 조급해서, 도리어 자기 몸으로 애쓰는 것만 못하다. 왜냐하면 힘만 들여 일하는 것은 자기의 마음에는 해를 끼치지 않기 때문이다. 그러므로 옛 현인들이 말하기를, 「공부에 방해될까 걱정하지 말고, 오직 그 뜻을 빼앗길까 걱정하라」고 하였다. 만약 과거 공부를 하면서도 그 분수를 잃지 않고 한쪽으로 치우치지 않는다면 과거 공부와 성리학 공부를 겸해서 해도 어긋남이 없을 것이다.(처세장)[267]

이처럼 자기 자신은 부모님으로부터 받은 소중한 존재이므로 자신을 사랑하는 마음을 기초로 타인을 사랑함과 함께 신의를 얻는 등 부모님이 원하시는 방향으로 자기 자신을 이끌어야 한다는 점을 강조하고 있다. 이처럼 자신에게 성실함으로 인해서 입신양명(立身揚名)의

**267** "只是 做科業者 例爲得失所動 心常躁競 反不若勞力之不害心術 故 先賢曰 不患妨功 惟患奪志 若能爲其事 而不 喪其守 則科業理學 可以並行 不悖矣"

길을 가는 것을 자기적 효라고 한다.

이러한 사례는 [사례 2 : 원각이의 지게 이야기], [사례 16 : 아프리카 톤즈의 한국인 슈바이처 이태석 신부의 효], [사례 17 : 율곡 이이의 효], [사례 18 : 신지애 선수의 효], [사례 24 : 박찬석 총장의 뉘우침과 성공], [사례 25 : 맹자의 성공과 맹모의 가르침], [사례 26 : 강영우 박사의 삶과 입신양명], [사례 27 : 충무공 이순신의 삶], [사례 28 : 사암 정약용의 삶과 자기 성실], [사례 32 : 가수 현숙 씨의 효] 응에 잘 나타나 있는데, 여기서는 「양사언의 입신양명」의 과정을 통해 자기적 효를 알아본다.


## 2. 사례

사례 30  어머니[268]의 사랑과 양사언의 입신양명

양사언(陽士彦, 1517~1584)은 조선전기 문인이자 서예가이며 목민관이다. 시와 글씨에 모두 능했는데, 특히 초서와 큰 글씨를 잘 썼으며 안평대군, 김구(金絿), 한호(韓濩) 등과 함께 조선전기의 4대 서예가로 불린다. 사언은 삼등, 함흥, 평창, 강릉, 회양, 안변, 철원 등 8개 고을 수령으로 40년 간 목민관 생활을 하면서 전혀 부정이 없이 청빈한 삶을 살았고, 유족에게 재산을 남겨주지 않은 것으로 유명하다. 또한 안변 군수로 있을 때 백성을 잘 보살펴 통정대부의 벼슬을 받았고, 북쪽의 병란(兵亂)을 미리 예측하고 말과 식량을 많이 비축해서 위급함에 대처하기도 했다. 사언이 이처럼 문인과 서예가, 목민관으

---

**268** 신연식, 『훌륭한 어머니가 큰 지도자를 만든다』 서울 : 학문사, 1994. pp. 100~104

로 성공하기까지는 죽음도 초월한 어머니의 헌신적 사랑과, 그
리고 어머니의 사랑에 부답하기 위해 바르면서도 열심히 살아
서 입신양명(立身揚名)으로 보답하는 본인의 노력이 있었다.

　　태산이 높다 하되 하늘 아래 뫼이로다.
　　오르고 또 오르면 못 오를 리 없건만
　　사람이 제 아니 오르고 뫼만 높다 하더라.

　양사언이 쓴 시(詩)다. 양사언의 어머니는 실로 인생의 험난
한 길을 오르고 또 올라서 드디어 높은 산봉우리까지 도달한
분이다. 양사언은 이조 초기의 명필가로서 안평대군, 한석봉과
함께 3대 명필가 중의 한 명이며 『봉래시집(蓬萊詩集)』이라는
저서를 남겼다. 적서(嫡庶) 차별이 심했던 그 시대의 울분을 그
의 어머니는 죽음으로써 없애고 아들을 사회로 진출시켰다.
　양사언의 어머니는 함남 안변에서 농민의 딸로 태어났다. 비록
시골 평민의 태생이나 현숙하고 현명함이 사대부집 여자보다 뛰
어났다. 양사언의 아버지 승지는 원래 유람을 좋아하는 편이어
서 말을 타고 유람을 하다가 우연히 강원도 안변 땅을 지나게 되
었다. 배도 고프고 말에게 먹이도 줄 겸 해서 집집이 대문을 두드
렸으나 아무도 없었다. 마침내 양승지는 어느 집에 들어가게 되었
다. 동리 곗날이 되어 어른은 모두 그곳에 가고 열서너 살 된 소녀
가 집을 보고 있었다. 양승지는 자기의 사정을 이야기하고 말에게
먹이를 좀 줄 것과 잠깐 쉬어 가기를 청했다. 이 사람이 바로 훗날
사언의 아버지가 될 성종 때 승지 벼슬을 한 양희수(陽希洙)였다.
　그 소녀가 "제가 말에게 줄 죽을 쑤어 드리지요." 하고는 손
님을 편안한 곳에 쉬게 하였다. 잠시 후 말죽 한 통을 쑤어 내

온 뒤, 밥 한 상을 얌전히 차려 왔다. 양승지는 그 소녀의 법도 있는 공대와 착한 마음씨를 속으로 칭찬하면서 자기에게도 밥을 주는 연유를 물었다. "말이 지쳤으면 손님도 시장하실 것 아니겠습니까. 말만 먹이고 사람은 대접하지 않으면 사람을 짐승보다 더 천하게 여기는 것이 아니겠습니까?" 양승지는 이 소녀의 착함과 영리함에 다시 한 번 감탄했다. 양승지는 폐를 끼쳤다는 인사를 하고 말죽 값과 밥값을 계산해 주려 하자 "손님을 대접하는 것은 그 집의 예의이온데, 값을 받는다는 것은 부당한 일이옵니다."라며 기어코 거절하였다. 양승지는 그대로 돌아서기가 미안하여 행장 속에 넣어 두었던 청, 홍선자 두 자루를 꺼내어 "이것을 예물로 주겠다." 하고, 양승지는 다시 한 번 소녀의 현숙함을 칭찬하고 길을 떠났다.

그 뒤 양승지가 서울에 있을 때 한 시골 사람이 찾아와 얼마 전에 안변을 지나가다 어느 촌가에서 말죽을 먹이고 소녀에게 청, 홍선자 두 자루를 주고 간 일이 있느냐고 물었다. 양승지가 그러한 일이 있었다고 하자 "저는 그 여자의 아비이온데, 딸이 나이 열다섯 살이 되어 혼처를 정하려 하나, 승지께 예물을 받았으므로 다른 곳으로 출가하지 않겠다고 끝까지 고집을 피우고 있습니다. 꾸짖고 타일러도 도저히 고집을 꺾지 못하여 이렇게 찾아 왔습니다."라는 것이었다. "예물이라고 한 것은 장난으로 한 말이오. 그것을 신표로 한다는 것도 우스운 일일 뿐 아니라 내 나이 오십이니 다른 배필을 맞이하게 해주시오." 이렇게 말하고 승지는 그 남자를 돌려보냈다.

십여 일 후 이 여아의 아버지가 다시 와서 말하였다. "여아가 죽기로 맹세하옵기에 데려다 드리겠으니 시중이나 들게 하십시오." 양승지는 더 사양할 수가 없어서 그녀를 소실로 삼았다. 그러나 양승지는 상처한 지 10년이 되어도 후처를 얻지 않고 여색을 멀리하며 오직 책과 유람을 낙으로 삼았던 탓에, 그녀를 소실로 맞이하였으나 한 번도 가까이 하지 않았다. 어느 날 양승지가 내당에 들어갔다가 집안이 몹시 깨끗하고 잘 정돈되어 있으므로 집안 식구에게 물어 보았다. "안변 서모는 현숙하고 덕이 있어 치가법백이 놀랍고, 새벽에 일어나 종일 부지런히 일해 가계가 넉넉하여진 것도 서모의 공이 크옵니다." 양승지는 감탄하여 그녀와 동거를 시작하였다. 그리하여 얼마 후 사언이 태어났다.

사언은 용모가 단정하고 총명과 재주가 놀라웠다. 양승지는 그를 애지중지 키웠다. 어머니는 아들 훈육에 힘을 기울여서 어른 공경하는 법, 동기간에 우애 있는 도리, 예법 등을 가르쳤다. 그러나 안타까운 것은 사언이가 저렇게 총명하지만 서자로 태어났기 때문에 후일 벼슬할 때 차별을 받게 될 일이었다. 이를 예견한 그녀는 남편에게 새집을 마련해 줄 것을 간청하였다. 그로부터 얼마후 사언이 8, 9세 때 어머니의 소청대로 경치 좋은 지하 골에 대문을 크고 높게 세워 새 집을 지어 모자만 따로 살게 되었다.

어느 날 성종 임금이 봄 경치를 보러 그 근방에 거동하였다가 갑자기 내리는 비를 피해 정결한 뜰에 백화가 난만하고 맑은 향기가 풍기는 그 집으로 들어가게 되었다. 방 안에 있던 이목이 청수한 동자(童子)가 나오더니 임금께 절을 하였다. 성종은 그 집안이 양피수의 부실이 사는 집임을 알았다. 그 아이는 『논어』와 『효경』에 통하고 시재와 필치가 아울러 뛰어날 뿐만 아니라, 수랏상에 올린 진수성찬의 솜씨가 절묘하므로 왕은 고맙다고 인사를 하고 동자를 데리고 환궁하였다. "이 아이는 풍채가 도도하고 재질이 비범하니, 장래 너를 보필할 신하로 삼고자 한다. 자라거든 크게 써라." 성종은 동궁에게 이렇게 말하고 오래 대궐에 머물게 하였다.

　수년 후 승지가 병으로 임종하였을 때 사언의 어머니가 사흘을 물 한 모금 안 마시다가 성복날 여러 사람이 모인 자리에 나와서 이렇게 말하였다. "우리나라 법이 서자는 종당의 반열에 참가하지 못하고 벼슬이 청환에 이르지 못한다 하니, 제가 살아 있는 동안은 여러분이 사언을 사랑해서 적서의 차가 없을 수 있겠으나, 제가 죽으면 서모의 복을 입을 것이므로 사언의 처세에 흠이 될 것인즉, 제가 이 자리에서 자결하는 것이 영감의 장례에 어울릴뿐 아니라 사언이의 앞날에도 도움이 될 듯합니다."라고 하는 것이었다. 그러자 주변사람들이 "우리가 서모의 현숙함을 알므로 상의해서 차별 대우를 하지 않을 것입니다."라고 말렸지만, 서언의 모친은 "죽는 이만 같지 못할 것입니다."라면서 말리는 것을 뿌리치고 작은 칼을 꺼내어 영감의 관 앞에서 자결하였다. 그 후 사언에게는 적서의 차별이 없어졌고 과거에 등제하여 안변부사를 지냈다. 당대에 뛰어난 시인이요, 명필가인 양사언이 성장하기까지에는 이러한 어머니의 헌신적 사랑이 있었던 것이다.

　양사언의 어머니, 그녀는 실로 먼 앞날을 내다보면서 현실에 충실하고, 역경을 전환시킬 수 있는 현명함과 과감한 결단성을 보여 주는 바람직한 여인상을 보여 주고 있다. 정절과 현숙함과 아울러 희생적인 정신을 보여 주는 전통적인 우리나라의 아내상과 어머니상의 극치가 아닐까!

　서자지만 평생토록 세상에서 뜻을 펼 수 있었던 것은 순전히 그의 어머니의 현명함과 극진한 사랑과 희생에 보답하기 위해 열심히 공부한 결과 조선의 3대 명필 중의 한 사람으로 성장할 수 있었다. 개인주의와 물질주의적 가치관을 가진 현대인들의 눈으로 보더라도 이 여인은 진실로 한 폭의 아름다운 그림을 보는 듯한 감동을 줄 것이다. '남자는 세상을 움직이고, 여자는 남자를 움직인다'는 말이 실감나게 한다.

**해설 ●** 본 사례에서는 양사언이 성공한 과정에는 어머니의 헌신적인 희생과 사랑이 있었고, 그러한 어머니의 은혜에 보답하고자 노력해서 입신양명(立身揚名)을 이룬 양사언의 자기사랑을 발견할 수 있다. 이 사례를 보면서 생각나는 문구가 "어린애의 운명은 언제나 그 어머니가 만든다(나폴레옹)."는 말과 "내가 성공을 했다면 오직 천사와 같은 어머니의 덕이다(링컨)."의 말이다. 조선의 명필(名筆)이자 훌륭한 목민관으로 성공할 수 있었던 양사언의 뒤에는 아들을 적서(嫡庶) 차별을 넘어 훌륭히 성장시키려는 강한 모성애가 있었다. 옛말에 "나무는 고요히 있으려하나 바람이 그치게 하지 아니하고 자식이 부모를 봉양하고자하나 어버이는 기다리지 아니한다(한시외전)."는 말이 있다. 양사언의 사례를 보면서 다시 한번 어머니의 사랑이 얼마나 위대하고, 또한 자식으로 하여금 그러한 사랑을 알도록 하는 일이 중요한지를 알 수 있으며, 양사언은 이러한 어머니의 뜻을 가슴에 새김으로써 효심에 의해 성공할 수 있었던 사례로 볼 수 있다.

# 3. 토의



# Ⅱ 가정적 효

## 1. 가정적 효의 의미

'가정적(家庭的) 효'는 가정에서 가족 구성원이 각자의 도리를 다함으로써 부모님께 기쁨을 드리는 효를 말한다. 가족 구성원은 부모, 형제, 자매, 부부 등이 포함되고, 부모 위에는 또다른 부모가 계시기 마련이다. 부모는 자식을 사랑하고 자식은 부모를 공경하는 가운데, 형은 아우를, 동생은 형을 위하고, 언니는 동생을, 동생은 언니를 위하며 부부가 서로 존중하는 등 가정에서 상부상조하는 사랑을 실천해야 하는 것인데, 이렇게 가족 구성원이 서로를 위하는 마음으로 살아가는 것을 가정적 효라고 한다.

가정은 우리에게 특별한 의미가 있다. 우리는 가정에서 태어나 가

**Tip**

가정적(家庭的) 효는 가정윤리와 가족사랑을 기초로 가정에서 가족 구성원이 서로를 위해 각자의 도리를 다하는 것이다.

정에서 자라고 가정에서 행복을 찾아가기 때문이다. 이러한 가정의 중요성 때문에 우리나라는 5월을 '가정의 달'로 정하고 온 국민에게 가정을 지킬 것을 권려(勸勵)하고 있다.

가화만사성(家和萬事成), 수신제가치국평천하(修身齊家治國平天下)라고 했다. 즉 "가정이 화목해야 모든 일이 잘 이루어진다." "자신을 수양해서 가정을 잘 다스리고 나서 나라와 천하를 다스릴 수 있다."는 뜻이다. 가정이 화목하지 않고, 가정이 평탄치 않고 가족을 잘 이끌지 못하는 상태에서는 어떤 일도 이루어내기 어렵다. 그래서 가정을 인생의 안식처, 사랑의 보금자리 등으로 표현한다. 그렇다면 성공적인 가정, 화목한 가족은 어디에서 오는 것일까? 그것은 부모는 자식을 사랑하고 자식은 부모에게 효도하는, 다시 말해서 효(孝)와 제(悌), 자(慈)를 통해서 온다.

이러한 사례는 [사례 17 : 율곡과 어머니 사임당], [사례 19 : 퇴계 이황과 어머니 박씨], [사례 20 : 68세된 딸과 101세의 어머니 박옥랑 여사], [사례 25 : 맹자와 맹모의 가르침], [사례 26 : 강영우 박사의 가정], [사례 28 : 사암 정약용의 가족사랑], [사례 29 : 13자녀를 키우는 김석태·엄계숙 씨 가정], [사례 31 : 시어머니의 사랑과 며느리의 효] 등에 잘 나타나 있는데, 여기서는 「시어머니의 사랑과 며느리의 효」 사례를 통해 자정적 효를 살펴본다.

# 2. 사례



신랑이 늦둥이라 나와 나이차가 50년 넘게 나는 어머님을 모시고 며느리로 살고 있다. 내가 시집오고 5년 만에 치매에 걸리셔서 나 혼자 4년간 똥오줌 받아내고, 잘 씻지도 못하고, 딸내미 얼굴도 못보고, 매일 환자식 먹고, 간이침대에 쪼그려 잠들고, 4년간 남편 품에 단 한 번도 잠들지 못했고, 힘이 없어 변을 못 누실 땐 내 손가락으로 파내는 일도 거의 매일이었지만 안 힘들다고, 평생 이 짓 해도 좋으니 살아만 계시라고 할 수 있었던 이유는 정상인으로 사셨던 그 5년간 베풀어주신 사랑 때문이다.

내 나이 33살 먹도록 그렇게 선하고 지혜롭고 어진 이를 본적이 없다. 나는 알코올중독으로 정신치료를 받고 계시는 아버지…, 그런 아버지를 견디다 못해 내가 10살 때 집 나가서 소식 없는 엄마, 상습절도로 경찰서 들락날락하던 오빠, 그 밑에서 매일 맞고 울며 자랐다. 그렇게 자란 나를 무슨 공주님인 줄 착각하는 신랑을 만나게 된 것은 큰 행운이었다. 그런 신랑에게 모든 이야기를 듣고는 눈물 글썽이며 한시라도 빨리 데려오고 싶다고 2천만 원짜리 통장을 내어주시며, 어떤 나라에서는 남의 집 귀한 딸 데리고 올 때 소 팔고 집 팔아 지참금 주고 데려온다는데 부족하지만 받으라고 하시던 시어머니셨다.

그 돈으로 하고 싶은 혼수, 사고 싶은 것 사서 시집오라 하셨



---

269 최성남, 「효 실버신문」, 2010년 11월 15일.

던 어머님…. 부모의 정(情) 모르고 성장한 나로서는 그런 어머님께 반해, 신랑이 독립해 살고 있던 아파트를 일부러 처분하고 어머님댁에 들어가서 셋이 살게 되었다. 신랑의 나이 10살도 되기 전에 과부가 되어, 자식 다섯을 키우시면서도 평생을 자식들에게조차 언성 한번 높이신 적이 없다는 어머님…. 50 넘은 아주버님께서도 평생 어머니 화내시는 걸 본적이 없다 하신다.

바쁜 명절날 돕진 못할망정 튀김 위에 설탕 병을 깨트려 튀김도 다 망치고 병도 깬 나에게 1초도 망설임 없이 "아무 소리 말고 있거라." 하시고는 "늙으면 죽어야 한다."면서 당신이 손에 힘이 없어 놓쳤다고 둘러대시던 어머님…. 단 거 몸에 안 좋다고 초콜릿 쩝쩝 먹고 있는 내 등짝을 때리시면서도 나갔다 들어오실 땐 군것질거리 꼭 사들고 "공주야~ 엄마 왔다~" 하시던 어머님….

어머님과 신랑과 나, 셋이 삼겹살에 소주 마시다 셋 다 술이 과했는지 안하던 속마음 얘기하다가, 자라온 서러움이 너무 많았던 나는 시어머니 앞에서 꺼이꺼이 울며 술주정을 했는데, 그런 황당한 며느리를 혼내긴커녕 내 손을 잡으며, 나보다 더 서럽게 우시며, 얼마나 서러웠노, 얼마나 무서웠노. 처음부터 니가 내 딸로 태어났음 오죽 좋았겠나, 내가 더 잘해줄 테니 이제 잊어라 잊어라 하시던 어머님.

명절이나 손님 맞을 때 상 차린거 치우려면 "아직 다 안 먹었다. 방에 가 있어라." 하시곤 소리 안 나게 살금살금 그릇 치우고 설거지 하시려다 나에게 들켜 서로 "니가 왜 하니", "어머님이 왜 하세요." 실랑이를 하기도 했다.

내가 무슨 그리 귀한 몸이라고 일 시키기가 그저 아까우셔서 벌벌 떠시던 어머님. 치매에 걸려 본인 이름도 나이도 모르시 면 서도 험한 말씨 한번 안 쓰시고 그저 곱고 귀여운 어린 아이 가 되신 어머님.

어느 날 나에게 "아이고 예쁘네~ 뉘 집 딸이고~~" 하신 적 이 있다. 그래서 나는 웃으면서 "나는 정순X여사님(시어머님 함자십니다) 딸이지요. 할머니는 딸 있어요?" 했더니, "있지. 서미X(제 이름)가 우리 막내딸, 위로 아들 둘이랑 딸 셋도 있 다."그때서야 펑펑 울며 깨달았다. 이분 마음속엔 내가 딸 같 은 며느리가 아니라 막내시누 다음으로 또 하나 낳은 딸이었다 는걸….

나에게, "니가 내 제일 아픈 손가락이다." 하시던 말씀이 진 짜였다는걸.

정신 있으실 때 어머님께 나는 항상 감사하고 사랑하고 잘하 려 노력은 했지만, 내가 정말 이분을 진짜 엄마로 여기고 대했는 지, 왜 더 잘해드리지 못했는지, 왜 사랑하고 고맙단 말을 매일 매일 해드리진 못했는지. 형편 어렵고 애가 셋이라 병원에 얼굴 도 안 비치던 형님. 형님이 돌보신다 해도 사양하고 내가 했어야 당연한 일인데, 왜 엄한 형님을 미워했는지. 말 한마디 행동 하 나하나가 사무치고 후회되어 혀를 깨물고 싶은 심정이었다.

한번은 밤 11시쯤, 소변 보셨나 확인하려고 이불 속에 손 넣 는데 갑자기 제 손에 만 원짜리 한 장을 쥐여 주셨다. "이게 뭐 예요?" 했더니, 소곤소곤 귓속말로 "아침에 옆 침대에 누워있 던 할매가 가고나서 보니 침대 밑에 있더라. 아무도 몰래 니 맛 있는 거 사묵어래이" 하시는데, 생각해보니 점심때쯤 큰아주버님도 왔다 가셨고, 첫째, 둘째 시누도 다녀갔고 남편도 퇴근해서 "할머니, 잘 있으셨어요?" (자식들 몰라보셔서 언젠가부터 그리 부릅니다) 인사하고 집에 들어갔는데….

아침 7시에 퇴원한 할머니가 떨어트린 돈을 주우시곤 당신 자식들에겐 안주시고 갖고 계시다가 나에게 주신 거였다. 그리곤 그날 새벽 화장실 다녀왔다, 느낌이 이상해 어머님 코에 손을 대보니 돌아가신 뒤였다.

장례 치르는 동안 제일 바쁘게 움직여야 할 제가 울다 졸도를 세 번 하고 누워있느라, 어머님 가시는 길에도 게으름을 피우고 말았다. 어머님을 닮아 시집살이가 뭔지 구경도 안 시킨 시아주버님과 시누이 셋. 그리고 남편과 나. 서로 부둥켜안고 서로 위로하며, 어머님이 안 슬퍼하시게 우리 우애 좋게 잘살자 약속하며 그렇게 어머님 보내드렸다. 오늘이 꼭 시어머님 가신 지 150일째이다. 어머님께서 매일 저 좋아하는 초콜릿, 사탕을 사들고 오시던 까만 비닐봉지. 주변에 널리고 널린 까만 비닐봉지만 보면 눈물이 난다. 어머님이 주신 꼬깃꼬깃한 만 원짜리를 배게 밑에 넣어두고, 매일 어머님 꿈에 나오시면 사랑한다고 감사하다고 말해드리려 준비하며 잠든다. 다시 태어나면 처음부터 어머님 딸로 태어나길 바라는 건 너무 큰 욕심이겠지만, 나 정말 그리되고 싶다.

부디 저희 어머님 좋은 곳으로 가시길. 다음 생에는 평생 고생 안하고 평생 남편 사랑 듬뿍 받으며 사시길 기도해 주시기를 부탁드립니다.

 고부(姑婦)간 갈등문제로 불화를 겪는 가정이 많은 세상이지만, 본 사례는 그 반대로 사이좋은 고부간의 관계를 보여주고 있다. 공자는 '부자자효(父慈子孝)', 즉 "부모는 자식을 사랑하고, 자식은 부모에게 효도해야 한다."고 했다. 며느리도 자식이고 사위도 자식이라는 말이 있지만, 아들의 아내인 며느리도 자식으로 여기고 사랑해야 하는 것은 당연하다. 며느리를 딸처럼 여기고 사랑을 베푸는 시어머니를 미워할 며느리는 있을 수 없다고 본다. 맹자가 말했던 '부자유친(父子有親)', 즉 "부모와 자식은 어떤 경우라도 친함이 있어야 한다."는 표현도 본 사례를 통해 인륜의 이치임을 알 수 있다. 효는 자식의 역할보다도 부모의 역할이 더 중요하다는 사실, 그리고 효는 쌍무호혜적 관계 속에서 이루어진다는 진리를 알려주는 사례라 하겠다.

## 3. 토의

① 본 사례에서 효의 본질적 요소를 찾아봅시다.

② 본 사례에 나타난 어머니의 역할과 효에 대하여 발표해 봅시다.

# Ⅲ 사회적 효

## 1. 사회적 효의 의미

'사회적(社會的) 효'는 가정에서 부모·자식 간 형성된 원초적 사랑을 바탕으로 타인과 이웃, 인류봉사를 실천하는 것을 의미한다. 사례 중에 [사례 16 : 한국인 슈바이처 '이태석 신부'], [사례 23 : 입양한 장애아를 최고의 수영선수로 키운 '양정숙 여사'], [사례 32 : 효녀 가수 현숙 씨의 사회적 효]의 경우라 할 수 있다. 현대와 미래사회의 복지 욕구가 늘어나면서 사회복지라는 용어와 함께 '보편적 복지', '맞춤형 복지', '한국형 복지'라는 용어가 등장했다. 우리 사회는 가정의 보살핌을 받지 못하고 생활하는 어린이와 노인들이 늘어나고 있다. 그러한 어린이를 보호하고 상담하며 사회적으로 보살피고, 가정에서 자녀들로부터 부양받지 못하는 노인을 보살피는 효가 사회적 효이다. 특히 현대 고령사회의 노인문제를 해결하는 철학적 기초를 효에서 찾아야 할 이유가 여기에 있다.

오늘날 치매 걸린 노인들이 많아지는 것은 가정의 문제로만 볼 수 없다. 나이가 많고 병 들고 소득이 없는 노인들에게 뭔가 골고루 혜택이 돌아가서 노인질병을 사전에 예방할 수 있게 하는 쪽으로 눈을 돌려야 한다. 노인들이 원하는 쪽으로의 복지정책을 발전시켜야 하는데 노인들이 그동안 생활해왔던 터전, 알고 지내던 사람들이 함께 공

동체를 이루도록 하면서 소외되지 않고 건강한 노년을 보낼 수 있도록 보살피는 일이 사회적 효라 할 수 있을 것이다. 주변에는 가정의 안식처를 잃고 고통 받는 노인들이 있는데, 이들에 대해 가족을 대신해서 보살핌을 주는, 가정을 대신해서 이웃과 사회에서 행하는 효를 사회적 효라고 한다. 이러한 의미의 효는 『효경』, 『불경』, 『성경』, 『논어』, 『맹자』 등에 잘 나타나 있다. 사회란 통상 '가정-사회-국가' 라는 표현에서 보듯이, 가정을 벗어난 영역에서 공동생활을 하는 모든 형태의 인간 집단을 뜻한다. 그리고 사회생활은 사람이 사회의 일원으로서 집단적으로 모여서 질서를 유지하며 살아가는 공동생활을 의미한다. 『목민심서』「애민육조」편에 노인을 봉양하는 일(養老), 고아를 거두어 보살피는 일(慈幼), 병으로 고통받는 사람을 돕는 일(寬疾) 등의 내용이 나오는데, 이 또한 사회적 효에 속하는 내용이라 할 수 있다.

  따라서 사회적 효는 가정적 관계를 떠난 상태에서 이웃 간에, 종교적으로, 동호인들 사이에서 보살핌을 받는 효이다. 예컨대 지역단위로 운영되고 아동보호 및 상담소, 마을 단위로 행해지는 경로잔치, 종교단체에서 노인들을 대상으로 실시하는 무료 급식, 독거노인에 대한 요양보호 활동, 지하철이나 버스에서 노인에게 자리를 양보하는 일 등이 포함된다. 최근 결손가정이 아닌 정상 가정이면서도 행동장애, 정서장애 등 적응장애를 겪고 있는 아이들이 늘어나고 치매 등 노인성 질환으로 고생하는 노인들도 많아지고 있다. 이들에 대해 가정에서 보호받지 못하는 삶을 이웃과 사회가 보듬어야 할 것인데, 이러한 행위들이 사회적 효에 속한다고 할 수 있는데, 여기서는 「현숙 씨의 효」를 통해 사회적 효를 살펴본다.


## 2. 사례

**사례32  효녀 가수 현숙 씨의 사회적 효**

  효녀 가수로 소문난 현숙(본명 정현숙) 씨는 친부모님에 대한 효도뿐 아니라, 이웃과 노인 등 사회적 효를 실천하는 연예인으로 유명하다. 인기가요 '정말로', '해피데이' 등으로 우리와 친숙한 가수 현숙 씨, 자식으로서의 도리(효)를 다하기 위해 혼기도 놓친 채 부모님을 극진히 봉양했고, 돌아가시자 이웃과 사회를 위해 효를 실천하고 있다. 부모님이 생존해 계실 때 현숙 씨는 공연이 있는 날이면 반드시 부모님을 모시고 다니면서 노래하는 모습을 보여드리기도 했으나, 병환이 심해지자 부모님을 간병(看病)인에게 부탁하고 공연에 나가야 했지만, 그러나 공연을 끝내고 돌아오면 어머니에게 그동안에 있었던 것을 무엇이든 이야기하는 효녀였다.

그녀는 전북 김제시 장화리라는 곳에서 3남 3녀 중 다섯째의 막내딸로 태어났다. 20세가 되면서 가수의 길을 걷게 된 그녀는 언니, 오빠의 생활기반과 사업자금을 도와주고, 동생의 학비를 뒷바라지하는 등 바쁜 생활 때문에 결혼 적령기를 넘기게 되었다. 이는 마치 신사임당이 출가 전에 아버지가 돌아가시자, "이 몸은 비록 출가해야 할 몸이오나, 홀어머니를 두고 떠날 수 없으니 당분간 친정에 있게 하여 주십시오."라는 부탁과 함께 3년 동안이나 친정어머니를 봉양한 후 시집으로 향했다는 사임당의 마음과 흡사하다.

필자는 현숙 씨의 매니저인 김상범 씨와 현숙 씨의 효행에 대하여 이야기를 나눈 적이 있다. 지금은 고인(故人)이 되셨지만, 가수이기도 했던 김상범 씨는 "저는 현숙이를 자식 같이, 또는 동생같이 생각했습니다. 현숙이는 공연을 다닐 때마다 약국 앞을 지날 때면 그냥 지나치지 못하고 차에서 내려서 병환 중이던 어머니와 아버지의 약을 꼭 사곤 했어요. 그 정성이 너무나 지극해 보였습니다."라면서 그녀의 효심을 칭찬했다.

그 후 효 관련 행사장에서 필자와 만난 현숙 씨는 필자와의 대화에서 "사람은 누구나 자기의 인생이 있고 자식으로서의 도리가 있다고 봅니다. 부모님에 대한 저의 보살핌은 부모님 은혜에 비하면 보잘 것 없는 수준에 불과하다고 생각합니다."라고 했다. 그녀는 30년 동안 치매로 고생하시던 부모님을 정성으로 간호했지만, 아버지는 1996년에, 어머니는 2007년에 돌아가셨다. 지금은 치매를 간병하는 치매 가족돕기 및 치매 바로 알리기 캠페인에 참여하는 등 바쁘게 사회봉사활동에 참여하고 있는데, 그녀의 선행을 사회적 효와 연계하여 소개해 본다.

첫째, 효녀 가수로서 이웃사랑을 실천한 사례이다. 그녀는 2007년 4월 30일 오후 한국사회복지재단을 통해 충남 청양군에 4,200만 원을 기탁했는데, 이는 매년 5월마다 이어져온 행사로 이때가 4년째의 기부행렬이라고 하니, 무려 2억 원에 이르는 액수이다. 현숙 씨는 지난 2004년 고향인 전북 김제에 4,500만 원을 기부한 것을 시작으로 울릉도(2005년) 경남 하동(2006년)에도 각각 4,500만 원씩 지원했다. 기부금은 모두 장애우 및 독거노인 이동목욕차량 구입에 쓰였다. 또한 그녀는 기부한 목욕차량을 이용해 직접 목욕 봉사 활동에 나서기도 하는데, 이처럼 거액을 선뜻 기부하는 데는 평소 어려운 이웃에 대한 따뜻한 애정 외에도 부모님에 대한 남다른 효심이 밑바탕에 깔려 있다. 그녀의 어머니 김순애 씨는 14년째 의식 없는 상태에서 누워 생활하셨는데, 어머니가 돌아가시자 8,700만 원을 소아암 환자를 위해 써달라고 한양대 병원 측에 기부했다. 현숙 씨는 전국을 누비고 다니는 바쁜 스케줄 속에서 지내고 있었지만, 새벽에라도 귀가해 직접 기저귀를 갈아줘야 직성이 풀릴 만큼 효성이 깊은 것으로 알려져 있다. 거액을 선뜻 내놓은 현숙 씨이지만 그녀는 연예가에서 알아주는 근검절약의 표본으로 알려져 있다. 십수 년째 매니저도 없이 혼자 뛰어다니며 가수활동을 하고 있고, 비싸지 않은 옷이라도 반복해서 입을 정도다. 그녀는 TV 토크 프로그램에 출연해 기부에 대한 소감을 이렇게 밝힌 바 있다. "몸이 불편하신 어른들을 보면 꼭 내 어머니를 보는 것처럼 안쓰럽고 가슴이 아픕니다. 돈이 많거나 여유가 넘쳐서가 아니라, 쪼개서라도 할 수 있을 때 하지 않으면 영원히 못한다고 생각합니다.”라는 표현에서 그녀의 착한 마음씨를 발견할 수 있다.

둘째, 효행상 상금 전액을 소외된 이웃에 기부한 사례이다. 효녀 가수는 효행상으로 받은 상금을 소외된 이웃을 위해 전액 기부했다. ‘제33회 삼성효행상’ 특별상 수상자로 선정된 현숙 씨는 시상식에서 받을 상금 1,500만 원을 KBS 1TV ‘사랑의 리퀘스트’에 기부한 것이다. 그는 30년 동안 치매로 고생하시던 부모님을 정성으로 간호하면서 치매 가족돕기 및 치매 바로 알리기 캠페인에 공헌한 공로로 수상자로 선정됐다. 대한치매학회 홍보대사로도 활동 중인 현숙 씨는 “어머니까지 돌아가셨는데 이 상을 받을 자격이 있는지 모르겠습니다. 부모에게 효도하고 이웃에게 사랑을 베풀어 건강한 사회를 만들자는 취지로 제정된 상인만큼, 저 역시 이 상금을 어려운 이웃들을 위해 쓰고 싶습니다.”라고 밝혔다. 이어 “장애인과 독거노인을 위한 이동 목욕차량 기증과 목욕 봉사 때 인연이 깊었던 ‘사랑의 리퀘스트’가 실질적으로 어려운 이웃을 돕는 곳이라고 생각했습니다. 앞으로도 소외된 이웃을 돌아보겠습니다.”라는 말도 덧붙였다.

셋째, ‘효녀 가수 현숙’을 위한 효열비 제막과 관련된 내용이다. 전북 김제시에서는 2010년 10월 6일, 투병 중인 부모를 극진히 모시고 나눔을 실천한 현숙 씨의 삶을 널리 알리고자 각계의 정성을 모아 벽골제 아리랑문학관에서 효열비를 제막했다. “남들 다 하는 자식으로서의 도리를 했을 뿐인데 효열비까지 세워져 부담스러웠습니다.”라고 말하는 현숙 씨는 “그립고 아쉬운 게 너무 많습니다. 아버님은 치매로 많이 어려워 하셨고 맛있는 것들이 그리 많은데도 전혀 드시질 못했습니다. 제가 해드릴 수 있는 것은 기저귀랑 면 티 하나뿐이었습니다."라면서 부모님 생각에 눈물을 글썽였다. "제 부모를 모셨을 뿐인데 그게 무슨 자랑이라고 효열비까지 세워주신답니까. 심적으로 송구스럽고 부담돼 두달 새 6kg 정도 살이 빠졌습니다. 효녀 가수라는 칭찬을 받기엔 한없이 부족하기에 기쁨보다도 걱정이 더 앞섭니다. 주위 어르신들을 저의 부모처럼 섬기며 더 열심히 살라는 가르침으로 와 닿아 책임감이 더 크게 느껴집니다."라고 했다.

현숙 씨는 이날 인터뷰에서 2007년 6월, 14년간의 투병을 끝내고 세상을 뜨신 어머니에 대한 절절한 기억도 털어놓았다. "어머니는 제가 김제에서 서울로 상경하는 날이면 이 딸에게 쌀 한 말과 김치 한 통, 1만 원짜리 지폐를 쥐어주며 등을 토닥여주셨어요. 지금도 어머니의 모습이 선하네요. 어머니 또래

어르신들을 뵐 때면 왜 그렇게 일찍 돌아가셨는지 말할 수 없이 그리워요. 그래도 우리 부모님은 복이 많으신 분들이에요, 효열비 제막식에 참석하신 많은 분들이 저와 함께 부모님을 기억해주시는 것이기 때문에 하늘나라에서도 외롭지 않으실 것입니다."라고 덧붙였다. 또한 현숙 씨는 "많은 분들이 제가 부모님께 잘했다고 생각하시는데, 오히려 제가 더 많은 것을 받았습니다. 부모님은 저에게 바른 정신과 건강하게 노래할 수 있는 육체를 주셨습니다."면서 "부모님은 저희를 기다려주시지 않으십니다. 전 지금도 후회되는 일이 많습니다. 오늘은 정말 부모님 이름을 소리 내어 불러보고 싶습니다."며 말을 잇지 못했다.

넷째, 매니저 없이 홀로 활동하고 있는 이유와 전 매니저 김상범 씨에 대해서 밝힌 내용이다. 2011년 초, YTN 생방송 '이슈앤뉴스'에 출연한 현숙 씨는 "저를 키워주신 분을 배신할 수 없었습니다. 저를 키워주신 분이 편찮으시다고 다른 분을 구할 수는 없습니다."라고 매니저 없이 홀로 활동하는 이유를 설명했다. 현숙 씨는 "데뷔할 때부터 김상범 선생님이 저를 가수로 뽑아주시고 '요즘 남자 요즘 여자' 등 좋은 노래들을 작사해 주셨습니다."며 김상범 씨와의 인연에 대해 소개했다. 이어 "선생님이 신장이 안 좋아지셔서 병원에 누워계시게 됐습니다."면서 "사회에서는 김상범 선생님이 저의 부모님이나 마찬가진데 편찮으시다고 다른 분을 구할 수가 없어서 혼자하기 시작했습니다."라고 밝히면서 "선생님께서는 그런 마음을 알아주셔서 비록 누워계신 상태에서도 많이 도와주셨고, 선생님 주변 분들이 지금도 저를 많이 도와주십니다."라고 덧붙였다.

**해설** ● 효녀 가수 현숙 씨의 사례를 보면 부모를 위해 그리고 사회의 어른들을 위해, 자신을 희생하는 모습이 보인다. 자신의 생명을 주신 부모님이 편찮으신 상태에서 결혼도 할 수 없었고, 결국 혼기를 놓쳐 결혼도 하지 못하는 삶을 살고 있다. 자신을 희생해서 부모님의 은혜를 갚았고, 부모님이 돌아가신 뒤에는 세상 사람들에게 효를 실천하는 사회적 효를 보여주고 있다.

효를 행하는 방법 중에는 여러 가지가 있지만 그중에서도 부모님을 걱정하시지 않게, 마음 편하게, 원하시는 방향으로 행하는 것이 가장 좋은 효이다. 이는 "효에는 3가지가 있는데, 그 중 가장 큰 효는 부모님의 뜻을 존중하는 것이요, 그 다음은 부모님을 욕되게 하지 않는 것이며, 마지막 단계가 부모님을 봉양할 수 있는 능력을 갖추는 것이다(孝有三 大孝尊親 其次弗辱 其下能養)."라는 『예기』에 잘 나타나 있다. 현숙 씨의 효를 요약해보면, 형제간의 우애로 부모님을 걱정하시지 않고 기쁘게 해드렸고, 부모님이 소외감을 느끼지 않도록 무엇이든 이야기하는 효녀였으며, 부모님이 안 계신 지금은 부모님이 원하시는 방향으로 이웃과 사회를 위해 봉사하는 모습에서 진정한 의미의 효를 발견할 수 있다.

## 3. 토의

① 본 사례에서 효의 본질적 요소를 찾아봅시다.

② 본 사례에 나타난 이웃사랑과 인류봉사의 효에 대하여 발표해 봅시다.

# Ⅳ 국가적 효

## 1. 국가적 효의 의미

'국가적(國家的) 효'는 정부가 주축이 되어 법과 제도 등을 통해 효를 권장하고 시행하는 것을 말한다. 제시된 [사례 33 : 정조대왕과 오륜행실도], [사례 34 : 어린이날, 어버이날, 노인의 날 제정과 효], [사례 35 : 효행장려 및 지원에 관한 법률과 효] 등이 해당된다.

예컨대 어린이날, 어버이날, 노인의 날, 가정의 달을 정부에서 지정해서 시행하는 것이다.

그리고 『효행장려 및 지원에 관한 법률』을 통한 효문화진흥원 설립, 효행자에 대한 주거 및 세제를 지원하는 것을 비롯하여 『노인복지법』, 『저출산고령사회기본법』, 『다문화가족지원법』, 『노인장기요양보험법』, 『헌법 제34조(사회보장), 36조(혼인과 가족생활)』, 『민법 제974조(부양의 의무)』 등에서 효와 관련된 내용이 국가적 효에 해당된다.

과거 삼국시대나 고려시대, 조선왕조시대에는 조정(朝廷)이 직접 나서 효를 권장한 예가 많다. 21세기는 저출산 고령화 현상 등 국가가 직접 나서서 출산을 장려하고 고령자를 보살피는 문제에 대하여 관심을 가져야 할 것인데, 이처럼 국가(정부)가 나서서 제도적으로 효를 구현해나가는 것을 국가적 효라고 한다.

우리는 예로부터 '충효일신(忠孝一身)', '충효일본(忠孝一本)'이라 하여 가정윤리인 효와 국가윤리인 충이 함께 하는 것으로 여겨온 면이 있다. 『후한서』에 "나라를 구할 충성된 신하는 반드시 효자의 가문에서 나온다."[270] 『효경』에 "어버이를 섬기는 효심을 임금에게 옮기면 그것이 곧 충이다."[271] 『충경』에 "무릇 충이란 자신에게서 일어나 집안에서 드러나고 나라에서 완성되는데, 실행하는 것은 모두 한결같다. 그러므로 그 몸을 하나로 하는 것은 충의 시작이요, 그 집안을 한결같게 하는 것은 충의 중간단계요, 그 나라를 하나로 만드는 것은 충의 마지막 단계이다. 몸이 하나가 되면 모든 복록이 이르게 되고,

---

**270** "求忠臣 必於 孝子之門"

**271** "君子之事親, 故忠可移於君"

집안이 한결같게 되면 모든 친족이 화목하게 되며, 나라가 하나가 되면 만인이 다스려지게 된다.”[272]고 한 것처럼, 건강한 가정이 모여서 건전한 사회, 부강한 국가가 되는 것이다. 이런 점에서 정부가 나서서 효를 권장할 필요가 있으며, 이러한 효를 국가적 효라고 한다. 현재 대한민국은 저출산·고령화 문제, 다문화 가정의 문제 등의 국가적 현안을 놓고 고민하고 있다. 이를 해결하는 근본적인 문제는 가정의 안정과 기능의 회복에 있다는 사실을 기초로, 물질보다는 정신, 가치의 문제로 접근해야 할 것인데, 그 중의 하나가 국가적 효를 적극 권장하는 효, 효를 철학적 기초로 삼아 한국의 브랜드 화(化)하는 효 리더십이 있어야 한다고 본다.

## 2. 사례

사례 33  정조대왕의 효심과 리더십

정조(正祖, 1752~1800)는 조선시대 27명의 임금 중에서 세종과 함께 가장 훌륭한 업적을 남긴 임금 중의 한 분으로 기억되고 있다. 세종(世宗)은 한자(漢字)를 익히는 어려움 때문에 효교육에도 어려움이 있다고 생각하고 그림으로 된 『삼강행실도』를 제작하도록 어명(御命)을 내린 바 있고, 이를 통치철학으로 삼았다. 정조 또한 『오륜행실도』를 반포하여 백성들에게 효를 가르쳤을 뿐 아니라 스스로 효를 실천한 임금이다. 세종이 조선



272 “夫忠興於身 著於家 成於國 其行一焉. 是故 一於其身 忠之始也 一於其家 忠之中也 一於其國 忠之終也. 身一則百祿至 家一則六親和 國一則萬人理”

초기에 선정을 베푼 임금이라면, 정조는 조선 후기에 선정을 베풀고 개혁정치를 통해 국민에게 비전을 제시했던 임금이다.

정조는 본명이 산(祘)이다. 11살 때 아버지(사도세자)가 뒤주에 갇혀 죽어가는 모습을 보았고, 또 아버지를 죽게 한 사람이 할아버지 영조(英祖, 1694~1776, 재위: 1724~1776)였고, 뒤주를 가져단 준 사람은 외할아버지였다는 점 때문에, 그 충격으로 괴로워하면서 윤리적 갈등과 함께 성장했다.

정조대왕의 효 실천 흔적이 경기도 화성에 위치한 '융건릉'에 남아 있다. 융건릉은 사도세자의 무덤인 '융릉'과 정조대왕의 무덤인 '건릉'을 일컫는 말이다. 정조의 아버지 사도세자는 당쟁에 휘말려 노론의 모함으로 억울하게 요절(夭折)한 왕세자이다. 정조는 아버지인 사도세자가 억울하게 누명을 쓴 채 뒤주에 갇혀 죽어가는 모습을 보았다. 그리고 그 과정에서 아버지가 가장 애타게 찾던 것이 '물'이었음을 목격했을 것이다. 목이 말라도 물을 먹을 수 없고 배가 고파도 밥을 먹을 수 없었던 아버지는 그렇게 죽어갔고, 그 모습을 보았던 어린 정조는 왕이 되고 나서 가장 먼저 한 말이 "짐은 사도세자의 아들이다."라는 말을 했다. 그러고 나서 아버지의 무덤 앞에 '만년제'라는 큰 연못을 만들어서 비록 돌아가신 아버지이지만, 아버지가 물을 맘껏 드시도록 했고, 또한 아버지처럼 억울한 일을 당한 사람들의 청을 들어주기 위해 수원 행차하는 동안에는 많은 민원을 해결해 주는 등 선정(善政)을 베풀게 되는데, 이런 일들을 통해서 아버지(사도세자)의 마음을 위로해 드리고자 했던 임금이다. 이런 일들이 오늘날 정조의 효행으로 전해지고 있는데, 그 중에서 『오륜행실도』의 발간은 정조가 국가 차원에서 효를 시행한 대표적 사례라 할 수 있다.

『오륜행실도』는 1797년(정조 21년)에 정조의 명령으로 세종 때 발간된 『삼강행실도(三綱行實圖)』와 중종 때 발간된 『이륜행실도(二倫行實圖)』를 합하여 만들어졌다. 『삼강행실도』에서 다룬 부모와 자식[父子]·임금과 신하[君臣]·남편과 아내[夫婦]에 관한 것에 『이륜행실도』에서 다룬 어른과 어린이[長幼]·친구와 벗[朋友]의 관계 등 사람이 지켜야 할 다섯 가지 도리에 관하여 기록한 책이다. 인륜질서의 근본인 효에 의해 오륜이 지켜져야 한다는 논리에서 제작되었으며, 오륜의 모범이 되는 150명의 행적을 골라 적고, 그 옆에 김홍도(金弘道) 화풍의 판화를 덧붙여서 만들었다. 수록된 인물들은 대부분 중국인이고, 우리나라 사람으로는 효자 네 명, 충신 일곱 명, 열녀 여섯 명만이 실려 있다. 내용별로 그림이 먼저 나오고 한문과 한글 순으로 설명하고 있는데, 『오륜행실도』는 다음과 같은 내용으로 구성되어 있다.

첫째, 부모와 자식의 관계를 다룬 「효자도(孝子圖)」이다. 여기에는 자식으로서 부모에 대한 의무사항, 지극한 효행으로 하늘을 감동케 한 기적적 사례 등이 기록돼 있다.

둘째, 임금과 신하의 관계를 다룬 「충신도(忠臣圖)」이다. 여기에는 군주와 신하의 의리를 중시하였고, 불사이군(不事二君)의 충절에 관한 내용이 들어 있다.

셋째, 남편과 아내의 관계를 다룬 「열녀도(烈女圖)」이다. 여기에는 여성들에 대하여 수절을 강조하고 정절의 중요성을 다루는 내용이 기록돼 있다.

넷째, 형제의 우애와 친척 간의 도리를 다룬 「형제도(兄弟

圖)」와「종족도(宗族圖)」이다.「형제도」에는 형과 아우의 도리
에 대해서, 즉 형은 동생을 위하고, 동생은 형을 위하는 내용들
이 망라돼 있고,「종족도」에는 동거공재(同居共財), 즉 대대로
후손으로 내려오면서 재산을 공동으로 관리하는 등 종족관계
에서 상부상조(相扶相助)하는 내용과 화목하게 지내는 내용들
이 들어 있다.

다섯째, 친구와 친구의 관계를 다룬「붕우도(朋友圖)」와 스승
과 제자의 관계를 다룬「사생도(師生圖)」이다.「붕우도」에는 벗
을 사귐에 있어서 수범적(垂範的)인 사례를 다루고 있고,「사생
도」에는 스승을 잘 섬기는 제자의 모습을 담고 있다.

정조대왕은 이처럼 효에 기초한『오륜행실도』를 골간으로 백
성을 순화시키는 지도력을 발휘했는데, 이는 조정(朝廷)이 중
심이 되어 효를 실천케 했던 국가적 효 사례라 할 수 있다.

## 사례34　어버이날·어린이날·노인의 날 제정과 효심 앙양

[어린이날]은 어린이의 인격을 소중히 여기고, 어린이의 행복
을 도모하기 위해 제정한 기념일이다. 미래 사회의 주역인 어
린이들이 티 없이 맑고 바르며, 슬기롭고 씩씩하게 자라날 수
있도록 어린이를 사랑하는 정신을 함양하고, 어린이들에게 꿈
과 희망을 심어주고자 제정한 기념일로, 매년 5월 5일이며 법
정 공휴일이다.

1919년 3·1운동 이후 소파(小波) 방정환(方定煥)을 중심으로
어린이들에게 민족의식을 불어넣고자 하는 운동이 활발하게
전개되기 시작해 1923년 5월 1일, 색동회를 중심으로 방정환

외 8명이 어린이날을 공포하고 기념행사를 치름으로써 비로소 어린이날의 역사가 시작되었다. 1927년부터 5월 첫째 일요일을 어린이날로 제정하여 행사를 치르다가, 1939년 일제의 억압으로 중단된 뒤, 1946년 다시 5월 5일을 어린이날로 정하였다. 1957년 대한민국 어린이 헌장을 선포하고, 1970년 '관공서의 공휴일에 관한 규정'(대통령령 5037호)에 따라 공휴일로 정해진 이래 지금에 이르고 있다.

  기념행사는 크게 중앙행사와 지방·단체행사로 구분되는데, 중앙행사는 청와대에서 초청하는 행사로 보건복지부가 주관하며, 모범 어린이, 낙도 및 오지 어린이, 소년소녀 가장, 시설보호 어린이 등을 초청해 위안하는 행사를 한다. 지방·단체행사는 각급 행정기관 및 유관단체에서 주관하며, 모범 어린이와 유공자에 대한 포상식이 거행된 뒤 각종 공개행사를 실시한다. 공개행사는 체육대회, 연극 공연, 기념잔치, 영화 상영, 글짓기 대회, 음악회, 미술대회 등이며, 도서·벽지 및 시설 보호아동, 소년소녀가장 세대 위문 및 위안 행사 등이 포함된다. 이날 어린이들에게는 어린이공원·어린이회관·공연장 등이 무료로 개방되고, 고궁·기념관·운동장·체육관 등도 무료 개방 및 이용 편의를 제공한다.

  [어버이날]은 범국민적인 효 사상 앙양과 전통 가족제도의 계승 발전은 물론, 효행자와 전통 모범가정, 장한 어버이를 발굴해 포상·격려할 목적으로 제정한 기념일이다. 1956년 국무회의에서 해마다 5월 8일을 '어머니날'로 정해 17회까지 시행하다가, 1973년 3월 30일, '각종 기념일 등에 관한 규정(대통령령 6615호)'에서 '어버이날'로 개칭해 현재에 이르고 있다. 제정

목적은 범국민적 효 사상 앙양과 전통 가족제도의 계승 발전, 사회와 이웃에 모범이 되는 효행자, 전통 모범가정, 장한 어버이를 발굴해 포상·격려하는 데 있다. 보건복지부가 행사를 주관하며, 포상 대상자를 각계각층에서 고루 선발해 효 사상의 사회 분위기를 조성하고, 지방 및 기관의 특성에 맞게 행사의 다양화를 기하고 내실 있게 추진하는데 중점을 두고 각 시·도 및 시·군·구 등 기관별로 기념식을 실시한다. 그러나 정부 주관행사의 내실화 지침에 따라 중앙 기념식은 하지 않는다.

기념식 외에 가족 노래자랑, 합동 회갑연, 연예인 초대 잔치 등 부모님 위안잔치를 비롯해 체육대회, 효도관광, 효행 사례집 발간, 가훈 갖기 운동 전개, 카네이션 달아드리기 등의 행사를 한다. 또 효행자 및 모범가정 등에 대한 포상으로 훈격에 따라 국민훈장, 국민포장, 대통령·국무총리·보건복지부장관 표창 등이 주어지며 부상으로 일정액의 상금이 지급된다. 이 날을 전후해 1주일 동안을 경로주간으로 정해 양로원과 경로당 등을 방문·위로하는 등 어른 공경에 관한 사상을 고취하기도 하였으나, 1997년부터 경로주간을 폐지하고 10월 2일을 노인의 날로, 10월을 경로의 달로 정해 별도로 시행하고 있다.

어버이날은 본래 한국에서 생긴 것은 아니고, 사순절의 첫날부터 넷째 주 일요일에 어버이의 영혼에 감사하기 위해 교회를 찾는 영국·그리스의 풍습과, 1910년경 미국의 한 여성이 어머니를 추모하기 위해 교회에서 흰 카네이션을 교인들에게 나누어준 일에서 비롯되었다. 그러다 1914년 미국의 제28대 대통령 토머스 우드로 윌슨(Thomas Woodrow Wilson)이 5월의 둘째 주 일요일을 어머니의 날로 정하면서부터 정식 기념일이 된 이후, 지금까지 미국에서는 5월 둘째 주 일요일에 어머니가 생존한 사람은 빨간 카네이션을, 어머니가 돌아가신 사람은 흰 카네이션을 가슴에 달고 각종 집회를 열며, 가정에서는 자녀들이 어머니에게 선물을 한다.

[노인의 날]은 경로효친 사상을 앙양하고, 전통문화를 계승 발전시켜온 노인들의 노고를 치하하기 위해 제정한 법정기념일이다. 경로효친 사상의 미풍양속을 확산시키고, 전통문화를 계승 발전시켜온 노인들의 노고를 치하하기 위해 '각종 기념일 등에 관한 규정'에 의거, 1997년 제정된 법정기념일이다. 1999년까지는 보건복지부에서 주관하였으나, 정부 행사의 민간 이양 방침에 따라 2000년부터는 노인 관련 단체의 자율행사로 개최되고 있다. 2000년의 경우, 전국노인복지단체협의회의 주관 아래 500여 명의 노인과 관련 인사들이 참석한 가운데 세종문화회관 컨벤션센터에서 기념식을 가진 뒤, 연예인 위문공연 및 위안잔치를 겸한 '전국노인가족체육대회'를 개최하는 등 순수 노인축제로 치러졌다. 이날에는 또 평소 희생과 봉사정신으로 사회와 이웃에 헌신하는 한편, 노인복지를 위해 힘써온 노인·단체를 대상으로 훈장·포장 및 대통령·국무총리·보건복지부장관 표창을 수여한다. 뿐만 아니라 그해 100세가 되는 노인들에게 명아주로 만든 전통 지팡이인 청려장(靑藜杖)을 증정, 통일신라시대 이후 80세가 넘은 노인들을 대상으로 왕이 하사하던 전통을 이어 국민들에게 경로효친 사상을 불어넣기 위해 시행하고 있다. 기타 행사로 노인 문화공연, 미니 마라톤대회, 어르신 모델 선발대회, 효도 큰잔치 등이 열린다.

「효행 장려 및 지원에 관한 법률」은 2007년 7월 3일에 제정 (법률 제8610호)되어 8월 3일에 공포되고, 2008년 8월 4일부터 시행되고 있는 법률로, 다음과 같이 구성되어 있다.

### ◆ 제1장 총칙

제1조(목적) 이 법은 아름다운 전통문화유산인 효를 국가차원에서 장려함으로써 효행을 통하여 고령사회가 처하는 문제를 해결할 뿐만 아니라 국가가 발전할 수 있는 원동력을 얻는 외에 세계문화의 발전에 이바지함을 목적으로 한다.

제2조(정의) 이 법에서 사용하는 용어의 정의는 다음과 같다. 1) 효란 자녀가 부모 등을 성실하게 부양하고 이에 수반되는 봉사하는 것을 말한다. 2) 효행이란 효를 실천하는 것을 말한다. 3) 부모 등이란 「민법」 제777조의 친족에 해당하는 존속을 말한다. 4) 경로란 노인을 공경하는 것을 말한다. 5) 효문화란 효 및 경로와 관련된 교육, 문학, 미술, 음악, 연극, 영화, 국악 등을 통하여 형성되는 효 및 경로에 대한 사회적 가치를 말한다.

제3조(다른 법률과의 관계) 효행의 장려와 지원에 관하여 다른 법률에 특별한 규정이 있는 경우를 제외하고 이 법으로 정하는 바에 따른다.

### ◆ 제2장 효행장려

제4조(효행장려 기본계획의 수립) 보건복지부 장관은 관계 중앙행정기관의장과 협의하여 5년마다 효행장려 기본계획을 수립하여야 한다. 기본계획은 효행장려를 위한 환경조성 등의 사항

을 포함하여야 한다. 보건복지부 장관은 「저출산·고령사회기본법」에 따른 저출산·고령 사회 기본계획을 수립할 때 기본계획을 포함할 수 있다.

　제5조(효행에 관한 교육의 장려) 국가 및 지방자치단체는 유치원 및 초등학교·중학교·고등학교에서 효행교육을 실시하도록 노력하여야 한다. 국가 및 지방자치단체는 영유아보육시설, 사회복지시설, 평생교육기관, 군 등에서 효행교육을 실시하도록 노력하여야 한다.

　제6조(부모 등 부양가정 실태조사) 국가 및 지방자치단체는 부모 등을 부양하는 가정에 관한 생활실태, 부양 수요 등을 파악하기 위하여 3년마다 실태조사를 실시하고 그 결과를 발표하여야 한다. 실태조사는 「노인복지법」에 따른 노인실태조사에 포함하여 실시할 수 있다. 실태조사의 실시 및 결과의 발표에 관하여 필요한 사항은 보건복지부령으로 정한다.

　제7조(효문화진흥원의 설치) 효문화 진흥과 관련된 사업과 활동을 지원하고 장려하기 위하여 효문화진흥원을 설치할 수 있다. 효문화진흥원은 법인으로 한다. 효문화진흥원에 관하여 이 법

에서 규정한 것을 제외하고 「민법」 중 재단법인에 관한 규정을 준용한다. 효문화진흥원의 설치요건 및 운영 등에 관하여 필요한 사항은 보건복지부령으로 정한다.

제8조(효문화진흥원의 업무) 효문화진흥원은 다음 각 호의 업무를 수행한다. 1)효문화 진흥을 위한 연구조사 2)효문화 진흥에 관한 통합정보 기반구축 및 정보제공 3) 효문화 진흥을 위한 교육활동 4)효문화 프로그램에 관한 개발 및 평가와 지원 5)효문화 진흥과 관련된 전문 인력의 양성 6)효문화 진흥과 관련된 단체에 대한 지원 7)그 밖에 보건복지부령으로 정하는 효문화 진흥과 관련된 업무

제9조(효의 달) 효에 대한 사회적 관심과 자녀들의 효 의식 고취를 위하여 10월을 효의 달로 정한다.

### ◆ 제3장 효행지원

제10조(효행 우수자에 대한 표창) 보건복지부 장관은 부모 등에 대한 효행을 장려하기 위하여 효행 우수자를 선정하여 표창을 할 수 있다.

제11조(부모 등의 부양에 대한 지원) 국가 또는 지방자치단체는 부모 등을 부양하고 있는 자에게, 부양 등에 필요한 비용의 일부를 지원할 수 있다.

제12조(부모 등을 위한 주거시설 공급) 국가 또는 지방자치단체는 자녀와 동일한 주택 또는 주거 단지 안에 거주하는 부모 등을 위하여 이에 적합한 설비와 기능을 갖춘 주거시설의 공급을 장려하여야 한다. 국가 또는 지방자치단체는 주거시설의 공급자에 대하여 지원을 할 수 있다.

제13조(민간단체 등의 지원) 국가 및 지방자치단체는 효행장려 사업을 수행하는 법인·단체 또는 개인에 대하여 필요한 비용의 전부 또는 일부를 보조하거나 그 업무수행에 필요한 지원을 할 수 있다.

◆ 제4장 보칙

제14조(유사명칭 사용금지) 이 법에 따른 효문화진흥원이 아니면 효문화진흥원 또는 이와 유사한 명칭을 사용하지 못한다.

제15조(과태료) 유사명칭 사용금지를 위반한 자에게는 300만원 이하의 과태료를 부과한다. 과태료는 대통령령으로 정하는 바에 따라 보건복지부장관 또는 시장·군수·구청장이 부과·징수한다. 과태료 처분에 불복하는 자는 그 처분을 고지받은 날부터 30일 이내에 보건복지부 장관 또는 시장·군수·구청장에게 이의를 제기할 수 있다. 과태료 처분을 받은 자가 이의를 제기한 때 보건복지부 장관 또는 시장·군수·구청장은 지체 없이 관할 법원에 그 사실을 통보하여야 하며, 그 통보를 받은 관할 법원은 「비송사건절차법」에 따른 과태료 재판을 한다. 기간 이내에 이의를 제기하지 아니하고 과태료를 납부하지 아니한 때 국세 또는 지방세 체납처분의 예에 따라 징수한다.

**종합해설** ● 국가적 효는 국가가 나서서 정부차원에서 효를 권장함으로써 국민들이 효를 행하도록 하는 것이다. 역사적으로 오늘의 대한민국이 있기까지 국가 차원에서 효를 가장 적극적으로 권장하고 실천한 지도자를 꼽는다면, 조선의 22대 임금 정조대왕을 꼽을 수 있을 것이다. 아버지 사도세자의 억울한 죽음을 막기 위해 어린 세손으로서 영조에게 애원도 해봤지만 끝내 억울하게 죽음을 당한 아버지를 위하는 마음을 국왕이 되고 나서 효로써 실천한 사례이다.

어린이날과 어버이날 노인의 날 등도 정부차원에서 이타적 가치인 효를 실천하도록 정부가 제정한 날이다. 「효행 장려 및 지원에 관한 법률」의 제정도 마찬가지로 효행을 장려하기 위하여 효를 교육하고 문화로 진흥하며 효행을 실천하는 개인이나 단체를 지원하기 위해서 제정한 법이다.

이 법의 제정이 제기된 초창기의 명칭은 '효도법'이었다. 그리고 이 법을 제정하게 된 발상이 고대 그리스의 '황새 법', 즉 황새 새끼가 어린 시절 먹이를 가져다준 어미황새가 늙으면 그 은혜를 갚기 위해 먹이를 가져다주듯이, 사람도 늙으면 그와 같이 해야 한다는 의미로 제정된 황새 법과 싱가포르의 '부모부양법', 캐나다의 '양친부양법' 등에서 힌트를 얻은 것이지만, 한국인의 정서상 어떤 부모도 자식이 효도하지 않는다고 자식을 법에 고발할 수는 없을 것이라는 여론에 따라 효 교육을 장려하고 문화로 진흥하며, 효를 실천하는 자식들에게 정부에서 지원하자는 취지에서 명칭이 '장려 및 지원에 관한 법률'로 바뀐 것이다. 그리고 이 법의 성격은 제1조(목적)에 잘 나타나 있다.

그러나 법을 시행하는 과정에서 다음과 같은 아쉬운 점이 있다.

첫째, 이 법의 주관 부처가 「보건복지부」 '노인 정책과' 인 관계로 시행상에 많은 문제점을 안고 있다는 점이다.

노인은 효를 하는 계층이라기보다 효를 받는 계층이라는 점이 문제이다. 그리고 노인 정책과의 업무 성격상 '효' 관련 업무를 병행하기가 어려울 것이라는 점도 고려되어야 할 점이다. 효행장려지원법이 제대로 추진되기 위해서는 효를 교육하는 일, 효를 문화로 진흥하는 일, 그리고 과거 새마을운동처럼 효마을운동을 전개하는 일 등이어야 한다는 점에서 주관부처가 검토되어야 할 것으로 본다.

둘째, 시행령과 시행규칙의 보강이다. 시행령과 시행규칙이 너무 간단하게 작성되어 있어서 'how to'의 기능을 발휘하는데 한계가 있다는 점이다.

셋째, 효에 대한 정의가 잘못되어 있고 시대정신에 부합되지 못하고 있다는 점이다. 효는 가족사랑이나 가정윤리의 틀에서 확대된 개념이어야 하고, 부자자효(父慈子孝)와 부자유친(父子有親)의 개념이 포함된 정의이어야 하기 때문이다. 이런 내용들이 보완되면 국가적 효를 추진하는데 큰 역할을 하게 될 것이다.

## 3. 토의

① 각각의 사례에서 효의 본질적 요소를 찾아봅시다.

② 각의 사례를 통해 효에 대한 국가적 역할과 미래에 대하여 발표해 봅시다.

# 제 9 장

# 미래 가치로서의
# 효

인간은 가치 지향적 존재인 동시에 사회적 동물이다. 그리고 '사이 (Between)'의 존재, 욕구의 동물로 표현하기도 한다. 때문에 사람에게 있어서의 가치(價値, Value)는 중요하며, 효 문화의 구현 또한 중요하다. 그리고 부부·부모·자식·형제·자매의 관계 속에서 사랑받고 싶어하는 욕구를 채워주는 것은 무엇보다도 우선해야 한다.

그렇다면 앞으로 다가올 세상에서 효는 어떤 작용을 하게 될 것인가? 사람들은 대체로 효를 과거의 전통 가치 정도로 생각하는 경향이 있으나 그건 그렇지 않다. 아무리 세상이 바뀌고 변한다 해도, 변할 수 없는 것이 있는데, 그것은 바로 부부, 부모와 자식의 관계를 기반으로 타인, 이웃, 사회, 국가, 자연으로 확대되는 보편적·이타적 가치로 작용하는 효(HYO, 孝)이다. 그리고 부부, 부모와 자식의 관계를 윤리적으로 연결시켜주는 그 무엇이 필요한데, 그것을 우리는 효라고 표현한다.

이런 의미에서 효는 전통적 가치이면서 미래 가치로 보아야 한다.

아무리 세상이 변한다 해도 부부, 부모와 자식의 관계는 존재할 수밖에 없고, 가정에서 가족 구성원으로 형성된 인간관계가 이웃과 사회, 나라와 자연으로 확대되어지기 때문이다.

가치(價値, Value)는 '인간정신의 목표가 되는 보편타당의 당위(當爲)', '인간행동의 기준이 되는 주요 원칙', '어떤 대상이 인간관계에 의하여 지니게 되는 중요성' 등으로 해석된다. 그러므로 미래(未來) 가치란 앞으로 다가올 세상에서 인간의 정신적 목표가 되고 행동의 기준이 되는 원칙이 무엇이 될 것인가에 대한 답이 될 것인데, 필자는 그것을 효라고 본다. 이는 "장차 한국 문화가 세계 인류 문명에 기여할 것이 있다면 그것은 바로 효 사상일 것이다."라는 미래 학자 아놀드 토인비의 말이나, "세계 어디에서도 노인이 대한민국에서처럼 존경받는 곳은 없다. 한국의 노인 공경은 다른 문명국의 모범이 되고 있으며 다른 나라가 본받을 만한 일이다"라는 『한국 찬가』와 『25시』의 작가 콘스탄틴 게오르규가 예찬한 내용들이 지켜지도록 효를 교육하고 문화로 승화시켜야 한다.

특히 오늘날 한국이 안고 있는 과제들, 예컨대 저출산 문제, 고령화 문제, 다문화가정의 문제, 각종 사회적 병리현상 등은 효와 무관할 수가 없다. 따지고 보면 정치·경제·안보문제도, 그 원인을 파고들면 결국 가정이다. 특히 복잡 다양해지는 21세기 삶의 현장에서 노인 부양을 기피하고 결혼과 아이 출산을 망설이는 젊은 세대가 많아지면서 자연스럽게 외국인과 결혼해서 살게 되는 가정이 늘어나는 것은 필연이다. 그리고 이러한 문제를 해결할 수 있는 철학적 가치·덕목·윤리가 효(HYO, 孝)이다. 따라서 이러한 효를 미래적 관점에서 교육의 문제, 저출산 문제, 고령화 문제, 다문화 가정의 문제, 문화의 시대 등과 연계하여 살펴본다.

<표 10> 한국의 현안 과제와 효

① 가정의 역할 및 기능 회복에서의 효　　② 교육의 문제와 효
③ 한국적 복지구현과 효　　④ 저출산 문제와 효
⑤ 고령화 문제와 효　　⑥ 다문화가정의 문제와 효
⑦ 문화의 시대와 효

# I 가정의 역할 및 기능 회복에서의 효

가정은 인간의 생명을 창조하고 가족이 함께 사랑을 나누는 원초적인 보금자리이자 정서적 생활의 공간이다. 이러한 가정은 온 가족이 함께 어울려 살아가는 사회의 기초단위가 된다. 그리고 가정과 사회가 모여서 국가가 된다는 점에서 가정의 역할과 기능은 중요하다. 역할은 '자기가 마땅히 해야 할 맡은바 임무'를 뜻하고, 기능은 '권한이나 직책, 능력 등에 따라 일정한 분야에서 하는 구실이나 작용'을 의미한다. 그러므로 역할의 경우는 기관이나 행위자의 주관적 행동으로 보지만 기능은 기관으로서의 피동적이며 기계적인 것으로 볼 수 있다. 따라서 가정의 역할은 가정으로서 감당해야 할 보금자리로서 또

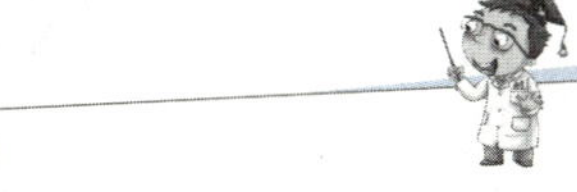

는 사회의 기초적 단위로서, 또는 관계가 시작되는 신뢰의 공간으로서 구실을 해야 하는 것이다. 그리고 가정의 기능은 국가 및 사회의 세포조직으로서 구실과 작용을 하게 되는데, 대표적인 가정의 기능으로 출산기능과 교육기능, 도덕기능을 들 수 있다.

현대의 가정은 과거 전통사회의 가정과는 여러 면에서 달라졌다. 농경사회 대가족제도의 가정은 현대의 가정보다 역할과 기능면에서 안정적이었다고 할 수 있지만, 현재의 가정은 그렇지 못한 면이 있다.

그 이유는 가정에 영향을 미치는 상황요인들의 변화 때문이긴 하지만, 가정에서는 부부관계를 기반으로 가정의 역할과 기본 기능이 약화되기 때문이다. 그렇기 때문에 부모와 자식의 친함을 공고히함으로써 가정의 역할을 바로 서게 해야 한다. 그리고 그 바탕에는 효가 함께 해야 한다고 보는 것이다. 따라서 가정의 기능은 다음과 같은 점에서 효와 연계되어야 한다.

첫째, 출산(出産)기능의 회복이다. 인간은 종족보존을 지혜롭게 충족시키는 수단으로 결혼이란 제도를 창안해 냈고, 이를 통해 가정 안의 부부는 생명을 창조하고 탄생시킨다. 그런데 최근 들어 가정의 출산이 현저히 줄어들고 있는 것이 문제이다. 대한민국은 이미 OECD

국가 중에서 출산율이 최하위에 머물고 있을 뿐 아니라 세계 186개국 중 홍콩과 마카오에 이어 184위다. 그리고 2013년도 합계 출산율은 1.24명으로 2012년도 1.30명보다 더 낮아졌다. 과거에 군(軍)이 문맹 퇴치와 산아제한(産兒制限) 정책 추진에 앞장섰듯이, 이제 출산장려를 위해서도 군대(軍隊)가 나서야 할 듯하다. 또한 우리는 얼마 전까지 출산에 있어 남아선호(男兒選好) 사상에 의한 성비의 불균형으로 자연스럽게 여성의 숫자가 줄어들고, 그 결과로 타국의 여성과 결혼하는 가정이 늘면서 다문화가정의 문제가 등장했다. 그리고 그 자녀들이 학교에서 적응에 어려움을 겪는 현상도 나타나고 있다. 그러나 저출산 문제를 출산 당사자인 여성의 문제로만 봐서는 안 되며, 다문화가정의 문제 또한 그들만의 문제로 보아서도 안 된다. 우리 모두 '하모니(harmony)'로 함께 풀어나가야 하는 것인데, 그중에서도 결혼한 당사자들이 "후사(後嗣)를 잇지 않는 것이 가장 큰 불효이다"라는 맹자의 말처럼, 불효를 면하기 위해서도 아이를 낳으려는 마음을 가지게 하는 것이 중요하다.

둘째, 교육(敎育)기능의 회복이다. "세 살 버릇 여든까지 간다"는 말이 있듯이, 가정은 최초의 학교요, 부모는 최초의 스승이다. 어린이는 가정에서 말을 터득하고 예절을 배우며, 가치관을 터득하고 생활방식을 배운다. "학교는 인간을 못 만든다"는 말이나 '맹모삼천지교(孟母三遷之敎)'는 가정교육의 중요성을 말해준다. 초등학교 과정도 이수하지 못한 '아인슈타인'이나 '에디슨'이 그처럼 위대한 과학자가 될 수 있었던 것은 가정이 있었고 어머니의 역할이 있었다. 그리고 가정교육이 중요한 또 하나의 이유는 인간발달과정의 가소성(可

塑性, plasticity) 때문이다. 가소성이란 고체가 외부에서 탄성 한계 이상의 힘을 받아 형태가 바뀌면, 그 힘이 없어져도 본래의 모양으로 돌아가지 않는 것을 말한다. 마찬가지로 사람도 어려서 버릇을 잘못 들이면, 성장한 뒤에 아무리 좋은 교육을 시킨다 해도 본래의 모습으로 돌아가기가 힘들다는 것이다. 『효경』에 "효는 덕의 근본이요, 모든 가르침이 그로 말미암아 생겨난다.(孝德之本也 敎之所由生也)"고 했듯이 교육은 효와 밀접한 관계가 있는 것이다.

셋째, 도덕(道德)기능의 회복이다. 스위스의 교육학자 페스탈로치는 "가정은 도덕의 학교다."라고 했다. 이처럼, 사람은 가정에서 사랑과 협동, 복종과 권위, 희생과 봉사, 책임과 대화 등 인간 도덕의 원형과 기본을 배운다. "어머니의 무릎은 어린이의 학교요, 어머니의 품은 어린이의 교실이요, 어머니의 말씀은 어린이의 교과서다."라는 말이 있듯이 부모는 가정의 거울이다. 그러나 오늘날의 부모들은 자녀들을 먹이고 입히는 일에 있어서는 옛날의 부모들보다 크게 앞서지만, 자녀를 바르게 키우는 일에 있어서는 상대적으로 뒤지고 있는 것으로 보인다.

그러므로 가족사랑이자 가정윤리, 보편적·이타적 가치인 소통(疏通)의 효를 통해 가정의 도덕기능을 회복해야 할 것인데, 이를 위해서는 효를 시대에 맞게 재조명함으로써 가정의 기능을 살려야 한다. 다행히 '효행장려 및 지원에 관한 법률(제8610호)'이 2008년 8월 4일부로 시행됨으로써 국가차원에서 효 교육을 장려하고, 효 문화를 진흥하며 효행단체와 개인을 지원할 수 있는 길이 열렸다. 이 법은 제1조(목적)에 '아름다운 전통문화유산인 효를 국가차원에서 장려함으로써 효행을 통하여 고령사회가 처하는 문제를 해결할 뿐만 아니라 국가가 발전할 수 있는 원동력을 얻는 외에 세계문화발전에 이바지함을 목적으로 한다'고 밝히고 있고, 제5조(효행교육 장려)에 '국가 및 지방자치단체는 유치원 및 초등학교·중학교·고등학교, 영유아보육시설·사회복지시설·평생교육기관·군 등에서 효행교육을 실시하도록 노력하여야 한다.'고 명시하고 있다. 이렇듯이 효 교육을 장려하고 문화로 진흥하며 효행자 및 단체를 지원함으로써 가정의 기능을 회복해야 한다.

# II 교육의 문제 보완과 효

교육은 인간의 가치를 높이기 위해 행해지는 모든 과정이 해당된다고 할 정도로 광범위한 영역이라서 한 마디로 말하기는 쉽지 않다. 그러나 분명한 것은 모든 교육은 부모와 자식의 관계를 연결하는 효의 작용 여하에 따라 교육의 성패가 좌우된다는 점이다. 교육은 엄마 뱃속에서의 태교(胎教), 유아교육, 초등교육, 중등교육, 고등교육, 평생교육이 모두 포함될 뿐 아니라, 사람이 일생을 살아가는데 필요한 지식이나 기술 등을 가르치고 습득하는 활동이 포함된다. 『효경』에 "효는 덕의 근본이요, 모든 가르침이 이로 말미암아 생겨난다."[273]라고 이르

[273] "孝德之本也 教之所由生也"

고 있듯이, 효는 가르침의 근본으로 작용한다. 그런데 인간은 개인이나 집단, 조직이 지향하거나 가지고 있는 비전·가치·사명 등에 따라 교육의 결과나 인격형성이 달라진다.

『논어』에 "집에 들어가면 부모에게 효도하고 밖에 나오면 모든 일에 삼가며, 남에게 믿음을 주고 모든 사람을 사랑하되, 특히 어진 사람을 가까이 하고 그러고도 남음이 있으면 글을 배워라.(학이편)"[274]는 내용이 나오는데, 이를 달리 표현하면, "사람이 되고 나서 학문이요, 명예와 재물이다."라는 말과 같은 의미로 이해할 수 있다. 소크라테스도 "부모를 섬길 줄 모르는 사람과는 벗하지 말라, 인생의 첫발을 잘못 들여놓은 사람이기 때문이다."라고 했는데, 사람이 되는 길을 배워야 할 가장 우선이 되어야 할 것이 효인 것이다. 이는 대한민국 교육에 관하여 필요한 제반사항을 규정한 교육법 제2조에도 "교육은 홍익인간의 이념 아래 모든 국민으로 하여금 인격을 완성하고 자주적 생활능력과 공민으로서의 자질을 구유하게 하여 민주국가발전에 봉사하여 인류공영의 이념실현에 기여하게 함을 목적으로 한다."고 기록돼 있다. 그렇다면 교육을 어떻게 보완할 것인가를 생각하게 되는데, 그것은 효와 연계된 교육을 하는 것이고, 교육의 세 마당이라 할 수 있는 가정 교육, 학교 교육, 사회 교육을 효와 연계시켜서 인성이 함양되도록 해야 한다.

첫째, 가정(家庭) 교육을 효와 연계하는 일이다. 가정은 인간의 모든 기본과 기초가 이루어지는 곳이라는 점에서 효와 연계 시켜야 한



---

**274** "弟子入則孝, 出則弟, 謹而信, 汎愛衆, 而親仁. 行有餘力, 則以學文"

다. 가정 교육에서 효와 연계하는 일은 부자자효(父慈子孝)와 부자유친(父子有親), 부위자강(父爲子綱)의 원리를 철저히 적용하는 일이다. 그리고 이는 부모의 역할이 우선시 되어야 함을 말하는 것으로 모유(母乳)수유, 밥상머리 교육, 인륜의 기본질서 교육 등을 우선시해야 한다. 부모가 자기 자식만 생각하고 공공질서를 소홀히 하거나 자녀의 학교 담임선생님에게 함부로 대하는 부모의 모습은 자녀를 잘못되게 하는 지름길임을 알아야 한다. 그런 것 자체를 자녀에게 보이는 것은 부모 입장에서 잘못된 효이다.

둘째, 학교(學校) 교육을 효와 연계하는 일이다. 학교는 '배울 학(學)'과 '집 교(校)'의 합자임에서 보듯이 배우는 집이 바로 학교이다. 때문에 학교라는 곳은 사람다운 사람이 되기 위해 배우는 곳이어야 하며, 교육도 당연히 사람다운 사람이 되는 교육을 우선해야 한다. 그러나 현재의 학교 교육은 전인(全人)교육이나 인성(人性)교육보다는 입시(入試)에 초점이 맞추어져 있다. "군대 가면 사람 된다."는 말은 있어도 "학교 가면 사람 된다."는 말을 듣기 어려운데, 이는 다분히 학교의 역할에 문제가 있기 때문이다. 공자(孔子)가 "효는 도덕의 근본이요, 모든 가르침이 그로 말미암아 생겨난다."고 했듯이, 효심이 있는 학생은 학교에서 선생님의 별다른 지시가 없어도 잘 따른다. 왜냐하면 효는 부모님이 원하시는 방향(大孝尊親), 즉 부모님을 걱정 끼쳐 드리지 않고 기쁘게 해드리는 작용을 하기 때문이다. 그런데도 학교에서 효를 가르치지 않고 있는 것이 문제다. 이제 효행장려지원법에 명시된 것처럼 학교에서 효를 가르쳐야 한다. 그리고 이를 위해서는 학교에서 교사를 선발할 때 효를 교육할 수 있는 역량을 가진 사람을 교사로 선발하는 효렴(孝廉)을 적용하는 제도적 보완이 필요하다. 기본이 결여된 사람이 스승의 위치에 서면 학생 역시 기본이 결여될 수밖에 없다. 기본을 살리는 것이 학교 교육을 살리는 길이다.

셋째, 사회(社會) 교육을 효와 연계하는 일이다. 사회는 공동생활을 영위하는 모든 형태의 인간 집단을 말한다. 때문에 공동생활을 할 수 있기 위해서는 인륜질서의 근본인 효가 바탕이 되어야 함은 너무나도 당연하다. 가정에서 부모의 역할이 중요하듯이 사회에서도 어른의 역할이 중요하다. 그러자면 사회에서도 효를 중요시하는 문화가 조성되어야 한다. 효행장려지원법에 효문화진흥원을 설치하려는 것도 이 때문이다. 가정에서 내 자녀, 내 부모가 소중하듯이 타인과 이웃을 존중하고 배려하는 풍토를 만들어야 한다. 신문보도에서 패륜범죄 사건을 다룰 때도 교육적 관점에서 다루고, TV 드라마 주제를 다룰 때도 청소년에 대한 영향을 고려해야 하며, 인터넷 매체를 통해 목차별 유혹하는 업체도 단속되어야 한다. 이런 것들 모두는 효와 관련되는 것이며, 이런 점에서 효가 우선시되는 정책이 뒷받침될 때 사회교육도 살아날 것이다.

# Ⅲ 한국적 복지구현과 효

최근 한국사회에서 복지에 대한 관심이 높아지고 있다. 현재 살아 있는 한국인 절반 가까이가 백세까지 장수를 누린

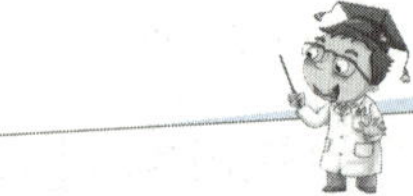

**—Tip**
복지(福祉)는 궁극적으로 인간의 행복을 추구하는데 목적이 있다. 그리고 그 출발은 가정을 튼튼히 하는데 있고, 그 철학적 기초는 인륜질서의 근본인 효에서 찾아야 한다.

다는 '100세 쇼크' 발표로 인해 고령사회 복지에 대한 관심이 높아진 때문이다. 효라는 보편적·이타적 가치와 관계되는 복지(福祉)는 궁극적으로 인간의 행복한 삶을 추구하는데 있다고 하겠다. 복지(福祉)는 한자에서 그 의미를 찾을 수 있는데, 하늘을 상징하는 '示(바칠 시)'자와 '畐(가득할 복)'자의 합자인 '福(복 복)'은 '하늘에서 가득히 내린 복'을 뜻하고, '示(시)'자와 '止(멈출 지)'자의 합자인 '祉(복 지)'는 '하늘에서 준 복을 적당한 선에서 멈춘다'는 의미이니, 하늘의 이치에 따라야 복을 누릴 수 있다는 뜻이다. 따라서 복지는 끊임없이 국가에서 개인에게 베푸는 것이 아니라 국민 각자가 적당한 선에서 만족할 수 있도록 교육이 뒷받침 되어야 한다. 지나친 복지혜택으로 국민들의 삶의 동기가 약해져 자살률이 높은 북구 유럽의 경우는 우리에게 좋은 교훈이 될 수 있다. 이런 점에서 물질적 복지와 정신적 복지의 균형을 이루는 국가적 시혜(施惠)가 필요한데, 사람은 누구나 행복을 원하지만 그 조건은 각기 다르다. 그러나 원치 않는 불행을 막는 데에는 공통적으로 '가정(家庭)'을 필요로 한다는 점에서 가정윤리와 가족사랑으로 일컬어지는 '효'는 복지와 밀접한 관련이 있다. 특히 우리는 그동안 고도의 경제성장을 통해 물질적으로는 풍요로워졌지만, 정신적인 면에서는 상대적으로 피폐해졌다는 자성(自省)이 크다. 인간의 행복은 정신과 물질이라는 두 기둥을 필요로 한다는 점에서 '정신(家庭, 孝)'의 영역을 아우르는 리더십이 요구되고 있다.

효는 부모에게 받은 생명에 대해 감사하고 이를 바탕으로 가족을 사랑하고 이웃과 나라, 자연을 사랑하는 마음으로 확대하는 보편적·이타적인 가치이다. 1973년 당시 86세였던 토인비가 한국의 효 사상,

대가족제도에 관한 이야기를 듣고 눈물을 흘리며 효를 예찬했다고 하는 것이나, 노인복지가 잘된 스웨덴 등에서 '우리는 정부의 잘못된 노인정책으로 자식을 잃었다. 노인정책을 정정하라!' 고 항의하는 노인들의 시위, 그리고 "한국과 동양에서 배워야 할 것은 부모 부양제도이다. 정부의 재정으로는 한계가 있다"는 버락 오바마 미대통령의 말은 우리가 새겨봐야 할 내용들이다.

'복지' 와 효의 연관성에 대해 경전에 제시된 내용을 보면 『효경』에 "효는 하늘의 법칙(經)이고 땅의 질서(義)이며 백성들이 실천(行)해야 할 것이다.(삼재장)"[275]라고 했고, 『불경』에 부모에 대한 "효는 모든 선(善)을 행하게 하는 근본이요, 모범이 되게 하는 것이다.", "효는 수행자의 삶의 기준과 준거, 죄악을 범하지 못하게 하는 규정이다.(범망경)", "자식은 부모를 다섯 가지로 섬겨야 하며 부모도 역시 자식을 다섯 가지로 돌보아야 한다. 자식이 해야 할 다섯 가지는 살림살이·식사제공·걱정 끼치지 않음·부모의 은혜를 생각하는 일·병을 치료해 드리는 일이고, 부모가 해야 할 다섯 가지는 자식에게 좋은 것을 하고 학업을 가르치며, 경전과 계율을 지니게 한다. 장가들이고 재산을 맡아주는 것이다.(불설시가리월육방예경)"라고 했으며 『성경』에도 "너는 센 머리 앞에 일어서고 노인의 얼굴을 공경하라.(레위기 19:32)"라고 했다. 또한 『논어』에 "리더(군자)는 근본을 세우는데 힘써야 하며 근본이 서면 길과 방법이 저절로 생긴다. 효(孝)와 우애(弟)는 인(仁)을 이루는 근본이다.(학이편)"[276]라고 했고, 『맹자』에 "자기 집 노

275 "孝 天之經也 地之義也 民之行也"
276 "君子務本 本立而道生 孝悌也者 其爲仁之本與"

인을 공경하여서 그 마음이 다른 집 노인을 공경하는 데까지 미치게 하고 자기 집 어린이를 사랑하여서 그 마음이 다른 집 어린이를 사랑하는 데까지 미치게 한다. 이렇게 마음을 쓴다면 천하를 쉽게 이끌어 갈 수 있다.(양혜왕 상)"[277]고 했으며, 『소학』에는 "부모를 봉양함에는 마음을 즐겁게 하고 뜻을 어기지 아니하며, 귀와 눈을 즐겁게 하고 잠자고 거처하는 곳을 편안히 하며, 음식으로 성심껏 봉양해야 한다. 그러므로 부모가 사랑하는 바를 또한 사랑하며, 부모가 공경하는 바를 또한 공경해야 하거니와 개나 말에 이르러서도 다 그러하거늘, 하물며 사람에 있어서는 더욱 그러한 것이다.(명륜편)"[278]라고 이르고 있다. 따라서 궁극적으로 국민이 잘살게 되는 복지가 구현되기 위해서는 보편적·이타적 가치인 효가 철학적 기초로 작용되도록 해야 하는 것이다.

# IV 저출산 문제 극복과 효

우리나라의 저출산 문제는 아이를 적게 낳음에서 오는 문제이다. 한국은 2013년 현재 1.24명으로 OECD국가 중 출산율이

---

**277** "老吾老以及人之老 幼吾幼以及人之幼 天下可運於掌"

**278** "孝子之養老也 樂其心 不違其志 樂其耳目 安其寢處 以其飲食 忠養之 是故 父母之所愛 亦愛之 父母之所敬亦敬之 至於犬馬 盡然 而況於人乎"

매우 낮은 국가 (홍콩, 마카오에 이은 184위)일 뿐 아니라 2008년 1.08명 이래 가장 낮은 수준으로 떨어질 가능성이 많다는 예측이 나오고 있다. 저출산의 원인은 핵가족의 증가, 여성의 사회참여 증가, 결혼연령의 상승, 고령출산 및 출산기피, 보육시설부족, 주택마련비용의 증가, 사교육비의 증가, 보육 및 육아의 어려움 등에서 오는 것으로 보고 있지만, 무엇보다도 "아이를 낳아봐야 득이 없고 고생만 한다"는 등 젊은이의 가치관의 변화가 가장 큰 원인이라 할 수 있다. 그리고 십수 년 새 '남아선호'에서 '여아선호'로 바뀐 것도 그러하려니와 노후에 고생하는 일들이 대부분 자식과 연관돼 있음을 보기 때문이다. 죽도록 고생해서 키워 놓은 자식이 성장하고 나면 부부중심, 자녀중심으로 살아가는 젊은이들을 볼 때, 미래에 닥칠 허망함으로 작용할 수 있다고 본다. 때문에 자식을 가정과 학교, 사회에서 바르게 가르치는 것이 중요하다.

이렇듯이 저출산의 문제는 가치기준과 연결돼있고, 가치기준은 '교육'과 연계된다. 과거의 전통사회처럼 경로효친, 장유유서 등의 교육이 소홀해지고 정신보다 물질에 우선하는 교육풍토가 이어지면서 삶에서 차지하는 '인간다움'의 중요성이 잊혀지고 있는 것이 문제이다. 부모로부터 생명을 얻어 좋은 세상에서 살아가고 있다면, 나도 그런 생명을 잉태해서 후손에게 물려준다는 철학적 삶을 안내해주지 못하는 교육의 환경에 문제가 있다고 봐야 한다. 과거에는 부모가 아무리 힘들어도 자식을 함부로 내다버리거나 살해하는 일은 지금처럼 흔치 않았다. 내 자식을 버려야 할 정도로 삶이 궁핍하다면 부잣집 대문 앞이나 심성 좋은 사람을 골라서 '보이는 곳'에 아이를 놓고 잘되기를 비는 것이 부모의 마음이었다. 현재의 저출산 원인을 가져온 데는 한국을 이끌어온 리더들에게 철학적 마인드가 부족한 것도 큰 이유임을 간과해서는 안 된다.

　예컨대 1950년 6·25사변 이후 인구가 많아지게 되면서 1960년대에 들어서 인구 억제정책을 실시하게 되었고, 1980년대에 와서는 '아들딸 구분 말고, 하나만 낳자' 는 캠페인을 전개했다. 그 결과로 출생률이 급격히 낮아지면서 2000년대에 와서는 지나친 출산율 감소로 국가문제로 부각되자, '인구 억제' 에서 '출산 장려' 로 정책을 바꾸었다. 현재 정부가 내놓고 있는 출산장려 정책, 예컨대 육아휴직, 배우자 출산휴가, 출산 축하 및 장려금 지원, 보육 및 교육비 지원 등 다각도의 정책을 내놓고 있으나 젊은이들의 마음을 돌려놓기에는 한계가 있어 보인다. 따라서 저출산 문제의 해법은 효와 연관 시켜서 근본적인 대안을 세워야 한다고 보는데, 그 이유는 '효' 는 인륜질서의 근본이자 조화의 이치로서 철학적 기초이기 때문이다.

효의 원리에서 생각해보자, '부자자효(父慈子孝)'와 '부자유친(父子有親)'의 관점에서 보면 과연 "부모가 자식을 사랑으로 키울 수 있는 가?(父慈)", "자식이 부모에게 효도할 수 있는 문화적 요인이 작동하고 있는가?(子孝)", "부모와 자식이 진정한 의미에서 친함의 관계를 유지할 수 있는 문화적 토양이 되고 있는가?(有親)"를 냉철히 분석해 볼 필요가 있다. 산모들이 3개월 휴가기간으로 인해서 모유가 아닌 우유를 택할 수밖에 없고, 직장내 어린이집 설치 규정도 지켜지지 않고 있으며, 어린이집이나 유치원 입학조건도 맞벌이 부부에게 유리하지 않다. 이런 것들은 정책적 보완을 필요로 한다. 그 중에서도 출산기피에 대한 이유를 분석하고 보완해야 하는데, 무엇보다도 마음가짐이 문제다. 『맹자』에 "불효에는 세 가지가 있는데, 그 중에서도 후사(後嗣)를 계승할 자손이 없는 것이 가장 큰 불효이다.(이루 상)"[279]라고 했고, 『소학』에 "부모를 봉양함에는 마음을 즐겁게 하고 뜻을 어기지 아니하며, 귀와 눈을 즐겁게 하고 잠자고 거처하는 곳을 편안히 하며, 음식으로 성심껏 봉양해야 한다. 그러므로 부모가 사랑하는 바를 또한 사랑하며, 부모가 공경하는 바를 또한 공경해야 하거니와 개나 말에 이르러서도 다 그러하거늘, 하물며 사람에 있어서는 더욱 그러한 것이다.(명륜편)"[280]라고 했으며, 『명심보감』「입교편」에도 "입신(立身)에는 의(義)가 있으니 효(孝)가 그 근본이요, 상사(喪祀)에는 예(禮)가 있으니 슬퍼함이 근본이요, 나라에 거함에는 도(道)가 있으니 대(代)



[279] "不孝有三 無後爲大"

[280] "孝子之養老也 樂其心 不違其志 樂其耳目 安其寢處 以其飮食 忠養之 是故父母之所愛 亦愛之 父母之所敬亦敬之 至於犬馬 盡然 而況於人乎"

를 잇는 것이 근본이다.(입교편)"[281]라고 했다. 또한 최근 낙태하는 여성이 많은데, 합법적인 낙태가 아닌 불법적인 낙태가 연간 탄생하는 신생아 수에 버금갈 정도라고 한다. 이는 『소학』에서 "리더(君子)는 공경하지 않음이 없으나 몸을 공경함이 중대한 일이 되거니와, 몸이란 것은 부모의 가지이니 감히 공경하지 않으면 안 된다. 능히 그 몸을 공경하지 않으면 이는 그 부모를 상하게 하는 것이요, 그 부모를 상하게 하면 이는 그 근본을 상하게 하는 것이니, 그 근본이 상하면 가지는 따라서 망하게 되는 것이다.(교신편)[282]라는 내용과 『예기』에서 "나무 한 그루, 짐승 한 마리를 죽이는 일에도 부모의 의중을 살피고 허락을 받아야 한다.(제의편)[283], 『맹자』에 "리더(군자)는 금수(禽獸)에 대해 그 살아있는 것을 보고서는 그것이 죽는 것을 차마 보지 못하며, 그 죽는 소리를 듣고서는 차마 그 고기를 먹지 못하는지라, 군자는 주방과 푸줏간을 멀리하는 것이다.(양해왕 상편)"[284]는 점에서, 저출산 문제 해법을 효라는 가치에서 찾을 필요가 있는 것인데, 효는 하늘의 이치에 따르는 것이요, 생명을 존중시하는 보편적·이타적 가치이기 때문이다.

---

**281** "子曰 立身有義而孝爲本 喪紀有禮而哀爲本 居國有道而嗣爲本"

**282** "君子無不敬也 敬身爲大 身也者 親之枝也 敢不敬與 不能敬其身 是傷其親傷其親 是傷其本 傷其本 枝從而亡"

**283** "樹木以時伐焉 禽獸以時殺焉 不以其時 非孝也"

**284** "君子之於禽獸也 見其生 不忍見其死 聞其聲 不忍食其肉 是以 君子 遠庖廚也"

# V 고령화 문제 극복과 효

고령화의 문제는 한국 사회에 나이 많은 노령인구가 많아짐으로 인하여 나타나는 문제이다. 한국은 지난 2000년도를 기준으로 65세 인구비율이 7.2%에 이르러 고령화 사회로 진입하였다. UN이 정한 고령화의 판단기준에 의하면, 한 나라의 인구구조를 세 가지 유형으로 분류하는데, 총인구 중 65세 이상 노인 인구비중이 4%미만인 국가를 '유년 인구국(Young Population)', 4~7%인 국가를 '성년 인구국(Mature Population)', 7%이상인 국가를 '노년 인구국(Aged Population)'으로 분류한다. 노년 인구국은 다시 세 유형으로 분류하는데 총인구 중 65세 이상 인구비중이 7% 이상인 국가를 '고령화 사회(Aged society)', 14% 이상인 국가를 '고령사회(Aged Society)', 20%이상인 국가를 '초고령사회(Super-Aged Society)'로 구분하고 있다. 우리나라는 2000년도(7.2%)에 고령화 사회에 진입한데 이어 2018년도(14.3%)에 고령사회, 2026년(20.8%)에는 초고령사회에 진입할 것으로 전망하고 있다.

이러한 고령화 문제의 원인은 여러 가지가 있지만 의학기술의 발달과 생활수준의 향상으로 생명이 연장되는데서 오는 필연의 결과라 할 수 있다. 우리나라의 고령화 추세는 1951년도에 평균 연령이 60세였

는데, 2010년도에 79.6세에 이르렀으니 대략 10년에 6세 정도 늘어나고 있는 셈이다.

현재 고령화 현상의 문제는 노인인구비율이 도시보다 농촌에, 남성보다 여성이 더 많다는 점이고, 늘어나는 고령세대의 비중에 비해 노인 일자리, 실버산업 등이 뒷받침되지 못하고 있어 노인의 '삶의 질'이 점점 나빠지고 있으며, 노인 자살율 세계 1위라는 불명예를 안고 있다. 특히 저출산 현상의 심화와 경로효친의 분위기가 저하되면서 노인계층의 소외현상이 점점 더 크게 부각되고 있다. 따라서 고령화 사회와 효의 문제는, 사람은 누구나 늙기 마련이고 몸이 늙으면 마음도 함께 늙고 쇠약해져서 혼자의 생활이 곤란하므로 가족과 함께 생활하기를 원하게 된다. 그러나 자식세대들이 부모세대 부양을 꺼리게 된다면 인간으로서의 궁극적인 행복도 멀어지는 것이다. 노인복지국가로 일컬어지고 있는 유럽 나라에서 노인들이 데모하는 내용 중에 "우리는 정부의 잘못된 노인 정책 때문에 자식을 잃었다, 노인 정책을 수정하라"는 피켓을 들고 시위하는 장면이 나온다. 65세 이상 된 노인을 자신의 의식에 관계없이 정부에서 관리하다보니 결국 자식들의 윤리와 책임의식을 저하시키는 결과를 낳고 있다는 것이 그곳 노인들의 주장이다. 노인요양소에서 생활하는 고령자 대부분은 가족들이 노인요양소에 찾아오도록 하거나 함께 생활할 수 있기를 바라는 것이다.

이렇듯 고령화의 문제는 효 교육을 통하여 경로효친사상을 고양하는 노력을 병행할 필요가 있는데, 가정윤리 측면에서 부모의 은혜를 갚아야 함은 물론이고 이타적 가치의 실천적 측면에서도 효 교육을 해야 하는 것이다. 『맹자』에 "자기 집 노인을 공경하여서 그 마음이 다른 집 노인을 공경하는 데까지 미치게 하고 자기 집 어린이를 사랑하여서 그 마음이 다른 집 어린이를 사랑하는 데까지 미치게 한다. 이렇게 마음을 쓴다면 천하를 쉽게 이끌 수 있다.(양혜왕 상편)"[285]고 했고, 『성경』에도 "너는 센 머리 앞에 일어서고 노인의 얼굴을 공경하라.(레위기 19:32)"라고 한 것도 이런 연유일 것이다. 특히 일제시대와 6·25 사변, 보릿고래를 이겨내고 새마을운동과 조국 근대화에 앞장섰던 오늘의 고령자를 존대하고 공경하는 문화를 조성하고 진흥하기 위해서라도 효 교육을 병행한 고령화 문제의 해결책이 나와야 하는 것이다.

# **Ⅵ** 다문화가정의 문제와 효

한국 사회에서의 다문화가정의 의미는 우리와 다른 민족 또는 다른 문화적 배경을 가진 사람들이 포함된 가정을 총칭하는 용어로 해석된다. 우리나라는 단일민족국가라는 민족주의, 순혈주의가 다른 나라에 비해 강한 편이며, 혼혈가정 등으로 불리며 소외시 되는 면이 있었다. 그러나 최근 국제결혼의 빈도가 높아지고 외국인 근로자가 증가하면서 '다문화'에 대해 호의

**Tip**

다문화가정을 꾸린 결혼 이민자들은 고마운 사람들이다. 다문화가정의 행복도 '가화만사성(家和萬事成)'을 벗어날 수 없는 것이므로 효를 통하여 건강한 가정이 되도록 해야 하고, 이를 위해 이웃과 사회, 정부가 도와야 한다. 그리고 그 핵심 가치는 효이다.

**285** "老吾老以及人之老 幼吾幼以及人之幼 天下可運於掌"

적·긍정적 관심이 높아지고 있다. 특히 젊은이들의 결혼 적령이 높아지고 농촌지역 총각들의 결혼이 어려워지면서 외국여성들과 결혼하는 인구가 점점 높아지고 있고, 영세한 중소기업의 노동임금 등의 문제로 외국근로자들이 늘어나면서 외국인끼리 결혼하는 사례도 증가하고 있다. 최근 나타나고 있는 연구 자료에 의하면 한국인이 외국인과 결혼하는 비율이 11%를 차지하고 있고, 매년 인원이 증가하고 있는데, 한국인의 의식은 폐쇄적인 것으로 나타나고 있다. 만일 지금과 같은 추세로 저출산 문제가 지속되어 인구가 줄어들게 된다면, 다문화가정에서 태어난 인원의 숫자가 늘어나게 되어 다문화가정의 인구 비중이 더욱 커지게 될 것이다. 특히 최근 노르웨이에서 발생한 충격적 총기 테러사건[286]이 다문화가정 문제와 연관되어 있다는 점에서 간과할 수 없는 문제이다. 이런 점에서 다문화가정도 '가화만사성(家和萬事成)', 그리고 보편성·이타성에서 벗어날 수 없는 것이므로 효를 통하여 건강한 가정과 따뜻한 이웃과 사회로 거듭나도록 해야 하는 것이다. 다시 말해서 나의 가족이 소중하면 남의 가족도 소중한 것이고 대한민국 국민이 소중하면 다른 나라 국민도 소중한 것이다. 하물며 외국인 신분으로 한국에 와서 결혼하고 자녀를 낳아 국민의 수를 늘어나게 하는 것은 고마운 일이다. 때문에 그러한 다문화가정

---

286 2011년 7월 22일 안드레스 베림 브레이빅(32)이라는 극우파 청년이 노르웨이 수도 오슬로에서 폭탄 테러로 8명을 숨지게 하고, 30km 떨어진 우토야 섬으로 가서 집회 중인 청소년에게 총기로 난사하여 68명을 숨지게 한 사건이다. 원인 중의 하나가 이민정책과 이민자 사회통합의 실패, 소외 아동의 정서적 방황을 만들어낸 가족 해체 등이 복합적으로 작용해 빚어진 결과로 분석되고 있는 점에서 한국에서도 참고할 점이 많은 반면교사적(反面敎師的) 사례로 볼 수 있다.

에 대해 감사해야 하고, 그 가정들이 건강한 모습으로 생활할 수 있도록 도움을 줘야 할 것인데, 여기에는 보편적·이타적 가치인 효가 작용되어야 하는 것이다. 다문화가정으로 구성된 당사자와 한국인의 상대적 입장에서 효가 바탕이 된 가치 지향적 삶을 살아야 하는 이유를 살펴보자.

먼저 한국인의 입장에서 볼 때 『효경』에 "효는 하늘의 법칙(經)이고 땅의 질서(義)이며 백성들이 실천(行)해야 할 것이다.(삼재장)"[287], "부모님을 섬기는 사람은 윗자리에 있어도 거만하지 않고 아랫자리에 있어도 질서를 어지럽히지 않으며 같은 무리와 함께 있어도 서로 다투지 않는다.(기효행장)"[288], "부모님을 사랑하는 사람은 다른 사람을 미워하지 않고, 부모님을 공경하는 사람은 다른 사람을 업신여기지 않는다.(천자장)"[289]라고 한 것처럼, 효가 바탕이 된 삶을 살아가는 사람은 다문화가정을 보살필 것은 당연한 것이다. 『불경』에 "효는 모든 선(善)의 모범이 되는 것이다.(부모은중경)", "효는 수행자의 삶의 기준과 준거, 죄악을 범하지 못하게 하는 규정이다.(범망경)"라고 한 것처럼, 효는 선의 모범이 되고 죄악을 범하지 못하게 하는 규정으로 작용한다. 『성경』에도 "너는 센 머리 앞에 일어서고 노인의 얼굴을 공경하라.(레위기 19:32)"라고 했다. 이처럼, 효와 연계하면 다문화가정을 자기 몸과 같이 사랑하게 될 것이고 어른에 대해서도 자기 부모 대하듯 할 것이다. 『논어』에도 "효제라는 것은 인을 실천하는 근본이

---

**287** "孝 天之經也 地之義也 民之行也"

**288** "事親者 居上不驕 爲下不亂 在醜不爭"

**289** "愛親者 不敢惡於人 敬親者 不敢慢於人"

다.(학이편)"[290], "효도와 우애를 다하는 사람이 윗사람 범하기를 좋아하는 사람은 드물다.(학이편)"[291]라고 한 것처럼, 효 하는 사람은 인(사랑)을 실천하기 마련이고 상대방을 불편하게 하지 않게 될 것이다. 『맹자』에 "인(仁)의 근본은 어버이를 섬기는 것이요, 의(義)의 근본은 형을 따르는 것이다. 지(智)의 근본은 이 두 가지를 알아서 거기서 벗어나지 않는 것이며, 예(禮)의 근본은 이 두 가지를 조절하여 문식(文飾)을 이루는 것이요, 락(樂)의 근본은 이 두 가지를 즐거워하는 것이니, 즐거워하면 그러한 마음이 생성되어진다.(이루 상)"[292], "자기 집 노인을 공경하여서 그 마음이 다른 집 노인을 공경하는 데까지 미치게 하고 자기 집 어린이를 사랑하여서 그 마음이 다른 집 어린이를 사랑하는 데까지 미치게 한다. 이렇게 마음을 쓴다면 천하를 쉽게 이끌 수 있다.(양해왕 상편)"[293]고 한 것처럼 효는 결국 인(仁)과 의(義)를 추구하게 되기 때문에 다문화가정에 대해 깔보거나 업신여기는 행위가 줄어들게 될 것이라는 점이다.

한편 다문화가정의 관점에서 효에 바탕을 둔 가치 지향적 삶을 살아가게 되면, 우선 한국 문화에 적응하기가 쉬워질 것이고, 부자자효(父慈子孝)와 부자유친(父子有親)의 원리가 적용될 것이며, 가정윤리로서의 효와 연계하면 자기 성실을 통한 입신양명의 길을 가게 될 것

290 "孝悌也者 其爲仁之本與"

291 "其爲人也孝弟 而好犯上者 鮮矣"

292 "仁之實事親是也義之實從兄是也 智之實知斯二者弗去是也 禮之實節文斯二者是也 樂之 實樂斯二者 樂則生矣"

293 "老吾老以及人之老 幼吾幼以及人之幼 天下可運於掌"

이다. 또한 가족사랑, 부모공경 등 인륜질서 확립과 조화(Harmony)
를 이루는 가정이 될 것이고, 이타적 가치로서의 효와 연계하면 외국
인도 홍익인간정신에 바탕을 둔 이타적 삶을 살아가게 될 것이며 "다
문화가정에 효가 살면 모두가 행복해진다"는 말이 실현되는 아름다
운 사회가 될 것이다. 이런 맥락에서 다문화가정의 문제는 효가 뒷받
침된 상태에서 풀어가야 하는 것이다.


# VII 문화의 시대와 효

21세기를 문화의 세기, 문화의 전쟁
시대라고 한다. 또 CQ(문화지수)라는
용어도 등장했다. IQ(지능지수), EQ(감
성지수), SQ(사회지수), MQ(도덕지수),
NQ(관계지수) 등의 용어에 이어 등장한
CQ(문화지수)는 21세기를 살아가기 위한



필연적이라는 생각을 하게 된다. 그 이유는 문화(文化)가 개인과 가
정, 조직사회에 대한 영향력이 크기 때문이다. 문화란 여러 의미로
해석되지만 그중에 하나는 "인간의 삶을 밝게 해주는 정신적·예술적
영역의 총체"라는 의미이다. 그리고 문화는 자연(自然)과 달리 인위적
으로 만들어진 것이라 해서 인간의 사회적 유산이라고도 하는데, 21세
기를 '문화의 시대'라고 하게 된 배경에는 기업마케팅에서 돈과 연계

한 것과 관련이 있다. 예컨대 지식, 정보화시대라는 말도 지식과 정보가 돈이 된다는 식의 기업경영 마인드에서 나온 것처럼, 이제는 문화산업이 경쟁력을 가지게 된 것이다. 아무튼 인간의 삶을 밝게(文) 해주는 것(化)이 바로 문화라는 점에서 문화와 효는 깊은 연관성이 있다.

인간이 인간답게 살아가기 위한 필요충분조건은 가정과 가족사랑이 전제되지 않으면 안 되고, 이웃과의 관계도 중요하다. 인간은 본디 가치 지향적 존재인 동시에 사회적 동물인 까닭에 관계 속에서 살아가기 마련인데, 사람을 '사이(Between)'의 존재로 표현하는 것도 인간관계가 중요하기 때문이다. 그리고 그 인간관계는 가족관계를 시작으로 속해있는 집단과 조직의 문화가 삶의 질을 좌우하게 되는 것이다. 이렇게 볼 때, 가족사랑·가정윤리로 표현되는 효는, 이를 바탕으로 이웃과 사회, 국가와 자연에게까지 조화와 질서를 유지시켜주는 보편적·이타적 가치라는 점에서 문화와 깊은 연관성이 있다고 하겠다. 그리고 "인간은 문화가 다르기 때문에 가치(價値)도 약간 다르다. 사람들은 다른 목적(目的)을 추구하고 다른 충동(衝動)을 가지며 다른 형태의 행복(幸福)을 그리워한다"는 말리노프스키의 표현, 그리고 "앎(知)의 기저에는 문화적 체계가 있다"는 미셀푸코의 표현은 효와 문화의 관계를 말해주고 있다.

백범 김구는 그의 저서 『백범일지』에서 "나는 우리나라가 세계에서 가장 아름다운 나라가 되기를 원한다. 가장 부유한 나라가 아니다. 내가 원하는 우리 민족의 사업은 결코 세계를 무력으로 정복하거나 경제적으로 지배하려는 것이 아니다. 오직 한없이 갖고 싶은 것은 높은 문화의 힘이다. 문화의 힘은 우리 자신을 행복하게 하고 나아가서 남에게 행복을 주기 때문이다.”라고 하여 문화의 중요성을 강조한 바 있다.

이러한 ‘문화’와 효가 연계되어야 하는 이유는, 문화가 사회를 감싸는 옷이어야 하듯이, 효는 인간을 감싸는 옷이기 때문이다. 사회가 밝아지려면 문화가 뒷받침되어야 하고 인간의 삶의 질이 향상되려면 인륜질서의 근본인 효가 바탕이 되어야 하는 것이다.

『효경』에 “효는 덕의 근본이요, 모든 가르침이 그로 말미암아 생겨난다.(개종명의장)”[294], “효는 하늘의 법칙(經)이고 땅의 질서(義)이며 백성들이 실천(行)해야 할 것이다.(삼재장)”[295], “부모와 자식의 도(道)는 하늘의 뜻에 따르는데 있고, 군주와 신하의 도는 의(義)를 따르는데에 있다.(부모생적장)”[296], “부모를 섬기는 사람은 윗자리에 있어도 거만하지 않고 아랫자리에 있어도 질서를 어지럽히지 않으며, 같은 무리와 함께 있어도 서로 다투지 않는다.(기효행장)”[297], “부모를 사랑하는 사람은 다른 사람을 미워하지 않고, 부모를 공경하는 사람은 다른 사람을 업신여기지 않는다.(천자장)”[298]라고 했고, 『불경』에 “부모에 대한 효는 모든 선(善)을 행하게 하는 모범이 되게 하는 것이다.(부모은중경)”, “효는 수행자의 삶의 기준과 준거, 죄악을 범하지 못하게 하는 규정이다.(범망경)”라고 했으며, 『성경』에도 “이웃을 네 몸과 같이 사랑하라.(마태복음 22:37)", "너는 센 머리 앞에 일어서고 노인의 얼굴을 공경하라.(레위기 19:32)"라고 이르고 있다. 또한 『논어』에 "리더(군자)는 근본을 세우는데 힘써야 하며 근본이 서면 길과 방법이 저절로 생긴다. 효(孝)와 우애(弟)는 인(仁)을 이루는 근본이다.(학이편)"[299]라고 했고, 『맹자』에 "자기 집 노인을 공경하여서 그 마음이 다른 집 노인을 공경하는 데까지 미치게 하고, 자기 집 어린이를 사랑하여서 그 마음이 다른 집 어린이를 사랑하는 데까지 미치게 한다. 이렇게 마음을 쓴다면 천하를 쉽게 이끌어갈 수 있다.(양혜왕 상)"[300], "인(仁)의 근본은 어버이를 섬기는 것이요, 의(義)의 근본은 형을 따르는 것이다. 지(智)의 근본은 이 두 가지를 알아서 거기서 벗어나지 않는 것이며, 예(禮)의 근본은 이 두 가지를 조절하여 문식(文飾)을 이루는 것이요, 락(樂)의 근본은 이 두 가지를 즐거워하는 것이니 즐거워하면 그러한 마음이 생성되어진다.(이루 상)"[301]라고 했다. 『예기』에 "인의(人義)라고 하는 것은, 부모는 자식을 사랑하고 자식은 부모에게 효도하며, 형은 아우를 사랑하고 아우는 형을 공경하며, 남편은 의롭고 아내는 남편 말을 들어야 하며, 어른은 은혜로워야 하고 어린이는 순해야 하며, 군주는 인자해야 하고 신하는 충성해야 한다. 이상의 열 가지를 이르러 인의라고 한다.(예운편)"[302]라고 했고, 『소학』에 "리더

---

299 "君子務本 本立而道生 孝悌也者 其爲仁之本與"

300 "老吾老以及人之老 幼吾幼以及人之幼 天下可運於掌"

301 "仁之實事親是也義之實從兄是也 智之實知斯二者弗去是也 禮之實節文斯二者是也 樂之實樂斯二者 樂則生矣"

302 "何謂人義 父慈子孝 兄良弟弟 夫義婦聽 長惠幼順 君仁臣忠 十者謂之人義"

(임금)의 명령에 구성원(신하)은 공손하고 부모가 자식을 사랑함에 자식이 효도하며, 형은 사랑하고 아우는 공경하며, 남편은 온화하고 아내는 부드러우며, 시어머니는 자애롭고 며느리는 따르는 것이 예절이다.(명륜편)"[303]라고 했으며, 『명심보감』에 "입신(立身)에는 의(義)가 있으니 효(孝)가 그 근본이요, 상사(喪祀)에는 예(禮)가 있으니 슬퍼함이 근본이요, 전진(戰陣)에 대열(隊列)이 있으니 용기가 근본이다. 나라를 다스림에 도리(道理)가 있으니 경제가 근본이고, 나라에 거함에는 도(道)가 있으니 대(代)를 잇는 것이 근본이며, 재물을 생산함에는 노력이 근본이다.(입교편)"[304], "삼강(三綱)이라는 것은 임금은 신하의 본(모범)이 되고, 어버이는 자식의 본(모범)이 되며, 남편은 아내의 본(모범)이 되는 것이다.(입교편)"[305]라고 한 것처럼 효가 바탕이 된 문화는 가정과 사회, 국가의 기능을 바람직한 방향으로 이끌게 될 것임을 알 수 있는 것이다.

문화는 여러 가지 기능이 있지만 그중에 중요한 것을 든다면 조직에는 구성원들에게 통용될 수 있는 법칙을 제공하고, 개인에게는 삶의 목표를 안내하고 인성함양에 도움을 준다는 점이다. 이러한 문화는 결과적으로 사람과 사람의 관계속에서 삶의 질을 향상 시켜주는 것이니 인륜질서의 근본인 효가 바탕이 되어야 하는 것은 당연하다.

특히, 이러한 문화를 만들고 조성하며 진흥시키는 것은 교육을 통





---

**303** "君令臣共 父慈子孝 兄愛弟敬 夫和妻柔 姑慈婦聽 禮也"

**304** "子曰 立身有義而孝爲本 喪紀有禮而哀爲本 戰陣有列而勇爲本 治政有理而農爲本 居國有道而嗣爲本 生財有時 而力爲本"

**305** "三綱 君爲臣綱 父爲子綱 夫爲婦綱"

해서 가능하다는 점에서, 교육과 문화의 관계를 생각하지 않을 수 없다. 문화를 바꾸려면 교육의 근본을 살려야 하고, 이를 위해서는 가정교육을 튼튼히 함으로 해서 학교 교육을 살리고, 가정교육과 학교 교육을 살림으로 해서 사회교육을 살려야 한다. 그래야 문화를 건전한 방향으로 만들어 갈 수 있을 것인데, 이는 효(HYO, 孝)에서 시작된다는 점을 명심해야 할 것이다.

『효의 패러다임과 현대적 개념』을 저술하게 된 동기는, 서문에서도 밝
힌바 있듯이 대학에서의 효 교육, 그리고 효운동을 하는 단체 요원들과
효 관련 지식과 정보를 나누기 위함이다. 처음엔 한 권에 모두를 담아 보
려는 생각으로 시작했지만, 집필하다 보니 점점 분량이 늘어나 3권으로
늘렸고, 이제 제 1권을 마무리 하게 되었다.

집필을 마치면서 가지는 소회(所懷)는, 책을 쓰기 시작했을 때 나 자신
부터 '효가 무엇인지'를 분명하게 알아야겠다는 생각을 하게 됐던 깨우
침이다. 그것이 2008년도의 일이다. 2009년도부터 대학생에게 가르칠
교재 준비가 필요하던 때에, "급하더라도 더디 가야 한다."는 평소 선친
의 말씀을 떠올리며 『효경』을 비롯, 『불경』과 『성경』, 『논어』, 『맹자』,
『예기』, 『소학』, 『명심보감』, 『격몽요결』 등의 내용을 발췌하기 시작했
다. 이런 책들을 펴 놓고 '효란 무엇인가?', '효는 왜, 가르쳐야 하는
가?', '효를 어떻게 가르칠 것인가?', '효는 왜, 행해야 하는가?', '효를
어떻게 행할 것인가?', '효 문화는 어떻게 진흥해야 하며, 지도자의 리
더십은 어떠해야 하는가?' 등에 관한 답을 책에서 찾아 정리하였다. 그
리고 '효란 무엇인가?'에 대한 답이 제①권 『효의 패러다임과 현대적 개

념(효학개론)』의 책이다.

  필자는 여러 경전에 제시된 효 관련 내용을 정리하면서, 사암 정약용이 효(孝)와 열(烈)에 대해 지적했던 내용을 여러차례 떠올리게 됐다.

> "손가락을 잘라 피를 내거나 어버이의 똥을 맛보아 병세를 살피는 일을 효자로 묘사하고, 얼음 속에서 잉어가 뛰어나오고 눈 속에서 죽순이 솟아나오며, 꿩이 던져지고 호랑이가 타라고 땅을 긁는 것과 같은 특이한 신령스러움은 믿기 어려운 일이다. 또한 그 아버지가 병들어 죽었는데 아들이 따라 죽은 경우를 효자(孝子)로, 남편이 편안히 천수(天壽)를 누리고 안방 아랫목에서 조용히 운명하였는데도 따라 죽은 아내를 열부(烈婦)라고 하는 것은 무슨 까닭인가? 세상의 일 가운데 목숨을 끊는 것보다 더한 것이 없고, 그 목숨을 끊으려면 그것이 의(義)에 합당해야 하는데, 이런 경우는 함부로 목숨을 끊는 불효 중의 불효이다."

의 내용이다.

  필자는 국방대학교에서 「사암의 사상과 공직 리더십」을 강의하는 동안 사암이 보여준 실사구시(實事求是)와 유선시사(唯善是師 : 오직 착하고 옳은 것이라면 당파에 관계없이, 나라와 백성을 위해 스승으로 삼는다)적 삶에 대해 많은 생각을 하게 되었다. 사암의 가르침 덕분이다.

본인은 평소 효에 대해 막연하게 생각해오던 것들이, 본서를 집필하는 과정에서 많은 것들을 깨닫게 되었는데, 가슴으로 느꼈던 것을 피력하자면 다음과 같은 것들이다.

첫째, "효는 덕의 근본이요, 모든 가르침이 이로 말미암아 생겨난다."라는 『효경』의 내용이다. 세상의 모든 자식이 배움을 시작함에 있어 부모님의 기대와 은혜를 갚는 마음으로 임한다면 교육은 저절로 이루어지게 된다는 점이다. 필자가 33년 군 생활하면서 무사고부대를 육성했고, 전투력 측정이나 부대시험에서 좋은 평가를 받을 수 있었던 것은 병영의 효 교육에 의한 '하모니' 덕분이며, 그런 까닭에 이 글귀에 대한 감회가 남달랐다.

둘째, "리더십은 상관으로부터 인정받는 데서부터 나오고, 상관으로부터의 인정은 동료들로부터의 신뢰에서부터 나오며, 동료들로부터의 신뢰는 부모님에 대한 효성에서 비롯되고, 부모에 대한 효성은 자기성실에서부터 비롯된다.", "부모에 대한 가장 큰 불효는 후사를 잇지 않는 것이다" 라는 『맹자』에 기록된 내용이다. 이 문장은 필자가 육군대학 리더십교관(1997~1998), 국방대학 리더십 교수(2003~2009) 및 국방 리더십 센터장(2005~2007)을 하면서, 리더십에 대한 진수(眞髓)가 효에 있음을 알도록 해준 맹자의 가르침이다. 또한 보건복지부에서 추진하는 저출산·고령화 문제 해결에 있어서도 효를 철학적 기초로 삼아야 한다는 나의 주장도 『맹자』를 비롯한 문헌에서의 깨침 덕분이다.

셋째, 효는 자식이 부모에게 향하는 사랑의 감정이라는 '일방성'보다는 부모와 자식이 함께 노력해야 하는 '상호성'의 원칙을 발견한 점이다. 공자의 父慈子孝(부자자효), 맹자의 父子有親(부자유친), 동중서의 부위자강(父爲子綱), 『성경』, 『불경』, 『예기』, 『소학』, 『순자』, 『명심보감』 등에도 나타나 있듯이, 효는 일방성이 아닌 쌍방성 패러다임이어야 한다는 점이고, 이런 의미에서 효에 대한 영문 표기도 Filial Piety 보다는 김치나 태권도처럼 발음 그대로 HYO(효)가 맞다고 본다. 그리고 HYO의 의미는 Harmony, Young, Old의 약자로 젊은이(자식)와 노인(부모) 세대의 조화, 즉 하모니를 추구하는 상호적 노력으로 해석되어져야 한다는 점이다.

넷째, 효는 의(義)를 추구한다는 것과 부모의 불의(不義)에 대해 간(諫)하는 자식이 진정한 효자라는 점이다. 따라서 '나무꾼과 선녀'라는 동화에서 나무꾼의 행위, 그리고 '손순매아' 사례에서 아버지 손순의 행위는 의로움이 결여되었다는 점에서, 21세기 효 교육 사례로는 적합치 않다는 것인데, 이는 『효경』, 『성경』, 『불경』, 『논어』, 『예기』, 『소학』 등에도 나타나 있다.

　**다섯째, 효는 보편성과 이타성을 가진다는 점이다.** 효의 가치는, 과거나 미래에 있어 '효행'은 변할 수 있어도 '효심'은 변할 수 없는 세상사의 원리가 효라는 점에서, 효는 보편성을 가지며, 부모 · 자식간의 사랑이 타인과 이웃, 사회와 국가, 자연으로 확대되어지므로 이타성을 갖는다.

　필자는 살아오면서 이런 것을 어머니를 통해 볼 수 있었고, 피부로 느낄 수 있었다. 필자의 어머니는 12살에 시집오셔서 16살에 혼례를 올리시고 18살에 큰누님을 낳으셨으니, 초등학교 교육도 받지 못하신 분이지만 말씀이나 행위가 틀린 적이 없으셨다. 44살에 동생을 낳으시기까지 11남매를 모두 모유로 키우시고, 이웃의 나눔을 실행에 옮기시는 과정에서 할머니로부터 구박 받으셨던 속내 이야기 등을 들려주실 때면 어머니의 이타성(利他性)에 대해 많은 것을 느낄 수 있었고, 연약한 여성의 몸으로 도저히 할 수 없는 일들을 하시는 어머니를 보면서 자랐다. 또한 이태석 신부, 가수 현숙, 박옥랑 여사, 양정숙 씨, 석은옥 여사, 퇴계, 충무공 이순신 등을 통해서도 그러한 감정을 느낄 수 있었다.

마지막으로 명문당 출판사 김동구 사장님과 출판을 상의하는 과정에서 퇴계(退溪), 율곡(栗谷), 사암(俟菴)의 효 철학을 교육으로 연계하면 여러 면에서 결과가 좋을 것이라는 확신을 가지게 되었고, 큰 공부의 계기가 되었음에 감사드리며, 다음 분들께도 감사드린다.

고동영, 김익수, 손인수, 신연식(가나다 순) 선생님께서 집필하신 서적을 통해서 큰 깨침을 얻었고, 김남기, 김덕균, 김우화, 민병돈, 박성기, 배갑제, 송호수, 안호상, 정호, 최근덕, 최성규, 홍우준, 홍일식(가나다 순) 선생님들에게서 큰 가르침을 받았다. 또한 권오돈(『예기』), 김덕균(『효경』), 김성원(『논어』·『격몽요결』·『소학』·『명심보감』), 김학주(『효경』·『충경』), 성백효(『중용』), 성동호(『효경』), 장기근(『논어』·『맹자』·『효경』) (가나다 순) 선생님들이 번역해주신 역서(譯書)가 큰 도움이 되었음에 감사드린다.

아무쪼록 효를 교육함으로써 나라가 살고 우리가 살며, 대한민국 모두가 사는 행복한 세상이 오기를 기대하며, 이어서 출판하게 될 제②권 『효 교육론』과 제③권 『효 리더십론』을 통해 발전적 제안을 해나가려고 한다.

## [ㅈ]

[개정판]

인성교육의 기본서 ❶
# 효의 패러다임과 현대적 개념

초 판 1쇄 발행 ‖ 2011년 9월 22일
개정판1쇄 인쇄 ‖ 2014년 2월 20일
개정판1쇄 발행 ‖ 2014년 2월 26일


지은이 ‖ 김종두
삽  화 ‖ 장한별
본문편집 ‖ 이명숙 · 양철민
발행자 ‖ 김동구
발행처 ‖ 명문당(1923. 10. 1 창립)
주  소 ‖ 서울시 종로구 윤보선길 61(안국동)
        우체국 010579-01-000682
전  화 ‖ 02)733-3039, 734-4798(영), 733-4748(편)
팩  스 ‖ 02)734-9209
Homepage ‖ www.myungmundang.net
E—mail ‖ mmdbook1@hanmail.net
등  록 ‖ 1977. 11. 19. 제1~148호

ISBN 979-11-951643-9-4 (93190)
정가 ‖ 23,000원

* 낙장 및 파본은 교환해 드립니다.
* 불허복제